莊子

讓你順逆皆逍遙（下）

王小滕 著

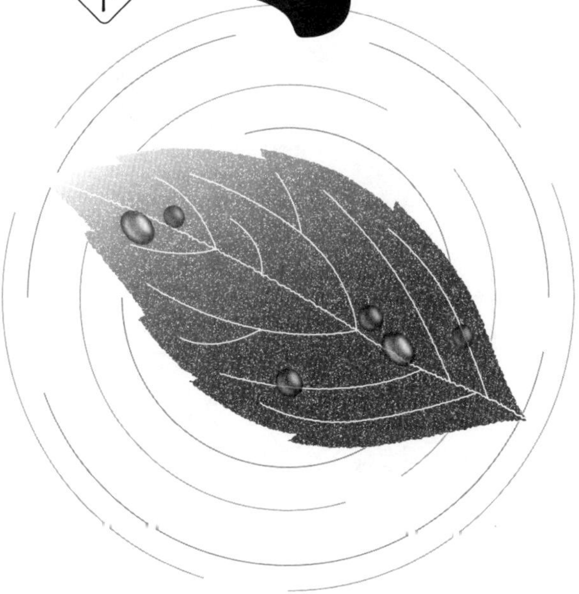

目次

下冊

秋水

萬物有貴賤之別，抑或齊同平等？「道」為何是比小更小，比大更大的「至精無形，至大不可圍」？如何因應「無動而不變，無時而不移」的變動？

秋水時至，百川灌河，涇流之大，兩涘渚崖之間，不辯牛馬。於是焉河伯欣然自喜，以天下之美為盡在己。順流而東行，至於北海，東面而視，不見水端。於是焉河伯始旋其面目，望洋向若而嘆曰：「野語有之曰：『聞道百，以為莫己若』者，我之謂也。且夫我嘗聞少仲尼之聞，而輕伯夷之義者，始吾弗信；今我睹子之難窮也，吾非至於子之門則殆矣，吾長見笑於大方之家。」北海若曰：「井蛙不可以語於海者，拘於墟也；夏蟲不可以語於冰者，篤於時也；曲士不可以語於道者，束於教也。今爾出於崖涘，觀於大海，乃知爾醜，爾將可與語大理矣。天下之水，莫大於海，萬川歸之，不知何時止而不盈；尾閭泄之，不知何時已而不虛；春秋不變，水旱不知。此其過江河之流，不可為量數。而吾未嘗以此自多者，自以比形於天地，而受氣於陰陽，吾在於天地之間，猶小石小木之在大山也。方存乎見小，又奚以自多！計四海之在天地之間也，不似礨空之在大澤乎？計中國之在海內，不似稊米之在大倉乎？號物之數謂之萬，人處一焉；人卒九州，穀食之所生，舟車之所通，人處一焉；此其比萬物也，不似毫末之在於馬體乎？五帝之所連，三王之所爭，仁人之所憂，任士之所勞，盡此矣。伯夷辭之以為名，仲尼語之以為博。此其自多也，不似爾向之自多於水乎？」

「涇流」：水流。「涘」：岸。「渚」：沙洲。「崖」：岸。「辯」：辨別。「河伯」：黃河的河神。「北海」：東海的北端。「美」：大。「旋」：轉。「望洋」：仰視或遠視。「向若」的「若」：北海的海神，北海若。「野語」：俗話。「嘗」：曾。「仲尼」：孔子，字仲尼。「殆」：危。「見笑」：被取笑，「見」：被動義。「大方之家」的「方」：道，「家」：人。「墟」指故居。「篤」：固，指拘限。「曲」：局部，指偏狹。「爾」：你。「醜」指不大。「大理」：大道。「尾閭」：傳說中，海水向外流瀉之處。「比形」：寄形。「陰陽」指自然。「方存」：正在，「方」：正，「存」：在。「奚」：何。「計」：思考。「礨空」指小孔，盛水甚少。「稊米」：小米。「處」：居。「人卒」：人眾。「九州」：古代分天下為九州，已見於〈在宥篇〉。「五帝」：歷來古籍之記載不一，或指黃帝、顓頊、帝嚳、堯、舜，或指伏羲、神農、黃帝、少皞、顓頊；已見於〈天運篇〉。「連」指禪讓。「三王」：夏、商、周三代開國之君，已見於〈在宥篇〉。「任士」：有能之士。「盡此矣」指全都如同毫末之在於馬體。「向之」的「向」：曏，方才。

秋天的雨水隨著季節來到，千百條溪水注入黃河，水流寬闊，兩岸之間以及由河中沙洲去看兩岸，都無法分辨對岸走過的動物是牛或是馬。於是河伯得意非常，以為天下的大美全都在自己身上。順著水流向東而行，來到了北海，向東邊瞭望，卻看不見水的盡頭，於是河伯才改變原先得意的神色，仰望著北海若感嘆說：「俗話說：『聽了許多道理，就以為沒人比得上自己』，這就是說我啊！而且我曾經聽人說孔子的見識寡少，看輕伯夷的義行，起初我不相信；現在我看見你這樣難以窮盡的廣大，我才相信那不是騙人的，我不到你這裡來就糟了，我將永遠被有道之士取笑啊！」北海若說：「不可以與井底之蛙談論大海，因為牠受到居住空間的限制；不可以與夏天的蟲談論冰雪，因為牠受到存活時間的拘限；不可以與偏狹的書生談論大道，因為他受到禮教的拘束。現在你離開河岸，看見大海，了解自己並不大，那麼現在也就可以與你談談大道了。天下的水，沒有比海更大的了，所有的河流都歸向海，不知何時停止，但是海水卻不滿溢；海水從尾閭向外流瀉，不知何時停止，但是海水卻不乾涸；春秋四季不變，不知有水災或旱災。它的廣大超過江河之水，無從以數量來計算。但是我未曾因此而自大，自以為形體寄託於天地之間而稟受生氣於自然，我在天地之間，就如同小石頭、小樹木在大山之中，正覺得自己小，又怎麼會自大呢！設想四海在天地之間，不就像小孔在大澤中嗎？設想中國在四海之內，不就像小米在大穀倉中嗎？稱呼物類的數目有萬種之多，人類只是萬種物類之一，眾人聚集在九州，五穀糧食所生長之地，舟車通行之地，個人只是人類中的一個存在；個人與萬物相比較，不就像一根毫毛在馬身上嗎？五帝接連禪讓，三王興師爭奪，仁人所憂慮的，有能之士所操勞的，全都如同一根毫毛在馬身上。伯夷辭讓君位而取得名聲，孔子談論而顯示博學，他們的自誇，不就像你方才對於河水的自誇嗎？」

河伯見到北海，方知河水雖寬闊，兩岸之間不辯牛馬，但畢竟可看見對岸，然而海之大卻是不見對岸。亦即河伯立即自覺不可妄自尊大，北海若也就因為河伯的自覺，而指出河伯「可與語大理」。

北海若描述海水「萬川歸之，不知何時止而不盈；尾閭泄之，不知何時已而不虛；春秋不變，水旱不知。」如果僅觀文字表面，不免以為這是指海水始終固定不變；然而本篇稍後敘述「無動而不變，無時而不移」，揭示天地之中無物不變，但是「變」卻恆常不變；那麼，在此對於海水的記載，是否可能只是字面的不變呢？〈齊物論篇〉敘述天府「注焉而不滿，酌焉而不竭」，該篇曾說明「不滿、不竭」的意涵不在字面，不是始終不變的固定狀態，而是雖然不斷被灌注似乎傾向「滿」，但因不斷被酌取而變化為「不滿」；雖然不斷被酌取而似乎傾向「竭」，但因不斷被灌注而變化為「不竭」。亦即由「滿、竭」變化為「不滿、不竭」，並且再次變化為「滿、竭」，變動不居，不固定在「滿、不滿、竭、不竭」之任一隅落。

由此則知，本篇敘述海水「不盈、不虛」的意涵也不在字面，不是始終不變。亦即雖然萬川歸之而似乎傾向「盈（滿）」，但因尾閭泄之而變化為「不盈」；雖然尾閭泄之而似乎傾向「虛（竭）」，但因萬川歸之而變化為「不虛」。亦即由「盈、虛」變化為「不盈、不虛」，並不固定於「盈、虛」之任一隅落。故可進一步描述為「盈而不盈，虛而不虛」，以彰顯海水不斷變化的特質。

有鑑於海水不斷變動，故可了解「春秋不變，水旱不知」指出大海隨著四季、水旱的變動而不斷變化。換言之，大海與變同步，亦即它就是變。試想，對於「變」自身，豈有變之可言？亦即「變」並不認為有任何改變，而是不曾改變，故記載「春秋不變」。又由於大海與水旱的變動同步，亦即與當下的「水」或「旱」，都沒有對立、沒有對待、無待、混融為「一」而不是二，也就說不出當下是水災抑或是旱災，故記載「水旱不知」。換言之，「春秋不變，水旱不知」的意涵不在字面，不是海水固定，不是四季、水災、旱災對大海沒有影響，而是指「大海與四季、水旱」無待、混融為一。

「計四海之在天地之間也」至「不似毫末之在於馬體乎」，指出人類在天地萬物中極其之渺小。那麼人類是否因此就沒有存在的價值呢？〈齊物論篇〉「天地與我並生，而萬物與我為一」，指出每一個人類都與天地萬物同存並在，都與天地萬物混融為一。換言之，人類具有「小與大」同存並在，一體兩面的性質。

由此則知，人類雖然渺小但是不必妄自菲薄；然而也不可過度自我膨脹，不可自大，而應同時看見人類之渺小。簡言之，不妄自菲薄，也不妄自尊大，觀察整體，了解生命完整的全貌，不卑不亢，持平而恰到好處地安頓生命。以此則可進一步描述人類為「小而不小，大而不大」，而且不僅人類如此，天地萬物也都是「小而不小，大而不大」，也都具有一體兩面的性質，而且都是以自然天性存在於天地之間，所以並無好、壞、高、下、憂、劣之別，而都是恰如其分的存在。

本篇總共記載河伯與北海若的七段對談，以上是第一段對談。河伯先是自以為「大」，進而自覺為「不大」；北海若則指出，天地中的萬物皆不可自以為固定於「大」，也就不至於產生妄自尊大、偏執一隅的錯誤。

河伯曰：「然則吾大天地而小毫末，可乎？」北海若曰：「否。夫物，量無窮，時無止，分無常，終始無故。是故大知觀於遠近，故小而不寡，大而不多，知量無窮。證曏今故，故遙而不悶，掇而不跂，知時無止。察乎盈虛，故得而不喜，失而不憂，知分之無常也。明乎坦塗，故生而不悅，死而不禍，知終始之不可故也。計人之所知，不若其所不知；其生之時，不若未生之時。以其至小求窮其至大之域，是故迷亂而不能自得也。由此觀之，又何以知毫末之足以定至細之倪！又何以知天地之足以窮至大之域！」

「量」指形貌。「時無止」的「時」：指存在的時間，「無止」：無窮。「分無常」的「分」：指機緣，「無常」：變。「無故」：不固定。「證曏今故」的「證曏」：明白，「故」：古。「遙」：長。「掇」：短。「跂」：企望。「坦塗」：平路。「不可故」：不固定。「求窮」的「窮」：盡。「自得」指安適平穩。「倪」：分際，指界線。

河伯說：「那麼，我以天地為大，以毫末為小，可以嗎？」北海若說：「不可以。存在物的形貌，各式各樣無窮之多；存在的時間或長或短，無窮之多樣；機緣無常不斷變化；終與始並不固定。所以有大智慧者，觀察遠與近的整體性，小的不認為是少，大的不認為是多，這是因為明瞭存在物的形貌，無窮之多。明白今與古的整體性，所以長久存在不認為沉悶，短暫存在也不做額外的企望，這是因為明瞭存在物的時間或長或短，無窮之多樣。觀察盈與虛的整體性，所以有所得，但卻不停滯於欣喜；有所失，也不呆滯於憂傷，這是因為明瞭機緣無常，總是不斷變化。明白萬物都走在大道的坦途中，所以生存時，不執著於生之喜悅；死亡時，不排斥、不認為是災禍，這是因為明瞭存在物的終始並非固定不變。試想人們的所知，總是比不上不知的多；有生命的時間，總是比不上無生命的時間長。以如此渺小的存在想要窮盡至極龐大的領域，所以陷入迷亂而不能安適平穩。由此看來，又怎麼知曉毫末可以界定為最細小的界線，又怎麼知曉天地可以窮盡至極龐大的領域！」

河伯未能明瞭天地萬物都是「小而不小，大而不大」恰如其分的存在，因此意圖認為天地固定於大，毫末固定於小。但是此項意見，立即遭到北海若的指正。

大眾執著「大、多」，排斥「小、寡」；然而「大知觀於遠近」，立足渾全不割裂的大道，則了解互為對照的「遠與近」一體不可分，具有不可切割的整體性。亦即立足整體，明瞭「大與小」相通為一體，因此不同於大眾，觀「小（寡）」則同時見到一體兩面的另一面「大（不寡）」；觀「大（多）」則同時見到一體兩面的另一面「小（不多）」，故記載「小而不寡，大而不多」。此外，也可進一步描述為「小而大，大即是小」或「寡而多，多即是寡」，以彰顯「小與大」、「寡與多」通而為一的整體性。

關於「證曏今故（古），故遙而不悶，掇而不跂」，可藉下例來了解：宇宙存在約一百三十七億年，人類存活之壽命約百年，因此併觀宇宙與人類，宇宙是「遠、古」，人類是「近、今」；然而立足渾全不割裂的大道，則知互為對照的「遠與近」、「今與古」是無從切割的整體。亦即胸懷整體，則明瞭「遙（長、遠、古）與掇（短、近、今）」一體不可分，因此悟道者不同於大眾，洞見「遙（長）」不曾遠離「掇（短）」，而且「無動而不變，無時而不移」，由於有許多變化，沒有兩個瞬間固定於同一個狀態，所以雖然「遙（長）」卻不沉悶；同理，明瞭「掇（短）」不曾遠離「遙（長）」，所以雖然「掇（短）」，卻不執著於企望增長，故記載「遙而不悶，掇而不跂（企）」。此外，也可進一步描述為「遙（長）而不遙（長），故不悶；掇（短）而不掇（短），故不跂（企）」，以彰顯「遙（長）與掇（短）」沒有對立、沒有對待、無待的整體性。

大眾執著「得」，排斥「失」，得則喜，失則憂；然而「大知觀於遠近、證曏今故（古）、察乎盈虛」，了解互為對照的「遠與近」、「今與故（古）」、「盈與虛」是不可分的整體。亦即立足整體，則不同於大眾，明瞭「得與失」是一體的兩面，即使「得」但卻不曾遠離「失」，故不停滯於欣喜；縱然「失」卻也不曾遠離「得」，所以不呆滯於憂傷，故記載「得而不喜，失而不憂」。換言之，「不喜、不憂」的意涵不在字面，不是木石無感於生活中的變動，不是沒有任何情緒，而是雖有情緒起落，但可適時調整而回復持平。

此外，「得而不喜，失而不憂」也可進一步描述為：「得而失，故喜而不喜；失而得，故憂而不憂」，以彰顯「得與失」相通為一的整體性。

大眾執著「生」，排斥「死」，以為生是歡悅，死是災禍；然而「大知觀於遠近、證曏今故（古）、察乎盈虛、明乎坦塗」，了解互為對照的「遠與近」、「今與故（古）」、「盈與虛」是無從切割的整體，無論走在哪一個面向，都是走在整體的通道中。亦即立足整體，明瞭「生與死」是一體的兩面，因此不同於大眾，了解「生」雖歡悅，但不執著之，順隨自然的變化，進入死亡，不以死亡為禍患。故記載「生而不悅，死而不禍」。此外，也可進一步描述為「生不離死，故不悅；死不離生，故不禍」，以彰顯「生與死」復通為一的整體性。

「計人之所知」至「是故迷亂而不能自得也」，指出人類雖然知曉「量無窮、時無止、分無常、終始無故（固）」，但是仍有許多不知；而且人類由「無生」變化為「生」，再變化為「無生」，生之時不如無生的時間長，亦即人類在宇宙中極其之渺小。不過，這並不意謂著人類不能自我安頓；如果明瞭「量無窮、時無止、分無常、終始無故（固）」即為所有存在物的本質，那麼在宇宙中順隨整體之運作，不切割「大與小」、「長與短」、「壽與夭」、「得與失」、「生與死」的整體性，與萬有恰如其分的互動，則可安適自得。擁有如此之生命內涵，明瞭存在物無窮之多樣，而且不斷變化，也就不至於認為天地固定於大、毫末固定於小，故記載「何以知毫末之足以定至細之倪！又何以知天地之足以窮至大之域！」

以上是河伯與北海若的第二段對談。河伯意圖以天地為大，以毫末為小；北海若則指出存在物之態樣無窮之多，而且不斷變化，故無從確認孰大孰小。

河伯曰：「世之議者皆曰：『至精無形，至大不可圍。』是信情乎？」北海若曰：「夫自細視大者不盡，自大視細者不明。夫精，小之微也；垺，大之殷也。故異便，此勢之有也。夫精粗者，期於有形者也；無形者，數

之所不能分也；不可圍者，數之所不能窮也。可以言論者，物之粗也；可以意致者，物之精也；言之所不能論，意之所不能察致者，不期精粗焉。是故大人之行，不出乎害人，不多仁恩；動不為利，不賤門隸；貨財弗爭，不多辭讓；事焉不借人，不多食乎力，不賤貪污；行殊乎俗，不多辟異；為在從眾，不貴（賤）佞諂；世之爵祿不足以為勸，戮恥不足以為辱，知是非之不可為分，細大之不可為倪。聞曰：『道人不聞，至德不得，大人無己。』約分之至也。」

「信情」：實理。「垺、殷」：都指大。「期於」：屬於。「大人」指得道者。「食乎力」指依靠一己之力。「辟異」：特殊、特異。「不貴（賤）佞諂」：雖然今本莊子記載「賤」，但是學者王叔岷先生認為賤是錯字，正確應為「貴」，指推崇；「佞諂」指從眾。「勸」：進，指振奮。「戮」：刑罰。「倪」指界線。「不聞」：無名。「至德不得」的「德」：指自然天性。「不得」有二意：（一）不執著於額外獲得；（二）「得」指德，不得即不德，不自認為有德。「約分」：儉約、內斂一己之分限。

河伯說：「世間議論的人都說：『最精細的存在沒有形體，最廣大的存在不可界定範圍。』這是真實的嗎？」北海若說：「由細小的存在觀看龐大的存在，無法看見完整的全貌；由龐大的存在觀看細小的存在，無法看得清楚。精，是小之中最微小的存在；垺，是大之中最大的存在。大、小各有不同的方便，這是情勢使然。精細與粗大，屬於有形的存在。至於無形的存在，不能以數量來進行分割；不可界定範圍的存在，不能以數量來窮盡。可以使用語言談論的，是粗大的存在；可以運用意念傳達的，是精細的存在；語言不能談論、意念不能傳達的，則不屬於精粗有形的範疇。所以大人的行動，不出於害人之心，但卻並不誇耀仁愛恩澤。行動不為利益，但卻不輕視守門僕役。不爭奪財貨，但並不誇耀辭讓。凡事不借重他人的力量，但卻並不誇耀一己之力。不鄙夷貪污，行事不同於流俗，但卻並不誇耀特殊、特異。行為順從大眾，但卻不推崇從眾。世間的高官厚祿不足以使他停滯於振奮，刑罰的羞恥不足以使他呆滯於羞辱，他了解是與非無從分割，小與大沒有標準界線。我曾聽說：『有道之人不執著名聲；依循自然天性，則不執著於額外求取獲得，或不自認為有德；大人不執著自我。』這就是儉約、內斂自己的極至啊！」

河伯再提出「至精無形，至大不可圍」，也就是比小更小，比大更大的疑問。關於北海若的回答「自細視大者不盡，自大視細者不明」，可藉下例來說明：宇宙至極龐大，人類在宇宙中極其渺小，因此人類觀察宇宙，就是由小看大，無法看清究竟；然而宇宙中仍有較人類更細微的存在，例如：原子，那麼人類觀察原子，就是由大看小，也無法看清究竟。

「夫精粗者」至「不期精粗焉」，揭示粗大與精細的有形存在，或可藉語言文字論述，或可藉著意念傳達，但是不在人類感官知覺辨識範疇內的「至精無形，至大不可圍」，則無從以語言文字論述、無從以意念傳達。

本段敘述的核心是討論「至精無形，至大不可圍」，但是莊子在此卻筆鋒一轉，詳細描述「大人之行」，試問：為何如此？此項疑問，稍後再做回答，現在先看「大人之行」。

「不出乎害人」就是愛護旁人，亦即具有仁愛恩慈；但是大人隨即翻轉為不誇耀仁愛恩慈的「不多仁恩」，也就是「仁恩而不仁恩」，並不呆滯一隅。

「動不為利」就是不看重利益，那麼必定不為利益而工作，更何況是被大眾輕視的卑微門隸；但是大人隨即翻轉為「不賤門隸」，願意擔任獲利甚少的門隸，也就是「不為利而為利」，不呆滯一隅。

「貨財弗爭」就是辭讓；但是大人隨即翻轉為不誇耀辭讓的「不多辭讓」，也就是「辭讓而不辭讓」，不呆滯一隅。

「事焉不借人」就是不靠他人而是靠自力；但是大人隨即翻轉為不誇耀自力的「不多食乎力」，也就是「自力而不自力」，不呆滯一隅。

關於貪污，大眾都鄙視之，但是由自然天性來思考，則知過度膨脹天性中好逸惡勞的本能，而未能適度節制，遂產生損害旁人的貪污舉動。所以並非鄙視貪污，即可消滅貪污，而應使行為者明瞭社會大眾共同生活的整體性，以自覺適度節制自我的欲求，方可消弭貪污。換言之，「不賤貪污」就是包容並且引導行為者，喚醒其人的自覺，以適時節制不當的貪污舉動。

「不賤貪污」就是不同於大眾的「行殊乎俗」；但是大人隨即翻轉為不誇耀特殊、特異的「不多辟異」，也就是「辟異而不辟異」，不呆滯一隅。

「不多辟異」就是同於大眾的「為在從眾」，亦即「佞諂」順從他人；但是大人隨即翻轉為不推崇從眾的「不貴佞諂」，也就是「從眾而不從眾」，不呆滯一隅。

大眾都執著爵祿，排斥刑罰；有爵祿則振奮，遭受刑罰則認為是羞辱。但是大人無所執著也無所排斥，因此不同於大眾，雖有爵祿但不停滯在振奮，雖受刑罰但不呆滯於羞辱。故記載「世之爵祿不足以為勸，戮恥不足以為辱」，亦即這二句敘述的意涵不在字面，不是木石無感於爵祿或刑罰，而是不固定於「勸」、也不固定於「辱」，亦即由「勸、辱」調整為「不勸、不辱」。故可進一步描述為「爵祿，雖勸而不勸；戮恥，雖辱而不辱」，以彰顯大人不呆滯一隅的特質。另外，讀者在此不可誤以為「大人」相似於〈逍遙遊篇〉的宋榮子「舉世而譽之而不加勸，舉世而非之而不加沮」；反之，大人不同於宋榮子。這是因為宋榮子與社會大眾強烈對立；悟道的大人則是與道相同，具有不執著的流動特質，並不與大眾對立，而是沒有對立、沒有對待、無待。

環顧萬物萬象都以與生俱有的自然天性，存在於天地之間，本無「是、非」可說。只不過人類以自我為中心，強硬指稱喜愛的狀態為「是」，反之則為「非」。亦即人們一旦界定「是」，那麼沒有任何時間上的誤差，「非」便立即被凸顯。換言之，若不標舉「是」，則無是、非可說，一旦標舉，則「是、非」必然同時凸顯，如影隨形，任一方皆不獨自成立，必定與另一方相依相倚。簡言之，天地之間本為「無是無非」，然而人們強硬指稱之，卻不知一旦指稱，那麼所指稱之「是、非」就具有不可切割的整體性。

同理，森羅萬象呈顯其本然之形貌，任一物象皆恰如其分地存在，並無大、小之可言；然而人們比較各類物象，以此為「大」，遂以彼為「小」。亦即萬物萬象本為「無大無小」，然而人們比較而指稱之，卻不知一旦指稱，那麼所指稱之「大、小」就具有不可切割的整體性，一如「是與非」之如影隨形，自始不曾分立。故記載「知是非之不可為分，細大之不可為倪（界）。」

「道人不聞」，就是「道人無名」。關於「無名」，〈逍遙遊篇〉曾說明「無名」的意涵不在字面，不是消滅名，而是不被「名」拘限，不執著於追求「名」，也不以「無名」為恥。

「至德不得」指自然天性完整飽滿，無所欠缺匱乏，也就不執著於額外求取獲得；此外，「得」也可能是指「德」，那麼「不得」即「不德」，也就是不自認為有德，這也是《老子．三十八章》「上德不德」之旨。

關於「大人無己」，〈逍遙遊篇〉曾說明「無己」的意涵不在字面，並非取消自我，而是明瞭「我與天地萬物」本是無從切割的整體，而且明瞭所有的存在都有各自不同的天性，所以與萬物相處，不是以自我的意念為前提，而是順隨萬物的天性；以此，宛若自我消失了，這不正是「至精無形」。而且在此同時，由於順隨萬物，與萬物混融為一；以此，則將無往而非我，無物不是我。亦即自我將獲得更為寬廣的延展，不再侷限於一己的身軀，也就是由「無我」流動為處處皆是「我」，正因為不執著自我，反而得到無有窮極的我，這顯然就是「至大不可圍」。至於「約分之至」指出自我內斂達到極至，也就是「無己」。

以上是河伯與北海若的第三段對談。河伯提出比小更小，比大更大的「至精無形，至大不可圍」的疑問；北海若則是舉例得道的大人，具有與道相同的不執著之流動特質，不呆滯任一隅落，他就是「言之所不能論，意之所不能察致者，不期精粗焉。」尤其大人無己，宛若自我消失的約分之至，既是「至精無形」，但卻也同時流動變化為處處皆是我的「至大不可圍」。簡言之，大道以及得道者就是「至精無形，至大不可圍」。

河伯曰：「若物之外，若物之內，惡至而倪貴賤？惡至而倪小大？」北海若曰：「以道觀之，物無貴賤；以物觀之，自貴而相賤；以俗觀之，貴賤不在己。以差觀之，因其所大而大之，則萬物莫不大；因其所小而小之，則萬物莫不小。知天地之為稊米也，知毫末之為丘山也，則差數覩矣。以功觀之，因其所有而有之，則萬物莫不有；因其所無而無之，則萬物莫不無。知東西之相反而不可以相無，則功分定矣。以趣觀之，因其所然而然之，則萬物莫不然；因其所非而非之，則萬物莫不非。知堯、桀之自然而相非，則趣操覩矣。昔者堯、舜讓而帝，之、噲讓而絕；湯、武爭而王，白公爭而滅。由此觀之，爭、讓之禮，堯、桀之行，貴賤有時，未可以為常也。梁麗可以衝城，而不可以窒穴，言殊器也；騏驥驊騮一日而馳千里，捕鼠不如狸狌，言殊技也；鴟鵂夜撮蚤，察毫末，晝出瞋目而不見丘山，言殊性也。故曰，蓋師是而無非，師治而無亂乎？是未明天地之理，萬物之情者也。是猶師天而無地，師陰而無陽，其不可行明矣。然且語而不舍，非愚則誣也。帝王殊禪，三代殊繼。差其時、逆其俗者，謂之篡夫；當其時、順其俗者，謂之義之徒。默默乎河伯，汝惡知貴賤之門，小大之家！」

「惡」：何。「倪」指區別。「以差觀」的「差」：差異。「因」：順。「稊米」：小米。「差數」：差異。「覩」：見。「功」：用。「趣」：意趣，指取向。「所然、然之、自然」的「然」：均為是、肯定之意。「操」：操持，指取向。「之、噲讓」的「之」：燕國宰相子之，「噲」：燕國國君；子之接受噲的禪讓，但是民眾不服而作亂，齊國遂趁機出兵滅亡燕國。「湯」：商朝開國始祖，商湯。「武」：周朝開國始祖，周武王。「白公」：楚平王之孫，名勝，封於白邑，自稱白公，由於鄭國人殺其父，故頻頻向楚王請兵，欲攻打鄭國以復仇，楚王不許，遂起兵造反，楚王則派兵消滅白公。「禮」：理。「梁麗」：屋梁、屋棟。「衝」：擊。「窒」：塞。「殊」：不同。「騏、驥、驊、騮」：皆指良馬。「狸」：貓。「狌」：黃鼠狼。「鴟鵂」：貓頭鷹。「撮」：捉。「瞋目」指張大眼睛。「蓋」：盍，何。「師」：法。「情」：實。「不舍」：不捨棄。「誣」：欺騙。「差其時」指不合時機。「篡」：奪。「當其時」指合於時機。「汝」：你。「門、家」：都指區隔。

河伯說：「那麼觀看一物的外貌，一物的內質，從什麼地方來區分貴賤？從什麼地方來區分大小？」北海若說：「從道來看，萬物本無貴賤之分。從萬物本身來看，都自以為貴而互相輕賤。從世俗來看，貴賤都不是自己決定。從差異來看，順著存在物大的一面而認為它大，那麼萬物沒有不大的；順著存在物小的一面而認為它小，那麼萬物沒有不小的；明白天地如同一粒小米，明白毫末如同一座山丘的道理，就可以看出萬物的差異。從功用來看，順著存在物有用的一面而認為它有用，那麼萬物都有用；順著存在物無用的一面而認為它無用，那麼萬物都無用；明白東方、西方雖然相反但卻不可互相缺少對方，那麼功用的分際就可以界定了。從取向來看，順著存在物是的一面而肯定它，那麼萬物沒有不受肯定的；順著存在物非的一面而否定它，那麼萬物沒有不被否定的；明白堯、桀都是肯定自己，否定對方，就可以看出萬物的取向了。從前堯、舜因為禪讓而傳承帝位；燕國國君噲、宰相子之，卻因為禪讓而亡國。商湯、周武王，因爭奪而稱王；楚國白公卻因為爭奪而死。由此看來，爭奪與禪讓之理，堯與桀的行為，有時貴、有時賤，並非固定不變。棟樑可以衝撞城門，卻不可以堵塞小洞，這是說器用不同。騏、驥、驊、騮可以一日奔馳千里，但是捉老鼠卻不如貓與黃鼠狼，這是說技能不同。貓頭鷹在夜間可以捉跳蚤，看清楚毫末，但是白天瞪大了眼睛也看不見山丘，這是說天性不同。所以說：怎麼可能只取法是而不取法非，只取法於治而不取法於亂？這是不明白天地的道理，萬物的真實。這就像只取法天而不取法地，只取法陰而不取法陽，很明顯是行不通的。然而人們還是這麼說個不停，若不是愚昧就是故意欺騙。帝王的禪讓各有不同，夏、商、周三代的承繼各自不同。不合時機，違逆民情，被稱為篡奪之人；合於時機，順應民情，被稱為正義之人。安靜吧，河伯，你哪裡知曉貴賤小大的家門區隔呢！」

萬物並存於天地之間，都是不可切割之連續性整體中的一環，並無貴、賤之別；但是未能明瞭上述整體性的人類，則是以己為貴，互相輕視；至於不明瞭上述之整體性，而以人類俗情為觀察基準，那麼就是由俗情來界定貴賤。故記載「以道觀之」至「貴賤不在己」。

前述曾說明，天地萬物都具有一體兩面的性質，都是「小而不小，大而不大」。但是如果僅僅以外在形貌的差異做為觀察基準，那麼就是「以差觀之，因其所大而大之，則萬物莫不大；因其所小而小之，則萬物莫不小。」然而這並不意謂著大小的差異果真可以成立，例如：人類視天地為「大」，但若將天地與宇宙併觀，則天地小如稊米，亦即天地也是「小而不小，大而不大」，具有一體兩面的性質。另外，人類視毫末為「小」，但若將毫末與原子併觀，則毫末大如丘山，亦即毫末也是「小而不小，大而不大」，具有一體兩面的性質。換言之，莊子舉「天地、毫末」為例，揭示任何存在物都具有「小而不小，大而不大」一體兩面的性質。所以看出萬物的「差數覯」，就是除了觀看外在形貌，而且同時觀察萬物沒有差異的「小而不小，大而不大」一體兩面的本質。簡言之，「差數覯」就是看見不同的外在形貌，也看見相同的本質。

常識認為「有用、無用」互斥對立。然而魚會游水，但不會爬樹；猴子會爬樹，但不會飛翔；鳥會飛翔，但不會游水。亦即魚、猴、鳥都是集「有用與無用」於一身；而且不僅魚、猴、鳥如此，萬物皆然。故記載「以功觀之，因其所有而有之，則萬物莫不有；因其所無而無之，則萬物莫不無。」然而，這並不意謂著「有用與無用」的分別果真可以成立，例如：常識認為「東與西」相反而且對立，但是「東與西」同存並在，無從切割，不可能只取一方、消滅另一方；亦即「東與西」具有不可切割的整體性。故知莊子舉「東與西」的整體性，揭示「有用與無用」也是同存並在，一體不可分。了解於此，則知「功分定」即為明瞭萬物都是集「有用與無用」於一身，因此無從界定孰固定為有用、孰固定為無用，也就是「有用、無用」沒有固定的分際可言。

雖然常識認為「是、非」互斥對立，但是以「天地運作」為觀察基準，則知一切存在無不符合天地運作之法則（例如：地球自轉），亦即「無物不然，無物不可」（〈齊物論篇〉），本無是、非可言。只不過人類以自我為中心，強硬指稱喜愛的狀態為「是」，反之則為「非」。故記載「以趣觀之，因其所然（是）而然（是）之，則萬物莫不然（是）；因其所非而非之，則萬物莫不非。」然而這並不意謂著是、非之別，果真可以成立。例如：常識認為堯「是」、桀「非」，然而堯與桀都自以為是而互相非議。換言之，堯與桀均為集「是與非」於一身。亦即莊子舉堯、桀為例，揭示本無是、非可言，但是人們強硬指稱之，卻不知一旦指稱，那麼所指稱之「是、非」就具有不可切割的整體性。

另外，讀者或許將提出疑問：由歷史觀之，堯的時代在桀之前，堯怎可能預知桀，又怎可能預先批評桀？實則，莊子在此是藉著堯、桀二人為例，指出人們通常都「自以為是，而非議他人」，所以讀者不宜拘泥在堯、桀的時代先後，而應穿過文字，了解莊子舉例說明的主旨所在。

簡言之，「是與非」只是人類以自我意念所假設的區隔，實則萬物並無「是、非」之分。明瞭於此，則知「趣操覩」就是看見萬物根本沒有「是」或「非」的不同取向，而為「無是無非」。

接著，莊子舉歷史上的爭、讓之例，指出眾多歷史人物或爭或讓，但卻不必然為貴、也不必然為賤，揭示並無固定的貴賤可言。再舉「殊器、殊技、殊性」之例，揭示萬物都是集「有用與無用」於一身，並無固定之「有用」或「無用」可說。

「蓋（何）師是而無非」至「非愚則誣也」，指出常識雖然認為「是與非」、「治與亂」

互斥對立，並且執著「是、治」，排斥「非、亂」。然而，若不指稱「是」，也就沒有「非」可言；一旦指稱「是」，那麼在「是」之外的狀態，就成為「非」；亦即「是與非」同存並在，不曾須臾相離。同理，若不指稱「治」，也就沒有「亂」可說；一旦指稱「治」，那麼在「治」之外的狀態，就成為「亂」；亦即「治與亂」也是同存並在，不曾須臾相離。簡言之，「是與非」、「治與亂」具有不可切割的整體性。所以常識執著「是、治」，排斥「非、亂」，就如同執著「天、陰」，排斥「地、陽」，意圖切割「天與地」、「陰與陽」的整體性，是一項嚴重的錯誤。

「帝王殊禪」至「謂之義之徒」，再次指出歷史上眾多的爭與讓，或遭輕賤，或受尊崇，其間並無固定的貴賤可言。最後以「默默乎河伯，汝惡知貴賤之門，小大之家」指出貴賤大小並無家門之區隔，亦即「貴賤之門，小大之家」的意涵不在字面，不是果真有貴賤大小之分，而是揭示萬物並無貴賤大小之分。

以上是河伯與北海若的第四段對談。河伯提問如何由物之「內與外」，界定貴、賤、大、小。北海若指出：如果未能本於大道的整體性，僅以局部的角度做為觀察基準，例如：存在物的自身、人類的俗情、外在形貌的差異、功用之有無、是非之取向，則將誤以為有貴、賤、大、小之別；但是立足大道的整體性，併觀物之「內與外」，也就是觀察完整的全貌，則知萬物的外在形貌雖然不同，但是都符合天地之運作，都以自然天性存在，也都齊同平等，並無貴、賤、大、小之別。

河伯曰：「然則我何為乎？何不為乎？吾辭受趣舍，吾終奈何？」北海若曰：「以道觀之，何貴何賤，是謂反衍；無拘而志，與道大蹇。何少何多，是謂謝施；無一而行，與道參差。嚴乎若國之有君，其無私德；繇繇乎若祭之有社，其無私福；泛泛乎其若四方之無窮，其無所畛域。兼懷萬物，其孰承翼？是謂無方。萬物一齊，孰短孰長？道無終始，物有死生，不恃其成。一虛一滿，不位乎其形。年不可舉，時不可止。消息盈虛，終則有始。是所以語大義之方，論萬物之理也。物之生也，若驟若馳，無動而不變，無時而不移。何為乎？何不為乎？夫固將自化。」

「趣舍」：取捨。「奈何」：如何。「反衍」：反覆。「而志、而行」的「而」：都是你。「蹇」：違礙。「謝施」指變化、無常。「無一」的「一」：指固定。「參差」：不齊。「德」：惠。「繇繇」指超然。「社」：社神，例如土地神。「泛泛」指寬廣、普遍。「畛」：界。「承翼」：扶助。「無方」：無固定之方向。「恃」：倚仗。「一虛一盈」的「一」：或。「不位」：不居，不固定。「舉」：執持。「息」指生長。「有始」的「有」：又。「所以語大義之方」的「所以」：可以，「大義」：大道，「方」：道理。

河伯說：「那麼我應該做什麼，不應該做什麼？對於事物的推辭、接受、或取或捨，應該如何呢？」北海若說：「從道來看，什麼是貴，什麼是賤，貴賤不斷反覆變化；不要拘束你的心志，以免與道相違。什麼是少，什麼是多，多少變化無常；不要固定你的行為，以免與道不齊。要嚴正如同一國之君主，沒有任何偏私的恩惠；悠遠超然如同人們祭祀的社神，沒有任何偏私的福祐。寬廣如同四方之無窮無盡，沒有界線。包容萬物，對誰要特別扶助呢？這就稱為沒有固定的方向。萬物齊同平等，誰是短誰是長呢？道不固定在終或始，萬物有生死的變化，因此不須倚恃生成。有時為虛，有時為滿，不固定在任何狀態。歲月不可抓住，時間不可停留。消滅、生長、盈滿、虛空，終結之後又再次開始。這就可以告知大道的道理，討論萬物的事理。萬物的生存，如快馬奔馳，沒有任何一個動態不改變，沒有任何一個時點不遷移。應該做什麼？不應該做什麼呢？一切都有它自然的變化。」

莊子前文「小而不寡，大而不多」、「以道觀之，物無貴賤」，是以肯定敘述指出萬物並無多、少、貴、賤之別；在此記載「何貴何賤、何少何多」則是藉著疑問語揭示相同的意涵。至於「反衍、謝施」則指出貴與賤不斷變化、多與少也是變化無常，因此「無拘而志、無一而行」指出不可執著，否則就將「與道大蹇、與道參差」，無法與道同步。

由「嚴乎若國之有君」至「其孰承翼」，指出面對萬物不可有一己之偏私，而應順隨萬物的天性，如此則可廣泛照顧萬物之整體，不停滯任一隅落。

關於「無方」，指出因為照顧萬物之整體，所以不執著任何固定的方向，也就是以萬物的全方位做為方向；故可進一步描述為「無方非無方，無方而全方」，以彰顯「無方」的整體性。換言之，「無方」的意涵不在字面，不是沒有方向，而是不固定任何方向，也就無物不可照顧。

道以不執著的流動特質，順應萬物由「始」至「終」、再由「終」至「始」的變化，但是道並不固定在「始」，也不固定在「終」之任一隅落。故記載「道無終始，物有死生」。至於「不恃其成」則是因為萬物雖然生（成），但必將變化為死滅，所以當下的生（成）不足以倚恃，也無庸執著。

「一虛一滿」至「終則有（又）始」，指出萬物具有不斷變化的本質。「無動而不變，無時而不移」，揭示天地之中無物不變，但是「變」卻恆常不變；由於萬物都依隨於「變」，遷流無已，所以不應以一己之私干擾萬物，而應順隨萬物的天性本質，亦即與變同步，當為則為，不當為則不為，故記載「何為乎」至「夫固將自化」。

以上是河伯與北海若的第五段對談。河伯詢問如何決定為或不為、辭或受、取或捨；北海若指出不應以一己之私為準則，而應順隨萬物不斷變化的天性，並且以「為與不為」、「辭與受」、「取與捨」的整體待命，當「為、受、取」則「為、受、取」；不當「為、受、取」，則「不為、辭、捨」。

河伯曰：「然則何貴於道邪？」北海若曰：「知道者必達於理，達於理者必明於權，明於權者不以物害己。至德者，火弗能熱，水弗能溺，寒暑弗能害，禽獸弗能賊，非謂其薄之也，言察乎安危，寧於禍福，謹於去就，莫之能害也。故曰，天在內，人在外，德在乎天。知天（夫）人之行，本乎天，位乎得，蹢躅而屈伸，反要而語極。」

「邪」：疑問詞。「權」：變。「至德」的「德」：自然天性。「賊」：害。「薄」：迫近。「寧」：安，指承擔。「去就」：退與進，「就」：接近。「德在乎天」的「德」：得，指自得。「知天人」的「天」：學者通常認為是錯字，正確應為「夫」，是語助詞，無特殊意涵。「位乎得」的「位」：居，「得」：德，指天性。「蹢躅」：或進或退，指不固定。「反要而語極」：返本而悟源，「要」：道之要理，「語」：悟。

河伯說：「那麼為何推崇道呢？」北海若說：「了解道的人，必定通達事理，通達事理的人，必定明於權變，明於權變的人，不因外物而損害自己。依循自然天性之人，火不能使他感到熱，水不能淹沒他，寒暑不能傷害他，飛禽走獸不能殘害他，並不是說他迫近這些狀態，而是說他觀察安危，安於禍福，謹慎進退，所以沒有什麼能傷害他。因此說：在內依隨天之自然，在外順隨人事的變動，自得在於不失自然。了解人的行為，本於自然，立於天性之德，或進或退，時屈時伸，歸返道之要理而了悟道之本源。」

「知道者必達於理」至「莫之能害也」，指出悟道者與道相同，具有不執著的流動本質，亦即與變同步；並且舉火、水、寒暑、禽獸為例，揭示悟道者隨機應變，適時調整，不呆滯任一固定狀態，遂不受危害。回顧〈逍遙遊篇〉記載神人「大浸稽天而不溺，大旱金石流、土山焦而不熱」，本書曾說明「不溺、不熱」的意涵不在字面，不是絕無溺、熱，而是雖有溺、熱之感，但依隨變動不居的大道，適時調整至「不溺、不熱」，以恰當地自我安頓。在此併觀兩篇之記載，誠然可相互呼應。

在內依隨天之自然，在外順隨人事的變動，由於不離天之自然，所以自得而安適。故記載「天在內，人在外，德（得）在乎天。」

明瞭人的行止，本就源於天之自然，因此也就不離自然天性之德，無論進、退、屈、伸，都順應自然，當為則為，不當為則不為，無所執著，就是道之要義。故記載「知夫人之行」至「反要而語極」。

以上是河伯與北海若的第六段對談。河伯詢問何以推崇道；北海若指出明瞭大道之義理，依循大道不執著的流動特質，無所拘泥，則不受危害，而且因為不離天之自然，也就自得而安適，這就是道受推崇的緣由。

曰：「何謂天？何謂人？」北海若曰：「牛馬四足，是謂天；落馬首，穿牛鼻，是謂人。故曰：無以人滅天，無以故滅命，無以得殉名，謹守而勿失，是謂反其真。」

「落」：絡，馬籠頭稱為絡，在此指套住。「故滅命」的「故」：巧故，指智巧。「命」指自然。「得殉名」的「得」：貪，「殉」：逐。「反」：返。

河伯說：「什麼叫做天之自然？什麼叫做人為？」北海若說：「牛馬生來有四隻腳，這叫做天之自然；用轡頭套在馬的頭上，用繮繩穿過牛的鼻子，這叫做人為。因此說：不要以人為毀滅自然，不要以智巧毀滅自然，不要因貪得而追逐名聲，謹守而不離自然，這就叫做歸返真實。」

北海若舉牛、馬為例，指出牛、馬與生俱有的四足，是牠們的自然天性。但是人類對牛、馬施加外在的拘束，造成牛、馬的痛苦，則是人為。

「命」指自然。回顧〈大宗師篇〉「死生，命也，其有（猶）夜旦之常，天也。」揭示「生、死」如同「日、夜」，相互交替出現，是人們與生俱有的自然天性本質，這是「命」，這也是「天」之自然；亦即莊子清晰指出「命」即是「天」，即是自然。

由此則知「無以人滅天，無以故滅命」，指出人類不可過度膨脹自我的方便與享受，必須適度節制，以萬物齊同平等為基準，尊重天地間所有的存在，不可扭曲自然。

「謹守而勿失，是謂反其真」，揭示依隨自然，則可不離於天，不離於道，不離真實。

以上是河伯與北海若的第七段對談。河伯詢問何謂天、人；北海若指出與生俱有的自然性質是「天」，扭曲自然則是「人」。但是人類若能適度節制自我的方便與享受，明瞭人類是萬種物類之一，齊同平等於萬物，不失「人為與自然」的恰當平衡，不離萬物和諧共存的本質，則是「天」。那麼也就沒有「天、人」之別，而是渾然天成的理想狀態。

夔憐蚿，蚿憐蛇，蛇憐風，風憐目，目憐心。夔謂蚿曰：「吾以一足趻踔而行，予無如矣。今子之使萬足，獨奈何？」蚿曰：「不然。子不見夫唾者乎？噴則大者如珠，小者如霧，雜而下者不可勝數也。今予動吾天機，而不知其所以然。」蚿謂蛇曰：「吾以眾足行，而不及子之無足，何也？」蛇曰：「夫天機之所動，何可易邪？吾安用足哉！」蛇謂風曰：「予動吾

脊脅而行，則有似也。今子蓬蓬然起於北海，蓬蓬然入於南海，而似無有，何也？」風曰：「然，予蓬蓬然起於北海而入於南海也，然而指我則勝我，鰌我亦勝我。雖然，夫折大木，蜚大屋者，唯我能也，故以眾小不勝為大勝也。為大勝者，唯聖人能之。」

「夔」：獨腳獸。「憐」：慕。「蚿」：百足蟲，又名馬陸。「踸踔」：跳躍。「獨」：疑問詞。「奈何」：如何。「天機」指自然。「邪」：疑問詞。「安」：何。「脅」：肋骨。「有似」：似有腳。「蓬蓬然」：風吹之聲。「鰌」指踩踏。「蜚」：飛。

獨腳獸夔羨慕百足蟲蚿，蚿羨慕蛇，蛇羨慕風，風羨慕眼睛，眼睛羨慕心。夔對蚿說：「我用一隻腳跳躍著行走，我不如你啊。現在你用這麼多腳走路，是如何做到的？」蚿說：「不曾特別做什麼。你沒有見過吐唾沫的人嗎？由口中噴出來的唾沫，大的像珠子，小的像細霧，混雜著落下來，數都數不清。現在我順著自己的自然天性而走動，卻不知自己為什麼會這樣。」蚿對蛇說：「我用這麼多腳走路，卻比不上你沒有腳的速度快，為什麼呢？」蛇說：「順著自然而動，怎麼可能改變呢？我哪裡需要用腳呢！」蛇對風說：「我動用脊背和肋骨行走，還像似有腳。現在你呼呼地由北海吹起，呼呼地吹入南海，卻好似沒有形跡，為什麼呢？」風說：「是呀。我呼呼地由北海吹起，而吹入南海。但是人類用手指擋我就能勝過我，用腳踢我也能勝過我。然而，折斷大樹，吹垮大屋，只有我能做得到。這是將許多小的不勝翻轉為大勝。能翻轉為大勝，只有聖人能做得到。」

蚿雖然多足，但是自述並未特別做什麼，只是順隨自然天機；正如唾者噴出的口沫，雖然不可勝數，但是唾者也不曾特別做什麼，也只是順隨自然天機。所以「不知其所以然」可進一步描述為「不知其所以然而知其自然」，以彰顯任何狀態均為自然天性之呈現。

蛇自述「天機之所動，何可易邪？」指出蛇無足的自然天性，無可改易，也就是唐．杜甫〈秋野〉：「易識浮生理，難教一物違。」

風自述雖可由北海至南海，但是人類的手、腳卻可擋住風，然而風「折大木，蜚（飛）大屋」，人類卻不能做到。

本則寓言僅記載至「蛇與風」的對話，並未記載「風與目、目與心」的談話，有學者認為應是莊子原文脫略；不過，或許莊子行文就是到此而止，至於未記載「風與目、目與心」的對答，或許是敦促讀者自行思考：風因為速度不及目，所以羨慕目；目因為可到達的區域不及心，所以羨慕心。換言之，夔以一足，羨慕蚿的多足；蚿以多足，羨慕蛇無足；蛇以有形跡，羨慕風的無形跡；至於風，則羨慕目；目羨慕心。亦即這五項存在，都認為自己不如其它存在，故羨慕它者。

在此可將注意力聚焦於風。風自述雖可由北海至南海，但是人類卻可擋住風，然而風可折木飛屋，人類卻不能做到。這正是前則河伯與北海若寓言記載「以功（用）觀之，因其所有而有之，則萬物莫不有；因其所無而無之，則萬物莫不無。」亦即萬物各有不同的功能，都是集「有用與無用」於一身。例如：心雖然無所不至，但是不若目，不可真實看見形貌色彩；目雖可真實看見形貌色彩，但僅限於一定距離之內，不可看見遙遠距離之外的存在物；

風雖可由北海前往遙遠的南海，但是因為沒有形體，所以有形體的人類即可擋住風，至於有形體的蛇當然也可擋住風；蛇雖有形體，但是無足，不若蚿之多足；蚿雖多足，但不若夔一足即可行走。由此則知，任一存在均有各自不同的功能，無從指出孰優孰劣。

常識認為「有用與無用」、「勝與不勝」互斥對立，並且執著「有用、勝」，排斥「無用、不勝」。然而立足渾全不割裂的大道，則知互為對照的「有用與無用」、「勝與不勝」具有不可切割的整體性，聖人就是明瞭於此，也了解任何存在物都是集「有用與無用」於一身，也就是均為集「勝與不勝」於一身，因此無所執著也無所排斥，懷抱「勝與不勝」的整體性，遂為大勝，故記載「以眾小不勝為大勝也」。簡言之，「以眾小不勝為大勝」的意涵不在字面，並非消滅不勝成為大勝，而是立足「不勝與勝」之整體，即為大勝。然而，即使大勝卻也不可自大，因為大勝依然與「眾小不勝」同存並在。

本則寓言揭示：萬物都以與生俱有的自然天性存在於天地之間，自然天性並無孰勝、孰不勝可言。萬物都是集「有用與無用」、「勝與不勝」於一身，亦即均為「以眾小不勝為大勝」，都是齊同平等，因此無庸妄自菲薄地羨慕它者。

孔子遊於匡，宋人圍之數匝，而絃歌不輟。子路入見，曰：「何夫子之娛也？」孔子曰：「來，吾語汝：我諱窮久矣，而不免，命也；求通久矣，而不得，時也。當堯、舜而天下無窮人，非知得也；當桀、紂而天下無通人，非知失也。時勢適然。夫水行不避蛟龍者，漁父之勇也；陸行不避兕

虎者，獵夫之勇也；白刃交於前，視死若生者，烈士之勇也；知窮之有命，知通之有時，臨大難而不懼者，聖人之勇也。由處矣，吾命有所制矣？」無幾何，將甲者進，辭曰：「以為陽虎也，故圍之。今非也，請辭而退。」

「匡」：衛國之地名，在今之河北省長垣縣西南。「宋人」：學者均認為應是衛人，宋是錯字。「匝」：周。「絃歌」指彈琴賦詩，「歌」：詩。「輟」：止。「子路」：孔子的弟子，姓仲，名由，字子路，魯國人。「夫子」：老師，指孔子。「汝」：你。「諱窮」的「諱」：避，「窮」指困頓。「命」指機緣。「時也」：時機，機緣。「窮人」指不得志之人。「非知得」：非得智力。「通人」指得志之人。「非知失」：非失智力。「兕」：犀牛。「有命、有時」的「有」：由。「由處」的「由」：子路，「處」指安靜。「制」：限。「無幾何」指短時間。「將甲」：手持兵器，「將」：持。「陽虎」：即陽貨，魯國人，由於曾帶兵擾亂匡地，而孔子的容貌與陽虎相似，匡人遂誤以為是陽虎，故圍困孔子。「辭」：道歉。

孔子周遊列國來到了匡，宋國人將他的居所重重圍住，但他依然彈琴賦詩並不停止。子路進入屋內，問說：「老師為什麼還能這樣琴歌自娛呢？」孔子說：「過來，我告訴你，我想避開困頓已經很久了，然而卻不能免，這是人生的機緣。我求亨通，已經很久了，然而卻不能得，這是人生的時機。在堯、舜的時代，天下沒有不得志的人，並非因為所有人都獲得智力；在夏桀、商紂的時代，天下沒有得志的人，並非因為所有人都失去智力。這是時機使然。在水中活動不躲避蛟龍，這是漁夫的勇敢。在陸地行走不躲避犀牛與老虎，這是獵人的勇敢。刀刃在眼前交錯，卻視死如生，這是烈士的勇敢。了解困頓是由於機緣，明白亨通是由於時機，遇到大難而不畏懼，這是聖人的勇敢。子路，你稍安勿躁，我的機緣果真有所限定嗎？」不一會兒，有個手持兵器的人進來，道歉說：「我們以為你是陽虎，所以包圍你。現在了解你不是，所以來道歉，並且要撤退包圍了。」

關於「命」，雖然有些學者認為莊子是宿命論，不過本書並不以宿命論進行說明，這是因為〈德充符篇〉「死生存亡、窮達貧富……，是事之變，命之行也。」指出生存或死亡、貧窮或富達等等人生際遇不斷流動變化，在生活中交替出現，它們都是事之變，也都是「命之行」人生機緣的變動。故知「命」指向人生機緣。

有以上的了解，再看「我諱窮久矣，而不免，命也；求通久矣，而不得，時也。」則知孔子指出：窮、通都是人生的機緣，也就是「死生存亡、窮達貧富……，是事之變，命之行也。」

然而，接受「窮、通」為人生之機緣，是否太過消極、被動呢？〈人間世篇〉、〈德充符篇〉均曾說明，「接受與承擔」是不可切割的一體之兩面；亦即在接受的同時，必定有「主動、積極、承擔」的內在生命力。換言之，本則寓言的孔子雖然看似消極、被動的接受人生機緣，但本質上卻具有主動、積極、承擔的堅毅與勇敢。

繼續舉漁父、獵夫、烈士為例，指出他們各有承擔，不閃躲大眾一致逃避的蛟龍、犀牛、老虎、刀刃，故彰顯其勇。至於「窮、通」，大眾只願意接受「通」而強烈排斥「窮」；但是聖人不同於大眾，無所執著也無所排斥，無論人生機緣是窮或通，都是一肩擔起。故記載

「知窮之有命」至「聖人之勇也」。

關於「有所制」，如果僅觀字面，不免以為是「有所限定」；但是後文旋即記載將甲者道歉而撤退，於是「制」之限定、困頓，立即轉變為困頓解除之通達。故可進一步描述為「制而不制」、「限定非限定」，印證「窮通」是事之變，命（機緣）之行，不斷流動變化；也印證「無動而不變，無時而不移」，沒有恆常固定的「窮」（困頓）、「制」（限定），而必將有所變化。

本則寓言舉窮通為例，揭示「命」之人生機緣，不斷變動，並不恆常固定於任一狀態。因此即使身處逆境，艱難困厄，也不必沮喪氣餒，反之，勇敢承擔，審慎因應，必將有所轉機。同理，若是身處順境，也不可失去謹慎，因為「無動而不變，無時而不移」，當下的通達必將流動變化而有所波折。

公孫龍問於魏牟曰：「龍少學先王之道，長而明仁義之行，合同異，離堅白；然不然，可不可。困百家之知，窮眾口之辯，吾自以為至達已。今吾聞莊子之言，汒焉異之。不知論之不及與？知之弗若與？今吾無所開吾喙，敢問其方。」公子牟隱机大息，仰天而笑曰：「子獨不聞夫埳井之蛙乎？謂東海之鱉曰：『吾樂與！吾跳梁乎井幹之上，入休乎缺甃之崖；赴水則接腋持頤，蹶泥則沒足滅跗。還虷蟹與科斗，莫吾能若也。且夫擅一壑之水，而跨跱埳井之樂，此亦至矣，夫子奚不時來入觀乎？』東海之鱉左足

未入，而右膝已縶矣。於是逡巡而卻，告之海曰：『夫千里之遠，不足以舉其大；千仞之高，不足以極其深。禹之時十年九潦，而水弗為加益；湯之時八年七旱，而崖不為加損。夫不為頃、久推移，不以多、少進退者，此亦東海之大樂也。』於是埳井之蛙聞之，適適然驚，規規然自失也。且夫知不知是非之境，而猶欲觀於莊子之言，是猶使蚉負山，商蚷馳河也，必不勝任矣。且夫知不知論極妙之言，而自適一時之利者，是非埳井之蛙與？且彼方跐黃泉而登大皇，無南無北，奭然四解，淪於不測；無東無西，始於玄冥，反於大通。子乃規規然而求之以察，索之以辯，是直用管闚天，用錐指地也，不亦小乎！子往矣！且子獨不聞夫壽陵餘子之學行於邯鄲與？未得國能，又失其故行矣，直匍匐而歸耳。今子不去，將忘子之故，失子之業。」公孫龍口呿而不合，舌舉而不下，乃逸而走。

「公孫龍」：姓公孫，名龍，趙國人，大約與莊子同時，著有白馬論、堅白論等。「魏牟」：魏國的公子，名牟。「合同異」：合併同與異。「離堅白」：例如分離白色石頭的堅硬與白色之兩種不同性質。「窮」指駁倒。「汒焉」：茫然。「及與、若與」的「與」：均為歟，疑問詞。「喙」：口。「方」：道理。「隱」：憑。「机」：几，桌。「大息」：嘆息。「獨不聞」的「獨」：何。「埳井」：淺井。「樂與」的「與」：歟，感嘆詞。「跳梁」：跳躍。「井幹」：井欄。「缺甃之崖」的「缺甃」：破磚，「崖」：岸邊。「腋」：臂下。

「頤」指腮。「蹶」：踩踏。「跗」：腳背。「還」：還顧。「虷」：井中的赤蟲。「科斗」：蝌蚪。「莫吾能若」：莫能若吾。「擅」：專。「壑」：坑。「跨跱」指盤據。「奚」：何。「縶」：拘，絆。「逡巡」：退却。「却」：退。「舉」：盡。「仞」：有些古籍記載七尺、有些記載八尺是一仞。「潦」：水災。「崖不為加損」的「崖」：岸，指水位。「損」：減，指下降。「頃」：少時。「推移」：改變。「適適然」：驚懼之貌。「規規然」：細小之貌。「是非之境」指是非的整體性。「蚉」：蚊。「商蚷」：馬蚿，又名馬陸。「自適」：自滿。「是非埳井之蛙與」的「是」：此；「與」：歟，疑問詞。「彼」指莊子。「跐」：踏。「黃泉」指地。「大皇」指天。「奭然」：釋然，指無拘束。「四解」指東西南北皆通達，無所拘執。「淪」：入。「不測」：不盡。「玄」：深遠。「冥」：暗。「玄冥」指無從以感官知覺進行辨識，無從以語言文字進行描述。「反」：返。「大通」：大道。「壽陵」：燕國地名。「餘子」：少年。「邯鄲與」的「邯鄲」：趙國國都；「與」：歟，疑問詞。「故行」：舊有的步法，「故」：舊。「匍匐」：爬行。「業」：學業，指公孫龍學習的名家知識。「呿」：開。「逸」：奔。「走」：跑。

公孫龍問魏牟說：「我從小學習先王之道，長大後明瞭仁義的行為，可以合併同與異；將白色石頭的堅硬與白色兩種不同的性質，予以分離；不對的說成對，不可的說成可。困倒百家的認知，駁倒眾人的論辯，我自以為是最通達事理的人了。現在我聽聞莊子的談論，感到茫茫然十分奇異。不明白是我的論述不及他呢？還是智力不如他呢？現在我無法開口說話，請問其中的道理何在。」魏牟靠著桌子嘆息，又仰天而笑說：「你難道不曾聽聞淺井的青蛙嗎？牠對東海的大鼈說：『我真是快樂！我可以在水井欄杆上跳躍，進入井中就可以在破磚邊上休息；跳入水中，水就接住我的雙臂，托住我的兩腮；踩在泥上，泥就淹沒我的雙腳，蓋過腳背。回頭看看井中的赤蟲、螃蟹、蝌蚪，沒有誰像我這樣快樂。再說，能夠獨占一坑水，盤據一口淺井的快樂，這就是最極至的了。先生何不即時來看看呢？』東海之鼈左腳還沒有踏入，右腿的膝蓋就已經被絆住了。於是牠向後退，告訴青蛙有關於大海的狀況，說：『千里之遙遠，不足以說盡海的大；八千尺的高度，不足以說盡海的深。夏禹的時代，十年中九年有水災，但是海面不固定於上升；商湯的時代，八年中七年有旱災，但是水位不固定於下降。不因為時間的長短而有改變，不因水量的多少而固定在增或固定在減，這就是東海的大樂呀！』淺井的青蛙聽了，感到驚恐，覺得自己太渺小而失神。你的智力不了解是非的整體性，卻想探究莊子的論述，這就像是讓蚊子去背一座山，馬蚿渡河一樣，必定無法勝任。而且你的智力不了解最精奧的論述，卻自滿於一時的口舌之利，這不就像是淺井的青蛙嗎？況且莊子正是腳踏黃泉，而同時登上青天，沒有南北可言，通達四方，無所拘執，進入深不可測之境；沒有東西可言，起於感官知覺無從辨識、語言文字無從描述的玄冥，回返無所不通的大道。你還細細碎碎的使用感官知覺去觀察，使用語言文字去論說，簡直是用竹管去看青天，用錐子測量大地，不是太渺小了嗎？你回去吧！你難道不曾聽聞燕國壽陵的少年，到趙國邯鄲去學走路的故事嗎？不但未能學成趙國人的步法，而且失去自己舊有的步法，結果只能爬著回家。你現在還不離開，將忘記你舊有的能力，失去以往學習的名家知識。」公孫龍口開而無法閉合，舌舉起而無法放下，遂奔跑而去。

回顧〈齊物論篇〉曾說明，「離堅白」是將白色石頭的堅硬與顏色兩種不同的性質，予以分離。試想：「白石」兼具堅硬與白色雙重性質，前者由觸覺得知，後者由視覺得知，兩項性質雖然不同，但卻同存於白石，具有一體不可分的整體性。亦即兩項不同的性質同存同在，因此觀察完整的全貌，即應「同與不同」併見。然而「離堅白」分離堅硬與白色，則是只見「不同」而不見「同」，未能觀察完整的全貌，失落了整體性。

由「堅白」即知：「同與異」本就共存共在。例如：人體的耳朵有聽覺，眼睛有視覺，兩者的性質不同，但是同存於人體，具有不可切割的整體性。亦即觀察完整的全貌，則知「同與異」本就是一，所以無庸「合」同異。至於提出「合同異」的公孫龍，則是未能察見完整的全貌，誤以為「同、異」互斥對立，觀察與思考都失落了整體性。

〈齊物論篇〉記載「是不是，然不然」，如果僅觀文字表面，似乎相同於公孫龍提出的「然不然，可不可」，那麼公孫龍為何認為莊子的論述十分特異呢？本書多次說明，莊子以「天地萬物之整體」為立足點，明瞭萬物無不符合天地之運作（例如：地球自轉），亦即「無物不然，無物不可」（〈齊物論篇〉），萬物本是和諧並存之整體，本無是、非可言。只不過人們以自我為中心，強硬指稱喜愛的狀態為「是」，反之則為「非」。換言之，若不標舉「是」，則無是、非之可言，一旦標舉，則是、非必然同時凸顯，如影隨形，任一方皆不獨自成立，必定與另一方相依相倚。亦即天地之間本為「無是無非」，但是人們強硬指稱之，卻不知一旦指稱，那麼所指稱之「是、非」就具有不可切割的整體性。簡言之，莊子「是不是，然不然」，立足天地萬物之整體，並且揭示人們強硬指稱的「是、非」，具有不可切割的整體性。

至於公孫龍並非以「天地萬物之整體」為立足點，反而就是以自我為中心，指稱「此」為「是」，又指稱在「此」之外者為「非」，誤以為天地間有「是、非」之互斥對立。亦即公孫龍切割整體，僅僅抓取局部的片段做為論點，雖然「困百家、窮眾口」，但始終停留在局部的隅落。因此認為莊子本於整體性的論述極其特異，無法理解。

關於「禹之時十年九潦（水災），而水弗為加益；湯之時八年七旱，而崖不為加損。夫不為頃久推移，不以多少進退。」如果僅觀字面，似乎是指海水始終固定不變，相同於前則河伯與北海若寓言記載「萬川歸之，不知何時止而不盈；尾閭泄之，不知何時已而不虛；春秋不變，水旱不知。」不過，前則寓言業已說明莊子對於海水的敘述，意涵不在字面，不是始終不變，而是不斷變動。

由此則知「弗為加益、不為加損」，指出海水不固定於增益，也不固定於減損，這是因為「無動而不變，無時而不移」，亦即在增益中仍有所變化，在減損中也有所變動。換言之，海水在「益與不益」、「損與不損」的整體中，流動無已。故可進一步描述為「益而弗為加益，損而不為加損」，以彰顯不斷變化的特質。

由於海水總是變動，無論由長時間或短時間來觀察，它變動的本質從來不曾改變，也就是「變」恆常不變，故記載「不為頃久推移（改變）」。

「不以多少進退」指出大海雖因水多而「進」，但不固定於此；雖因水少而「退」，但也不固定於此；這仍然是因為「無動而不變，無時而不移」，亦即必將有所變化，也就是大海不固定在「進」，也不固定在「退」。故記載「不以多少進退」。

上述曾說明天地之間，本無是、非可言，但是人們強硬指稱之，卻不知一旦指稱，那麼所指稱之「是、非」就具有不可切割的整體性，此即為「是非之境」是與非的整體性。

「彼方跐黃泉而登大皇」至「反於大通」，揭示莊子依隨大道通貫天地萬物的整體性，不呆滯在「黃泉（地）」，也不停留在「大皇（天）」；不固定於東、西、南、北任一方位，因此旁人無從以感官知覺辨識、也無從以語言文字描述他與道同在的生命內涵。

本則寓言揭示：莊子不離大道的整體性，而且依隨大道不執著的流動特質，不呆滯任一隅落，與道同遊同在；因此未能了解整體性，僅只停留在局部隅落的人們，難以明瞭他廣闊無垠、無拘無執的論述與生命氣質。

莊子釣於濮水，楚王使大夫二人往先焉，曰：「願以境內累矣！」莊子持竿不顧，曰：「吾聞楚有神龜，死已三千歲矣。王巾笥而藏之廟堂之上，此龜者，寧其死為留骨而貴乎？寧其生而曳尾於塗中乎？」二大夫曰：「寧生而曳尾塗中。」莊子曰：「往矣！吾將曳尾於塗中。」

「濮水」：本為黃河分流，後因黃河遷流，濮水亦堙塞。「楚王」：楚威王。「累」指託付。「顧」：看。「巾」指布巾包裹。「笥」：竹箱，指放入竹箱。「曳」：拖。「塗」：泥。「將」：方，正在。

莊子在濮水邊釣魚，楚威王派兩位大夫先去傳達意念，說：「希望將國家大事託付給您。」莊子手持釣竿，頭也不回地說：「我聽說楚國有一隻神龜，已經死了三千年，楚王特別將牠放在竹箱中，以布巾包著，保存在廟堂之上。這隻龜，寧可死了，留下骨頭受到尊貴待遇？還是寧可活著，拖著尾巴在泥地中爬？」兩位大夫說：「寧可活著，拖著尾巴在泥地中爬。」莊子說：「你們請回去吧！我正拖著尾巴在泥地中爬呀！」

關於莊子拒絕禮聘之事，《史記・老莊申韓列傳》記載：「楚威王聞莊周賢，使使厚幣迎之，許以為相。莊周笑謂楚使者曰：『千金，重利；卿相，尊位也。子獨不見郊祭之犧牛乎？養食之數歲，衣以文繡，以入大廟。當是之時，雖欲為孤豚，其可得乎？子亟去，無污我。我寧遊戲污瀆之中自快，無為有國者所羈，終身不仕，以快吾志焉。』」

藉由《史記》的記載可知，莊子拒絕卿相尊位，是因為察見權力富貴完整的全貌，洞見權力富貴並非僅有單一面向，而尚有殺身之禍的另一面。由於察見權力富貴一體兩面的另一面，洞見其中隱藏著殺機，因此不同於大眾，不為富貴的表象所動。

本則寓言的意涵不在字面，不是畏懼死亡，不是僅只希望存活，而是揭示莊子的觀察與思考，不呆滯在局部的隅落，具有大道的整體性。

惠子相梁，莊子往見之。或謂惠子曰：「莊子來，欲代子相。」於是惠子恐，搜於國中三日三夜。莊子往見之，曰：「南方有鳥，其名鵷鶵，子知之乎？夫鵷鶵，發於南海而飛於北海，非梧桐不止，非練實不食，非醴泉不飲。

於是鴟得腐鼠，鵷鶵過之，仰而視之曰：『嚇！』今子欲以子之梁國而嚇我邪？」

「惠子相梁」：惠施擔任梁惠王的宰相，梁惠王即魏惠王，由於遷都至大梁（今河南省開封），故又稱梁惠王。「或」：有人。「鵷鶵」：鳳凰類之飛鳥。「止」指棲息。「練實」：楝實，楝木之果實，屬核果。「醴泉」：美泉，指泉水甘甜如醴酒。「鴟」：貓頭鷹。「邪」：疑問詞。

惠施擔任梁惠王的宰相，莊子將去看他。有人對惠施說：「莊子來，是想取代你的宰相職位。」於是惠施感到恐慌，接連三天三夜在全國各地搜索莊子。莊子自己去見惠施，對他說：「南方有一種飛鳥，名叫鵷鶵，你了解嗎？鵷鶵由南海出發飛到北海，途中不是梧桐樹就不棲息，不是楝木的果實就不吃，不是甘美的泉水就不喝。這時有一隻貓頭鷹抓著腐爛的老鼠，恰巧鵷鶵飛過，貓頭鷹就仰起頭望著鵷鶵叫喊『嚇！』現在你想用你的梁國來嚇我嗎？」

莊子若是如同大眾，竭力追求權力富貴，那麼前則寓言記載楚威王禮聘他擔任宰相時，也就應允了，怎可能拒絕楚國後，卻與惠施爭奪國勢遠較楚國衰微的梁國之宰相？惠施顯然未能明瞭於此，僅因耳語便猜疑莊子垂涎梁國宰相之位，充分暴露惠施的觀察與思考未能周偏全局，以及對於權力富貴的執著。

本則寓言延續前則寓言，再次揭示莊子不執著權力富貴，至於惠施唯恐失去權力富貴，竭力執著，遂有憂懼猜忌，亦即〈人間世篇〉「陰陽之患」、〈列御寇篇〉「離（罹、遭遇）內刑者，陰陽食之」，也就是晉．郭象注「喜懼戰於胸中，固已結冰炭於五藏（臟）。」

莊子與惠子遊於濠梁之上。莊子曰：「儵魚出遊從容，是魚樂也。」惠子曰：「子非魚，安知魚之樂？」莊子曰：「子非我，安知我不知魚之樂？」惠子曰：「我非子，固不知子矣；子固非魚也，子之不知魚之樂，全矣。」莊子曰：「請循其本，子曰『汝安知魚樂』云者，既已知吾知之而問我。我知之濠上也。」

「濠」：水名，在安徽省境，有東濠水、西濠水，皆北流入於淮河。「濠梁」：橋梁名，在安徽省鳳陽縣附近，為東濠水上的橋樑。「儵魚」：白魚。「安」：何。「全」有二意：（一）論述完整，（二）事情的全貌。「循其本」：追述其源。「濠上」：濠水橋上。

莊子與惠施在濠水的橋上遊覽。莊子說：「儵魚在水中，從容地游來游去，這是魚的快樂！」惠施說：「你不是魚，怎麼知曉魚的快樂？」莊子說：「你不是我，怎麼知曉我不了解魚的快樂？」惠施說：「我不是你，固然不知你；你也不是魚，你不知魚的快樂，這就是完整的論述或事情的全貌了。」莊子說：「還是回到我們最初所談的，你說『你怎麼知曉魚的快樂』這句話，就是你已經知曉我了解魚的快樂才問我，我就是在濠水的橋上了解的呀！」

莊子以「天地與我並生，而萬物與我為一」（〈齊物論篇〉）、「通天下一氣」（〈知北遊篇〉）為立足基準，明瞭人類是天地間的萬種物類之一，與所有物類共同組成天地萬物不可切割的連續性整體。換言之，人類與任何物類並無不可跨越的區隔。亦即「物、我」本就通而為一，本就是「一」不是「二」。所以莊子與魚相通相連，也與惠施相通相連，故記載「子曰『汝安知魚樂』云者，既已知吾知之而問我，我知之濠上也。」

惠施所言之「全」，無論是指完整的論述或事情的全貌，都是認為「物、我」是各自獨立沒有關連的「二」，以為這就是「全」。但是莊子了解天地萬物是不可切割的連續性整體，這才是「全、一」。換言之，惠施未能明瞭「物我為一」，雖言「全」，但卻背離了天地萬物整體之「全」。

對於惠施的首次詢問，莊子回答「子非我，安知我不知魚之樂？」看似莊子、惠施尚有區隔；但是對於惠施的再次詢問，莊子回答「既已知吾知之而問我」，則呈現「莊子與惠施」相通為一的整體性，並非隔絕不通。

本則寓言揭示物我為「一」，本就通而為一，而且也是「萬物一齊，孰短孰長」，萬物皆齊同平等。不過，更進一層而言，雖然莊子與惠施、與魚、與萬物「通而為一」，但是並非固定於「一」，而是「一而二，二而一」，關於此義理，可參看〈齊物論篇〉「莊周夢蝶」寓言之說明。

至樂

「樂」就是感官欲望的享受，抑或依隨天地萬物的整體性，安適自在的順應自然？「至樂」就是執著自以為的快樂，抑或不執著於樂，則無所不樂？

天下有至樂無有哉？有可以活身者無有哉？今奚為奚據？奚避奚處？奚就奚去？奚樂奚惡？夫天下之所尊者：富、貴、壽、善也；所樂者：身安、厚味、美服、好色、音聲也；所下者：貧、賤、夭、惡也；所苦者：身不得安逸，口不得厚味，形不得美服，目不得好色，耳不得音聲。若不得者，則大憂以懼，其為形也亦愚哉！夫富者，苦身疾作，多積財而不得盡用，其為形也亦外矣！夫貴者，夜以繼日，思慮善否，其為形也亦疏矣！人之生也，與憂俱生，壽者惛惛，久憂不死，何之苦也！其為形也亦遠矣！烈士為天下見善矣，未足以活身。吾未知善之誠善邪？誠不善邪？若以為善矣，不足活身；以為不善矣，足以活人。故曰：「忠諫不聽，蹲循勿爭。」故夫子胥爭之以殘其形；不爭，名亦不成。誠有善無有哉？今俗之所為與其所樂，吾又未知樂之果樂邪？果不樂邪？吾觀夫俗之所樂，舉群趣者，誙誙然如將不得已，而皆曰樂者，吾未知之樂也，亦未知之不樂也。果有樂無有哉？吾以無為誠樂矣，又俗之所大苦也。故曰：「至樂無樂，至譽

無譽。」天下是非果未可定也。雖然，無為可以定是非。至樂、活身，唯無為幾存。請嘗試言之：天無為以之清，地無為以之寧，故兩無為相合，萬物皆化。芒乎芴乎，而無從出乎！芴乎芒乎，而無有象乎！萬物職職，皆從無為殖。故曰：天地無為也而無不為也，人也孰能得無為哉！

「奚」：何。「富貴壽善」的「善」：指名聲。「厚味」：美食。「為形」：對生命，「為」：對，「形」指生命。「疾作」：力作，勤勉勞動。「外」指疏遠。「惛惛」：昏昏。「見善」：被讚美，「見」：被動義。「活身」：使自己存活。「誠」：實。「邪」：疑問詞。「活人」：使他人存活。「蹲循」：逡巡，指退卻。「子胥」：伍員，字子胥，吳王夫差之臣，勸諫吳王未獲採納，反遭賜死，屍沉於江，已見於〈大宗師篇〉。「果」：實。「舉群趣」的「舉」：皆，「趣」：取。「誙誙然」：堅定，指執著。「將」：持。「不得已」：不得止。「吾未知之樂也，亦未知之不樂也」：此為宋．陳碧虛《莊子闕誤》引《江南古藏本》，至於通行本則為「吾未之樂也，亦未之不樂也」。「無為」指順應自然。「幾」：近。「芒乎、芴乎」：都是恍惚，均指無從以感官知覺進行辨識。「職職」指繁殖。

天下有至樂，還是沒有呢？有可以存活的方法，還是沒有呢？現在，應該做什麼，依據什麼？避開哪裡，停留在哪裡？接近什麼，離開什麼？喜愛什麼，厭惡什麼？天下人所看重的是財富、尊貴、長壽、美名；所喜愛的是安逸、美食、華服、美色、音樂；所鄙視的是貧窮、卑賤、短命、惡名；所苦惱的是身體不能安逸，口吃不到美食，形體穿不到華服，眼睛看不到美色，耳朵聽不到音樂。如果得不到這些，就十分憂懼，這樣對生命實在是愚昧啊！富有的人，勞苦身體，辛勤工作，累積大量財富而未能完全享用，這樣對生命實在是疏遠啊！尊貴的人，夜以繼日，考量言行之對錯，這樣對生命實在是疏遠啊！人之一生，與憂愁共生，長壽者昏昏沉沉，長期憂慮卻又不死，何其痛苦呀！這樣對生命實在是疏遠啊！烈士被天下人稱讚，但卻未能保住生命。我不知這種善是真的善，還是不善？如果以為是善，卻未能保住自己的生命；以為是不善，卻能保住他人的生命。所以說：「忠心的勸諫如果不被採納，就應退去，不必再爭諫。」伍子胥因為爭諫而遭殺害，如果他不爭諫，又得不到忠臣的名聲。那麼，究竟是有善，還是沒有呢？現在世俗的行為以及世俗所認為的樂，我不知果真是樂，還是不樂？我看世俗所認為的樂，就是大眾一致的追逐，執著不已有如抓住停不下來的東西，然而大家都說這是樂，我不知這是樂，還是不樂？果真有樂，還是沒有？我認為順應自然的無為，是真正的樂，卻又是世俗大眾感到最苦惱的。所以說：「至樂在於不執著樂，至譽在於不執著譽。」天下的是非實在無法斷定。雖然如此，順應自然的無為可以做判定是非的基準。只有無為幾近可達到至樂、使生命存活。我試著說明如下：天無為所以清明，地無為所以安寧，天地以無為相互配合，萬物由此而變化生長。恍恍惚惚，沒有從出的徵兆！惚惚恍恍，沒有形象！萬物繁殖，都從無為繁衍出來。所以說天地無為順應自然，而一切都是天地做成的，人類之中誰能學得無為呢！

先看「其為形也亦愚哉」，由於生命以形體為具象之存在，故「為形」即是為生命。至於「愚」，或許是指出生命如果沒有「身安、厚味、美服、好色、音聲」的享受，並不至於受到折損；反而是這些享受刺激感官欲求，使人們不斷追逐，甚至不知節制地縱欲，終將對生命造成折損，亦即《老子・十二章》「五色令人目盲，五音令人耳聾，五味令人口爽」，因此記載「愚」。

本段對於「富、貴、壽、善」的敘述，如果僅觀文字表面，似乎是語帶嘲諷；然而莊子之意果真是嘲諷嗎？在此先看對於烈士之「善」的記載，由「不足活身（己）、足以活人」，即可了解烈士並非僅有「善」的一面，也有「不善」的另一面，亦即「善與不善」並存，具有一體兩面的性質。

再看「人之生也，與憂俱生」，這是否意謂著人生只有憂愁呢？試想，人間世事無不具有一體兩面的性質，例如：地球受陽光照射，必然是一半為「明」，另一半為「暗」；也就是生活中沒有任何一事，只有光明面而無晦暗面。常識認為人生歡樂，但是莊子指出常識未留意的「憂傷」之另一面，故知「人之生也，與憂俱生」以及「久憂不死」的意涵都不僅止於字面，都不是人生只有憂愁，而是和盤托出，指出常識未留意的一體兩面之另一面，揭示人生「憂喜」同存並在的本質。

同理，常識認為富、貴是「樂」，但是「夫富者，苦身疾作」、「夫貴者，夜以繼日，思慮善否」，指出富、貴也都有「苦」的另一面。

綜言之，常識稱讚富貴壽善是「樂」；莊子則是指出常識未留意的另一面，揭示它們也都有「苦」的一面。換言之，以上對於富貴壽善的敘述，其意涵不在字面，不是嘲諷，而是和盤托出富貴壽善都是「苦樂」同存並在，都具有一體兩面的性質。試想：常識追逐富貴壽善，而且執著不已；一旦明瞭它們都有「苦」的另一面，那麼仍將追逐而執著嗎？或許理想的舉止就是依循順應自然的無為準則，當為則為，不當為則不為，無所執著也無所排斥，以此來自我安頓。

本書多次說明「無為」的意涵不在字面，不是什麼都不做，而是順應自然。亦即順隨天地萬物的天性本質，當為則為，不當為則不為，不執著一己之好惡與意見。簡言之，無為即是無我，也就是回返與天地萬物混融、沒有對立、沒有對待、無待、和諧的整體。莊子以此為樂，但是世俗大眾以此為苦。這是因為大眾總是執著一己之好惡，不願放下一己之見，也不願順應萬物的自然性質，故記載「吾以無為誠樂矣，又俗之所大苦也。」

通常人們對於「樂」都有自己的標準，符合這些標準就是「樂」，不符合這些標準就是「不樂」。然而，如果不認定某一狀態是「樂」，那麼無論何時、身處何地、所遇何人、發生任何事件，雖無「樂」可言，但也無「不樂」可言。亦即「無樂」的同時，也是「無不樂」，這不正是無時無地皆安適的「至樂」？故記載「至樂無樂」。換言之，「至樂無樂」的意涵不在字面，不是消滅樂，而是不認為有樂，也不認為有不樂，無所執著，則無所不樂。因此可進一步描述為「至樂無樂無不樂」，以彰顯「至樂」無所執著之義理。簡言之，不執著於樂，則無所不樂，就是「至樂」。

「至譽無譽」的意涵相似於「至樂無樂」。如果不認定某一狀態為「譽」，那麼任何情境都不認為是「無譽」；也就是雖然沒有「譽」可言，但也沒有「無譽」可言。亦即「無譽」的同時，也是「無不譽」，以此誠然是任何時刻都是「無不譽」的「至譽」，故記載「至譽無譽」。由此則知「至譽無譽」的意涵不在字面，不是消滅譽，而是不認為有譽，也不認為有不譽，無所執著，則無所不譽，因此可進一步描述為「至譽無譽無不譽」，以彰顯「至譽」無所執著之義理。簡言之，不執著於譽，則無所不譽，就是「至譽」。

本書多次說明，以「天地之運作」為立足點，則知萬物無不符合天地運作的法則（例如：地球自轉），亦即一切存在本無「是、非」可言，而是和諧並存的整體；只不過人類以自我為中心，強硬指稱喜愛的狀態為「是」，反之則為「非」，遂衍生數之不盡的對立。殊不知「是、非」只是人類以自我意念所假設的區隔，實則萬有並無「是、非」之分。故記載「天下是非果未可定也」，但是莊子隨即敘述「無為可以定是非」，指出順應自然的無為，也就是不以一己之好惡與意見干擾萬物，可以做為判定行止恰當與否的基準。不過，在此須留意「無為可以定是非」的意涵不在字面，不是果真有是非，而是秉持「無為」順應自然，也就是依隨萬物的自然天性，與萬物恰如其分的互動，回返大道的整體性，則明瞭天地之間本為「無是無非」。

常識認為緊緊抓住樂，就是至樂；又認為以一己之好惡與意見做為舉止的前提，就可使生命存活。但是莊子不同於常識，指出「無為」順應自然，當為則為，不當為則不為，由於不執著於樂，所以是無所不樂的「至樂」；也同時因為舉止恰到好處，故可存身。所以記載「至樂活身，唯無為幾存。」

無為是順應自然。至於「自然」則是指存在物的天性本質，所以「無為」也就是順應存在物的自然本質，不干擾、不扭曲。莊子舉天地無為而長久存在為例，證明順應自然本質的

「無為」有助於存在。不過，「兩無為相合」並非指天地為二，而是指天地均以自然本質搭配運作。亦即天地是不可切割的連續性整體，是「一」不是二，讀者須留意之。

「芒乎芴乎、芴乎芒乎」都是恍惚，指向流動變化、不固定、不確定，因此無從以感官的聽覺、視覺、觸覺進行認知。例如：萬物由「無」變化為「有」，再變化為「無」，並不固定在任何狀態。「無從出乎、無有象乎」指出萬物沒有任何出生的徵兆、跡象，然而隨即敘述「萬物職職」，亦即萬物由無變化為有。萬物源於順應自然而無為的天地整體，而且萬物出生之後，也都順應自然本質，並且以自然本質繼續繁衍存在，故記載「萬物職職，皆從無為殖。」

天地無為，不僅長存且創生萬物，故記載「天地無為也而無不為也」。人類若學習之，必然對生命的存在極其有益；只可惜大眾不願放下一己之見，也不願順應天地萬物自然之性質，所以莊子藉疑問語「人也孰能得無為哉」提出感慨。

本段敘述指出：執著富貴壽善以及感官欲望的享受，均非至樂，也不足以存身。反之，不執著一己之好惡與意見，依循大道順應自然的無為準則，由於當為則為，不當為則不為，不執著於樂，所以是無所不樂的至樂；而且由於行止恰到好處，故可存身。

莊子妻死，惠子弔之，莊子則方箕踞鼓盆而歌。惠子曰：「與人居，長子老身，死不哭亦足矣，又鼓盆而歌，不亦甚乎！」莊子曰：「不然。是其始死也，我獨何能無槩然！察其始而本無生，非徒無生也，而本無形；非

徒無形也，而本無氣。雜乎芒芴之間，變而有氣，氣變而有形，形變而有生，今又變而之死。是相與為春秋冬夏四時行也。人且偃然寢於巨室，而我噭噭然隨而哭之，自以為不通乎命，故止也。」

「箕踞」：蹲坐，如簸箕形狀。「與人居」的「人」：指莊子妻。「槩然」：慨然，感嘆哀傷。「非徒」：非但。「雜」：混。「芒芴」：恍惚，指無從以感官知覺進行辨識的天地萬物變動不居之整體。「偃然」指安息。「巨室」指天地之間。「噭噭然」：哭聲。

莊子的妻子死去，惠子去弔喪，看見莊子蹲坐著，敲著瓦盆歌唱。惠子說：「和妻子住在一起，她為你生兒育女，現在老而身死，你不哭也就罷了，卻還敲著瓦盆歌唱，不是太過分了嗎！」莊子說：「不是這樣的。她才死去的時候，我怎能不感嘆哀傷呢！可是思索她最初本來是沒有生命，不但沒有生命而且沒有形體，不但沒有形體而且沒有氣息。混融在天地萬物變動不居的整體之中，變化而有了氣息，氣息再變化而有了形體，形體再變化而有了生命，現在又變化而死去，這就像是春夏秋冬四季的運行一般。她安靜地睡在天地之間，而我卻在旁邊哭泣，我以為這樣是不通達生命流動變化的本質，所以就停止了哭泣。」

面對妻子死去，莊子指出：妻子本是「無生、無形、無氣」，在天地萬物變動不居的整體之中，轉變為「有氣、有形、有生」，現今則再轉變為死。雖然死亡是「無生、無形、無氣」，然而莊子既已指出「無生、無形、無氣」將轉變為「有氣、有形、有生」，故可明瞭妻子雖死，但是並非固定呆滯於死亡，而將再次變化為「有氣、有形、有生」。亦即「生與死」恰若春夏秋冬四季的運行，周而復始，無從分割。也就是舉「春秋冬夏四時行」為例，揭示「生與死」是不可切割的「一」而不是「二」。

換言之，死亡的衝擊使莊子嘆息哭泣，但是「生死」通而為一的整體思考，使莊子停止哭泣。不過，為何鼓盆而歌呢？有學者認為是「矯情」、「自樂」，但是莊子果真如此嗎？

在此，可先由親人死亡的衝擊，開始思考。試想：親人死去的撞擊，至深且鉅；亦即愈是親近之人死去，對於存活者的撞擊力愈強。故可推知，面對妻子死去，莊子所受到的衝擊力度必然甚為強大。此由妻死之初，莊子嘆息哀哭，即可明瞭。接著，可進一步推想：莊子雖然理悟而止息哀哭，但是妻子死去的強大撞擊，是否因此「瞬間」消散？任何人皆知，源自至親死去的強大撞擊，不可能瞬間消散，而仍將持續一段時間。這是血肉之軀的人情之常，莊子既是有血有肉之人，當然也不在此理之外。以此，則可再進一步推想：妻子死去的強大撞擊，既然仍將持續一段時間，那麼憂傷也就將在莊子胸中停留一段期間。

換言之，莊子雖明瞭「生死」一體不可分，但他並非瞬間出離死亡的強大撞擊以及憂傷之情，亦即他尚在逐漸回復平穩的過程中，所以有迴異於日常行為的鼓盆而歌之舉。換言之，鼓盆而歌並非矯情、自樂，而是透顯莊子尚受到死亡與憂傷的衝擊。反之，若以為莊子藉由理悟「瞬間」出離死亡的衝擊，視妻子死去如一陣清風吹過，對他的影響業已完全消散，那麼莊子應當持平如常日，處理日常生活中的事物，豈可能有「鼓盆而歌」如此出乎日常舉止之外的特殊舉動？

然而以上說明，讀者或許將質疑：莊子既然也需要時間滌洗，逐漸回復平穩，那麼與大眾並無不同，焉可稱之為有智慧？關於此項質疑，可參看《老子・十五章》：「古之善為士者，微妙玄通，深不可識。夫唯不可識，故強為之容……混兮其若濁，孰能濁以靜之徐清？孰能安以久動之徐生？」有道之士的生命內涵深不可測，不過老子仍然勉強予以描述，指出悟道者有時也不免受到擾動而如同混濁之水，並不清澈平靜。這是因為悟道者也是有血有肉之人，在生活中受到周身事物的激盪，不免有混亂激動之時，但可逐漸安靜下來，遂由混濁而逐漸清澈。由「濁以靜之徐清」可知悟道者的智慧，並不在於「瞬間」由濁至清，他與大眾相同，也需要時間逐漸調整生命狀態。他的智慧在於適時調整，以達至恰到好處的狀態；至於大眾通常是停滯於固定情態，而未能適時調整。

以此則可了解，本書說明莊子也需要藉著時間逐漸解消死亡與憂傷的衝擊，雖然並非立即化除情緒波動，但這與老子的義理相應；更且莊子思考「生死」如四季循環，無從切割，也因此止息哀哭，就是業已開始實踐「理悟」而適時調整，並非大眾之未能適時調整，因此稱莊子具有智慧，並不虛妄。綜言之，如果不以矯情、自樂來了解「鼓盆而歌」，那麼或許可了解為：莊子尚受到死亡與憂傷的衝擊。若由後者來了解，那麼莊子非但不矯情，而且是有血有肉的真性情，具有與大眾相同的真實人性。

本則寓言彰顯：即使「理悟」生死無從切割，但是將「理悟」實踐於腳下，並非易事，仍須在生活中磨鍊。由此亦知大眾因為親人死去而悲痛不止，並非愚蠢，而是人情之常；縱然睿智如莊子，亦有哀嘆哭泣、鼓盆而歌之舉。但是大眾仍須自我提醒：應將生死一體的「理悟」落實於腳下，雖然實踐具有難度，但是並非絕無可能實踐。

另外，也可由其它面向來了解本則寓言：（一）莊子明瞭「無為誠樂」，也就是順應自然即為樂；有鑑於「生死」無從切割，是人類與生俱有的自然天性，因此順應妻子死去的自然變化，即是「無為誠樂」。（二）大眾以生為樂，但是莊子明瞭「至樂無樂」，因此不同於大眾，不執著某一特定狀態（例如：生）為樂，也就是不認為有樂，也不認為有不樂，無所執著，則為無所不樂的「至樂」。

綜言之，莊子受到死亡與憂傷衝擊的同時，亦是「無為誠樂」、「至樂無樂」，這也彰顯生命具有「悲喜同在」一體兩面的性質。

支離叔與滑介叔觀於冥伯之丘，崑崙之虛，黃帝之所休。俄而柳生其左肘，其意蹷蹷然惡之。支離叔曰：「子惡之乎？」滑介叔曰：「亡，予何惡！生者，假借也，假之而生；生者，塵垢也。死生為晝夜。且吾與子觀化，而化及我，我又何惡焉！」

「支離叔、滑介叔」：假託之人名。「冥伯之丘」：假託之山名。「虛」：墟，大山。「俄而」：忽然。「柳」指瘤。「蹷蹷然」：驚動之貌。「亡」：無。「生者、而生」的「生」：都指形體。「假借、假之」：都指藉著許多元素以聚合。

支離叔與滑介叔一同到冥伯之丘、崑崙大山去遊覽，那是黃帝曾休息之地。忽然間，滑介叔的左手肘長出了一個瘤，他受到驚動，好像有厭惡的神情。支離叔說：「你厭惡它嗎？」

滑介叔說：「不，我怎麼會厭惡！形體的存在是藉著許多元素的聚合，許多元素聚合而有了形體；形體如塵埃之聚散不定。生死的變動就如同日夜一般的輪替。我與你一同觀察萬物的變化，而現在變化發生於我的身上，我又厭惡什麼呢！」

大眾都以身體健康為樂，不樂見身體出現疾病。但是滑介叔面對左肘生瘤，雖然先是「蹷蹷然惡之」，然而在回答支離叔的談話中，以「予何惡、我又何惡焉」兩次強調並無厭惡之意，亦即王叔岷先生所說：「似惡實未惡也」。換言之，滑介叔乍見左肘生瘤，情緒不免產生波動；然而他的思考隨即來到形體是藉著許多元素的聚合，既然有聚，必定就有散，正如有來就有去，「聚與散」、「來與去」是不可切割的一體之兩面。換言之，由諸多元素聚合的肉身，如塵埃之聚散不定，因此以「塵垢」描述形體。由此則知「塵垢」的意涵不在字面，不是形體一無價值，而是指肉身具有「聚與散」一體兩面的性質，莊子和盤托出，指出世人通常未留意的另一面。

接著，舉「晝與夜」為例，指出「生與死」恰如「晝與夜」，是不可切割的一體之兩面。有「生、晝」的一面，必然就有「死、夜」的另一面。亦即生命具有一體兩面的性質。那麼，同理可推，血肉之軀也是相同的「健康與疾病」同存並在，具有一體兩面的性質。

「吾與子觀化」揭示支離叔與滑介叔觀覽之標的，不是冥伯之丘、崑崙之虛的山川景物，而是「變」。亦即滑介叔明瞭「無動而不變，無時而不移」（〈秋水篇〉），所以與「變」同步，對疾病並無不樂之意，而是坦然接受及承擔，亦即順應自然，也就是無為，貼合莊子前文記載之「無為誠樂」。

此外，也可由另一面向來了解：大眾以健康為樂，但是滑介叔明瞭「至樂無樂」，所以不同於大眾，不執著某一特定狀態（例如：健康）為樂，也就是不執著於樂，則為無所不樂的「至樂」。

本則寓言揭示：形體具有「聚與散」、「健康與疾病」同存並在的一體兩面之性質；另外，也與前則寓言相同，揭示滑介叔受到疾病衝擊的同時，也是「無為誠樂」、「至樂無樂」。

莊子之楚，見空髑髏，髐然有形，撽以馬捶，因而問之，曰：「夫子貪生失理，而為此乎？將子有亡國之事，斧鉞之誅而為此乎？將子有不善之行，愧遺父母妻子之醜而為此乎？將子有凍餒之患而為此乎？將子之春秋故及此乎？」於是語卒，援髑髏枕而臥。夜半，髑髏見夢曰：「子之談者似辯士，諸子所言，皆生人之累也，死則無此矣。子欲聞死之說乎？」莊子曰：「然。」髑髏曰：「死，無君於上，無臣於下，亦無四時之事，從然以天地為春秋，雖南面王樂，不能過也。」莊子不信，曰：「吾使司命復生子形，為子骨肉肌膚，反子父母妻子閭里知識，子欲之乎？」髑髏深矉蹙頞曰：「吾安能棄南面王樂，而復為人間之勞乎！」

「髑髏」：無肉的死人頭骨。「髐然」：空枯之貌。「撽」：敲。「馬捶」：馬鞭。「夫子」：先生，指死者。「將」：抑或。「斧鉞」指腰斬大刑。「遺」：送。「醜」：恥。「凍餧」：凍餓。「春秋」：年紀。「卒」：終。「援」：引，拉。「見夢」的「見」：現。「從然」指從容。「司命」：掌管生死之神。「為子」的「為」：賦予。「反」：返。「閭里」指鄉里。「知識」指朋友。「矉」：顰，皺眉。「蹙頞」：愁苦之狀。「蹙」：皺。「頞」：鼻梁，有憂則皺縮之。

莊子到楚國，看見路邊有一個骷髏頭，形狀空枯，莊子用馬鞭敲敲它，然後問到：「先生是因為貪圖存活、違背事理而死嗎？抑或國家滅亡，遭到殺戮而死嗎？抑或行為不良，慚愧自己留給父母妻兒恥辱，以至於死去嗎？抑或遭遇挨餓受凍的災難而死嗎？抑或你的年壽盡了而死嗎？」說完這些話，就拉過骷髏頭當作睡枕而眠。到了半夜，骷髏頭出現在莊子夢中說：「你的談話像個善辯之人，你所說的都是活人的牽累，死去就沒有這些牽累了。你想聽聽死人的情況嗎？」莊子說：「好。」骷髏頭說：「死去，上無國君，下無臣子，也沒有四季必須處理之事，從容自在的與天地共長久，即使是南面稱王的快樂，也不能勝過這樣呀！」莊子不相信，說：「我請司命之神恢復你的形體，賦予你骨肉肌膚，將你送返父母妻兒鄉里朋友那兒，你願意嗎？」骷髏頭皺眉而愁苦地說：「我怎能放棄南面稱王的快樂，而再回到人間去勞苦呢！」

大眾以生為樂，以死為苦；髑髏則指出「死」是樂，「生」是苦，恰與大眾的想法相反。這是故意與大眾唱反調嗎？

試想：「生死」一體不可分，沒有獨立於「生」之外的「死」，也沒有獨立於「死」之外的「生」。所以既然大眾認為「生」是樂，那麼「死」也是樂，因此本則寓言指出「死」

也有樂的另一面；同理，大眾認為「死」是苦，那麼「生」也是苦，因此本則寓言指出「生」也有苦的另一面。

換言之，本則寓言的意涵不在字面，不是樂死惡生，而是和盤托出，指出無論「生」或「死」，都是「樂與苦」同存並在，都具有一體兩面的性質；也就是本書多次說明，人間世事無不具有一體兩面的性質，「生、死」亦不在此理之外。

顏淵東之齊，孔子有憂色。子貢下席而問曰：「小子敢問：回東之齊，夫子有憂色，何邪？」孔子曰：「善哉汝問！昔者管子有言，丘甚善之，曰：『褚小者不可以懷大，綆短者不可以汲深。』夫若是者，以為命有所成，而形有所適也，夫不可損益。吾恐回與齊侯言堯、舜、黃帝之道，而重以燧人、神農之言，彼將內求於己而不得，不得則惑，人惑則死。且汝獨不聞邪？昔者海鳥止於魯郊，魯侯御而觴之于廟，奏九韶以為樂，具太牢以為膳。鳥乃眩視憂悲，不敢食一臠，不敢飲一杯，三日而死。此以己養養鳥也，非以鳥養養鳥也。夫以鳥養養鳥者，宜棲之深林，遊之壇陸，浮之江湖，食之鰌鰷，隨行列而止，委蛇而處。彼唯人言之惡聞，奚以夫譊譊為乎！咸池、九韶之樂，張之洞庭之野，鳥聞之而飛，獸聞之而走，魚聞之而下入，人卒聞之，相與還而觀之。魚處水而生，人處水而死，彼必相與異其好惡，故異也。故先聖不一其能，不同其事，名止於實，義設於適，

是之謂條達而福持。」

「顏淵」：孔子的弟子，姓顏，名回，字子淵。「之齊」的「之」：往。「子貢」：孔子的弟子，姓端木，名賜，字子貢。「下席」：離席。「小子」：子貢謙虛的自稱。「夫子」：老師，指孔子。「邪」：疑問詞。「汝」：你。「管子」：管仲，春秋時齊桓公的宰相。「丘」：孔子，名丘。「褚」：布袋。「綆」：繩索。「命」指自然天性。「適」：宜。「損益」：減增，指改變。「重以」：再加上。「燧人、神農」：燧人氏、神農氏，已見於〈繕性篇〉。「獨」：何。「御」：迎。「觴」指以酒招待。「九韶」：舜樂。「太牢」：牛羊豬三牲。「眩視」：目光搖晃，指不安。「臠」指肉。「壇陸」：平陸。「鰌」：泥鰍。「鮍」：小白魚。「行列而止」的「行列」：指鳥群，「止」：居。「委蛇」指寬舒自得。「奚」：何。「譊譊」：喧鬧。「咸池」：黃帝時的樂章名稱。「張」：奏。「洞庭之野」指天地間。「人卒」：人眾。「相與」：相互。「還」：環繞。「名止於實」指名實相符。「義設於適」：隨宜施設，「義、適」：都是宜，「設」：施。「條達」：條理通達無礙。「福持」：持福。

顏淵往東去了齊國，孔子面色憂慮。子貢離席向前問說：「學生大膽請問：顏回往東去了齊國，老師面色憂慮，為什麼呢？」孔子說：「你問得好！從前管子曾說過兩句我認為很好的話，他說：『小布袋不可裝大的物品，短的繩索不可汲取深井的水。』如此就是認為自然天性既已形成，就有它合宜的形式狀態，這是不可以改變的。我擔心顏回向齊侯談論堯、舜、黃帝的道理，再加上燧人氏、神農氏的言論，齊侯聽了將以這些標準要求自己，但卻又做不到，做不到就會疑惑，人一旦疑惑就陷入死境。而且你難道不曾聽說過嗎？從前有隻海鳥飛到魯國郊外，魯侯將牠迎入太廟，以好酒招待，演奏九韶的音樂讓牠欣賞，送上牛羊豬肉做為膳食。海鳥目光搖晃，不安而憂傷，不敢吃一塊肉，不敢飲一杯酒，三天就死了。這是用養人的方法去養鳥，不是用養鳥的方法去養鳥。用養鳥的方法去養鳥，應該讓鳥棲息在深林中，在平坦的陸地中活動，在江湖上飛翔，啄食泥鰍、小白魚，隨鳥群而居，寬舒自在的生活。鳥最怕聽見人的聲音，為何卻如此喧鬧！咸池、九韶的音樂，在天地之間演奏，鳥一聽見就飛走，走獸一聽見就跑開，魚一聽見就潛入深水，只有人們聽見了，會相互圍繞過來觀賞。魚居處在水中可以存活，人居處在水中就會死亡，他們有不同的好惡，是因為天性不同。所以古代聖人不要求人們有相同的能力，不要求人們做相同的事情，名實相符，隨宜施設，這就稱為條理通達無礙而又持福。」

本篇前文敘述「無為誠樂」，揭示依循順應自然的無為準則，順隨與生俱有的自然天性，當為則為，不當為則不為，就是使生命樂活的良策。本則寓言舉「以己養養鳥」為例，指出若不順應天性，不但不足以為樂，反而戕害生命。

由「咸池、九韶之樂」至「故異也」，舉鳥、獸、魚、人為例，指出不同的物類，各有不同的天性，喜好與能力也各自不同，因此必須順隨天性，隨宜施設，方可「福持」（持福），使生命樂活。這也是「命（天性）有所成」至「不可損益」之旨，亦即命之自然天性不可改易，因此須以恰到好處的適當行為配合，以免扭曲命之天性。

至於顏回的天性，雖然以堯、舜等先賢之道為樂，但是孔子憂慮齊侯的天性不同於顏回，因此向齊侯推薦堯、舜等先賢之道，齊侯採納諫言而且竭力追求，那麼就是「以己養養鳥，非以鳥養養鳥」。

本則寓言揭示：順應自然天性，是生命樂活的良策，也是唯一的方法。因此，向他人推薦高遠之人生境界，仍須斟酌對方的天性，不宜執著一己之我見。

列子行食於道從，見百歲髑髏，攓蓬而指之曰：「唯予與汝知，而未嘗死，未嘗生也。若果養乎？予果歡乎？」種有幾，得水則為㡭，得水土之際則為鼃蠙之衣，生於陵屯則為陵舄，陵舄得鬱棲則為烏足，烏足之根為蠐螬，其葉為胡蝶。胡蝶胥也化而為蟲，生於竈下，其狀若脫，其名為鴝掇。鴝掇千日為鳥，其名為乾餘骨。乾餘骨之沫為斯彌，斯彌為食醯。頤輅生乎食醯，黃軦生乎九猷，瞀芮生乎腐蠸，羊奚比乎不箰久竹生青寧，青寧生程，程生馬，馬生人，人又反入於機。萬物皆出於機，皆入於機。」

「道從」：道徒，指路旁。「髑髏」：無肉的死人頭骨。「攓」：拔。「蓬」：草。「予」：我。「汝、若」：都是你。「果」：真。「養」：憂。「種有幾」的「種」：物種，「有」：由，「幾」：幾微。「㡭」：草名。「鼃蠙之衣」：青苔。「陵屯」：高地。「陵舄」：車前草。「鬱棲」：糞壤。「烏足」：草名。「蠐螬」：金龜子的幼蟲。「胥」：須臾，少時。「脫」：蛻皮。「鴝掇」：蟲名。「沫」：口中唾沫。「斯彌」：蟲名。「食醯」：酒甕中的小蟲。「頤輅」：蟲名。「黃軦」：蟲名。「九猷」：蟲名。「瞀芮」：蟲名。「腐蠸」：螢火蟲。「羊奚」：草名。「比」：並，指結合。「不箰久竹」：久不長筍的竹子。「青寧」：蟲名。「程」：豹。「機」：即幾，指幾微。

列子旅行時，在路邊進食，看見一個百年的骷髏頭，拔去覆蓋的雜草，指著它說：「只有我和你知曉，沒有死，沒有生。你果真憂愁嗎？我果真歡喜嗎？」物種皆由微小的幾而來，幾在水中就長成㡭草，在水與土混合之處就長成青苔，生在高地無水之處，就長成車前草，車前草遇到糞土就長成烏足草，烏足的根變成金龜子的幼蟲，烏足草的葉子變成蝴蝶。蝴蝶一會而就變成小蟲，存活於爐灶之下，形狀像是蛻了皮一般，名叫鴝掇。鴝掇千日之後變為鳥，名叫乾餘骨。乾餘骨的唾沫變為斯彌蟲，斯彌蟲變為酒甕中的食醯蟲。頤輅蟲生於食醯蟲，黃軦蟲生於九猷蟲，瞀芮蟲生於螢火蟲。羊奚草結合久不長筍的竹子，生出青寧蟲。青寧蟲生出豹，豹生馬，馬生人，人又回歸於微小的幾。萬物都來自於幾，又回返幾。

由於「生死」一體不可分，所以髑髏雖然死去，卻不曾遠離「生」，因此不可僅僅指稱為「死」，故記載「未嘗死」。同理，列子雖然存活，但也不曾遠離「死」，因此不可僅僅指稱為「生」，故記載「未嘗生」。

雖然大眾以生為樂，以死為苦；但是前則「莊子之楚」寓言，曾說明「生死」無從切割，所以無論「生」或「死」，都是「樂與苦」同存並在。因此不可僅僅指稱死亡的髑髏為「憂、苦」，故記載「若果養（憂）乎」；同理，不可僅僅指稱存活的列子為「歡、樂」，故記載「予果歡乎」。

「種有幾」指出物類皆由「幾」而來，之後則記載由「此」物類轉變為「彼」物類，計有六種形態：（一）一植物轉變為另一植物：陵舄草→烏足草。（二）植物轉變為動物：烏足草之根→蠐螬，烏足草之葉→胡蝶，（三）二植物結合轉變為動物：羊奚草、不箰久竹→青寧蟲。（四）一動物轉變為另一動物：胡蝶→鴝掇蟲，鴝掇蟲→乾餘骨（鳥），斯彌蟲→食醯蟲，食醯蟲→頤輅蟲，久猷蟲→黃軦蟲，腐蠸（螢火蟲）→瞀芮蟲，青寧蟲→程（豹），程（豹）→馬，馬→人。（五）一動物之唾沫轉變為另一動物：乾餘骨（鳥）之沫→斯彌蟲。（六）一動物轉變為其它動物與植物：人返回「機（幾）」，則將轉化為以上之各種動物與植物。

由以上物類的六種轉變形式，可知各物類之間的變化並無固定之規則。由「人」返回「機（幾）」，則轉變為上述之各物類，則可明瞭任一物類與其它物類之間，並無不可跨越的區隔。換言之，所有物類共同存在不可切割的連續性整體之中，本就通而為一，這是萬物與生俱有的自然天性，那麼順應此項自然天性，也就是無為，即是「無為誠樂」；而且人類順隨萬物連續性整體之流動變化，也就是不執著某一特定狀態（例如：人之形體）為樂，亦即不執著於樂，則是無所不樂的「至樂」。在此同時，生命不再僅限於現在的形體，而將無限延展。

有學者認為本篇列在「外篇」，而且僅觀文字表面，似乎淺陋偏激地樂死惡生，所以認為本篇並非莊子自著。不過，基於以上對於本篇義理之說明，可證其主旨並不在於字面，並非樂死惡生，而是揭示生、死、富、貴、壽、善，都是「苦與樂」同存並在，都具有一體兩面的性質，莊子和盤托出，指出常識未留意的另一面。簡言之，本篇義理並不膚淺鄙陋，所以或許不必認為絕非莊子所作。

達生

生命以形體為具象之存在，然而生命與形體可否劃上等號？為何立足萬物和諧混融的整體性，就有令人驚嘆如神的舉動？

達生之情者，不務生之所無以為；達命之情者，不務命（知）之所無奈何。養形必先之以物，物有餘而形不養者有之矣。有生必先無離形，形不離而生亡者有之矣。生之來不能卻，其去不能止。悲夫！世之人以為養形足以存生，而養形果不足以存生，則世奚足為哉！雖不足為而不可不為者，其為不免矣。夫欲免為形者，莫如棄世。棄世則無累，無累則正平，正平則與彼更生，更生則幾矣。事奚足棄？而生奚足遺？棄事則形不勞，遺生則精不虧。夫形全精復，與天為一。天地者，萬物之父母也，合則成體，散則成始。形、精不虧，是謂能移。精而又精，反以相天。

「情」：實。「務」：求。「命」指自然天性。「不務命（知）之所無奈何」：雖然現今通行本記載知，但是《淮南子．詮言篇、泰族篇》引錄是命，所以王叔岷先生認為知是錯字，正確應為命。「無奈何」指做不到。「以物」：用物。「餘」：多。「卻」：拒。「果」：實。「奚」：何。「棄世」的「棄」：指不執著，「世」指養形之世事。「彼」指變化。「更生」：更新。「幾」：近，指近於道。「遺」指不執著。「虧」：損。「能移」指順應變化。「精而又精」指專一地順應變化，「精」：專。「反」：歸。「相天」：隨自然。

通達生命的真實，則不強求生命做不到的事情；通達自然天性的真實，不強求天性做不到的事情。養護形體必定要先具備物質，但是有些人準備了許多物質卻無法養護形體。保有生命必定不可遠離形體，但是有些人不離形體卻失落了生命。生命來時不能拒絕，離去時不能阻止。可悲啊！世人認為養護形體就足以保全生命，然而養護形體實在不足以保全生命，所以世間還有什麼養形之事值得做呢？雖然不值得做卻又不可不做，這就是不能免呀。如果想要避免因為形體而過度牽累，最好就是不執著養形之世事。不執著養形之世事就沒有牽累，沒有牽累就是真正的持平，真正的持平就能與變化一同更新，不斷更新就接近於道了。養形之事為何不應執著？而存活為何不必執著？不執著養形之事，形體就不操勞；不執著存活，精神就不虧損。形體健全精神完足，就是與自然為一體。天地是萬物的父母，各種元素聚合就成為形體，元素離散就成為另一形體組合的開始。形體與精神不減損，就稱為能順應變化。專一地順應變化，歸返於依隨自然。

「達生之情者，不務生之所無以為」，可藉下例來了解：人類不能生活於水中，就是「生之所無以為」，因此達生之人不強求在水中生活。

回顧〈大宗師篇〉「死生，命也，其有夜旦之常，天也，人之有所不能與（參與）。」藉著生死、日夜為例，指出命是天，也就是自然天性。明瞭於此，那麼「達命之情者，不務命之所無奈何」，就可藉下例來了解：人類由無生變化為生，再變化為無生，不可能恆常固定於「生」，這就是「命之所無奈何」，因此達生之人不強求恆常存活，而是順應生死自然之變化。

「養形必先之以物」至「其為不免矣」，指出生命以形體為具象之存在，雖然人人皆知以物質（例如：食物）養護形體，並且以為照護形體便可保全生命；但是生命或來或去，自有其變化，人力無從干預。亦即生命並不恆常停駐在形體，而只是一段期間的聚合，然後將由「聚」變化為「散」，所以「養形」與「存生」並不能劃上等號。但是這並不意謂著應該棄絕所有養形的舉動，反之，即使明瞭「養形」與「存生」不能劃上等號，仍然必須養形。這是因為生命以形體為具象之存在，所以當生命與形體聚合的期間，仍應養形，只是無庸過度執著，而是順應自然地養形。

「夫欲免為形者」至「與天為一」，指出棄世而不執著各種養形之事，可免除因為執著養形所產生的勞擾；亦即「棄世」的意涵不在字面，不是棄絕所有養形的舉動，此由莊子前文「雖不足為而不可不為者，其為不免矣」即可了解。簡言之，「棄世」揭示不執著於養形，而是順應自然，恰如其分地養形。

「棄世」之外，莊子又提出「遺生」；不過「遺生」的意涵也不在字面，不是遺棄存活，而是不同於大眾，不執著於恆常存活。亦即對於生死，無所執著也無所排斥。如此則形全精不虧，即是與自然為一體。讀者在此必須留意，達生是「與天為一」，不是與天「合」一，不是與天分離為二再合併拼湊為一，而是本就為渾然一體。

天地萬物是不可切割的連續性整體，大道以不執著的流動特質，順應萬物的流動變化、聚散組合，即使由聚變化為散，但是仍將有再一次的變化與聚合，所以死亡並非毀滅，亦非固定呆滯於空無，而是下一次的聚合之始；而且由於「與天為一」與變同步，成為「變」之本身，那麼由「變」觀之，則是一切不變，也就不認為有聚散的變化，亦不認為形體、精神有任何變動或減損，故記載「天地者」至「反以相天（隨自然）」。

「精而又精」揭示專一地順應變化，而不執著於自我的好惡與意見；也就是依隨天地萬物整體性的運作，無所執著也無所排斥。至於「能移、反以相天」並非僅有悟道者才可做到；試想，人人都是由無生變化為生，再變化為無生，每一位存活之人都已經是不執著「無生」，與變同步，變化為「生」，而且也都不可能執著現在的「生」，而將順隨整體自然的聚散流動，變化為「無生」，並將有下一次的聚合變化，所以人人都是與變同步的「能移」，都是「反以相天」。

本段敘述指出：生命雖然以形體為具象之存在，但是自有其流動變化，人力無從干預，因此達生之人不同於大眾，不執著養形也不執著於恆常存活，而是順應自然，恰如其分地養形；也順應生死的自然變化，無所執著，無所排斥。

子列子問關尹曰：「至人潛行不窒，蹈火不熱，行乎萬物之上而不慄，請問何以至於此？」關尹曰：「是純氣之守也，非知巧果敢之列。居，予語汝！凡有貌象聲色者，皆物也，物與物何以相遠？夫奚足以至乎先？是色而已。則物之造乎不形，而止乎無所化，夫得是而窮之者，物焉得而止焉！

彼將處乎不淫之度，而藏乎無端之紀，遊乎萬物之所終始，壹其性，養其氣，合其德，以通乎物之所造。夫若是者，其天守全，其神無郤，物奚自入焉！夫醉者之墜車，雖疾不死。骨節與人同而犯害與人異，其神全也。乘亦不知也，墜亦不知也，死生驚懼不入乎其胷中，是故遻物而不慴。彼得全於酒而猶若是，而況得全於天乎？聖人藏於天，故莫之能傷也。復讎者不折鏌、干，雖有忮心者不怨飄瓦，是以天下平均。故無攻戰之亂，無殺戮之刑者，由此道也。不開人之天，而開天之天。開天者德生，開人者賊生。不厭其天，不忽於人，民幾乎以其真。」

「子列子」：即列子，亦即列御寇，第一個「子」是指老師。「關尹」：關令尹，老子出關（學者通常認為是函谷關）時，守關的官員。「潛行」：潛水。「純氣」指一的整體性。「守」：不離。「知巧」：智巧。「列」：例，比照。「居」：坐。「予」：我。「汝」：你。「奚」：何。「造乎不形」的「造」：始，「不形」指道。「止乎」的「止」：至。「無所化」：不變，指道。「窮」：透澈。「止焉」的「止」：阻止。「彼」指至人。「處」：居。「淫」指過度。「藏」指不離。「無端之紀」指不斷變化的道。「壹」指一的整體性。「養」：修養，指不離。「合其德」的「合」：不離，「德」指自然天性。「物之所造」指道。「無郤」：無隙，指整全。「奚自」：何從。「疾」：傷。「犯」：遭遇。「胷」：胸。「遻」：忤，指衝撞。「慴」：懼。「讎」：仇。「鏌、干」：鏌鋣、干將，都是古代的良劍。「忮」：害、狠。「厭」：饜，飽足。「以其真」的「以」：有。

列子問關尹說：「至人潛入水中不會窒息，踩在火上不覺熾熱，行走在萬物之上而不畏懼，請問為什麼能達到這樣？」關尹說：「這是不離純、氣的整體性，不是智巧果敢可以做到的。坐下，我告訴你。凡是有形象聲色的，都是物，所有的存在物，怎麼會相距遙遠呢？哪一項存在物足以先於其它的存在物呢？都是形色之物而已。存在物始於無形之道，而又返回不變的道，如果有這樣的了解而且十分透澈，旁物又怎麼可能阻撓他呢！至人居處於恰當的不過度狀態，依隨不斷變化的道，與萬物的終始變化同遊同在，他的天性就是一的整體性，修養不離氣之純一，不失德之自然天性，通達於道。像這樣的人，他的天性不離整全，他的心神完整無缺，旁物從何侵入傷害他呢！喝醉酒的人摔落車下，雖然受傷但不會摔死。骨節與他人相同，但是受到的傷害與他人不同，就是因為他的心神與環境是整全的和諧狀態。不知乘車，也不知摔落車下，死、生、驚慌、畏懼的感受都不曾出現在他的心中，所以即使衝撞旁物也不害怕。藉著酒而使心神整全的人尚且如此，更何況藉著自然而不離整全的人呢？聖人不離於自然，所以旁物不能傷害他。復仇之人不執著去折斷敵人的寶劍，心存狠毒之人，即使被風吹起的瓦片打中，也不執著於怨恨瓦片，這就是天下均平之理。因此沒有戰爭攻伐的禍亂，沒有殺戮的刑罰，都是由於道的順應自然。不要開啟人為智巧果敢的天性，而要開啟順隨自然的天性。開啟自然，生出德的自然天性；開啟人為，生出盜賊禍害。不飽足於自然，對人為的智巧果敢不輕忽，民眾幾乎都可保有生命的真實。

「至人潛行不窒，蹈火不熱，行乎萬物之上而不慄」，相似於〈大宗師篇〉記載真人「登高不慄，入水不濡，入火不熱。」回顧該篇曾說明，真人與當下的「高、水、火」混融，亦即真人就是「高、水、火」，因此不慄、不濡、不熱；本篇則記載至人不窒、不熱、不慄是因為「純氣之守」。

〈齊物論篇〉記載聖人「參萬歲而一成純，萬物盡然。」指出聖人等同千載萬歲古今的各種不同，而為不雜的純一，也就是聖人明瞭萬物都在不可切割的連續性整體中，亦即在「純、一」的整體中，萬物也都是沒有分別的「純、一」；由此則知「純」指向一、整體性。再看〈知北遊篇〉「通天下一氣」，揭示以空氣做為觀察基準，即知天下萬物通而為一，並無不可跨越的區隔，而是不可切割的混融整體。由此則知「氣」與「純」相同，也指向一、整體性。換言之，「純氣之守」揭示至人與天地萬物（例如：高、水、火）沒有對立、對待，而是無待、和諧、混融之「一」，亦即至人就是「高、水、火」，所以不慄、不窒、不熱。

「凡有貌象聲色者」至「是色而已」，指出形形色色的萬物是無從切割之連續性整體，任一物與其它存在物之間，並無不可跨越的區隔，也並不相隔遙遠。例如：動物不可遠離於植物，植物不可遠離於水；亦即萬物誠然是相近而不能相離，是一不是二；所以也就沒有先、後、高、下之別，而是齊同平等。

不過讀者或許在此將提出疑問：例如植物先有根，再長出葉、花、結出果實，不就是有先有後嗎？這是以物象觀之，看似有先有後；但若以構成所有存在物的原子為觀察基準，豈有先、後可說？

「物之造乎不形，而止乎無所化」，首先指出形形色色的存在物來自「不形」，然而什麼是無形之存在？大道以不執著的流動特質，順隨萬物的生長變化，雖然道不離萬物，萬物之呈現也都彰顯道之存在，但是道並不固定在任一形貌，因此無從指出道是某一形象，故知「道」即為不形之存在。此外，由於道不斷流動變化，從未停止變動，所以道即為不變，故記載「無所化」。由此則知「物之造乎不形，而止乎無所化」，揭示萬物都源於道，也都復歸於道。

那麼至人當然也是源於道，復歸於道，亦即與道同步，故與天地萬物同存，沒有對立、對待，而是無待、和諧、混融之「一」。以此，豈有任何存在物可能阻撓至人？故記載「夫得是而窮（透澈）之者，物焉得而止（阻）焉」，這也是對至人之所以不窒、不熱、不慄的再次說明。

回顧〈大宗師篇〉曾說明「登高不慄，入水不濡，入火不熱」的意涵不在字面，不是絕無慄、濡、熱，而是真人雖有慄、濡、熱之感，但依隨變動不居的大道，適時調整至「不慄、不濡、不熱」的處境，以恰當地自我安頓。本篇則記載「彼將處乎不淫（不過度）之度」，亦即至人也是恰如其分地順隨自然，適時調整，故而不窒、不熱、不慄。

「藏乎無端之紀，遊乎萬物之所終始」，指出至人順隨道之流動變化，故無從界定任一端點是開始或終止，故稱「無端」。亦即至人以變為綱紀，所以與萬物或終或始的變化，總是同遊同在。

「壹其性」至「以通乎物之所造」，指出至人的天性就是「一」的整體性；修養也就是不離，所以「養其氣」即為不離氣之純一；而且不失德之自然天性，那麼也就與萬物所源自的大道，通而為一。

「夫若是者」至「物奚自入焉」，指出天性秉持「全」的整體性，精神亦是無隙之「全」，因此任何存在物也就無從侵撓至人。不過「物奚自入焉」的意涵不在字面，不是至人與萬物隔絕，而是與萬物混融；也就是至人即萬物，萬物即至人，所以根本沒有「入」或「不入」可言，故記載「物奚自入焉」。

接著舉酒醉者為例，由於酒醉而說不出什麼是「我」，亦即忘我；然而酒醉者不僅「忘我」、說不出什麼是「我」，也說不出什麼是「物」，亦即「物我兩忘」。然而「物我兩忘」的意涵不在字面，不是「物與我」都消失了，而是指向「物我混融」，亦即「物與我」沒有對立、沒有對待、無待、混融，回返「萬物與我為一」（〈齊物論篇〉）的整體。故知酒醉者與周遭的任何存在沒有對立、對待，不失無待和諧的整體性。簡言之，藉著酒而不離整體，故記載「其神全」。

在和諧的整體中沒有死生驚懼可說，即使墜車而碰撞旁物，依然不離「物我混融」的整體，物即我，我即物，沒有畏懼之可言，故記載「是故遻（忤）物而不慴（懼）」。

藉著酒而不離整體性，尚是外力使然；至人則是本於「天」（自然天性），立足無待和諧的整體，所以萬物不傷害他。故記載「聖人藏於天，故莫之能傷也。」不過，這二句敘述的意涵也不在字面，不是至人躲藏，不是與萬物隔離，而是與萬物和諧混融。

再舉鏌干寶劍、風中飄瓦為例，它們不同於人類，不執著自我之意念，未與任何存在對立，而是和諧無待，並且順隨自然的變化，故不引發怨懟或折損。莊子由此指出：如果秉持大道的整體性，一方面將自我安頓在無待和諧的整體中；另一方面，順隨整體之運作，與萬物恰如其分地互動，那麼萬物齊同平等，天下和睦的理想，將水到渠成。故記載「是以天下平均」至「由此道也」。此道即為：順應自然，也就是沒有對立、沒有對待、無待、和諧、混融的整體性。

人們以智巧果敢提出自我之意念，不免做出許多並不順隨整體運作的舉動，對其它物類造成傷損。試想：損害其它物類就是損害整體，由於人類也存在此整體中，所以損害都將回到人類身上，例如：農藥的使用就是如此。換言之，種瓜得瓜，種豆得豆，作用力等於反作用力，因此而導入惡性循環。但是如果順應自然，也就是順應萬物的自然天性，則是沒有對立、沒有對待、無待、和諧，遂導入良性循環。故記載「不開人之天」至「開人者賊生」。

不飽足於天，也就是始終以「天」之自然為依歸；但這並不意謂著排斥人的自我意念，這是因為自我意念亦為天性，若能以自覺適當節制，依隨整體的運作，則不至於產生不當。但是在生活中，人們不免過度執著自我之意念，以致未能以自覺適當節制，遂偏離順應整體運作的理想前提，因此莊子並不是排斥指責，而是包容、引導人們歸返於「天」之自然，以使人人保有生命之真實，也就是保有一、無待、整體性。故記載「不厭其天」至「民幾乎以（有）其真。」

雖然常識認為智巧果敢可以成就非凡之事，但是本則寓言揭示立足無待和諧的整體性，順應自然的變化，則可不受傷損地做到非比尋常的「潛行不窒，蹈火不熱，行乎萬物之上而不慄」；進而引領人人保有生命之真實，平穩妥當地自我安頓，那麼天下太平也就不遠。

仲尼適楚，出於林中，見痀僂者承蜩，猶掇之也。仲尼曰：「子巧乎！有道邪？」曰：「我有道也。五六月累丸二而不墜，則失者錙銖；累三而不墜，則失者十一；累五而不墜，猶掇之也。吾處身也，若橛株拘；吾執臂也，若槁木之枝。雖天地之大，萬物之多，而唯蜩翼之知。吾不反不側，不以萬物易蜩之翼，何為而不得！」孔子顧謂弟子曰：「用志不分，乃凝於神。其痀僂丈人之謂乎！」

「仲尼」：孔子，字仲尼。「適」：往。「出」：至。「痀僂」指老人彎腰駝背。「承蜩」：用竹竿取蟬，「蜩」：蟬。「掇」：拾。「邪」：疑問詞。「錙銖」指極少。「橛株拘」：砍斷之木，指木樁。「反、側」：都指變動。「凝」有二意：（一）凝聚；（二）疑，指疑似。

孔子到楚國，經過一座樹林，看見一位駝背老人用竹竿取蟬，如同由地面撿拾一樣容易。孔子說：「你的技巧精湛，你有道嗎？」老人回答說：「我有道。經過五、六個月訓練，在竿頭疊累二個彈丸而不會掉落，那麼捕蟬失手的機率就很少了。疊累三個彈丸而不掉落，那麼捕蟬失手的機率只有十分之一。疊累五個彈丸而不掉落，那麼捕蟬就像用手拾取一樣容易。我捕蟬之時，身體如同木樁，我拿竹竿的手臂如同枯枝一般的不動；雖然天地這麼廣大，萬物如此之多，但我只專注在蟬翼。我不改變這樣的專注，不因萬物而改變對蟬翼的專一，哪裡可能捕不到蟬呢！」孔子回頭向弟子說：「專一心志不分散，精神凝聚，或行止如同神，不就是說這位駝背老人嗎！」

「唯蜩翼之知、不以萬物易蜩之翼」均為至極專注於蟬，以致「人與蟬」混融為一，人即是蟬，蟬即為人。所以捕蟬「猶掇（拾）」，故記載「何為而不得」。

「用志不分，乃凝於神」，仍指專注，人與蟬是一不是二。由於有學者認為「凝」是「疑似」，因此可以了解為「用志不分」專一心志，凝聚生命力，而不是生命力渙散，即可產生如同「神」一樣令人驚歎的行動與成果。也就是專注於目標，心無旁騖，全神投入，以至於「忘我」。何謂「忘我」？就是「我與目標」混融，「我與目標」不是「二」而是「一」，我就是「目標」。秉持如此的生命狀態，行動的成果也就無與倫比，宛若神來一筆，令他人驚嘆如神！

本則寓言舉捕蟬為例，揭示與目標混融為一而不是二，亦即立足整體性，則有非比尋常的表現。

顏淵問仲尼曰：「吾嘗濟乎觴深之淵，津人操舟若神。吾問焉，曰：『操舟可學邪？』曰：『可。善游者數能。若乃夫沒人，則未嘗見舟而便操之也。』吾問焉而不吾告，敢問何謂也？」仲尼曰：「善游者數能，忘水也；若乃夫沒人之未嘗見舟而便操之也，彼視淵若陵，視舟之覆猶其車卻也。覆卻萬方陳乎前而不得入其舍，惡往而不暇！以瓦注者巧，以鉤注者憚，

以黃金注者殙。其巧一也，而有所矜，則重外也。凡外重者內拙。」

「顏淵」：孔子的弟子，姓顏，名回，字子淵。「仲尼」：孔子，字仲尼。「濟」：渡。「觴深」：深淵之名，在宋國（今河南省）境內。「津人」：擺渡之人。「邪」：疑問詞。「數能」：速成，「數」：速。「沒人」：潛水者。「不吾告」：不告吾。「覆」：翻覆。「卻」：倒退。「萬方」：萬端。「舍」指心。「惡」：何。「暇」指從容自在。「注」：賭注。「鉤」：帶鉤，有銀、銅等材質。「憚」：恐懼。「殙」：昏。「矜」：惜。

顏淵問孔子說：「我曾經渡過一個名為觴深的深淵，擺渡之人操舟如神。我問說：『操舟可以學習嗎？』他說：『可以。會游泳的人很快就學會了。若是會潛水的人，即使未曾見過船，也能立刻就划船。』我再問他，他就不告訴我了，請問老師，他說的是什麼意思？」孔子說：「會游泳的人很快就學會了，是因為他不知水與人的分別。若是會潛水的人，即使未曾見過船，也能立刻就划船，是因為他將深淵視為山陵，將翻船視為倒車。翻船、倒車的各種狀況發生在眼前，他也不會放在心上，那麼他到哪兒不都是從容自在嗎！以瓦片做賭注的人，心思靈巧；以帶鉤做賭注的人，心生憂懼；以黃金做賭注的人，心神昏亂。他的技巧仍是一樣的，但是有所顧惜，也就是看重外物。凡是重視外物的，內心就笨拙。」

「忘水」的意涵不在字面，不是忘記水，而是「人水」兩忘，說不出什麼是水，也說不出什麼是人，亦即「水與人」混融為一，沒有對立、沒有對待、無待，因此善游者不同於不會游泳的人，不排斥水，即使翻船落水也無所畏懼。

沒人「視淵若陵」，也就是認為「淵與陵」是一不是二；由於在山陵中，沒有溺斃之虞，所以沒人與善游者相同，無懼於水。換言之，對沒人、善游者而言，「水與人」沒有對立，而是無待、和諧、混融的整體。回顧前二則寓言均揭示：立足整體性，則有非比尋常的表現。由此則知，何以學習操舟之事「善游者數能，若乃夫沒人，則未嘗見舟而便操之」。至於「津人操舟若神」，理當亦是「津人與水」沒有對立，而是無待、混融的整體之故。

接著，舉瓦、鉤、黃金做賭注之例。當人們以瓦片做賭注，通常都是無懼無惜，專注於目標，「人與目標」混融為一，由於不離整體性，故「巧」。但是以鉤、黃金做賭注，則不免心生憂懼，甚至昏亂，以致未能專注於目標，「人與目標」不是混融為一，不具有整體性，故「拙」。然而讀者或許在此將提出質疑：以鉤、黃金做賭注，依然有可能是心神安定，而不必然有所憂懼或昏亂？此一質疑誠然可能，只不過如此之人有獨特之修為，在大眾中是極其少數；至於莊子在此並非指此修為獨特者，而是指一般人們。

莊子繼續指出，以瓦做賭注，內神安穩，並不特別偏重外在之注，而是「內外」持平，故「巧」；以鉤、黃金做賭注，過度偏重外在之注，失落「內外」之持平，所以昔日之「巧」遂轉變為「拙」。

本則寓言舉操舟之例，藉著「津人、善游者、沒人」與水，沒有對立而是無待混融的整體，遂有非凡之表現，揭示立足整體性，則有令人驚嘆如神的舉動。另外揭示「內與外」是不可切割的整體，若維持「內與外」之持平，無所偏頗，那麼，於外之表現，是「巧」，於內則保有從容自在之「暇」。以此，在令人驚嘆如神的舉動之同時，亦兼顧養生。

田開之見周威公，威公曰：「吾聞祝腎學生，吾子與祝腎遊，亦何聞焉？」田開之曰：「開之操拔篲以侍門庭，亦何聞於夫子！」威公曰：「田子無讓，寡人願聞之。」開之曰：「聞之夫子曰：善養生者，若牧羊然，視其後者而鞭之。」威公曰：「何謂也？」田開之曰：「魯有單豹者，巖居而水飲，不與民共利，行年七十而猶有嬰兒之色，不幸遇餓虎，餓虎殺而食之。有張毅者，高門縣薄，無不走也，行年四十而有內熱之病以死。豹養其內而虎食其外，毅養其外而病攻其內。此二子者，皆不鞭其後者也。」仲尼曰：「無入而藏，無出而陽，柴立其中央。三者若得，其名必極。夫畏塗者，十殺一人，則父子兄弟相戒也，必盛卒徒而後敢出焉，不亦知乎！人之所取畏者，衽席之上、飲食之間，而不知為之戒者，過也！」

「田開之」：姓田，名開之，學道之人。「周威公」：東周的一位君王。「祝腎」：姓祝，名腎，懷道者。「學生」：學習養生。「遊」：學。「拔篲」：掃帚。「夫子」：老師，指祝腎。「單豹」：姓單，名豹，魯國之隱者。「張毅」：姓張，名毅，魯國人。「高門縣薄」指富貴之家。「縣薄」：懸薄，指垂簾。「藏」指內、隱。「陽」指外、顯。「柴」：木。「柴立其中央」指〈養生主篇〉緣督以為經，順中以為常之意。「其名必極」：必極其名，指窮盡其名，則可進而得實。「畏塗」指路途中有盜賊，危險可畏。「塗」：路。「卒」：眾。「取」：最。「衽席」：臥席。

田開之來見周威公，威公說：「我聽說祝腎學習養生，你向祝腎學習，曾聽過他說什麼嗎？」田開之說：「我拿著掃帚在門庭打掃，哪裡聽到老師說什麼呢！」威公說：「田先生不要謙讓，我很想聽一聽。」開之說：「聽老師說：善於養生的人，就像是牧羊一般，看見落後的就要鞭策牠。」威公說：「這是什麼意思？」田開之說：「魯國有一人，名叫單豹，住在岩洞中，只喝清水維生，不與眾人爭利，活到七十歲，仍有嬰兒般的容顏；他不幸遇到一隻餓虎，就被餓虎咬死吃掉了。另有一人，名叫張毅，凡是高門大宅富貴人家，他無不奔走鑽營，活到四十歲就患內熱病而死。單豹修養內在心性，而老虎吃掉他的身體；張毅重視外在交遊，而疾病由內部侵害他。這兩個人，都是不鞭策落後的羊啊！」孔子說：「不可入而又過於入，不可出而又過於出，應該順中以為常。若能做到這三項，則可窮盡養生之名，進而得實。路途中有盜賊，危險可畏，十人中有一人被殺害，那麼父子兄弟就會互相警戒，一定要邀集夥伴才敢外出，不是很聰明嗎！但是人們最應該畏懼的是在枕席之上、飲食之間；而卻不知應該警惕，這才是過錯呀！」

張毅如同前則寓言指出的「外重者內拙」，至於單豹則是「內重者外拙」，二人均未能兼顧「內與外」的持平，呆滯一隅。理想的養生，則為「無入而藏，無出而陽，柴立其中央。」「入而藏」過度偏執於內之一隅，單豹即是；「出而陽」過度偏執於外之一隅，張毅即是。所以「無入而藏，無出而陽」，不落「內、外」兩邊，然後「柴立其中央」得其中道。也就是〈養生主篇〉「緣督以為經」去極端、取中庸的「順中以為常」。

有鑑於「緣督以為經」順中以為常，以及去極端、取中庸的「不落兩邊，得其中道」的意涵，都不在字面，都不是固定在二分之一的中央，而是無所執著（詳細說明，請參見〈養生主篇〉）。故知「無入而藏，無出而陽，柴立其中央」三句敘述指向：靈活而不執著的中庸，隨機因應，適時調整。「三者若得，其名必極」，揭示秉持靈活的中庸準則，即可窮盡養生之「名」，進而得養生之「實」。

「人之所取（最）畏者」至「過也」，指出養生不必遠求，若留意性欲與食欲都不過度，總是自我調整為恰到好處的中庸，就是養生，也是達生。

本則寓言揭示理想的養生準則：不呆滯「養神」（內）或「養形」（外）之任一隅落，而是以靈活的中庸為前提，兼顧二者之持平。

祝宗人玄端以臨牢筴，說彘曰：「汝奚惡死？吾將三月豢汝，十日戒，三日齋，藉白茅，加汝肩尻乎彫俎之上，則汝為之乎？」為彘謀，曰不如食以糠糟而錯之牢筴之中。自為謀，則苟生有軒冕之尊，死得於滕楯之上、聚僂之中，則為之。為彘謀則去之，自為謀則取之，所異彘者何也？

「祝宗人」：祭祀官。「玄端」：黑色的朝服。「牢筴」：豬圈。「彘」：豬。「奚」：何。「豢」：養。「藉」：鋪。「尻」：背脊骨盡之處，即尾椎。「彫」：雕飾。「俎」：盛肉的器皿。「糠」：穀皮。「糟」：酒渣。「錯」：置。「苟」：如。「軒冕」：高車高帽，指高官。「滕楯」：有雕飾的柩車。「聚僂」：有裝飾的棺槨。

祭祀官穿著黑色的朝服到豬圈，對豬說：「你為什麼怕死呢？我要餵養你三個月，然後守戒十天，守齋三天，鋪上白茅草，將你的肩臀放在有雕飾的盤中，你願意嗎？」如果為豬設想，會說不如餵牠吃穀皮酒渣，安置在豬圈中。為自己設想，如果存活時享有富貴，死後能夠放在有雕飾的靈車、有裝飾的棺材之中，就選擇富貴。為豬設想，會拒絕富貴，以免有殺身之禍；為自己設想，卻選擇富貴，絲毫不考量是否有殺身之禍。那麼，人與豬的差別在哪裡呢？

大眾羨慕富貴，存活時有耀眼的「軒冕之尊」，死後有裝飾華麗的「腞楯、聚僂」，以為如此方可稱做養生；又以為簡樸生活宛若「食以糠糟而錯（置）之牢筴（豬圈）之中」，則是黯淡無光，不足以養生。不過莊子指出簡樸並非不足以自我安頓；換言之，常識認為簡樸不足以養生的看法，並不正確。

至於常識認為最足以養生的富貴，因為生活中有各種豪華享受，例如〈至樂篇〉記載「身安、厚味、美服、好色、音聲」，這些享受強烈刺激感官欲望，使人們難以節制，以至於不斷追逐而不免縱欲，則將對生命造成折損，亦即「五色令人目盲，五音令人耳聾，五味令人口爽」（《老子．十二章》）。換言之，常識認為富貴足以養生的看法，並不必然正確。

然而在此平心思考：「富貴」並非萬惡的淵藪，而是人們生活中的一部分，無庸消滅之；只不過人們趨之若鶩的執著與不知節制，將使行為產生偏差與錯誤。亦即錯誤並非源於富貴，而是來自人們的執著。故知莊子的記載並非排斥富貴，而是提醒讀者不宜執著。

本則寓言的意涵不在字面，不是僅僅以存活為念，也不是鄙薄富貴，而是揭示：養生不在物欲享受而在於自我安頓，也一併指出：常識認為唯有富貴足以養生的看法，並不必然正確，所以不宜過度執著。

桓公田於澤，管仲御，見鬼焉。公撫管仲之手曰：「仲父何見？」對曰：「臣無所見。」公反，誒詒為病，數日不出。齊士有皇子告敖者曰：「公則自傷，鬼惡能傷公！夫忿滀之氣，散而不反，則為不足；上而不下，則使人善怒；下而不上，則使人善忘；不上不下，中身當心，則為病。」桓公曰：「然則有鬼乎？」曰：「有。沈有履。竈有髻。戶內之煩壤，雷霆處之；東北方之下者，倍阿鮭蠪躍之；西北方之下者，則泆陽處之。水有罔象，丘有峷，山有夔，野有彷徨，澤有委蛇。」公曰：「請問委蛇之狀何如？」皇子曰：「委蛇，其大如轂，其長如轅，紫衣而朱冠。其為物也，惡聞雷車之聲，則捧其首而立。見之者殆乎霸。」桓公辴然而笑曰：「此寡人之所見者也。」於是正衣冠與之坐，不終日而不知病之去也。

「桓公」：齊桓公，齊國的國君，春秋五霸之一。「田」：田獵。「澤」：草澤。「管仲」：齊桓公的宰相。「御」：駕駛馬車。「鬼」：人死為鬼。「仲父」：齊桓公對管仲的尊稱。「誒詒」有二意：（一）失魂，（二）倦怠。「皇子告敖」：姓皇子，字告敖，齊國之賢人。「惡能」：何能。「忿」：滿。「滀」：畜，指聚集。「不足」指衰憊。「中身」

指停滯在軀體中央。「當心」指積聚於心。「沈」：污泥。「髻」：竈神，狀如美女，著赤衣。「煩壤」：煩攘，指戶內擾攘之處。「雷霆」：鬼名。「處」：停留。「倍阿鮭蠪」：鬼名，狀如小兒，長一尺四寸，帶劍持戟。「泆陽」：鬼名，豹頭馬尾。「罔象」：鬼名，狀如小兒，赤衣，大耳，長臂。「峷」：鬼名，狀如狗，有角，身有文采。「夔」：鬼名，大如牛，狀如鼓，以一足行。「彷徨」：鬼名，狀如蛇，兩頭，有五采。「委蛇」：鬼名。「轂」：車輪。「轅」：車轅，駕車之木，在車之左右各一。「殆」：近。「囅然」指大笑。

齊桓公在草澤中打獵，管仲駕車。桓公見到了鬼，就拉著管仲的手說：「仲父看見什麼嗎？」管仲說：「我什麼都沒看見。」桓公回去，失魂落魄（或倦怠）而生了病，幾天都沒有外出。齊國一位書生，名叫皇子告敖，前來看桓公，說：「您是自己傷到自己，鬼怎麼能傷到您！體內的滿聚之氣，如果散而不還，就會感到疲憊；如果只往上不往下，就使人容易發怒；如果只往下不往上，就使人容易忘事；如果不往上也不往下，停滯在軀體中央，積聚於心，就會生病。」桓公說：「那麼有鬼嗎？」皇子告敖說：「有。污泥中有履鬼；爐竈中有髻鬼；門戶內的擾攘之處，住著雷霆鬼；東北方牆下有倍阿鮭蠪鬼在跳躍；西北方牆下，住著泆陽鬼。水中有罔象鬼；丘陵有峷鬼；山中有夔鬼；原野有彷徨鬼；草澤有委蛇鬼。」桓公說：「請問，委蛇鬼的形狀像什麼？」皇子告敖說：「委蛇鬼，體型像車輪那麼大，身高像車轅那麼長，穿紫衣戴紅帽。這種鬼，害怕聽到雷車的聲音，一聽到就捧著頭站立。見到的人將成為霸主。」桓公聽了開懷大笑說：「這正是我所見到的。」於是整理好衣冠，與他坐談，沒過多久，病就不知不覺地好了。

人類是萬種物類之一，與所有物類和諧並存於天地之間。雖然人死為鬼，轉變為另一種形式存在，但是並非銷毀不存，而是依然與萬物共存共在，共同組成沒有對立、沒有對待、無待、不可切割的連續性整體。〈逍遙遊篇〉記載神人「旁礴萬物以為一……物莫之傷。」揭示立足上述整體性的神人，與萬物無待混融為一，故萬物不傷害神人。換言之，鬼亦不傷害神人。

然而本則寓言的桓公未能明瞭上述的整體性，以為「人與鬼」對立，遂產生排斥的意念，對立排斥的僵化情緒，使體內原本自然流動的氣息，鬱積不通，衍生為病。故記載：病由「自傷」。簡言之，鬼並不傷人，而是人自傷。

接著，皇子告敖敘述人們生活的環境中，隨處皆有鬼，可證「人與鬼」本就和諧並存於天地之間；尤其敘述若見澤中之委蛇鬼，將為霸主，立即使桓公對鬼排斥抗拒的意念，轉變為歡迎接納；也就是轉變為沒有對立、沒有對待、無待、和諧，那麼因「自傷」引發之病，也就「自癒」。

本則寓言舉人們強烈排斥的鬼為例，揭示所有物類本是和諧並存於天地之間，因此對於任何物類都無庸排斥抗拒，那麼也就沒有「自傷」之病，這亦為養生之要領。

紀渻子為王養鬬雞。十日而問：「雞已乎？」曰：「未也，方虛憍而恃氣。」十日又問，曰：「未也，猶應嚮景。」十日又問，曰：「未也，猶疾視而盛氣。」十日又問，曰：「幾矣，雞雖有鳴者，已無變矣，望之似木雞矣，

其德全矣。異雞無敢應者，反走矣！」

「紀渻子」：姓紀，名渻子。「王」：學者認為或是齊王，或是周宣王。「已」指可以進行鬪雞比賽。「方」：正。「憍」：驕。「恃」：倚仗。「應」：回應。「嚮」：響。「景」：影。「疾」：急。「幾」：近。「德」指自然天性。「走」：跑。

紀渻子為王養鬪雞。十天之後，王問：「雞可以鬪了嗎？」紀渻子回答：「還不行，牠現在正是虛張聲勢的驕傲而且自恃氣盛。」十天之後，王又問，紀渻子回答：「還不行，牠還會回應聲音與光影。」十天之後，王又問，紀渻子回答：「還不行，牠還是目光急切，氣勢高漲。」十天之後，王又問，紀渻子回答：「差不多了。別的雞雖然鳴叫，牠已經不為所動了，看起來像一隻木雞，牠不離自然天性，其它的雞不敢來應戰，一見到牠就回頭跑走了。」

動物雖然都有行動的自然天性，但是並非恆常固定於「動」，也都有安靜之時。換言之，動物的自然天性之「德」，具有「動與靜」同存並在的整體性。

對於任何比鬥，大眾都認為不斷採取攻擊行動，就可獲勝；因此人們養鬪雞也就極度偏執在「動」，以致失落「動靜」同在、恰到好處的整體性。本則寓言中，養四十天而呆若木雞者，即為不離「動靜」並存的天性之「德」，以「動與靜」的整體待命，故記載「德全」。

寓言中敘述牠呆若木雞，對於其它的雞鳴並不採取行動；這是因為雖然聽聞其它的雞鳴，但是尚未到達必須採取行動的時刻，當下僅以「靜」應對即可。然而如果情勢到達必須採取行動的時刻，則本於「動與靜」的整體而動；由於牠是以整體待命，暫時居於「靜」，能量不虛耗，一旦採取行動，必定至為強大，其它鬬雞顯然都感受到牠飽滿的生命能量，也都自知不及於牠，故記載「異雞無敢應者，反走矣。」

回顧養雞的歷程：養四十天而「德全」，立足「動與靜」的整體性，不呆滯動或靜的任一隅落，也就是不離生命「真實」的整體性。由此則知，只養十天的「虛憍而恃氣」，「虛」就是「不實」，亦即未能回返「實」的整體性，所以「憍而恃氣」虛而不實。養二十天「猶應嚮（響）景（影）」，試想：對於聲響、光影顯然無庸回應，安靜以對即可，但牠仍有回應，也就是偏滯「動」之一隅。養三十天「猶疾視而盛氣」，指出在無須採取行動之時，有「疾視而盛氣」之動，仍偏滯「動」之一隅。養四十天則回返「德全」動不離靜，靜不離動的整體性。

本則寓言舉鬬雞為例，揭示秉持與生俱有的自然天性之「德」，以「動與靜」的整體待命，順應情勢變化，當動則動，當靜則靜，無所執著，則具有驚人的生命能量。簡言之，不離「德」之整體性，則可養生以至於能量強大。

孔子觀於呂梁，縣水三十仞，流沫四十里，黿鼉魚鼈之所不能游也。見一丈夫游之，以為有苦而欲死也，使弟子並流而拯之。數百步而出，被髮行歌而游於塘下。孔子從而問焉，曰：「吾以子為鬼，察子則人也。請問，

蹈水有道乎？」曰：「亡，吾無道。吾始乎故，長乎性，成乎命。與齊俱入，與汨偕出，從水之道而不為私焉，此吾所以蹈之也。」孔子曰：「何謂始乎故，長乎性，成乎命？」曰：「吾生於陵而安於陵，故也；長於水而安於水，性也；不知吾所以然而然，命也。」

「呂梁」：學者認為或在山西省離石縣，或在江蘇省徐州縣。「縣水」：懸水，指瀑布。「三十仞」：有些古籍記載七尺、有些記載八尺是一仞；因此三十仞是二十一丈或二十四丈。「黿」：形體似鼈而大。「鼉」：形體類似鱷魚。「並流」：隨流。「塘下」：岸邊。「蹈水」指游水。「亡」：無。「故」：舊。「性」指天性。「命」指自然。「齊」：入漩。「汨」：出漩。「為私」：用私。「陵」指陸地。

孔子在呂梁觀覽，看見瀑布高達二十多丈，激流水沫有四十里遠，黿鼉魚鼈都不能在其中游動。這時看見一名男子在游水，孔子以為這是遭遇困苦而想尋死之人，就叫弟子沿著水流去拯救他。那人潛入水中數百步的距離，才再度浮出水面，被髮唱著歌而游到岸邊。孔子跟過去問他說：「我以為你是鬼，仔細看才知你是人。請問，游水有特殊的方法嗎？」那人說：「沒有，我沒有特殊的方法。我由最初舊有的環境開始，長大後就發展天賦本性，成為現在的自然狀態。與漩渦一同捲入水中，與湧流一同浮出水面，順從水勢而不用自己的意念，這就是我游水的方法。」孔子說：「什麼是由最初舊有的環境開始，長大後發展天賦本性，成為現在的自然狀態？」那人說：「我生於陸地就安於陸地，這是舊有的環境；成長於水邊就安於水邊，這是發展天賦本性；不知我為何如此而成為如此，這就是自然。」

游泳之人都畏懼漩渦，認為若遭漩渦捲入水中，必將溺斃。然而寓言中的游水丈夫並不排斥漩渦，而是與入漩同入，與出漩同出；亦即「人與水」沒有對立、對待，而是無待、和諧、混融的整體。換言之，他就是水。試想：水豈可能畏懼漩渦、畏懼溺斃？由此則知，他何以在湍急水域活動自如，超越水生動物，令旁人驚嘆如鬼神。此外，以歌曲自娛，心神從容自在，不失為養生之典範。

生於陵陸便安於陵陸，與陵陸無待，混融為一；但是人生機緣「無動而不變，無時而不移」（〈秋水篇〉），爾後之成長則在水邊，於是順應機緣，與變同步，在水安於水，亦即與水無待，混融為一，就在水邊發展與生俱有的游水天性。故記載「生於陵而安於陵，故也；長於水而安於水，性也。」也因此而有前則寓言「至人潛行不窒」的表現，印證並非以智巧果敢提出自我的意念，而是順應自然，方可「潛行不窒」。

回顧〈大宗師篇〉「死生，命也，其有夜旦之常，天也。」藉著生死、日夜為例，指出命是天，是自然。由此可知，本則寓言記載的「命」指向自然。

游水丈夫無從追究人生機緣為何「生於陵」之後「長於水」，也無從探究為何可以「生於陵而安於陵、長於水而安於水」，但是明瞭這就是生命的自然性質，故記載「不知吾所以然而然，命也」。另外，在此可進一步描述為「不知吾所以然而知吾自然」，以彰顯任何狀態都是自然。

本則寓言舉人們畏懼的湍激水域為例，揭示人類與環境中的一切，本就是和諧並存，沒有對立、對待，而是無待混融的整體；立足整體性，與萬事萬物、森羅萬象恰如其分的互動，不僅不受損傷，而且舉止令人驚嘆如鬼神。

梓慶削木為鐻，鐻成，見者驚猶鬼神。魯侯見而問焉，曰：「子何術以為焉？」對曰：「臣工人，何術之有！雖然，有一焉：臣將為鐻，未嘗敢以耗氣也，必齊以靜心。齊三日，而不敢懷慶賞爵祿；齊五日，不敢懷非譽巧拙；齊七日，輒然忘吾有四枝形體也。當是時也，無公朝，其巧專而外滑消；然後入山林，觀天性；形軀至矣，然後成見鐻，然後加手焉。不然，則已。則以天合天，器之所以疑神者，其是與！」

「梓」：木匠。「慶」：人名。「鐻」：掛鐘鼓的木架，通常雕刻為老虎、猛獸之形。「齊」：齋。「輒然」：不動，指安靜。「四枝」：四肢。「公朝」：朝廷。「滑」指亂。「見鐻」：現鐻。「加手」：施工。「已」：止。「疑」：懷疑、疑似。「與」：歟，歎詞。

有一位名叫慶的木匠，削木頭做成猛獸形狀的架子，用來掛鐘鼓。鐘架做成後，看見的人都驚嘆如同鬼神所做。魯侯見了，問梓慶說：「你是用什麼技術做成的呢？」梓慶說：「我是一個工人，哪有什麼技術！不過，還是有一項可說。我準備做鐘架之前，不敢耗損元氣，一定要齋戒來靜心。齋戒三天，不再存想獎賞爵祿；齋戒五天，不再存想毀譽巧拙；齋戒七天，忘了自己還有四肢形體。這個時候，不再想著為朝廷工作，只專注技巧而外擾消散；然後進入山林，觀察樹木的質性；遇到樹形軀幹至極吻合的，好像看見現成的鐘架，然後動手加工；不是這樣就不做。這是以我的自然天性合於樹的自然天性，做成的器物被懷疑或疑似為神所做，大概就是這個緣故吧！」

「未嘗敢以耗氣」指出不耗損生命能量，亦即不離飽滿完整的自然天性之「德」。再經過：忘利「不敢懷慶賞爵祿」、忘名「不敢懷非譽巧拙」，忘身「忘吾有四枝形體」，達到「其巧專而外滑（亂）消」的專注，類似承蜩丈人「唯蜩翼之知」；亦即專注於目標（鐻），心無旁騖，全神投入。見到與鐻之形狀吻合的樹木，如見老虎、猛獸就在樹中，此時著手加工，則是將猛獸由樹中釋放出來，所以「鐻成，見者驚猶鬼神」。

「以天合天」指出「物（木）與我」的自然天性為一；不過，莊子的意涵是否只是字面之意，將「物（木）與我」兩者的天性相合併？回顧〈逍遙遊篇〉記載神人「之德也，將旁礴萬物以為一」，指出神人的天性之「德」與萬物混融為一，亦即神人立足與萬物沒有對立、沒有對待、無待的整體。故知「以天合天」的意涵不在字面，不是將「物（木）與我」的天性相合併，而是「物（木）與我」本就是混融的整體，是「一」不是二，也就是「物（木）與我」的天性本就相通。換言之，經過忘利、忘名、忘身的自我提昇，回返「物（木）與我」混融為一的整體性，立足於此所製作之器物，也就渾然天成，故記載「以天合天」。

本則寓言舉製鐻為例，揭示立足「物與我」混融的整體性，則有令人驚嘆如鬼神的創作。

東野稷以御見莊公，進退中繩，左右旋中規。莊公以為造父（文）弗過也，

使之鉤百而反。顏闔遇之，入見曰：「稷之馬將敗。」公密而不應。少焉，果敗而反。公曰：「子何以知之？」曰：「其馬力竭矣，而猶求焉，故曰敗。」

「東野稷」：姓東野，名稷，善於駕車。「御」：駕車。「莊公」：魯莊公。「中」：合。「繩」指直。「旋」：轉。「規」指圓。「造父（文）」：雖然現今通行本記載「文」，但是《呂氏春秋．適威篇》引錄是造父，所以學者奚侗、王叔岷先生都認為文是錯字，正確應為造父；造父是周穆王時代的善御者，為周王駕車立功，受封趙城，為趙國始祖。「鉤」指轉。「反」：返。「顏闔」：姓顏，名闔，魯國的賢者，已見於〈人間世篇〉。「敗」指失足。「密」：默無聲。「少焉」指一會兒。

東野稷因為善於駕車而被魯莊公召見，他駕車前進後退如繩一般的直，左右旋轉如規一般的圓。莊公認為古代駕車名家造父也比不上他，就命他駕車轉一百圈再回來。顏闔看見這種情景，就去見莊公說：「東野稷的馬將要失足跌倒了。」莊公沉默不作聲。過了一會兒，果然馬匹失足而回。莊公說：「你是怎麼知道的？」顏闔說：「馬的氣力已經耗盡，還要強求，所以我說會失足。」

本篇多則寓言記載主人翁具有非比尋常之技巧，至於本則寓言敘述的駕車技術，亦是極其之驚人。然而本則寓言的駕車卻失敗，原因在於過度強求，背離前則寓言記載至人「處乎不淫（不過度）之度」，也背離「無入而藏，無出而陽，柴立其中央」的靈活、不執著、適時調整的中庸。

本則寓言揭示：即使擁有令人驚嘆的技巧，仍不可背離大道不執著的流動特質；如此，則不僅常保技巧如神，也不失養生之從容自適。

工倕旋而蓋規矩，指與物化而不以心稽，故其靈臺一而不桎。忘足，屨之適也；忘要，帶之適也；知忘是非，心之適也；不內變，不外從，事會之適也。始乎適而未嘗不適者，忘適之適也。

「工倕」：堯之時，具有巧藝者，已見於〈胠篋篇〉。「旋」：轉。「蓋」：盍，合。「化」：渾化，指混融。「稽」：計算。「靈臺」指心。「一」指整體性。「桎」：礙。「屨」：鞋。「要」：腰。「事會」：事理契合。「始」：本。

工倕用手旋轉畫個圓，就合於規矩，手指隨物變化，或與物渾化而不用心思來計算，所以心靈不離整體性而沒有窒礙。忘了腳的存在，是因為鞋子舒適；忘了腰的存在，是因為腰帶舒適；因此可以明瞭忘了是非，是因為心安適。不執著改變自己，不執著盲從外在，是事理恰到好處的舒適。本性常適而沒有任何不適，是忘了安適的安適。

工倕之所以「旋而蓋（合）規矩」，是因為「指與物化」，也就是「指（我）與物」混融為一，亦即立足「萬物與我為一」（〈齊物論篇〉）的整體性。換言之，物即我，我即物，故可呈現「物」之本色，例如：規之圓、矩之方。靈臺（心）不離「萬物與我為一」的整體性，也是物即我，我即物，那麼也就無往而不通，沒有任何阻礙可言，故記載「工倕旋而蓋規矩」至「故其靈臺一而不桎（礙）」。

鞋子的存在是為了腳，故知「鞋與腳」具有不可切割的整體性。鞋穿在腳上，如果合適，腳則舒適，以至於忘了腳的存在，也同時忘了鞋的存在。故記載「忘足，屨（鞋）之適也」，此外，也可進一步描述為「屨（鞋）與足兩忘，屨（鞋）與足皆適」。

同理，腰帶的存在是為了腰，亦即「腰帶與腰」具有不可切割的整體性。腰帶束在腰上，如果合適，腰則舒適，以至於忘了腰的存在，也同時忘了腰帶的存在。故記載「忘要（腰），帶之適也」，另外，也可進一步描述為「帶與要（腰）兩忘，帶與要（腰）皆適」。

本書多次說明，以「天地之運作」為立足點，則知萬物都不違逆天地運作的法則（例如：地球自轉），本是和諧並存之整體，本無是、非可言。只不過人類以自我為中心，強硬指稱喜愛的狀態為「是」，反之則為「非」。亦即人們界定「此」為「是」，則在「此」之外者，立即被判定為「非」。換言之，若不標舉「是」，則無是非之可言，一旦標舉，則是、非必然同時凸顯，如影隨形，任一方皆不獨自成立，必定與另一方相依相倚。簡言之，天地之間本為「無是無非」，然而人們強硬指稱之，卻不知一旦指稱，那麼所指稱之「是、非」就具有不可切割的整體性。

明瞭於此，了解天地之間本為「無是無非」，也了解天地萬物本是和諧並存，不可切割的連續性整體，心靈安適地順隨整體之運作，不同於常識，不落入「是、非」對立的糾葛中，故記載「知忘是非，心之適也」。在此回顧「忘足」至「心之適也」，則可明瞭莊子藉由「足、要（腰）」的二個舉例，說明「心之適」。

順隨整體之運作，不落入強硬指稱的「是、非」對立的糾葛中，不執著改變自己，也不執著盲從外在，而是當變則變，不當變則不變，當外從則外從，不當外從則不外從，所以有恰到好處的「事會之適」。由此則知「不內變，不外從」的意涵不在字面，不是消滅「內變、外從」，不是始終不變，而是既不固定於「內變」，也不固定於「外從」，具有與大道相同的不執著之流動特質。

立足「萬物與我為一」的整體性，擁有「心之適、事會之適」，不落入「是、非」對立的糾葛中，而且具有與大道相同的不執著之流動特質，那麼無論何時何地、所遇何人、發生何事，均無不適可言，故記載「始乎適而未嘗不適」。然而莊子為何隨即敘述「忘適之適」？試想，「忘適」也就不執著某一狀態為「適」，那麼無論面臨任何情境都不認為「不適」，亦即都是「適」。換言之，一旦「忘適」，則一切皆「適」。由此則知「始乎適而未嘗不適」與「忘適之適」的意涵相同，都是一切皆「適」。故記載「始乎適而未嘗不適者，忘適之適也。」

本段敘述揭示：立足整體性，不執著於「適」，即為無所不適的一切皆適，與〈至樂篇〉不執著於樂，則無所不樂的「至樂無樂」相同，誠然為養生的殊勝之境。

有孫休者，踵門而詫子扁慶子曰：「休居鄉不見謂不修，臨難不見謂不勇，然而田原不遇歲，事君不遇世，賓於鄉里，逐於州部，則胡罪乎天哉？休

惡遇此命也？」扁子曰：「子獨不聞夫至人之自行邪？忘其肝膽，遺其耳目，芒然彷徨乎塵垢之外，逍遙乎無事之業，是謂為而不恃，長而不宰。今汝飾知以驚愚，修身以明汙，昭昭乎若揭日月而行也。汝得全而形軀，具而九竅，無中道夭於聾盲跛蹇而比於人數，亦幸矣，又何暇乎天之怨哉？子往矣！」孫子出，扁子入，坐有間，仰天而歎。弟子問曰：「先生何為歎乎？」扁子曰：「向者休來，吾告之以至人之德，吾恐其驚而遂至於惑也。」弟子曰：「不然。孫子之所言是邪？先生之所言非邪？非固不能惑是。孫子所言非邪？先生所言是邪？彼固惑而來矣，又奚罪焉！」扁子曰：「不然。昔者有鳥止於魯郊，魯君悅之，為具太牢以饗之，奏九韶以樂之，鳥乃始憂悲眩視，不敢飲食，此之謂以己養養鳥也。若夫以鳥養養鳥者，宜棲之深林，浮之江湖，食之以委蛇，則平陸而已矣。今休款啟寡聞之民也，吾告以至人之德，譬之若載鼷以車馬，樂鴳以鐘鼓也，彼又惡能無驚乎哉！」

「孫休」：姓孫，名休，魯國人；後文記載之「孫子」即孫休。「踵」：至。「詫」：告訴。「子扁慶子」：姓扁，名慶，魯國之賢人，孫休之師；第一個「子」是指老師，第二個「子」是對男性的美稱；後文記載之「扁子」即扁慶。「不見謂」：不被說，「見」：被動義。「修」指修養。「歲」指豐收。「賓」：擯。「州部」：州郡。「胡」：何。「惡」：

何。「命」指機緣。「獨」：何。「自行」：所為。「邪」：疑問詞。「忘、遺」：均指不執著。「芒然」指無所繫縛。「徬徨」指盤桓。「逍遙」指沒有糾葛，沒有扭曲，開闊明朗，坦然自在的生命狀態。「無事之業」：無為之事，指順應自然。「無事」：無為。「業」：事。「恃」：倚仗，指自以為了不起。「飾」：誇。「愚」指純樸。「汙」指缺失。「昭」：明亮。「揭」：舉。「全而、具而」的「而」：都是你。「夭」：折損。「蹇」：跛足。「比」：並列。「人數」指人們。「暇」：假，即大。「有間」指一段時間。「向」指剛才。「德」指自然天性。「奚」：何。「止」：留。「太牢」：牛羊豬三牲。「九韶」：舜樂。「眩視」：目光搖晃，指不安。「委蛇」指寬舒自在。「平陸」指平順。「款啟寡聞」指孤陋寡聞。「鼷」：小鼠。「鴳」：小雀。

有一人名叫孫休，登門拜訪老師扁慶子說：「我住在鄉里沒有人說我沒修養，遇到危難沒有人說我不勇敢。但是我耕作田地不曾豐收，事奉國君不曾遇到太平盛世，被鄉里的人擯棄，被州郡的人驅逐，我是什麼地方得罪了上天？我為什麼遇到這樣的機緣？」扁子說：「你難道沒聽說至人的行為嗎？不執著在內的肝膽，也不執著在外的耳目，無所繫縛地盤桓於塵垢之外，自在地逍遙於順應自然的無為，這就叫做有所行為但不自以為了不起，導引萬物成長而不主宰。現在你誇耀聰明來驚動純樸之人，修養自身以突顯他人的缺失，明亮地如同舉著日月行走。你還能保全你的形體，你的九竅具足存在，沒有半途受到折損成為耳聾、眼盲、跛足，還與其他人們並列為人，已經很幸運了，又怎能大大的抱怨上天呢？你回去吧！」孫休走後，扁子進入屋內，坐了一會兒，仰天長歎。弟子問他：「老師為什麼歎氣呢？」扁子說：「剛才孫休來，我告訴他至人的天性，我擔心他聽了會受到驚嚇，以至於陷入疑惑。」弟子說：「不是這樣的。孫休所說的是正確的嗎？老師所說的是錯誤的嗎？錯誤的不能使正確的，產生疑惑；孫休所說的是錯誤的嗎？老師所說的是正確的嗎？他就是因為有疑惑才來的呀，又怎能怪罪旁人！」扁子說：「不是這樣的。從前有隻鳥停留在魯國郊外，魯國國君喜歡牠，準備牛羊豬肉來招待牠，演奏九韶的音樂讓牠欣賞，鳥卻開始神情憂傷，目光搖晃而不安，不敢吃也不敢喝，這叫做用養人的方法去養鳥。如果用養鳥的方法去養鳥，就應該讓鳥棲息在深林中，在江湖上飛翔，自由自在地啄食，那麼就諸事平順了。現在孫休是個孤陋寡聞之人，我卻告訴他至人的天性，這就如同用車馬來運載小鼠，用鐘鼓來取悅小雀，他又怎可能不驚駭呢！」

孫休埋怨雖然積極修養自我，勇於任事，但卻不受人們歡迎。扁子回答的至人「忘其肝膽」至「逍遙乎無事之業」，這四句敘述也曾記載於〈大宗師篇〉。試想：人類的形軀由眾多不同的質素匯聚組成，由於有聚就有散，形軀必將再次分解為各種質素，無人可能執著形軀的任何部分；所以「忘其肝膽，遺其耳目」，舉肝、膽、耳、目為例，指出形軀的任一部位都不可執著，都將變化。換言之，它們揭示不執著之意。

關於「芒然彷徨乎塵垢之外」的意涵不在字面，不是遠離人間或塵埃，而是不離天地之間，立足天地萬物的整體性，以沒有對立、沒有對待的「無待」智慧，順隨變化，立身存世。

「逍遙乎無事之業」，無事即「無為」，也就是順應自然。故知「逍遙乎無事（無為）之業」指自在逍遙地順應自然。

記載「無事（無為）之業」後，立即敘述「為而不恃」，可證「無事（無為）」誠然不是字面的什麼都不做，而是仍有行動。基於無為準則所採取的舉動，因為是順應自然，當為則為，不當為則不為，故不自恃，不自以為了不起。雖然導引萬物成長發展，但因為也是順應自然，不是以自我的意念進行任何主宰，故記載「為而不恃，長而不宰。」

「今汝飾知以驚愚」至「子往矣」，扁子指孫休誇耀而不內斂，未能如同至人無所執著地順應自然以及不居功，故不受人們認可。

爾後，扁子覺察不宜向孫休推崇至人，並且舉「以鳥養養鳥」為例，指出唯有順應對方的天性，也才有益於對方；但是向孫休推崇至人，則是「以己養養鳥」並非順應孫休的天性，所以恐將驚駭孫休，對其無益。（「以己養養鳥、以鳥養養鳥」的敘述，〈至樂篇〉也曾記載，關於其義理之詳細說明，可參看之。）

本則寓言揭示：無所執著地順應自然，內斂而不炫耀，則不被人們排斥，亦不失為養生之良方。此外，也揭示養生須順應自然天性，所以如果推薦理想之生命狀態，仍須斟酌對方的天性，以恰當為宜。

山木

莊子的處世準則是否固定，抑或是無所固定、無所執著？「虛己以遊世」是否取消自我，抑或依循大道，與世人沒有對立、沒有對待、無待？

莊子行於山中，見大木，枝葉盛茂，伐木者止其旁而不取也。問其故，曰：「無所可用。」莊子曰：「此木以不材得終其天年。」夫子出於山，舍於故人之家。故人喜，命豎子殺鴈而烹之。豎子請曰：「其一能鳴，其一不能鳴，請奚殺？」主人曰：「殺不能鳴者。」明日，弟子問於莊子曰：「昨日山中之木，以不材得終其天年；今主人之鴈，以不材死。先生將何處？」莊子笑曰：「周將處夫材與不材之間。材與不材之間，似之而非也，故未免乎累。若夫乘道德而浮遊則不然，無譽無訾，一龍一蛇，與時俱化，而無肯專為。一上一下，以和為量，浮遊乎萬物之祖，物物而不物於物，則胡可得而累邪！此神農、黃帝之法則也。若夫萬物之情、人倫之傳則不然：合則離，成則毀，廉則挫，尊則議，有為則虧，賢則謀，不肖則欺，胡可得而必乎哉！悲夫！弟子志之，其唯道德之鄉乎！」

「止」：停留。「不材」：無用，「材」：用。「天年」：自然的壽命。「夫子」：老師，指莊子。「舍」：住。「故人」：朋友。「豎子」：童僕。「鴈」：鵝。「奚」：何。

「先生」：老師，指莊子。「似之而非」：似是而非，「之」：是。「乘」：順。「德」指自然天性。「訾」：毀。「一龍一蛇、一上一下」的「一」：或，「龍」指顯，「蛇」指隱。「和」：順。「量」：準則。「萬物之祖」指道。「物物」、「不物於物」的第一個「物」：都是支配，第二個「物」：都指萬物。「胡」：何。「邪」：疑問詞。「傳」：習。「廉」：銳利。「尊則議，有為則虧」：王叔岷先生認為傳寫有誤，正確應為「尊則虧，有為則議」。「不肖」指無用。「得」指合、成、廉、尊、有為、賢。「必」指固定。「悲」：歎。「志」：記。「鄉」：家鄉，指歸宿。

莊子在山中行走，看見一棵很大的樹，枝葉十分茂盛，伐木的人停在樹旁休息而不砍它。莊子請問緣故何在，伐木的人說：「這棵樹沒有任何用處。」莊子說：「這棵樹因為無用所以可活到自然的年壽。」莊子離開山區，借住在朋友家中。朋友很高興，命令家中的童僕殺一頭鵝招待莊子。童僕請示說：「一頭鵝會叫，另一頭鵝不會叫，請問要殺哪一頭鵝？」主人說：「殺不會叫的那頭鵝。」明日，學生問莊子說：「昨日山中之樹，因為無用所以可活到自然的年壽；今日主人家中的鵝，因為無用而被殺。請問老師將如何自處？」莊子笑著說：「我將處於有用與無用之間。有用與無用之間，似是而非，仍然不免受到拖累。若是順隨道德而遨遊處世，就不是這樣了。沒有譽沒有毀，有時如龍之顯現，有時如蛇之隱藏，隨時變化，不以一種行為應對各種不同情事。有時上有時下，以順應自然為原則，與萬物之源同遊同在，支配物而不支配物，那麼怎會有拖累呢！這是神農、黃帝處世的法則。若是萬物的情況、人類的習慣，就不是這樣了。執著合卻變化為離，執著成卻變化為毀，執著銳利卻招來挫折，執著崇高卻招來折損，執著有為卻招來非議，執著賢能有用卻招來設計利用，執著不肖無用卻招來欺侮，怎麼可以固定在合、成、廉、尊、有為、賢呀！可嘆啊！弟子記住，只有道德才是家鄉歸宿啊！」

人間世事無不具有一體兩面的性質，例如：地球受陽光照射，必然是一半為「明」，另一半為「暗」。同理，人們的生活中，沒有任何一事，只有光明面而無晦暗面。山中之木因無用而全生，有用之木則遭砍伐而死亡；主人之鵝因為無用、不能鳴叫而遭烹煮身亡，能鳴叫的有用之鵝則全生。無論是「不材無用」或「材而有用」，均是一存一亡。由此可知「無用」與「有用」都具有一體兩面的性質。

面對如此情景，弟子請問應當如何處世？莊子回答「處夫材（用）與不材（無用）之間」，如果只看文字表面似乎為材與不材的「中央」。不過，莊子立即指此為「似之（是）而非」，也就是固定在中央即為「似之（是）而非」，故仍有累，並且說「若夫乘道德而浮遊則不然」，唐．成玄英疏：「既遣二偏，又忘中一，則能虛通而浮遊於代爾。」指出悟道者無所執著，非但不固定在「材」與「不材」兩個極端，而且對「中」，也「忘」而不加以執著。成玄英疏提醒讀者：不僅「材」與「不材」不可執著，即使是材與不材的「中央」也不可執著。故知莊子的回答指向：不可執著、固定在任何一個定點。由此則知，稍前敘述「材與不材之間，似之（是）而非也」，即為暗示不可固定。

常識認為「譽與訾（毀）」、「龍（顯）與蛇（隱）」、「上與下」互斥對立，也都執著「譽、龍（顯）、上」，排斥「訾（毀）、蛇（隱）、下」。但是莊子不同於常識，無所執著也無所排斥，既不呆滯在「譽、龍（顯）、上」，也不固定在「訾（毀）、蛇（隱）、下」的任一隅落，而是依循大道不執著的流動特質，適時調整，與變同步，不以一種行為模式應對各種不同情況，故記載「無譽無訾」至「浮遊乎萬物之祖」。由此則知「無譽無訾」的意涵不在字面，不是消滅「譽、訾（毀）」，而是指向不執著

關於「物（支配）物而不物（不支配）於物」，通常學者認為是：支配物而不被物所支配，故而無累；不過唐．成玄英疏：「物不相物（支配），則無憂患」，指出物與物之間，並不互相支配，所以無累。

若依學者通常的解釋，則「莊子與物」處於相互對立的狀態，顯然背離「天地與我並生，而萬物與我為一」（〈齊物論〉）的全書主旨。至於成玄英之說解，是否與莊子本旨相合？在此可先將焦點聚集在「於」字。「於」做為介詞，可表示被動，相當於「被」之意，這就是學者通常認為的：支配物而不被物所支配。

但是，「於」也可表示引進動作之對象，相當於「對於」之意。回看莊子前文業已敘明，他的處世準則具有「與時俱化」的特質，「浮遊乎萬物之祖」即為依循大道不執著的流動特質；所以雖然「物物」支配物，但他豈可能始終停滯在此，以致與萬物形成對立呢？所以不難明瞭莊子雖言「物物」，但是並不執著，而是與道同在，適時調整為「不物物」不支配物。以此，則同時彰顯「道與物」、「悟道者與物」皆無所對立。由於如此之了解，不背離莊子「無待」宗旨，故知「於」即為「對於」之意。換言之，莊子並非一逕停留在「物物」支配物，這就是成玄英疏「物不相物（支配）」之旨。

此外，也可由另一面向來了解，例如：掌握並且順隨萬物春生、夏長、秋收、冬藏的變化，雖然使萬物為自己所用，但也是順應自然，並非控制萬物，故可記載「物物而不物於物」。

接著，莊子敘述人們的習性。大眾認為「合與離」、「成與毀」互斥不並存，也都執著「合、成」，排斥「離、毀」。但是立足渾全不割裂的大道，則知互為對照的「合與離」、「成與毀」相通相連，是不可切割的整體，亦即抓持「合、成」，就是抓持「合與離」、「成與毀」的整體，故記載「合則離，成則毀」。

「廉」是銳利，「挫」是不銳利。有鑑於「無動而不變，無時而不移」（〈秋水篇〉），萬事萬物皆不斷變化，人們不可能僅僅抓持「廉（銳利）」而不變；反之，「廉（銳利）」必將變化為不銳利。故記載「廉則挫」。

「尊則議，有為則虧」，王叔岷先生認為傳寫有誤，正確應為「尊則虧，有為則議」。本書在此即以「尊則虧，有為則議」進行說明。

「尊」是地位崇高，也就是增益。雖然常識認為「增益與虧損」不並存；但是由渾全不割裂的大道觀之，互為對照的「增益與虧損」互通互往，本是一體之兩面。亦即莊子和盤托出，指出常識未留意的一體兩面之完整全貌，故記載「尊則虧」。

「有為」可彰顯自我而具有明亮光采，但是不免招來非議而遮蔽了光采，也就是「暗」。換言之，「有為」並非只有「明」的一面，而是明暗並存，具有一體兩面的性質。亦即莊子仍然和盤托出，指出常識未留意的一體兩面之完整全貌，故記載「有為則議」。

回顧前述說明，山中之木與主人之鵝，無論無用或有用，均是一存一亡；亦即「無用」與「有用」都具有一體兩面的性質。所以莊子藉著「賢則謀，不肖則欺」再次揭示：賢能有用與不肖無用，都不是僅有「明」的一面，也都有「暗」的一面。因此立身存世，不可固定在任一隅落，故記載「胡可得而必乎哉」，也就是暗示「不可必」（〈外物篇〉）。反之，如果依循大道不執著的流動特質，順隨萬物的自然天性之「德」，則是適切合宜之準則，故記載「其唯道德之鄉乎」。

本則寓言揭示莊子的處世準則：依循大道不執著的流動特質，順應萬物的自然天性之德，與變同步；亦即不呆滯任一隅落，具有靈動的特質。

市南宜僚見魯侯，魯侯有憂色。市南子曰：「君有憂色，何也？」魯侯曰：「吾學先王之道，脩先君之業；吾敬鬼尊賢，親而行之，無須臾離居。然不免於患，吾是以憂。」市南子曰：「君之除患之術淺矣！夫豐狐文豹，棲於山林，伏於巖穴，靜也；夜行晝居，戒也；雖飢渴隱約，猶且胥疏於江湖之上而求食焉，定也。然且不免於罔羅機辟之患，是何罪之有哉？其皮為之災也。今魯國獨非君之皮邪？吾願君刳形去皮，洒心去欲，而遊於無人之野。南越有邑焉，名為建德之國。其民愚而朴，少私而寡欲，知作而不知藏，與而不求其報，不知義之所適，不知禮之所將，猖狂妄行，乃蹈乎大方。其生可樂，其死可葬。吾願君去國捐俗，與道相輔而行。」君

曰：「彼其道遠而險，又有江山，我無舟車，奈何？」市南子曰：「君無形倨，無留居，以為君車。」君曰：「彼其道幽遠而無人，吾誰與為鄰？吾無糧，我無食，安得而至焉？」市南子曰：「少君之費，寡君之欲，雖無糧而乃足。君其涉於江而浮於海，望之而不見其崖，愈往而不知其所窮。送君者皆自崖而反，君自此遠矣！故有人者累，見有於人者憂。故堯非有人，非見有於人也。吾願去君之累，除君之憂，而獨與道遊於大莫之國。方舟而濟於河，有虛船來觸舟，雖有惼心之人不怒；有一人在其上，則呼張歙之；一呼而不聞，再呼而不聞，於是三呼邪，則必以惡聲隨之。向也不怒而今也怒，向也虛而今也實。人能虛己以遊世，其孰能害之！」

「市南宜僚」：熊宜僚，居市南，故稱市南宜僚或市南子。「先王」指王季（周文王之父）、周文王。「脩」：修。「先君」指周公、伯禽（周公之子，受封於魯）。「須臾」指極短的時間。「離居」的「居」：指處理之事。「豐狐」：大狐。「文豹」：花豹。「隱約」：窮困。「胥疏」：遠。「罔羅」：網羅。「機辟」：捕獸器的機關。「獨非」：豈非。「皮邪」的「邪」：疑問詞。「刳形、洒心」：即〈齊物論篇〉「形如槁木，心如死灰」，指止息形體與心識對於天地萬物進行切割、分別性認知的運作。「刳、洒」：都指止息，「刳」：屠，「洒」：洗。「去皮」指忘國。「無人之野」指渾全大道。「邑」：古代稱國為邑。「愚」指單純。「朴」：樸。「與而不求」的「與」：給予。「義之所適」的「義、適」：都是宜。

「所將」：所行。「猖狂」指無心。「妄行」指隨意而行。「蹈」：遵循。「大方」：大道。「捐」：棄。「形倨」的「形」：指生命，「倨」：傲。「留居」：滯留。「安」：何。「崖」：岸。「窮」：極。「反」：返。「有人」指擁有並統治民眾。「見有於人」指被民眾擁戴，「見」：被動義。「大莫之國」：大無之國，「莫」：無。「方舟」：兩船相併為一。「濟」：渡。「惼」：褊，急。「張」指撐開。「歙」指退後。「呼邪」的「邪」：也，語末助詞。「向」：方才。「虛己」指虛舟，亦即無我。

市南宜僚晉見魯侯，魯侯面色憂愁。市南子說：「您面色憂愁，是什麼緣故？」魯侯說：「我學習先王的道理，修習先君的事業；我敬奉鬼神，尊重賢能，親身實踐，沒有片刻停止處理這些事物。然而還是免不了禍患，所以我感到憂慮。」市南子說：「您除去禍患的方法太淺了！例如：大狐花豹，棲居於山林中，隱藏在山洞，十分安靜；晝伏夜出，十分警戒；雖然飢渴難忍，還是要到遠離江湖的地方去找食物，十分有定力。然而還是避免不了羅網與捕獸器的禍患，牠們有什麼過錯呢？是牠們的皮招來災禍呀。現在魯國不就是您的皮嗎？我希望您挖空形體而忘身，去除皮毛而忘國，無心地摒除貪欲，而遊於無人之野的渾全大道。南越有個國家，名叫建德之國。那裡的民眾單純而樸質，節制私欲；雖知耕作卻不知儲藏，給予他人而不求回報；不知怎樣才是義之宜，不知怎樣才是合乎禮。無心而隨意行動，但是行為卻都合乎大道。存活時覺得快樂，死亡則是安葬。我希望您離開國事，拋棄流俗，與大道相輔而行。」魯侯說：「那裡路途遙遠而險峻，又有山河的阻隔，我沒有車船，怎麼能去呢？」市南子說：「您的生命不倨傲，不滯留君位，這就是您的車輛。」魯侯說：「那裡路途幽遠又無人，我要與誰作伴呢？我沒有米糧，我沒有食物，如何能到達呢？」市南子說：「減少您的費用，節制您的欲望，雖然沒有糧食也不匱乏。您渡過河而漂流於大海，直到望不見岸邊，再繼續向著不知邊際何在的前方行進。為您送行的人都從岸邊回去了，您從此遠離了！所以擁有並統治民眾，就有牽累；被民眾擁戴，就有憂慮。像堯就是不擁有民眾，也不被民眾擁戴。我希望去除您的牽累，去除您的憂慮，使您與道悠遊於大莫之國的道德之鄉。例如：合併的兩船在渡河時，被一艘空船撞上了，就算是急躁的人也不會發怒。如果有一個人在這艘船上，那麼就會呼喊要他避開、後退。一次呼喊而不聽，再次呼喊而不聽，於是第三次呼喊，一定是以惡聲說出難聽的話。剛才不發怒而現在發怒，是因為剛才船上沒有人而現在有人。人如果能虛己無我而悠遊世間，那麼誰能傷害他呢！」

市南宜僚請問魯侯為何憂慮？聽聞魯侯的說明後，市南宜僚隨即舉例豐狐、文豹「有」皮毛，遂「有」災禍，以此暗示：魯侯自認由古及今的魯國人事都為其所「有」，也就是都抓執不放，意念停滯在「有」之隅落，故而有憂。因此市南宜僚指出「今魯國獨非君之皮邪」。

隨後市南宜僚建議「刳形去皮，洒心去欲。」關於「刳形、洒心」的意涵，相同於〈齊物論篇〉「形如槁木，心如死灰」，也就是止息形體與心識對於天地萬物進行切割、分別性認知的運作，回返天地萬物沒有對立、沒有對待、無待、混融、不可切割的整體性。亦即立足渾全不割裂的大道，「形體」與「心識」都依隨大道的混融、無待、整體性之運作，也就是〈齊物論篇〉「吾喪我」無我。不過，「無我」不是我消失了，而是說不出什麼是「我」，也說不出什麼是「物」，亦即物我兩忘，回返「物與我」混融、沒有對立、沒有對待、無待的整體，也就是回返「萬物與我為一」（〈齊物論篇〉）的渾全大道。在渾全不割裂的大道中，萬物相連相通不斷變化，因此說不出一個、一個的獨立之人，故記載「遊於無人之野」。換言之，「無人之野」的意涵不在字面，不是沒有人，而是指向渾全大道的整體性。

然後，市南宜僚指出建德之國的民眾「愚而朴（樸）」，樸是未切割的原木，指整體性。但是何謂整體性？後文隨即舉例說明。

先看「少私而寡欲」，試想：人們通常都是追求一己之私以及欲望的滿足，鮮少予以節制；亦即執著於使用加法滿足私欲，並不使用減法。但是建德之國不同於一般人們，不執著於加法，而是有所節制適時使用減法，將「私、欲」調整為「少私、寡欲」。換言之，立足「私與少私」、「欲與寡欲」混融、沒有對立、沒有對待、無待的整體，具有與大道相同的整體性。

「知作而不知藏」指民眾不為一己之私而囤積，不呆滯在「有」的固定隅落。

關於「與（予）而不求其報」，試想：人們通常都喜愛索取，認為可以增加「有」，對自己有益；不樂意給予，認為將減少為「無」，對自己無益。但是建德之國的民眾，具有與大道相同的不執著之流動特質，不同於一般人們，不執著索取，而且樂意給予，雖然「有」減少為「無」，也不排斥。換言之，建德之國的民眾不執著「有」，也不排斥「無」。

本書多次說明，人們標舉的仁義禮樂等德目，都是大道整體運作的一部分；既然建德之國的民眾與大道同一質性，那麼他們的舉止自然蘊藏禮義之內涵，例如「少私而寡欲」就是義（宜）；另外，人們都認為禮尚往來，有往有來就是禮，那麼「與而不求其報」顯然超越人們所認為的禮尚往來。換言之，建德之國的民眾依隨大道整體之運作，行為業已涵藏禮義；也就是行禮義之實，但不自以為有禮義之舉，故記載「不知義之所適，不知禮之所將」。

「猖狂」（無心）的意涵，相同於前述之「洒心」，止息心識對於天地萬物進行切割、分別性認知的運作，回返「萬物與我為一」的整體。在整體中依隨大道，秉持順應萬物自然本質的無為準則，當為則為，不當為則不為，行止恰如其分。故記載「猖狂妄行，乃蹈乎大方」。換言之，「猖狂妄行」的意涵不在字面，不是行為狂亂而是依隨大道。

「其生可樂，其死可葬」，指出大道的整體性足以安頓「生」與「死」，也彰顯建德之國的民眾了解「生死」一體不可分。

聽聞市南子介紹建德之國，魯侯卻認為「無舟車、無人、無糧、無食」，故不能前往，亦即仍然執著「有」。

市南子以「無留居」指出不執著任何隅落，「少君之費，寡君之欲」則是暗示：有所節制地適時使用減法。

回顧寓言之初，魯侯自述「親而行之」，也就是事必躬親地帶領民眾，那麼民眾也就倚賴魯侯，所以魯侯感到負荷沉重而有累、有憂，因此記載「有人者累，見有於人者憂」。但是市南子指出「堯非有人，非見有於人也」，亦即堯並非事必躬親地「親而行之」，而是依循大道順應民眾的自然本質，民眾亦是順隨自然天性以安頓生活，並不特別倚賴堯，所以堯不同於魯侯，無累亦無憂。由此則知「故有人者累」至「非見有於人也」，指出呆滯「有」

之一隅，則有累有憂；若無所執著，適時調整為「無」，則無累無憂。

「大莫（無）之國」的意涵不在字面，不是什麼都沒有的頑空。回顧本書多次說明「有與無」一體不可分，故知「大莫之國」並未遠離「有與無」的整體，所以「大莫之國」即為大有之國。換言之，魯侯由「有」調整為「無」，與道同步，遊於「大莫之國」，但卻不曾遠離「有與無」的整體，也就是遊於什麼都不缺少的整體。此外，也可由另一面向來了解：由於不執著抓持任何狀態，就是「無」，所以魯侯如果無所執著，那麼即使身在魯國，亦可稱為「遊於大莫之國」。

接著舉例，行船河中，若遇無人之虛舟或有人之舟來碰觸，前者不引起任何怨尤，後者卻引發強烈怨怒，因此而揭示「虛己」是無憂無害的處事準則。不過「虛己（無我）」的意涵不在字面，不是取消自我，而是不執著自我的意念與好惡，回返「萬物與我為一」的整體，順隨大道整體的運作，秉持順應萬物自然天性的無為準則，當為則為，不當為則不為，行止恰到好處，則不失為「除憂去累」的良策，故記載「人能虛己以遊世，其孰能害之！」

本則寓言舉治國為例，指出處理人間事物，若呆滯固定隅落（例如：有），則不免有憂有累；反之，依循大道不執著的流動特質，適時調整（例如：由「有」調整為「無」），則無憂患。簡言之，依循大道，無所執著，是處世的良策。

北宮奢為衛靈公賦斂以為鍾，為壇乎郭門之外，三月而成上下之縣。王子慶忌見而問焉，曰：「子何術之設？」奢曰：「一之間，無敢設也。奢聞之，

『既彫既琢，復歸於朴。』侗乎其無識，儻乎其怠疑。萃乎芒乎，其送往而迎來。來者勿禁，往者勿止。從其彊梁，隨其曲傅，因其自窮。故朝夕賦斂而毫毛不挫，而況有大塗者乎！」

「北宮奢」：姓北宮，名奢，衛國之大夫。「衛靈公」：衛國國君。「賦斂」指徵稅。「鍾」：鐘，樂器名。「壇」：祭壇。「郭門」：城門。「上下之縣」：上下兩層懸掛的編鐘，「縣」：懸。「王子慶忌」：周王之子，名慶忌。「設」：對於徵稅的設計。「一」指整體性。「彫」：雕。「朴」：樸，未經切割雕琢的原木，指整體性。「侗乎」：無知，指不分別。「儻乎」：無心，指不分別。「怠疑」指癡愚。「萃乎芒乎」：恍惚，在此指不分別。「彊梁」指不願繳稅者，「彊」：強。「曲傅」指願意繳稅者。「因其自窮」的「因」：順，「窮」：極至。「挫」：損。「大塗」：大道。

北宮奢為衛靈公徵稅來製造編鐘，先在城門外設立祭壇，三個月就做成了上下兩層懸掛的編鐘。王子慶忌見了就問他說：「先生是用什麼方法做成徵稅這件事的？」北宮奢說：「依循整體性，不敢加入其它對於徵稅的設計。我聽說，『雕琢之後，仍應回歸整體性。』無知地宛若沒有知識，無心地如同癡愚。不進行任何分別，送走離開的而迎接前來的。不拒絕前來的，不阻止離開的。順從不願繳稅的，順隨願意繳稅的，順任他們捐輸各自能力的極限。所以雖然我早晚都在徵稅，但是民眾不覺得有任何損失。我尚且可做到如此，更何況悟得大道的人呢！」

「一之間」揭示：官員與民眾共同組成國家之整體，雙方均為不可切割之整體的一部分；亦即「官與民」本就是沒有對立、沒有對待、無待、混融、和諧的整體，所以相互尊重而不需要任何特殊的設計，即可順利施政，故記載「無敢設也」。

「既彫（雕）既琢，復歸於朴（樸）」，揭示官員雖然看似較民眾具有更多的華麗裝飾，但與民眾並無高下貴賤之分，而是齊同平等地在國家的整體中共存共在。因為有此了解，所以北宮奢宛若無識無知，不覺自己與民眾有分別，也不對民眾進行任何分別，順隨而不勉強民眾，因此即使是徵稅，並不令民眾覺得遭受折損，也就沒有厭惡與排斥感。故記載「侗乎其無識」至「故朝夕賦斂而毫毛不挫」。

「而況有大塗者乎」指出悟道者必有更佳的表現；不過，這顯然是北宮奢的自謙之詞。試想，北宮奢立足「一」的整體性，亦即依隨渾全不割裂的大道；他順任而不勉強民眾，也就是遵循大道順應自然的準則。換言之，北宮奢即為悟道者，並且展現依循大道處理事物的恰當行止。

或許莊子有感於國君並非因為國家建設，而只是為了一己視聽之娛，遂向民眾徵稅，造成民眾敢怒不敢言的沉重負擔與痛苦，因此寫下本則寓言。進而指出：依隨大道整體性的運作，即使是徵稅，也可平順進行。

此外，也可由另一面向來了解本則寓言：藉由最容易引起民眾反感的徵稅為例，揭示立足「官與民」是一不是二的整體性，順應而不與民眾對立，則可順利施政，且不引發民怨。簡言之，秉持大道的整體性，是為政者自處、處人、處事的前提。

孔子圍於陳、蔡之間，七日不火食。太公任往弔之，曰：「子幾死乎？」曰：「然。」「子惡死乎？」曰：「然。」任曰：「予嘗言不死之道。東海有鳥焉，其名曰意怠。其為鳥也，翂翂翐翐，而似無能；引援而飛，迫脅而棲；進不敢為前，退不敢為後；食不敢先嘗，必取其緒。是故其行列不斥，而外人卒不得害，是以免於患。直木先伐，甘井先竭。子其意者飾知以驚愚，脩身以明汙，昭昭乎如揭日月而行，故不免也。昔吾聞之大成之人曰：『自伐者無功，功成者墮，名成者虧。』孰能去功與名，而還與眾人！道流而不明居，得行而不名處；純純常常，乃比於狂；削迹捐勢，不為功名。是故無責於人，人亦無責焉。至人不聞，子何喜哉！」孔子曰：「善哉！」辭其交遊，去其弟子，逃於大澤，衣裘褐，食杼栗，入獸不亂群，入鳥不亂行。鳥獸不惡，而況人乎！

「孔子圍於陳、蔡之間」：已見於〈天運篇〉。「太公」：或為大夫之稱，或為老者之稱，或為複姓。「任」：人名。「弔」：慰問。「幾」：近。「嘗」：試。「翂翂翐翐」：飛行緩慢。「引援」：援引同伴。「迫脅」：肋骨相接，指擠成一團。「迫」：近。「脅」：肋骨。「緒」：剩餘。「斥」：散。「卒」：終。「意者」：有心。「飾」：誇。「愚」指純樸。「脩」：修。「汙」指缺失。「昭」：明亮。「揭」：舉。「大成之人」指老子。「自伐」：自誇。「得行而不名處」的「得」：德，指自然天性。「處」：停留。「純純」：專一。「常常」：不變，指變。「比於狂」的「比」：如，「狂」指無心。「捐」：棄。「責」有二意：（一）求，（二）譴責。「不聞」：無名。「交遊」：朋友。「衣裘褐」：穿粗布衣。「杼栗」：橡栗。

孔子在陳國、蔡國之間被圍困，七天不能生火煮飯。太公任去慰問他說：「你快要餓死了吧？」孔子說：「是的。」太公任說：「你不喜歡死亡吧？」孔子說：「是的。」太公任說：「我嘗試說說不死的方法。東海有一種鳥，名叫意怠。這種鳥飛行緩慢，好像沒有什麼能力；要靠其它的鳥帶領而飛，棲息時與其它的鳥擠成一團；前進時不敢領先，後退時不敢落後；進食時不敢先嘗，一定吃剩餘的。所以鳥群飛行的行列不散，人們終究無法傷害牠，因此而免於禍患。挺直的樹木先被砍伐，甘甜的水井先被汲乾。你意圖誇耀聰明來驚動純樸之人，修養自身以突顯他人的缺失，明亮地如同舉著日月行走，所以不能免於禍患。從前我聽明瞭大道的人說：『自誇的人反而被認為沒有功勞。』自誇成功的人終將墮敗，自誇名聲的人終將折損。誰能不執著功績與名聲，將功名還予大眾！大道流動變化不固定在明之隅落，人的行為依循天性之德而不固定在彰顯名聲；專一不變，如同狂人無心；隱匿形迹，拋棄權勢，不執著功名。因而對他人無所譴責（或無所求），他人也無所譴責（或無求）於我。至人無名，你為何喜好名聲呢！」孔子說：「說得好啊！」於是辭別朋友，遣散弟子，進入山林，穿著粗布衣，吃杼栗野果，走進獸群，獸不驚慌；走入鳥群，鳥不驚飛。鳥獸都不厭惡他，更何況人呢！

太公任舉例：意怠鳥被人們認為「無能」、無用，但可免於患，這就是對意怠自身的「有用」；換言之，意怠融「有用與無用」於一身。至於被人們認為有用的「直木、甘井」，卻遭砍伐、汲乾，這是對直木、甘井自身的「無用」；換言之，直木、甘井也是融「有用與無用」於一身。以此則知「有用與無用」並非大眾認為的互斥不並存，而是不可切割的整體。莊子將「無用」一體兩面的另一面「有用」翻轉出來，也將「有用」一體兩面的另一面「無用」翻轉出來，揭示「無能（用）」具有明暗並存、一體兩面的性質；同理，「有能（用）」也具有明暗並存、一體兩面的性質。

「子其意者飾知以驚愚」至「故不免也」，指孔子未能內斂，所以遭受「圍於陳、蔡之間」的禍患。

「自伐者無功」，見於《老子．二十四章》，揭示自誇之人即使有功勞，但因過度炫耀，引人反感，終將不再受到推崇，所以他的功勞也就宛若無功。亦即「自伐」雖然彰顯有功，但是「有功與無功」相通相連，是不可切割的整體，所以將變化為「無功」。

同理，「功、名」雖成立，但不可能永恆固定於「成」，這是因為「無動而不變，無時而不移」（〈秋水篇〉），萬事萬物都必將流動變化。亦即「成」將變化為「墮、虧」，故記載「功成者墮，名成者虧」，由此而揭示「成與墮、虧」一體不可分。

「孰能去功與名，而還與眾人」，指出將功名還予大眾，這是因為任何功績都不僅僅是一人獨立完成，而必然有大眾整體的支持與配合。所以察見整體的智者，將功名還予大眾整體，與整體大眾共享功名。

另外，如果平心思考，則知「功、名」誠然是人類生活中的一部分，對於人們的生活也有輔助的功能，並非萬惡的淵藪；但是如果過度執著，則將使行為產生偏差與錯誤。換言之，錯誤並非源於功名，而是來自人們的執著。故知上述的記載並非排斥功名，而是提醒讀者不宜執著。

「道流而不明居」，指出大道變動不居，並不固定於「明」（彰顯、誇耀）之隅落。亦即大道具有不執著的流動特質，雖「明」但不呆滯，並且往「不明」流動，在「明與不明」的整體中，往來自如。

「得（德）行而不名處」，揭示人的行為依循天性之「德」，順隨大道整體之運作，雖有「名」但不執著於此，內斂而適時調整為「無名」，在「名與無名」的整體中，靈活流動。

「純純」指專一地遵循大道。「常常」指不變，但是其意涵不在字面。試想：「無動而不變，無時而不移」（〈秋水篇〉），天地之中一切都在改變，但是「變」卻恆常不變。換言之，「變」即為「不變」。所以「常常」不是固定在某種狀態，而是不變地與「變」同步。

「純純常常，乃比於狂」，文字表面雖是如同狂人之無心，但其意涵指向：無心而不執著提出自己的意念，遵循大道，與變同步。

「是故無責於人，人亦無責焉」，指出與人們相處，「行為與回應」相應而生，是不可切割的一體之兩面。亦即種瓜得瓜，種豆得豆，作用力等於反作用力，莊子在此和盤托出常識未留意的完整全貌：「作用力與反作用力」是無從切割的整體。

「入獸不亂群，入鳥不亂行」，以鳥獸為例，指出孔子與鳥、獸、人類、萬物，是沒有對立、沒有對待、無待、混融的整體，由於是「一」不是二，所以不被厭惡，而是和諧地同存共在。

本則寓言揭示「有用與無用」、「有功與無功」、「有名與無名」是無從切割的整體，所以立身處世的良策並非固守任一隅落，也不可能固守任一隅落，而應依隨大道，無所執著，與萬物恰如其分的互動，和諧並存於天地之間。

孔子問子桑雽曰：「吾再逐於魯，伐樹於宋，削跡於衛，窮於商、周，圍於陳、蔡之間。吾犯此數患，親交益疏，徒友益散，何與？」子桑雽曰：「子獨不聞假人之亡與？林回棄千金之璧，負赤子而趨，或曰：『為其布與？赤子之布寡矣；為其累與？赤子之累多矣。棄千金之璧，負赤子而趨，何也？』林回曰：『彼以利合，此以天屬也。』夫以利合者，迫窮禍患害相棄也；以天屬者，迫窮禍患害相收也。夫相收之與相棄亦遠矣，且君子之交淡若水，小人之交甘若醴，君子淡以親，小人甘以絕。彼無故以合者，則無故以離。」孔子曰：「敬聞命矣。」徐行翔佯而歸，絕學捐書，弟子無挹於前，其愛益加進。異日，桑雽又曰：「舜之將死，真泠禹曰：『汝戒之哉！形莫若緣，情莫若率。緣則不離，率則不勞；不離不勞，則不求文以待形；不求文以待形，固不待物。』」

「子桑雽」：隱者，姓桑，名雽，子是古代對男性的美稱。「再逐於魯」：魯定公時，孔子擔任司寇的官職，達到路不拾遺的治績斐然；齊國因此想離間孔子與執政者的關係，所以送魯君八十名美女、一百二十匹好馬，由於齊國的離間，孔子遭到魯君的冷淡，不得不出走魯國。「伐樹於宋，削跡於衛，窮於商周，圍於陳蔡之間」：已見於〈天運篇〉。「犯」：遭遇。「何與、亡與、累與、布與」的「與」：歟，疑問詞。「假」：國名。「林回」：人名。「赤子」：初生的嬰兒。「趨」：快步跑。「或曰」：有人說。「布」指財貨。「天屬」指自然連結。「迫」：近，指遇到。「醴」：甘酒。「無故」的「故」指利益。「徐行翔佯」指悠閒漫步。「捐」：棄。「挹」：有二意：（一）取，（二）揖讓之禮。「真泠」：直命，指告誡。「形」指生命。「緣」：順。「率」：真率。「不求文以待形」：不求任何文飾來樹立生命，「文」：文飾，「待」：跱、立。

孔子問子桑雩說：「我兩次被魯國驅逐；在宋國的樹下講學，樹就被砍倒；在衛國被禁止居留；在商地、周地都陷入困境，在陳國、蔡國之間被圍困。我遭遇這些患難，親戚故舊日益疏遠，學生朋友日益離散，為什麼會這樣呢？」子桑雩說：「你難道沒有聽說假國人逃亡的故事嗎？林回捨棄價值千金的璧玉，背著嬰兒逃走。有人問他說：『你是為了錢財嗎？嬰兒的價值很少；是為了拖累嗎？嬰兒的拖累很多。捨棄千金的璧玉，背著嬰兒逃走，為什麼呢？』林回說：『我和璧玉是利益的結合，我和嬰兒是自然天性的連結。』以利益結合的，遇到窮困禍患，就會互相拋棄；以自然天性連結的，遇到窮困禍患，就會互相收容。互相收容與互相拋棄，兩者差得太遠了。再說，君子間的交往平淡得像水一樣，小人間的交往甜蜜得像甜酒一樣。君子平淡而相親，小人甜蜜而易斷絕。不因利益而結合，也就不因利益而分離。」孔子說：「我誠心的接受你的指導。」於是悠閒漫步地回去，終止講學，放下書籍，弟子在知識上無所取於孔子（或不必向他行禮），但是敬愛之情日益增加。有一天，桑雩又說：「舜在臨終前，告訴禹說：『你要警惕啊！生命最好是順隨，情感最好是真誠。順隨就不離整體，真誠就不勞擾。不離整體、不勞擾，不求任何文飾來樹立生命；不求任何文飾來樹立生命，所以不待於物。』」

子桑雩舉林回為例，暗示孔子講述先王治國之道，親交徒友學習之，再進而干求仕途；亦即親交徒友皆是求名利而來，孔子與他們是「以利合」，因此遇到患難便呈現「親交益疏，徒友益散」的狀態。

孔子了解桑雩所言之後，停止講學，弟子「無挹於前」在知識上無所取於孔子，也就是無從因為接近孔子、增加學識、再進而追求名利。亦即不再是「以利合」，但是「其愛益加進」，則是返回「以天屬」的自然連結。

但是何謂「以天屬」的自然連結？回顧〈齊物論篇〉「天地與我並生，而萬物與我為一」，揭示天地萬物本是無從切割的連續性整體，具有混融和諧的整體性，這就是「天屬」。

故知孔子與親交徒友，回返「以天屬」的自然連結，就是回返一體不可分的整體性。親交徒友與孔子「不離」，孔子自身則是「不勞」，不再勉強追求任何文飾，例如：親交徒友的追隨、大眾肯定、國君重用。亦即生命建立在整體性，而非任何文飾。換言之，孔子與親交徒友以及萬物，本就是同存同在的整體，既然不離於整體，無所欠缺，那麼尚何待之有？故記載「不離不勞」至「固不待物」。

本則寓言指出：人們的相處，若是「以利合」，遇有患難則相棄；若是「以天屬」的自然連結，則相收。以此揭示人人回返「萬物與我為一」的自然整體性，順隨整體之運作，則是不離不勞的處世良策。

莊子衣大布而補之，正緳係履而過魏王。魏王曰：「何先生之憊邪？」莊子曰：「貧也，非憊也。士有道德不能行，憊也；衣弊履穿，貧也，非憊也，此所謂非遭時也。王獨不見夫騰猿乎？其得柟梓豫章也，攬蔓其枝而王長其間，雖羿、蓬蒙不能睥睨也。及其得柘棘枳枸之間也，危行側視，振動悼慄，此筋骨非有加急而不柔也，處勢不便，未足以逞其能也。今處昏上亂相之間，而欲無憊，奚可得邪？此比干之見剖心徵也夫！」

「衣大布」的「衣」：穿，「大布」：粗布。「正緳係履」指用麻繩綁住鞋，「正」指整理，「緳」：麻繩，「係」：繫，「履」：鞋。「魏王」：魏惠王。「憊」：病。「邪」：疑問詞。「道」：不割裂的渾全整體。「德」指與生俱有的自然天性，例如：自覺、思考能力。「弊」：破。「非遭時」：不遇時機，「遭」：遇，「時」指機緣。「柟梓豫章」：都是挺直之樹。「攬蔓」：把捉。「王長」：君長，指行動自如。「羿」：古代善射之人。「蓬蒙」：羿之弟子。「睥睨」：斜視，指輕視。「柘棘枳枸」：都是有刺之樹。「危、側」：都指警戒。「振動悼慄」指畏懼。「加急」指限制或僵硬。「不柔」指不靈活。「不便」：不利。

「逞」：展。「奚」：何。「比干」：商紂之叔父。「見剖心」：被剖心。「徵」：明證。

莊子穿著一件補了破洞的粗布衣服，用麻繩綁住破鞋子，去見魏王。魏王說：「先生怎麼生病了？」莊子說：「是貧窮，不是生病了。讀書人明瞭道德義理而不能推廣，這是病；衣服破舊鞋子穿孔，是貧窮，不是病，這就叫做不逢時機。您難道沒有見過跳躍的猿猴嗎？當牠處在柟、梓、豫、章這些大樹上的時候，可以攀緣樹枝，行動自如，即使善射的羿、蓬蒙也不能小看牠。等到牠處在柘、棘、枳、枸這些多刺的樹叢時，就要謹慎行動，瞻前顧後，內心畏懼顫慄，這並不是筋骨受到束縛或僵硬而不靈活，而是處在不利的情勢中，不能施展牠的才能啊。現在處於昏君亂相的時代，想要不生病，怎麼可能呢？像比干被商紂剖心，就是一個顯明的例證啊！」

在與魏王的談話中，莊子先說自己是「貧」，不是「憊（病）」；最終卻說在昏上亂相的時代，不可能「不憊（病）」。前後併觀，則知莊子認為自己是「不憊（不病）而憊（病）」。

本則寓言記載莊子「不憊而憊」。之所以不憊，是因為莊子明瞭大道的整體性以及自然天性之「德」，並且實踐在生活中，誠然是「有道德而能行」，因此是不憊。至於「憊」，或許是昏君亂相，道德遭受遮蔽，所以莊子更希望可推廣至人人都明瞭並且實踐道德，使天下不離大道的整體性，人人依循天性之「德」，恰如其分的互動，人際相處和諧，社會安祥。簡言之，莊子雖然明瞭並且實踐道德，但是遺憾未能推廣人人都是「有道德而能行」的理想，所以記載「不憊而憊」。

孔子窮於陳、蔡之間，七日不火食，左據槁木，右擊槁枝，而歌猋氏之風，有其具而無其數，有其聲而無宮角，木聲與人聲犁然有當於人之心。顏回端拱還目而窺之。仲尼恐其廣己而造大也，愛己而造哀也，曰：「回，無受天損易，無受人益難，無始而非卒也，人與天一也。夫今之歌者其誰乎？」回曰：「敢問無受天損易。」仲尼曰：「飢渴寒暑，窮桎不行，天地之行也，運物之泄也，言與之偕逝之謂也。為人臣者，不敢去之。執臣之道猶若是，而況乎所以待天乎？」「何謂無受人益難？」仲尼曰：「始用四達，爵祿並至而不窮，物之所利，乃非己也，吾命其在外者也。君子不為盜，賢人不為竊，吾若取之，何哉！故曰：鳥莫知於鷾鴯，目之所不宜處，不給視，雖落其實，棄之而走。其畏人也，而襲諸人間，社稷存焉爾。」「何謂無始而非卒？」仲尼曰：「化其萬物而不知其禪之者，焉知其所終？焉知其所始？正而待之而已耳。」「何謂人與天一邪？」仲尼曰：「有人，天也；有天，亦天也。人之不能有天，性也。聖人晏然體逝而終矣！」

「據」：靠。「猋氏」：神農氏。「風」：詩。「有其具」：有擊木之具。「數」指節奏。「無宮角」指不合五音。「犁然有當於人之心」指歌聲如犁田之劃過人心。「端拱」：拱手直立。「還目」：旋目，指回頭看。「仲尼」：孔子，字仲尼。「廣己而造大」：尊敬自己以至於誇大。「卒」：終。「人與天一也」的「天」：自然，「一」指整體。「窮桎不行」：窮困不通，「桎」：窒。「運物之泄」：萬物流轉代謝，「泄」：動。「偕逝」：與變化同步，「逝」指變。「待天」：依隨自然。「命」指人生機緣。「鷾鴯」：燕。「不給視」指不待周遍看視，就遠飛離去。「實」：食。「襲諸人間」：入人屋舍築巢，「襲」：入。「社稷存焉」：比喻鳥依存鳥巢，如同人依存社稷。「社稷」指所居所養，即鳥巢。「禪」：代謝、代換。「待之」：依隨自然與變化，「之」兼指自然與變。「晏然」：安然。「體逝」：順應變化。

孔子在陳國、蔡國之間被圍困，七天不能生火煮飯。他左手靠著枯樹，右手敲著枯枝，唱起神農時代的詩歌，有敲擊的器具而沒有節奏，有歌聲而不合五音。擊木聲與歌聲，如犁田之劃過人心。顏回恭敬地站著，轉過頭來看孔子。孔子擔心他推崇自己到太高的狀態，敬愛自己到哀傷的地步，就說：「回，不受自然的損傷還算容易，不受人的增益卻很難，沒有任何開始不是結束，人與自然是一體。現在唱詩歌的人是誰呢？」顏回說：「請問不受自然的損傷還算容易，是什麼意思？」孔子說：「飢渴寒暑，窮困不通，都是天地的運行，萬物的流轉代謝，就是說要隨著它們一同變化。譬如做臣子的，不敢逃避君王的命令。奉行人臣之道尚且如此，更何況是依隨天之自然呢？」顏回說：「不受人的增益卻很難，是什麼意思？」孔子說：「初次被任用就順利發展通達四方，爵位俸祿源源不絕而來，這些外物的利益，並不是自己的，只是我的人生機緣在這些外物上。君子不做強盜，賢人不偷竊，我如果收取這些利益，是為了什麼呢？所以說，鳥類之中沒有比燕子更聰明的，看到有不宜停留的地方就不看第二眼，即使掉落了口中食物，也捨棄而飛走。燕子這麼怕人，卻又寄居人的屋舍，只因為所居所養的鳥巢在那兒啊！」顏回說：「沒有任何開始不是結束，是什麼意思？」孔子說：「萬物不斷變化，卻不知它們是如何代換的，怎知哪裡是終結？怎知哪裡是開始？理當端正自己而順隨自然與變化啊。」顏回說：「人與自然是一體，是什麼意思？」孔子說：「有人為的一切，是出於自然；自然的一切，也是出於自然。人之不能有自然，是本性。只有聖人能安然順應變化而終啊！」

關於「無受天損易，無受人益難，無始而非卒，人與天一也」的意涵，在此先看「人與天一也」。

顏回請問「人與天一也」的意涵，孔子首先回答「有人，天也」，例如大眾都認為爵祿是人為。不過，寓言中記載：爵祿是「物之所利，乃非己也，吾命（機緣）其在外者也。」指出因為人生的機緣，所以暫時擁有爵祿罷了。由此可知，即使有人為的爵祿之利，但仍然是「天」之自然。

「有人，天也；有天，亦天也」，清晰揭示「天與人」並不互斥，而是不可切割的「一」；也就是天人不二，而是「一」。

人不能「有天（自然）」，這是因為「有」則可取之，也可捨之，甚至以己意改造之；但是在此只須思考「死亡」便可明瞭，試想人類皆排斥死亡，然而死亡卻是天之自然，人類無從改變死亡，也不能或取或捨，而只能順應死亡的變化。由此即知，人不能「有天（自然）」，只能順天之自然，這是人類的本性本質，所以人類應以順天為準則，故記載「人之不能有天，性也，聖人晏（安）然體逝（變）而終矣。」

再看「無始而非卒」，莊子以非肯定筆法記載「化其萬物而不知其禪（代換）之者，焉知其所終？焉知其所始？」這三句敘述的意涵可藉下例來了解。

例如：在萬種物類中，牛與羊是不同的物種，然而任何一隻牛皆非恆常固定於牛，當牛死去，軀體腐朽，融入土壤中，土壤吸收其骨血，長出青草；當羊吃下青草，那麼「牛」的軀體也就進入「羊」的身軀內。相同地，當羊死去，軀體腐朽，融入土壤中，土壤吸收其骨血，長出青草；當牛吃下青草，那麼「羊」的軀體也就進入「牛」的身軀內。由此觀之，「牛、羊、草、土」之間並無不可跨越的區隔，而是相互代換。亦即「牛、羊、草、土」、「生與死」、「此與彼」循環往復，不知孰先、孰為起點，亦不知孰後、孰為終點。這就是萬物如同食物鏈一般地自然流通，雖然此時是某一物種，但是都將變化為另一物種，以不同的形貌繼續存在。所以記載「無始而非卒」。此外，也可進一步描述為「無卒而非始」，以彰顯「終與始」一體不可分的整體性。

有以上的了解，則知萬種物類都在天地的整體中不斷變動，人類也是萬種物類之一，那麼當然也在如同食物鏈一般的整體中流轉變化，因此恰當的生活態度就是：無所執著地順隨整體的自然變動，故記載「正而待之而已耳」。

接著看「無受人益難」，莊子舉例「爵祿」是人益。試想：大眾無不歡迎爵祿，也都不拒絕，所以記載「無受人益難」。此外，由於莊子揭示「人與天一也」，故知寓言雖然僅只敘述「無受人益難」，但是同理可推，也可敘述為「無受天（自然）益難」，例如：風調雨順、五穀豐收就是天益，大眾無不歡迎，也都接受而不拒絕。亦即「無受人益難」，也可進一步描述為「無受天益難」。

莊子繼續敘述，君子賢人「不盜竊」不貪圖爵祿，那麼孔子周遊列國，是否貪圖爵祿呢？莊子舉鷾鴯為例，指出鷾鴯畏人至極，卻仍居於人間，這是因為所居所養的「社稷（鳥巢）」就存在人間，所以不能遠離。同理，孔子所居所養的「社稷」也在此人間，不能遠離之，所以才有周遊列國，推廣王道之舉。換言之，正因為天下無道，又不能遠離天下，因此以積極的精神與行動，周遊列國。亦即周遊列國是孔子身而為人，不得不做的舉動，並非為一己之私，亦非貪圖爵祿。

然而孔子以如此積極的精神與行動，周遊列國，並未取得任何爵祿之人益，反而多處遭受困厄，亦即「受人之損」而非「受人之益」，但是回顧寓言之初記載孔子未曾驚慌憂懼，而是平和地「歌猋氏之風（詩）」。換言之，孔子以肩膀承擔「人損」之困厄，並不怨天尤人，具有堅定的內在生命力。

最後看「無受天損易」，莊子舉例「飢渴寒暑」是天損；此外，洪水、大旱也是天損。不過人們了解：暑渴、寒飢、洪水、大旱，都是自然的變化，人類無從改變之，唯一的因應對策就是「與之偕逝」與變同步、沒有對立、沒有對待、無待，因此人們都可大致平順地度過天損，故記載「無受天損易」。

然而，並非僅只飢渴寒暑之天損，造成人們「窮桎（窒）不行」，例如孔子周遊列國遭受人損，也造成「窮桎不行」；另外，有鑑於莊子揭示「人與天一也」，故知寓言雖然僅只敘述「無受天損易」，但是同理可推，也可敘述為「無受人損易」。只不過大眾如果遭受人損而「窮桎不行」，鮮少不怨天尤人者；然而孔子周遊列國一再遭受人損，卻無所怨尤，並且沉著承擔人損之困厄，展現常人所不能及的高度堅毅與勇敢，故知莊子雖記載「無受天損易」，但是針對孔子則可描述為「無受人損易」。

綜言之，大眾是「無受天損易」，例如：遭遇地震、洪水之天災，則更加沉穩地謹慎因應，以渡過難關；但是大眾「無受人損難」，例如：遭到人為的惡意中傷，則氣惱憤恨，難以持平應對。唯獨孔子既是「無受天損易」，也是「無受人損易」，這是常人無法企及的生命高度。由此則知，本則寓言正是宋．蘇軾指出：莊子對於孔子的書寫是「陽擠而陰助之」。

在此回顧寓言之初，孔子自言「夫今之歌者其誰乎」，業已暗示孔子順應「天」（自然）而無所排斥，也就是「人與天一也」，誠然不是常識中的俗人。

本則寓言以孔子周遊列國遭受困厄為例，揭示「天與人」具有不可切割的整體性。「人損」雖然看似屬於人為，但仍然是天之自然，若是順隨自然的變化，也可如同「無受天損易」一般地，做到「無受人損易」；至於人人皆樂意順隨的「人益、天益」，也都是天之自然。簡言之，本則寓言指出：順應自然就是恰當的處世準則。

莊周遊乎雕陵之樊，覩一異鵲自南方來者，翼廣七尺，目大運寸，感周之顙而集於栗林。莊周曰：「此何鳥哉？翼殷不逝，目大不覩。」蹇裳躩步，

執彈而留之。覩一蟬，方得美蔭而忘其身；螳螂執翳而搏之，見得而忘其形；異鵲從而利之，見利而忘其真。莊周怵然曰：「噫！物固相累，二類相召也！」捐彈而反走，虞人逐而誶之。莊周反入，三日不庭。藺且從而問之：「夫子何為頃間甚不庭乎？」莊周曰：「吾守形而忘身，觀於濁水而迷於清淵。且吾聞諸夫子曰：『入其俗，從其俗。』今吾遊於雕陵而忘吾身，異鵲感吾顙；遊於栗林而忘真，栗林虞人以吾為戮，吾所以不庭也。」

「雕陵」：山名。「樊」：山邊。「廣」：東西為廣。「目大運寸」：圓眼睛的直徑有一寸長，「運」：圓。「感」：觸。「顙」：額。「集」：停。「殷」：大。「逝」：往，指遠飛。「蹇裳」：提起下裳。「躩步」：疾行，快步。「留」指守候。「執翳」：藉樹葉以自隱，「翳」：隱蔽。「搏」：捕。「真」指身。「怵然」：警惕。「噫」：嘆聲。「二類」指利害。「召」：招。「捐」：棄。「反走」：轉身而跑，「走」：跑。「虞人」：掌管栗園之人。「誶」：訊，問。「反入」的「反」：返。「不庭」：不逞，不快。「藺且」：莊子弟子。「夫子何為頃間」的「夫子」：老師，指莊子。「頃間」指近期。「守形而忘身」：守鵲之形而疏忽己身。「觀於濁水而迷於清淵」：譬喻看到混濁之利而迷失清明本性。「吾聞諸夫子」的「夫子」：指老子。「入其俗，從其俗」指不得進入栗林的禁令。「戮」指責辱。

莊周到雕陵山邊遊賞，看見一隻怪異的鵲鳥從南方飛來，翅膀張開有七尺寬，圓眼睛的直徑有一寸長，碰到莊周的額頭而停在栗樹林中。莊周說：「這是什麼鳥啊？翅膀大卻飛不遠，眼睛大卻看不清。」於是提起下裳，快步走過去，手握彈弓而守候著。這時看見一隻蟬，正因為舒服的樹蔭而忘了自身。一隻螳螂隱蔽在樹葉中，準備捕捉蟬，螳螂看見即將獲得的利益而忘了形體。怪鵲趁機想要利用這個機會抓住螳螂，怪鵲看見即將獲得的利益而忘了身軀。莊周心生警惕說：「啊！萬物就是這樣互相牽累，因為利害而相互招惹。」他扔下彈弓，轉身就跑，栗林的守園人在後面追趕責問。莊周回去，三天都不高興。弟子藺且於是問他說：「老師為什麼最近不高興呢？」莊周說：「我守候鵲鳥而輕忽了自己，看見混濁之利而迷失清明本性。我曾經聽老師說：『到一個地方就要順從那兒的習俗（不得進入栗林的禁令）。』現在，我到雕陵遊賞而忘了自身，怪鵲碰到我的額頭；在栗林遊賞而忘了自己的身軀，被栗林的守園人責辱，所以我感到不高興。」

莊子遊雕陵，由於額頭被鵲鳥翅翼碰觸，注意力遂集中於鵲鳥，隨鵲鳥入栗林，也就是「觀於濁水而迷於清淵」，以致遺忘不得進入栗林的禁令，未能「入其俗，從其俗」，故遭栗林守園人的責辱。

總觀本則寓言記載：蟬有美蔭之「利」，但有被螳螂捕捉之「害」；螳螂有捕捉蟬之「利」，但有被異鵲捕捉之「害」；異鵲有捕捉螳螂之「利」，但有被莊子彈弓射擊之「害」；莊子有捕捉異鵲之「利」，但有被虞人責辱之「害」。

綜言之，蟬、螳螂、異鵲、莊子，都是「利與害」同存並在，由此可知「利害」一體不可分。這也是本書多次說明，人間世事無不具有一體兩面的性質，例如：地球受陽光照射，必然是一半為「明」，另一半為「暗」。故知凡事皆應觀察完整的全貌，唯有觀察整體，不是只見「利」而不見「害」，才有全面性的周延因應對策。

另外，如果平心思考：「利」誠然是人類生活中的一部分，對於人們的生活也有輔助的功能，並非萬惡的淵藪，也無庸消滅之；只不過人們如果過度執著「利」，則將使行為產生偏差與錯誤。換言之，錯誤並非源於「利」，而是來自人們的執著。故知本則寓言的記載並非排斥「利」，而是提醒讀者不宜執著。簡言之，如欲消弭因為「利」而衍生的不當行為，正本清源的方法不是消滅「利」，而是以自覺提醒自我不可過度執著。

陽子之宋，宿於逆旅。逆旅人有妾二人，其一人美，其一人惡，惡者貴而美者賤。陽子問其故，逆旅小子對曰：「其美者自美，吾不知其美也；其惡者自惡，吾不知其惡也。」陽子曰：「弟子記之，行賢而去自賢之行，安往而不愛哉！」

「陽子」：楊朱，衛國人。「之宋」的「之」：往。「逆旅」：旅社。「逆旅人」：旅社主人。「惡」：醜。「貴」指被人看重。「賤」指被人輕視。「逆旅小子」：旅社的童子。「賢」指善。「去」：除，指不炫耀。「安」：何。

陽子到宋國，住在一家旅社。旅社主人有兩個小妾，其中一人貌美，一人貌醜。醜的被他人看重，美的被他人輕視。陽子詢問是什麼緣故，旅社的童子回答說：「美的自以為美，我卻不覺得她美；醜的自以為醜，我卻不覺得她醜。」陽子說：「弟子們記住，行善而不炫耀、不自以為有善行，到哪裏會不受喜愛呢！」

本書多次說明，立足不割裂的渾全大道，則知互為對照的狀態，例如「有與無」、「美與醜」、「善與不善」都是無從切割的整體。本則寓言中的旅社童子也明瞭「美醜」一體不可分，指出自美者雖然牢牢抓住「美」，但卻是抓住「美與醜」之整體，並未遠離「醜」，由於態度傲慢，使旁人不樂意與之相處，也就不被看重，不見其美。同理，自以為醜者，也不曾遠離「美與醜」之整體，因為態度謙遜，使旁人樂於與之相處，也就受到重視，不見其醜。

「行賢而去自賢之行」就是行賢而不以為賢，亦即「賢而不賢」；但這並非消滅「賢」，而是內斂不誇耀，不同於前則寓言記載的「飾知以驚愚，修身以明汙，昭昭乎如揭日月而行」，不對他人造成壓迫感，也不至於成為「自伐（誇）者無功」。

此外，也可由另一面向來了解：由於互為對照的「賢與不賢」一體不可分，亦即「不賢」不曾遠離「賢」，所以「去自賢之行」的不賢，就是「不賢而賢」。換言之，因為展現「賢而不賢，不賢而賢」的內斂生命氣質，所以獲得人們的敬愛。故記載「行賢而去自賢之行，安往而不愛哉。」

本則寓言舉例「美與醜」、「賢與不賢」，具有一體不可分的整體性，進而指出處世的良策不是固守任一隅落，而是依隨大道，無所執著地與人們互動。

田子方

全德君子呈顯哪些與大道相同的特質？涵容萬物，與萬物沒有對立、沒有對待、無待？順應自然，與變同步？立足整體性，具有不執著的流動特質？

田子方侍坐於魏文侯，數稱谿工。文侯曰：「谿工，子之師邪？」子方曰：「非也，無擇之里人也。稱道數當，故無擇稱之。」文侯曰：「然則子無師邪？」子方曰：「有。」曰：「子之師誰邪？」子方曰：「東郭順子。」文侯曰：「然則夫子何故未嘗稱之？」子方曰：「其為人也真，人貌而天，虛緣而葆真，清而容物。物無道，正容以悟之，使人之意也消。無擇何足以稱之！」子方出，文侯儻然，終日不言，召前立臣而語之曰：「遠矣，全德之君子！始吾以聖智之言、仁義之行為至矣，吾聞子方之師，吾形解而不欲動，口鉗而不欲言。吾所學者，真土梗耳！夫魏真為我累耳！」

「田子方」：姓田，名無擇，字子方，為魏文侯之師或友人。「魏文侯」：魏國國君。「稱」：稱述或稱頌。「谿工」：姓谿，名工，魏國賢人。「邪」：疑問詞。「里」：鄉里。「稱道數當」：言論常常合於道理，「數」指時常，「當」：合。「夫子」指田子方。「虛緣」：虛心順物，「緣」：順。「葆」：保。「容物、物無道」的「物」：均指人。「正容」

指與道同步的行為；「容」：動，指行為。「儻然」：悵然。「德」指自然天性。「解」：散。「鉗」：閉。「土梗」：土偶。

田子方陪坐在魏文侯身旁，談話中多次稱述谿工。文侯說：「谿工是你的老師嗎？」子方說：「不是的，是我的同鄉。他的言論常常合於道理，所以我稱述他。」文侯說：「那麼你沒有老師嗎？」子方說：「有。」文侯說：「你的老師是誰呢？」子方說：「東郭順子。」文侯說：「那麼先生為什麼不曾稱述他呢？」子方說：「他為人真淳，貌如常人而生命與天（自然）同步，虛心順物而不失真淳，生命清而不雜，能包容他人。對於無道之人，就以與道同步的行為令對方開悟，使對方不合大道的意念自然消散。我哪裏有資格稱述他呢！」子方離開後，文侯悵然若失，整天不說話，然後召來站在身邊的臣子，對他們說：「遙不可及啊，全德的君子！起初我以為聖智的言談、仁義的行為是最高明的，現在我聽說了子方的老師，我的身體好像分散了而不想動，嘴巴好像封住了而不想說話。我過去所學的，簡直是土做的假人！魏國真是我的拖累啊！」

田子方向魏文侯描述東郭順子「虛緣而葆真」，指出順子雖然虛心順物卻不失真淳，亦即不被他物所影響。由此則知，順子之「虛」不是取消自我，而是「虛」不離「實」（生命之真）。換言之，由於立足「虛」不離「實」（生命之真）的整體性，做為順物的基準，所以不失真。

再看「清而容物（人）」，試想：包容他人，則生命不免因此而混雜不清，那麼順子是如何做到「清」的呢？這是因為順子具有與大道相同的流動特質，因此包容他人，雖然使生命「雜而不清」但是並非始終呆滯在此，而是適時調整為「清而不雜」，所以依舊保有清明的生命氣質。

在田子方的描述中，谿工言說大道，但是順子並未稱說大道，而是以「虛緣而葆真，清而容物，物無道，正容以悟之」的行止，呈顯大道順應自然而無所排斥的特質，所以是「人貌而天（自然）」。也正因如此，文侯以「全德君子」指出順子依循大道，順應自然的天性之「德」完足飽滿。

本書多次說明「仁」是愛，然而有愛遂有所不愛，不免產生偏私的流弊，雖然包容所愛，但卻排斥不愛；至於「義」是宜，然而卻不免產生將利益視為「義」（宜）的流弊，認為沒有利益即為不宜，遂排斥之。由此則知，仁義有所揀擇而且有所排斥，不同於大道無不包容、無所排斥。故記載「始吾以聖知之言、仁義之行為至矣」至「吾所學者真土梗耳」。

寓言之末，雖然文侯自述「夫魏真為我累耳」，但是如果自我提昇，由仁義回返不割裂的大道，無所揀擇、無所排斥，仿效順子「虛緣而葆真，清而容物」，那麼縱然治國也可無累無害，如同〈山木篇〉「人能虛己以遊世，其孰能害之。」

本則寓言揭示「全德君子」具有與大道相同的整體性，與天地萬物和諧無待。

溫伯雪子適齊，舍於魯。魯人有請見之者，溫伯雪子曰：「不可。吾聞中國之君子，明乎禮義而陋於知人心，吾不欲見也。」至於齊，反舍於魯，是人也又請見。溫伯雪子曰：「往也蘄見我，今也又蘄見我，是必有以振

我也。」出而見客，入而嘆。明日見客，又入而嘆。其僕曰：「每見之客也，必入而歎，何邪？」曰：「吾固告子矣：『中國之民，明乎禮義而陋乎知人心。』昔之見我者，進退一成規，一成矩；從容一若龍，一若虎。其諫我也似子，其道我也似父，是以歎也。」仲尼見之而不言。子路曰：「吾子欲見溫伯雪子久矣，見之而不言，何邪？」仲尼曰：「若夫人者，目擊而道存矣，亦不可以容聲矣！」

「溫伯雪子」：姓溫，名伯，字雪子，楚國之懷道人。「適」：往。「舍」：住。「中國」：中原之國，在此指魯國。「陋」：拙。「反」：返。「蘄」：祈，求。「振」：起，指啟發。「之客」：此客。「邪」：疑問詞。「固」：已經。「一」：或。「從容」：舉動。「道我」的「道」：導。「仲尼」：孔子，字仲尼。「吾子」指孔子。「擊」有二意：（一）動；（二）繫，指目相聯繫。「不可以容聲」指不執著於使用語言。

溫伯雪子前往齊國，途中投宿於魯國。魯國有人請求見他，溫伯雪子說：「不行。我聽說魯國的君子，明白禮義卻拙於了解人心，我不想見他。」到齊國之後，回程也投宿於魯國，這個人又來請求會見。溫伯雪子說：「上次要求見我，現在又要求見我，想必是有什麼可以啟發我的。」於是出去見了客人，回到房間就嘆氣。第二天又見了客人，回到房間又嘆氣。他的僕人問說：「每次見到這位客人，回到房間一定嘆氣，為什麼呢？」溫伯雪子說：「我已經告訴你了：『魯國人明白禮義卻拙於了解人心。』剛才來見我的那個人，進退有規有矩，舉止從容如同龍虎一般。他勸告我的態度像是兒子對待父親，他開導我的態度像是父親對待兒子，所以我要嘆氣啊。」孔子見到溫伯雪子卻不說話。子路說：「先生想見溫伯雪子很久了。見了面卻不說話，為什麼呢？」孔子說：「像他這樣的人，視線相接就呈顯大道，也就不執著於一定要使用語言了！」

「目擊而道存」揭示孔子一見溫伯雪子，便見大道；亦即雪子呈顯與大道相同的特質，因此也就不使用語言進行任何敘說。然而，孔子為何如此呢？

回顧〈齊物論篇〉曾說明，大道通貫天地萬物，是不割裂的渾全整體；然而使用語言雖可彰顯整體中的某部分，但卻使得此部分與其它部分形成一明一暗的相對與分別。也就是一旦使用語言，反而切割了整體、衍生出相對，使得大道的整體性遭受遮蔽。換言之，語言在本質上就具有遮蔽性，這就是孔子一見雪子呈顯與大道相同的特質，就不再使用語言的緣故；亦即藉由「不言」以避免遮蔽大道的整體性。

由此即知，不僅雪子是悟道者，孔子亦然。至於氣勢舉動如同龍虎之魯人，未能覺察雪子業已悟道，並且自認為了悟甚高，兩次對雪子多所諫言；反觀悟道的孔子雖見雪子，但卻不多言多語，以此益加彰顯魯人猶未悟道。另外，與孔子兩相對照，未悟道的魯人即是「中（魯）國之民，明乎禮義而陋乎知人心。」不過孔子也是魯人，但是由於悟道，因此超越「陋乎知人心」，而是「明」於知人心。

由於語言在本質上就具有遮蔽性，因此本則寓言指出悟道者相見，不必然「有言」，但這並非消滅「言」，而是依隨順應自然的無為準則，當言則言，不當言則不言；例如孔子對雪子雖然無言，但對子路則是有問有答的「有言」。

顏淵問於仲尼曰：「夫子步亦步，夫子趨亦趨，夫子馳亦馳，夫子奔逸絕塵，而回瞠若乎後矣。」夫子曰：「回，何謂邪？」曰：「夫子步亦步也，夫子言亦言也；夫子趨亦趨也，夫子辯亦辯也；夫子馳亦馳也，夫子言道，回亦言道也；及奔逸絕塵，而回瞠若乎後者，夫子不言而信，不比而周，無器而民蹈乎前，而不知所以然而已矣。」仲尼曰：「惡！可不察與！夫哀莫大於心死，而人死亦次之。日出東方而入於西極，萬物莫不比方，有目有趾者，待是而後成功，是出則存，是入則亡。萬物亦然，有待也而死，有待也而生，吾一受其成形，而不化以待盡，效物而動，日夜無隙，而不知其所終；薰然其成形，知命不能規乎其前，丘以是日徂。吾終身與汝交一臂而失之，可不哀與！汝殆著乎吾所以著也。彼已盡矣，而汝求之以為有，是求馬於唐肆也。吾服汝也甚忘，汝服吾也亦甚忘。雖然，汝奚患焉！雖忘乎故吾，吾有不忘者存。」

「夫子」：老師，指孔子。「趨」：快步走。「馳」：馬快跑。「奔逸絕塵」指極其快速，「奔逸」：飛馳，「絕塵」：快速離去故不見其塵。「回」：顏淵，姓顏，名回，字子淵。「瞠若」：瞪眼直視。「邪」：疑問詞。「比」：親。「器」指爵位。「蹈」指聚集。

「惡」：歎詞。「察與」的「與」：歟，感歎詞。「日出東方而入於西極」：日出日入，指變。「比方」指效法。「有目有趾者」指人。「待是而後成功」：依隨變而後成，「待」：依隨，「是」指變，「成功」：成。「是出則存，是入則亡」：依隨變，出生而存活，隨後進入死亡。「有待」指依隨。「待盡」：到死。「效」：應。「薰然」指自然。「規」：測度。「前」指開始。「丘」：孔子，名丘，字仲尼。「徂」：往，指與變俱往。「交一臂」指相守。「哀與」的「與」：歟，感歎詞。「殆」：大概。「著」：定著。「所以著」指不斷變化的歷程中呈現的各種態樣，例如：步、趨、馳。「彼」指上一句的步、趨、馳之各種態樣。「唐肆」：空市場。「服」：思。「忘」：亡，消失。「奚」：何。「患」：憂慮。

顏淵問孔子說：「老師緩步，我也緩步；老師快走，我也快走；老師奔馳，我也奔馳；老師奔走如飛，絕塵而去，我卻直瞪著眼，落在後面了！」孔子說：「回，怎麼說呢？」顏回說：「老師緩步我也緩步，是指老師說話我也說話；老師快走我也快走，是指老師論辯我也論辯；老師奔馳我也奔馳，是指老師談論大道我也談論大道，等到老師奔走如飛，絕塵而去，我卻直瞪著眼落在後面，是指老師不執著於說話卻使人信任，不執著於親近卻周遍地與人們相處，沒有爵位而民眾前來聚集，我不知這是什麼緣故啊。」孔子說：「啊！怎麼可以不明察呢！最悲哀的莫過於心死，而身死還在其次。太陽從東方升起，到西邊落下，不斷變化，萬物無不效法，也是不斷地變動，人們依隨變化而後成，依隨變化，出生而存活，依隨變化，進入死亡。萬物也都是如此，依隨變化而死，依隨變化而生。我一旦依隨變化而有人的形體，至死都不改變這樣的性質，順應萬物而變動，人生中的變動就如同日夜，是沒有間隙、無從切割的連續性整體，不知哪裏是終點；自然地有了形體，了解生命不能測度哪裏是起點，我因此而與變同往。我終身與你手臂相交而相守，但卻必然相失，這不是悲哀嗎？你大概是定著在我呈現的各種態樣。這些態樣已經改變消逝了，而你卻追逐，以為仍然存在，這就像是在空的市場尋求馬一樣。我心中的你很快就消失，你心中的我很快就消失。雖然如此，你何須憂慮！以往的我雖然消失，但我仍有不消失的存在。」

在此先看顏回描述孔子「不言而信」，如果僅觀字面，似乎是指孔子不言說；但是前文已敘述「夫子言亦言」，故知孔子並非始終「不言」，而是依循順應自然的無為準則，當言則言，不當言則不言。亦即「不言而信」的意涵不在字面，不是取消「言」，而是立足「言與不言」混融、沒有對立、沒有對待、無待、不可切割的整體，因應情勢，適時由「言」調整為「不言」，或由「不言」調整為「言」。因為具有與大道相同的整體性，以及不執著的流動特質，所以獲得人們的信任。

本書多次說明，由渾全不割裂的大道觀之，互為對照的狀態是無從切割的整體。換言之，「不比（不親）」與互為對照的「比（親）」一體不可分，亦即「不比（不親）而周」不是消滅「比（親）」，而是立足「不比（不親）與比（親）」的整體，適時由「親」調整為「不親」，或由「不親」調整為「親」，因此與人們周遍相處。簡言之，「不比（不親）而周」的意涵也不在字面，仍然彰顯孔子具有與大道相同的整體性，以及不執著的流動特質，也就因此雖然「無器（無爵位）而民蹈（聚）乎前」。

至於「不知所以然而已矣」，則是顏回以為孔子只是「言道」，不知孔子業已實踐大道的整體性，以及不執著的流動特質。

在孔子的回答中，先看「日出東方而入於西極」，這是舉太陽為例，揭示「無動而不變，無時而不移」（〈秋水篇〉），指出天地之中一切都在改變，亦即萬物皆依循「變」的法則，故後文記載「萬物莫不比方」至「有待（依隨變）也而生」。

孔子自述依隨「變」而出生存活，也將依隨「變」進入死亡，「變」是與生俱有的本質，一旦依隨「變」而有人的形體，終身都不失去「變」的性質，不固定在任一狀態，而是順應萬物不斷變動，故記載「吾一受其成形」至「效物而動」。

關於「日夜無隙」至「知不能規乎其前」四句敘述的意涵，可參看〈德充符篇〉「日夜相代乎前（後），而知不能規乎其（終）始者也」，該篇曾說明這是指：對於日夜，人類無從認知哪一個瞬間是「日」的開始、「夜」的結束，也無從認知哪一個瞬間是「日」的結束、「夜」的開始。亦即日夜一前一後交替代換，是無從切割的連續性整體。

本則寓言中，孔子就是舉日夜為例，揭示人生中的變動（例如：生死），恰若「日夜」相通為一，所以孔子不執不滯，順隨變化，與「變」同步，故記載「丘以是日徂（往）」。

「吾終身與汝交一臂而失之」，指出孔子與顏回雖然終身手臂相交而相守，但必然相失；這是因為「無動而不變，無時而不移」，天地之中一切都在改變，無一事物恆常不變。

在此應該思考：人們都是由「無生」變化為「生」，再變化為「無生（身死）」。如果以為失去舊有狀態的變化就是悲哀，那麼由「無生」變化為「生」、由「生」變化為「無生（身死）」以及「交一臂而失之」，這三項變化都是失去舊有狀態，都是哀；然而人們選擇性地認為由「無生」變化為「生」、「交一臂而失之」不是哀，卻又選擇性地認為由「生」變化為「無生（身死）」是哀。試想：這三項變化的性質完全相同，都是失去舊有的狀態，然而人們卻選擇性地認為某些變化不是哀，某些變化是哀。由此則知「可不哀與（歟）」的意涵不在字面，不是指失之交臂可悲，而是指選擇性的接受某些變化、又排斥某些變化，亦即未能與「變」同步為可悲。

另外，在此也可一併明瞭莊子前文敘述「哀莫大於心死」，就是指不能與「變」同步，即為心死，例如：強烈排斥由「生」變化為「無生（身死）」，選擇性地接受由「無生」變化為「生」。簡言之，未能依隨變化，就是最悲哀的心死，比身死更為可悲。反之，依隨變化，而不是選擇性地接受某些變化，則是「心不死」，由於與「變」同在，所以將長存，不虞滅失。

「汝殆著乎吾所以著也」指出孔子依隨變化，在不斷變動的歷程中呈現各種態樣（例如：步、趨、馳），顏回定著在這些態樣，卻未能明瞭孔子並不固定，當舊有的態樣業已由「有」變化為「無」，顏回仍執著而以為是「有」，故記載「彼已盡矣」至「是求馬於唐肆也」。在此亦可一併了解，寓言之初，顏回描述孔子「奔逸絕塵」，就是因為孔子與「變」同步，亦即孔子就是「變」，所以快速至極，令顏回瞠目。

「吾服汝也甚忘，汝服吾也甚忘」，揭示一切都在改變中，亦即「無動而不變，無時而不移」。然而，雖然一切皆「變」，但是「變」卻是不變而長存，因此與「變」同在，則將長存，故記載「雖忘（亡）乎故吾，吾有不忘（亡）者存」，這也就是「心不死」的不虞滅失。

本則寓言指出悟道者與「變」同在，所以不虞滅失，而將恆存。不過，此「恆存」並非僅只是以有呼吸、心跳的形式存在而已，例如：莊子著書智慧通達，二千三百年來始終被人們所記憶，受世人追隨，他的生命就是長存人間。

孔子見老聃，老聃新沐，方將被髮而乾，慹然似非人。孔子便而待之，少焉見，曰：「丘也眩與？其信然與？向者先生形體掘若槁木，似遺物離人而立於獨也。」老聃曰：「吾遊心於物之初。」孔子曰：「何謂邪？」曰：「心困焉而不能知，口辟焉而不能言，嘗為汝議乎其將：至陰肅肅，至陽赫赫，肅肅出乎天，赫赫發乎地，兩者交通成和而物生焉。或為之紀，而莫見其形。消息滿虛，一晦一明，日改月化，日有所為，而莫見其功。生有所乎萌，死有所乎歸，始終相反乎無端，而莫知乎其所窮。非是也，且孰為之宗！」孔子曰：「請問遊是。」老聃曰：「夫得是，至美至樂也。得至美而遊乎至樂，謂之至人。」孔子曰：「願聞其方。」曰：「草食之獸不疾易藪，水生之蟲不疾易水，行小變而不失其大常也，喜怒哀樂不入於胷次。夫天下也者，萬物之所一也。得其所一而同焉，則四支百體將為塵垢，而死生終始將為晝夜，而莫之能滑，而況得喪禍福之所介乎！棄隸者若棄泥塗，知身貴於隸也，貴在於我，而不失於變，且萬化而未始有極也，夫孰足以患心！已為道者解乎此。」孔子曰：「夫子德配天地，而猶

假至言以脩心，古之君子，孰能脫焉？」老聃曰：「不然，夫水之於汋也，無為而才自然矣。至人之於德也，不脩而物不能離焉。若天之自高，地之自厚，日月之自明，夫何脩焉！」孔子出，以告顏回曰：「丘之於道也，其猶醯雞與！微夫子之發吾覆也，吾不知天地之大全也。」

「老聃」：老子，姓李，名耳，字聃。「沐」：洗髮。「方將」：正。「慹然」：不動之貌。「便而待之」指退出等候，「便」指退，「待」：等候。「少焉」指一小段時間。「丘」：孔子，名丘。「眩」指眼花。「眩與、然與」的「與」：歟，疑問詞。「信然」：真實，「信」：實。「向者」：方才。「先生」：老師，指老子。「掘」指直立不動。「獨」兼指道以及沒有對立、沒有對待、無待之境。「物之初」指道，「初」：本。「邪」：疑問詞。「辟」：閉。「嘗」：試。「其將」的「將」：宗主。「肅肅」：嚴寒。「赫赫」：炎熱。「成和」：和諧。「或」：非肯定語詞。「紀」：綱紀，規律。「消息滿虛」：消逝、生長、盈滿、虛空，指變。「一晦一明」：或暗或明，指時隱時顯；「一」：或，「晦」：暗。「日改月化」指不斷改變。「日有所為」指時時變動，「日」：時。「莫見其功」指不見治理者，「功」指治理。「端」：端倪，指分際。「非是、遊是、得是」的「是」：均指道。「方」：道理。「不疾易」的「疾」：憂，「易」：變。「藪」：澤。「大常」：生命的根本，指整體。「胷次」：胸中，「胷」：胸，「次」：中。「所一」的「一」指整體。「四支」：四肢。「滑」：亂。「介」：繫，留。「隸」：附屬，指得喪禍福。「塗」：土。「患心」：憂心。「解」

有二意：(一)了解，(二)解脫。「夫子」：老師，指老子。「德」指自然天性。「配」：合。「假」：藉。「脩」：修，指修持。「脫」：免。「汋」指潤澤。「無為」：不執著固定的行為，而是順應自然。「才」指天性。「醯雞與」的「醯雞」：酒甕裏的小飛蟲；「與」：歟，感歎詞。「微」：無。

孔子去見老聃，老聃剛洗好頭髮，正被散著髮等它乾，站立不動的樣子好像不是人。孔子就退出等候，稍後見面時，說：「我是眼花了呢？還是真的呢？剛才先生的形體直立不動如同枯木，好像遺忘萬物與人世而獨存。」老聃說：「我悠遊於萬物之本。」孔子說：「這是什麼意思呢？」老聃說：「我的心好像被困住了而不能認知分辨，我的口閉合而不能言說，我試著為你說說這宗主吧。至陰寒冷，至陽炎熱，寒冷由天而下，炎熱由地而上，這兩者交會融通達到和諧就產生了萬物。似乎有安排規律者，卻看不見它的形體。萬物消逝、生長、盈滿、虛空，或隱或顯，不斷改變，時時變動，卻看不見主導這些變化的治理者。生，有起源；死，有歸向；始與終雖然相反但卻是沒有分際的整體，循環往復而不知它的窮極。如果不是道，誰是這一切變化的宗主呢！」孔子說：「請問悠遊於物之初的狀態。」老聃說：「達到這個境界，是至美至樂。體會至美而悠遊於至樂，稱為至人。」孔子說：「希望聽聽其中的道理。」老聃說：「吃草的動物不擔心變換草澤，水生的蟲子不擔心變換池沼，只做小的變動而沒有失去生命根本的整體性，所以喜怒哀樂的情緒不會侵入胸中。天下就是萬物整體存在之處，了解整體性就明白萬物齊同平等，那麼人類的四肢百骸變化為塵垢，死生終始如同日夜變換，而不能擾亂思緒，何況得失禍福哪裡會留存胸中！捨棄得失禍福如同捨棄泥土，這是因為了解自身比得失禍福更可貴，可貴的是我，並不因變化而失落，而且將千變萬化而沒有窮盡，這有什麼值得憂心的！已經修道的人都了解，或解脫了憂慮。」孔子說：「先生德合天地，仍然藉著至言來修心。古之君子，誰能不言而且免於修持呢？」老聃說：「不是的，像水的潤澤，就是順應自然的天性。至人的自然天性之德，不曾修持而萬物不能遠離他。像天自然的高，地自然的厚，日月自然的光明，哪裡需要修持呢！」孔子出去後，告訴顏回說：「我對於道的了解，豈不就像是酒甕裏的小飛蟲嗎！如果沒有先生打開蓋子啟發我，我仍不知天地的大全。」

關於孔子描述老聃「形體掘若槁木」，可與稍後老聃自述「心困焉而不能知」併觀，這兩句的意涵同於〈齊物論篇〉「形如槁木，心如死灰。」回顧該篇曾說明，這是止息形體與心識對於天地萬物進行切割、分別性認知的運作，回返天地萬物沒有對立、沒有對待、無待、混融、不可切割的整體性。亦即立足渾全不割裂的大道，「形體與心識」都依隨大道的混融無待、整體性之運作，也就是〈齊物論篇〉「吾喪我」無我。不過，「無我」不是「我」消失了，而是說不出什麼是「我」，也說不出什麼是「物」，亦即「物與我」混融，是沒有對立、沒有對待、無待的整體。

由此則知「形體掘若槁木、心困焉而不能知」指向物我混融。由於「物我」是一不是二，既說不出什麼是「物」，也說不出什麼是「我」，亦即沒有任何存在與老聃相對立，故記載「似遺物離人而立於獨也」。換言之，這句敘述的意涵不在字面，不是遠離萬物，而是消弭「物、我」的對立性。簡言之，「獨」指向沒有對立、沒有對待、無待。老聃並且進一步說明：物我為一，就是「物之初（本）」。

「至陰肅肅」至「兩者交通成和而物生焉」，指出「陰與陽」、「天與地」、「寒與熱」混融、沒有對立、沒有對待、無待，萬物乃生。亦即萬物的生發，源自無待的整體性。

「消息滿虛」至「日改月化」，指出萬物不斷變化。

「或為之紀，而莫見其形」、「日有所為，而莫見其功（治）」指出只見萬物生發以及改變，但卻不見治理的主導者。

「生有所乎萌」至「而莫知乎其所窮」，指出萬物由「無生」變化為「生」，再變化為「無生」（死）。亦即「生與死」、「有與無」、「始與終」雖然常識認為它們相反，但卻循環往復，沒有分際界線；也就是各種互為對照的狀態，相通為一體。

在此參看〈齊物論篇〉「已而不知其然，謂之道」，指出雖然不知互為對照的狀態，為何具有相通為一的整體性，但卻知曉互為對照的狀態，必定相依而不離。莊子稱如此相通的整體性，就是「道」。

由此則知「非是也，且孰為之宗」，指出大道是萬物生發以及變化的主導者，也就是「物之初（本）」。老聃並且以「至美至樂」描述混融無待的整體性，不離整體即為「至人」。

孔子再請問至美至樂的至人之道。老聃舉「草食之獸、水生之蟲」為例，指出變易「藪（澤）、水」，對牠們只是小變，亦即牠們依然存在天地之間，並未遠離天地萬物的整體，故記載「不失其大常」，也就是不失「物之初（本）」。由此揭示：對人們而言，「生死」的變化就如同草食之獸、水生之蟲更換「藪（澤）、水」，也只是小變。換言之，人們由「生」

變化為「無生」（死），但也將再次變化為「生」，仍然存在天地之間，未曾遠離天地萬物的整體，也是不失「大常」、「物之初（本）」。所以生死的小變，並不造成情緒的擾動，故記載「喜怒哀樂不入於胷（胸）次」。

「夫天下也者，萬物之所一也」，指出萬物並存於天地之間，是不可切割的連續性整體，立足於此，則可明瞭萬物的形貌雖然各自不同，但是穿過表象，則知任何存在都是組成天地萬物無從切割的連續性整體之一環，存在的本質相同，而且是齊同平等，並無高下貴賤之別，故記載「得其所一而同焉」。此外，也可由另一面向來了解：萬物不離天地之整體，縱然發生變動（例如：死亡），但是並未遠離整體，而是依然相同的存在天地之間。

再看「四支（肢）百體將為塵垢」，不僅指出人們由「生」變化為「無生」（死），也同時揭示「四支百體與塵垢」並存於天地之間，具有不可切割的整體性，也是齊同平等，並無高下之別。亦即「生與死」、「始與終」都如同「晝與夜」，是不可切割的整體，並無好壞之分。所以「生與死」、「始與終」、「晝與夜」的變化，並不擾亂心神；至於互為對照的「得與喪（失）」、「禍與福」也都具有不可切割的整體性，所以它們的變化，不足以存懷。故記載「四支百體將為塵垢」至「而況得喪（失）禍福之所介乎」。

了解得失禍福只不過是人生機緣之附屬狀態，不足以影響生命的真實，故記載「棄隸（附屬）者若棄泥塗（土），知身貴於隸（附屬）也」。然而真實的我，並非僅僅指血肉之軀，而是指向〈齊物論篇〉「天地與我並生，而萬物與我為一」之旨，亦即指向與天地萬物同存並在、無從切割的我；由於「我與天地萬物」是不可切割的整體，所以與萬物的變化同步，但卻不曾因為變動而失落「我與萬物」的整體性，故記載「貴在於我而不失於變，且萬化而未始有極也。」

「夫子德配天地」至「孰能脫焉」，則是孔子再次提出疑問：是否無人能免於藉著言談來修持？

老聃舉水為例，指出「汋（潤澤）」就是水的自然天性，水「無為」的順應自然，便呈顯「汋（潤澤）」。至人的自然天性之「德」，則是立足「物之初（本）」，不失天地萬物的整體性，所以無庸特別修持，卻不曾遠離萬物；恰若天、地、日、月也不須特別修持，而呈顯「高、厚、明」的自然天性。故記載「水之於汋（潤澤）」至「夫何脩（修）焉」。

綜言之，孔子疑惑無人能免於藉著言談來修持，但是老聃指出：至人的天性之「德」，就是物我為一、無待、混融的整體性，只要不遮蔽天性之「德」，即與萬物同在，並不須特別修持，也不須語言論述，所以前文記載「口辟（閉）焉而不能言」；至於老聃在此的諸多敘述，則是因為孔子提出詢問，所以給予回應罷了。

孔子明瞭老聃所述之後，對顏回說「丘之於道也」至「吾不知天地之大全也」，指出終於了解「道」的整體性，恰如天地渾全而無從切割。

本則寓言揭示「道」就是天地之大全，具有不割裂的整體性，亦可稱為「物之初（本）」；至人的天性之「德」，即為依循大道，不離天地之大全，亦可稱為「得至美而遊乎至樂」。

莊子見魯哀公，哀公曰：「魯多儒士，少為先生方者。」莊子曰：「魯少儒。」哀公曰：「舉魯國而儒服，何謂少乎？」莊子曰：「周聞之，儒者冠圜冠者，知天時；履句屨者，知地形；緩佩玦者，事至而斷。君子有其道者，未必為其服也；為其服者，未必知其道也。公固以為不然，何不號於國中曰：『無此道而為此服者，其罪死！』」於是哀公號之，五日，而魯國無敢儒服者。獨有一丈夫儒服而立乎公門。公即召而問以國事，千轉萬變而不窮。莊子曰：「以魯國而儒者一人耳，可謂多乎？」

「莊子見魯哀公」：莊子是戰國時人，與梁惠王、齊宣王同時，在魯哀公之後一百二十年，故知莊子見魯哀公的記載，即為寓言。「方」：道術，學術思想。「舉」：全。「周」：莊子，姓莊，名周。「冠圜冠」：戴圓帽，第一個「冠」字：戴，「圜」：圓，第二個「冠」字：帽。「履」：穿。「句」：方。「屨」：鞋。「緩佩玦」：佩帶五色絲繩穿繫的玉珮，「緩」：五色絲繩穿過玉珮，做為佩飾。「玦」：玉珮。「斷」：決斷。「固」：必然。「號」：令。「一丈夫、一人」：有些學者認為均指孔子，有些認為不必然指孔子。

莊子去見魯哀公，哀公說：「魯國的儒者很多，但是學習先生的學術思想之人，很少。」莊子說：「魯國的儒者很少。」哀公說：「全魯國人都穿著儒服，怎麼能說少呢？」莊子說：「我聽說，儒者戴圓帽的，了解天時；穿方鞋的，了解地形；佩帶五色絲繩穿繫玉珮的，遇事有決斷。君子有這種道術的，未必穿這種服裝；穿這種服裝的，未必明瞭這種道術。您必然認為我說的不正確，那麼何不號令於國內說：『不具備儒者的道術，而穿著儒者的服裝，要處以死罪！』」於是哀公發出這項命令，五日之後，魯國沒有人敢再穿著儒服。只有一位男子穿著儒服，站在哀公府門外。哀公就召見他，詢問他對國事的意見，問題千轉萬變，他都應答無窮。莊子說：「全魯國只有一位儒者，可以算多嗎？」

莊子對魯哀公指出，儒者知「天時、地形」，也就是前則寓言敘述的「天地之大全」，因此具有「事至而斷（決）」的能力。

讀者如果質疑：知「天時、地形」，是否即為知「天地之大全」？那麼可以繼續看後文，莊子指出：哀公召見唯一儒服者，詢問國事「千轉萬變而不窮」。在此參看〈齊物論篇〉「彼是莫得其偶，謂之道樞，樞始得其環中，以應無窮」，該篇曾說明「道樞（道的樞要）」就是立足渾全不割裂的大道，懷抱整體性，以天地之運作為觀察基準，如同立足空虛的環中，並不抓持任一隅落的「實」，而是無所執著地依隨整體的遷流，反而可以靈活應變。

由此則知，「千轉萬變而不窮」就是指立足大道的整體性，以整體待命，所以無事不可因應。換言之，「千轉萬變而不窮」的意涵，呼應前述說明：了解天時、地形，就是了解天地大全的整體性，可證前述說明並未背離莊子。

本則寓言指出：了解天時、地形，具有「事至而斷」能力的儒者，亦為悟道者；進而揭示儒家與道家的學術義理，並不互斥而是相通不悖。

百里奚爵祿不入於心，故飯牛而牛肥，使秦穆公忘其賤，與之政也。有虞

氏死生不入於心，故足以動人。宋元君將畫圖，眾史皆至，受揖而立，舐筆和墨，在外者半。有一史後至者，儃儃然不趨，受揖不立，因之舍。公使人視之，則解衣般礴贏。君曰：「可矣，是真畫者也！」

「百里奚」：複姓百里，名奚，虞國人，虞國被晉國滅亡，遂入秦國，貧賤養牛，秦穆公知其賢，授以國政，擔任宰相七年，襄助秦穆公成就霸業。「飯牛」：養牛。「有虞氏」：舜。「宋元君」：宋國國君。「史」指畫師。「受」：受命。「揖」：拱手。「舐」：舔。「和墨」：調墨。「儃儃然」：安閒之貌。「趨」：快步走。「因之舍」的「因」：於是，「之」：往，「舍」指畫室。「公」指宋元君。「般礴」指雙腳交叉盤坐。「贏」：裸。

百里奚不將爵祿放在心中，所以養牛而牛肥，使秦穆公忘了他地位卑賤，把國政交給他。舜不將生死放在心中，所以能夠感動旁人。宋元君打算畫圖，畫師們都來了，接受了國君的命令，拱手站立，舔筆調墨，還有半數的人擠不進門內而站在門外。有一位畫師稍晚才到，悠閒地走來，接受了國君的命令，拱手作揖之後，卻不站在此處，就前往畫室了。宋元君派人去察看，見他解衣裸露上身，雙腳交叉盤坐。宋元君說：「行了，這才是真正的畫師。」

寓言雖然只記載百里奚「爵祿不入於心」，但他卻是安於大眾認為貧賤的「飯（養）牛」工作，可見他也是「貧賤不入於心」，亦即不自以為貧賤，以至於使得秦穆公也忘其賤，授予國政，遂由貧賤轉變為爵祿。不過，雖然獲得爵祿，卻是「爵祿不入於心」，不因爵祿而輕忽職守，終於襄助秦穆公成就霸業。由此則知：互為對照的「貧賤與爵祿」，並不是常識認為的互斥對立，而是相互流通無從切割的整體。百里奚了解於此，所以不排斥貧賤，也不執著爵祿，而是「貧賤、爵祿」都不入於心。

寓言之所以記載「有虞氏（舜）死生不入於心」，是因為舜曾經屢遭父親、繼母、弟弟謀害，但都大難不死，而且不改孝悌。由此彰顯舜以沒有對立、沒有對待、無待為立足點，了解前則寓言敘述的「死生終始將為晝夜而莫之能滑（亂）」，亦即明瞭「生死」是不可切割的無待整體，因此「死生不入於心」；另外，舜也了解自己與人們並存天地之間，是無待、和諧的混融整體，所以與人們總是和睦相處，也就是前則寓言敘述的「喜怒哀樂不入於胷（胸）次」，因此「足以動人」，使堯將二位女兒嫁予舜，並授予天子之職。

後至的畫師，不同於其他眾多畫師，不趨不立，從容而不急切，反而引起國君的注意；在畫室「解衣般礴贏（裸露上身，雙腳交叉盤坐）」，則是「神閒而意定」（晉．郭象注）。彰顯其「爵祿不入於心」，亦即不執著爵祿名利，那麼繪畫的能力也就不受爵祿名利的影響，而可充分發揮，所以國君指其「是真畫者」。

以上寓言藉百里奚、舜、畫師為例，指出立足大道的整體性，具有與大道相同的不執著之特質，則「爵祿、貧賤、生死」都不入於心。

文王觀於臧，見一丈夫釣，而其釣莫釣，非持其釣有釣者也，常釣也。文王欲舉而授之政，而恐大臣父兄之弗安也；欲終而釋之，而不忍百姓之無

天也。於是旦而屬之大夫曰：「昔者寡人夢見良人，黑色而䫇，乘駁馬而偏朱蹄，號曰：『寓而政於臧丈人，庶幾乎民有瘳乎！』」諸大夫蹵然曰：「先君王也。」文王曰：「然則卜之。」諸大夫曰：「先君之命，王其無他，又何卜焉。」遂迎臧丈人而授之政，典法無更，偏令無出。三年，文王觀於國，則列士壞植散群，長官者不成德，斔斛不敢入於四境。列士壞植散群，則尚同也；長官者不成德，則同務也；斔斛不敢入於四境，則諸侯無二心也。文王於是焉以為太師，北面而問曰：「政可以及天下乎？」臧丈人昧然而不應，泛然而辭，朝令而夜遁，終身無聞。顏淵問於仲尼曰：「文王其猶未邪？又何以夢為乎？」仲尼曰：「默，汝無言。夫文王盡之也，而又何論刺焉！彼直以循斯須也。」

「文王」：周文王，姓姬，名昌，商紂時為西伯，國在岐山之下，積善施仁，諸侯多歸向之，三分天下有其二；其子周武王滅商紂，擔任天子後，追尊為文王。「臧」：地名，接近渭水，在陝西省西安附近。「見一丈夫釣，而其釣莫釣，非持其釣有釣者也」的「丈夫」：暗指呂尚，本姓姜，祖先受封於呂，從其封姓，故稱呂尚，字子牙，所以又稱姜子牙；「其釣」的「釣」均指鉤；「莫釣」指無釣餌。「有釣」：為釣，「有」：為。「常釣」有二意：（一）上釣，指最高明的釣法，（二）恆常之釣。「弗安」：不安。「釋」：捨。「無天」指沒有庇蔭。「旦」：清晨。「屬」：囑，說。「大夫」指朝廷大臣。「昔」：夕，指夜晚。

「寡人」：周文王自稱之詞。「䫇」：髯，鬍鬚。「駁馬」：雜色的馬。「偏朱蹄」：馬蹄半邊為紅色。「號」：令。「寓」：寄託。「而政」的「而」：你。「臧丈人」：暗指姜子牙，「丈人」：長者之稱。「庶幾」：希望。「有瘳」指國家治理良好，「有」：可，「瘳」：疾病痊癒。「蹵然」：驚訝之貌。「先君王」指周文王之父，名季歷，周武王擔任天子後，追尊為王季。「卜」：占卜。「王其無他」的「其」：如果。「壞植散群」指解散朋黨。「不成德」：不自居恩澤，「德」：恩惠。「斔、斛」：都是量穀物的量器；古代以十升為一斗，十斗為一斛，有的學者認為斔是六斗四升，有的認為是六斛四斗。「尚同」：同而不異，指沒有對立、沒有對待、無待。「同務」：共同完成，「務」：成。「太師」指師傅。「昧然」：默然。「辭」：言說或推辭。「遁」：隱，指離去。「默」：靜。「文王其猶未邪」的「其」：疑問詞，「未」指未能取信於人，「邪」：疑問詞。「而又何」的「而」：你。「論刺」：譏刺。「直」：只是。「循」：順。「斯須」有二意：（一）百姓之情，「斯」指民眾；（二）文王之需求，「斯」指文王。「須」：需求。

周文王在臧地巡視，看見一位老人在釣魚，他的釣鉤上沒有釣餌，他不是拿著釣鉤在釣魚，這是最高明的釣法，或恆常之釣。文王想要舉用他，並且將國政託付給他，但又恐怕大臣父兄不安；最後想捨棄他，又不忍百姓沒有庇蔭。於是早朝時，對大夫們說：「昨夜我夢見一位賢人，面色黑而有鬍鬚，騎著雜色的馬，而馬蹄的半邊為紅色，命令我說：『把你的政事委託給臧地的老者，國家才有希望治理良好！』」大夫們驚異的說：「這是國君的父親。」文王說：「那麼占卜看看。」諸大夫們說：「國君父親的命令，大王如果沒有其他人選，又何必占卜呢！」於是迎接臧地老者，把國政託付給他，典章法規一無更改，偏頗政令從不發布。過了三年，文王在國內巡視，看見士人們不結朋黨，長官不自以為有恩澤，不同的度量衡不再進入國境。士人們不結朋黨，是同而不異；長官不自以為有恩澤，因為工作是大家共同完成；不同的度量衡不再進入國境，是諸侯沒有異心。文王於是拜他為師傅，行弟子之禮，北面站立而請問說：「施政可以推及天下嗎？」臧地老者沉默沒有回應，泛泛然說些話或推辭，早上還在處理政事而夜晚就離去，從此再也沒有消息。顏淵問孔子說：「文王還不能取信於人嗎？又何必假託是夢呢？」孔子說：「安靜，你不要說了！文王已經很完善了，你又怎麼可以批評他呢！他只是順應民情，或順隨自己的需求。」

臧丈人「其釣（鉤）莫釣（無釣餌）」，即為「釣而不釣」；至於「非持其釣（鉤）有（為）釣」，則是「不釣而釣」。亦即臧丈人「釣而不釣，不釣而釣」，既不固定在「釣」，也不固定在「不釣」，而是立足「釣與不釣」混融、沒有對立、沒有對待、無待的整體，在整體中靈活流動。如此之釣法獲得文王的注意，進而成為文王的國政大臣與師傅，誠然是「常（上）釣」最高明的釣法。此外，也可由另一面向來了解：試想，釣魚若使用釣餌，那麼一旦有魚上鉤，就須更換新餌；但是如果不使用釣餌，即使有魚上鉤，也無庸更換新餌，仍可持續再釣，持續使魚上鉤，亦即可恆常垂釣，故記載為「常釣」。

「典法無更，偏令無出」，揭示臧丈人依循大道順應自然的無為準則，當為則為，不當為則不為。

「列士壞植散群（不結朋黨），則尚同也」，指出臧丈人引導士人們達到沒有對立、沒有對待、無待、和諧的狀態。

「長官者不成德（不自以為有恩澤），則同務也（大家共同完成工作）」，指出臧丈人引導長官們明瞭無待的整體性。

「斔斛不敢入於四境，則諸侯無二心也」，是與其它諸侯國同一度量衡，也就是臧丈人引導其它諸侯國達到沒有對立、沒有對待、無待的狀態。

綜言之，以上莊子舉出三例，揭示臧丈人引導國內與國外都達到無待、和諧、混融的整體性。

文王希望上述使國內治理良好的施政更為普及，以至於天下大治，但是臧丈人卻離去無蹤。試問：何以如此？針對這項疑問，可先回顧〈逍遙遊篇〉曾說明，如果人人依隨大道，自我安頓恰如其分，那麼天下大治的理想，也就水到渠成。換言之，天下大治並不來自某一特定人物之經營，而是人人以自覺安頓生命。例如：對民眾自幼便教之以「天地與我並生，而萬物與我為一」（〈齊物論篇〉）的大道整體性，以教育喚醒每一個人的自覺，引領民眾回返大道，明瞭生命在天地萬物的整體中，順隨整體的運作，與所有存在恰如其分的互動，則可享有整體和諧均衡運作的所有好處；亦即以自覺節制本能欲求及行為，尊重他人，愛護自己，以此來安頓自我、發展生命。如果人人自覺、自我安頓，則人際相處和睦，社會安祥。那麼，距離「天下大治」也就不遠。

由此則可推知，或許臧丈人藉著離去無蹤，促使文王明瞭為政之道在於回返大道的整體性，所以臧丈人是否在職並不重要。亦即治國或治天下的要素，並非任用特定人選（例如：

臧丈人），而是依隨大道整體性的運作。

顏淵請問孔子，文王為何以先君託夢為由，任用臧丈人？孔子敘述「彼直以循斯須也」。關於「循斯須」，學者通常認為是順應民情，但是「斯」也可能是指文王，亦即是順隨文王自己的需求；然而無論是順應民情或文王的需求，以先君託夢為由，都可免除寓言之初記載的「大臣父兄之弗安」。換言之，藉由此舉，可與眾人沒有對立、沒有對待、無待、和諧，故稱「文王盡之也」。

本則寓言藉著垂釣與施政為例，揭示臧丈人具有與大道相同的整體性以及無待特質；也一併揭示治國或治天下，並非任用特定人選，而是依隨大道整體性的運作。

列御寇為伯昏無人射，引之盈貫，措杯水其肘上，發之，適矢復沓，方矢復寓。當是時，猶象人也。伯昏無人曰：「是射之射，非不射之射也。嘗與汝登高山，履危石，臨百仞之淵，若能射乎？」於是無人遂登高山，履危石，臨百仞之淵，背逡巡，足二分垂在外，揖御寇而進之。御寇伏地，汗流至踵。伯昏無人曰：「夫至人者，上闚青天，下潛黃泉，揮斥八極，神氣不變。今汝怵然有恂目之志，爾於中也殆矣夫！」

「列御寇」：列子，已見於〈逍遙遊篇〉。「伯昏無人」：已見於〈德充符篇〉。「引之盈貫」：拉滿了弓弦，「引」：拉弓弦，「盈」：滿。「貫」：彎，拉弓將滿。「措」：

放置。「適矢復沓」：第二箭的箭鏃與前箭重疊相連；「適」：鏑，箭鏃；「矢」指第一箭；「復沓」：重沓、重疊。「方矢」：今矢，指第三箭。「復寓」：又寄於弦，「復」：又，「寓」：寄。「象人」指木偶。「嘗」：試。「履」：踏。「仞」：周代的長度單位，有些古籍記載七尺、有些記載八尺是一仞。「若能」的「若」：你。「背逡巡」：背淵退行，「逡巡」：退。「揖」：拱手。「黃泉」指地。「揮斥」指縱放，「斥」：開。「八極」：八方。「怵然」：驚懼。「恂」：眩惑。「志」指神態。「爾」：你。「中」：射中。「殆」：僅僅，指少。

列御寇為伯昏無人表演射箭，他拉滿了弓弦，在臂肘上放一杯水，第一箭才射出，第二箭緊接著射出，箭鏃與前箭重疊相連，第三箭又已經搭在弦上了。這時候，就像木偶一般的不動。伯昏無人說：「這是射之射，不是不射之射。我與你試著登上高山，腳踏危石，身臨百丈深淵，你還能射嗎？」於是無人就登上高山，腳踏危石，身臨百丈深淵，背對著深淵向後退，腳有二分懸空在外，然後向御寇作揖，請他前來射箭。御寇伏在地上，汗流到腳跟。伯昏無人說：「至人向上可闚看青天，向下可潛入黃泉，縱橫往來八方，神色不變。現在你有驚慌目眩的神態，你射中的可能性太小了！」

寓言記載列御寇射箭的技術，極為高超，但是當他與伯昏無人一同「登高山，履危石，臨百仞之淵」，卻是匍匐在地，失去持弓射箭的能力。伯昏無人則是背對深淵「背逡巡，足二分垂在外」，依然如同處於平地之安穩，也就是「神氣不變」；此時，即使不持弓射箭，也令所有射箭的技術，黯然失色。

回看前則寓言臧丈人「其釣（鉤）莫釣（無釣餌），非持其釣（鉤）有（為）釣者也，常（上）釣」，那麼在此也可描述伯昏無人是「其射莫射（無弓箭），非持其射（弓箭）有（為）射者也，常（上）射」。換言之，伯昏無人與臧丈人相仿，臧丈人是「釣而不釣，不釣而釣，常（上）釣」，伯昏無人則是「射而不射，不射而射，常（上）射」，是最高明的射法，也是恆常之射。由此而了解伯昏無人為何指列御寇「是射之射，非不射之射」，至於伯昏無人即為「不射之射」。

關於伯昏無人之所以能背對深淵「背逡巡，足二分垂在外」，則是因為如同「有虞氏（舜）死生不入於心」，明瞭「死生終始將為晝夜而莫之能滑（亂）」，所以對於生或死都無所執著，遂安穩一如平地。由此則知，射箭如果只是訓練技術而未能去除執著，例如：對於爵祿、名利、得失、生死的執著，則不能達到最高明的「常（上）射」。

本則寓言舉射箭為例，揭示至人依隨大道，無所執著，故可展現超越任何射箭技術的「不射之射」，亦可稱為「常（上）射」。

肩吾問於孫叔敖曰：「子三為令尹而不榮華，三去之而無憂色。吾始也疑子，今視子之鼻間栩栩然，子之用心獨奈何？」孫叔敖曰：「吾何以過人哉！吾以其來不可却也，其去不可止也，吾以為得失之非我也，而無憂色而已矣。我何以過人哉！且不知其在彼乎？其在我乎？其在彼邪？亡乎我。在我邪？亡乎彼。方將躊躇，方將四顧，何暇至乎人貴人賤哉！」仲

尼聞之，曰：「古之真人，知者不得說，美人不得濫，盜人不得劫，伏犧、黃帝不得友。死生亦大矣，而無變乎己，況爵祿乎！若然者，其神經乎大山而無介，入乎淵泉而不濡，處卑細而不憊，充滿天地，既以與人己愈有。」

「肩吾」：或為山神、或為賢者，不可考。「孫叔敖」：楚國賢人，曾擔任宰相之職。「令尹」：宰相。「栩栩然」指歡暢自在。「用心」指調適心境。「獨」：何，疑問詞。「奈何」：如何。「其來、其去」的「其」：都指令尹的官職。「卻」：拒絕。「止」：留。「其在」的「其」：指尊貴。「彼」指令尹的官職。「亡」指不在。「方將」：正。「躊躇」指自得之貌。「仲尼」：孔子，字仲尼。「說」：遊說。「濫」指擾亂。「伏犧」：伏羲，已見於〈人間世篇〉。「介」：礙。「淵泉」：深泉。「濡」：濕。「憊」：困頓。「既」：盡。「與人」：給予他人。

肩吾問孫叔敖說：「你三次擔任令尹而不感覺榮耀，三次離職而沒有憂色。我起初對你有所懷疑，現在看你的神情欣然自在，你是如何調適心境的呢？」孫叔敖說：「我有什麼過人之處呢！我認為令尹職位來時不可推卻，去時不可留住。我認為獲得或失去這個職位，都由不得我，所以就沒有憂色。我有什麼過人的呢！況且不知可貴的是在令尹職位呢？還是在我呢？如果可貴的是在令尹職位，那就不在我。如果可貴的是在我，那就不在令尹職位。我正躊躇自得，環顧四方安然自在，哪有空閒去計較人們所說的貴或賤呢！」孔子聽到這段談話，就說：「古代的真人，有知識者不能遊說他，美人不能擾亂他，強盜不能奪走他的智慧，伏犧、黃帝不能與他為友。死生這麼大的改變，都不能影響他，何況是爵祿呢！像這樣的人，他的精神穿越大山而沒有阻礙，潛入深淵而不沾濕，身處卑微而不困頓，充滿天地之間，盡己之所有給予他人，自己反而擁有更多。」

關於得失，前則寓言記載「棄隸（附屬，例如：得失）者若棄泥塗（土），知身貴於隸（附屬）也」，揭示得失只不過是人生機緣之附屬，不足以影響生命的真實。另外，〈繕性篇〉記載「軒冕在身，非性命也，物之儻（偶然）來，寄者也」，指出爵祿並非自然天性，只是外物偶然來寄託。

那麼本則寓言中孫叔敖敘述「吾以其（爵祿）來不可却也，其（爵祿）去不可止也，吾以為得失之非我也，而無憂色而已矣」，就是指出爵祿機緣來之時不可拒絕，所以也就不排斥；去之時留不住，所以不執著，順隨其或來或去的變化，因此無憂。

〈秋水篇〉「以道觀之，物無貴賤」，揭示萬物並存於天地之間，並無高下貴賤之分，而是齊同平等。由此則知，本則寓言為何以諸多疑問語記載「不知其（貴）在彼乎？其（貴）在我乎？其（貴）在彼邪？亡（不在）乎我；在我邪？亡（不在）乎彼」，亦即這些疑問語指出：天地之間本就沒有貴賤之別，既說不出什麼是「貴」，也說不出什麼是「賤」。至於「何暇至乎人貴人賤哉」也指向相同的意涵。

關於孔子的敘述，在此先看「死生亦大矣，而無變乎己」，揭示真人不受生死變化的影響。這是因為真人依隨大道，與「變」同步，亦即真人就是「變」，所以對真人而言並沒有生死的變化可說，而是不曾改變。

「知者不得說」至「伏犧、黃帝不得友」，揭示真人具有與大道相同的不執著之流動特質，適時調整，不滯不泥；所以「知者、美人、盜人、伏犧、黃帝」如果未能與變同步，則將無從接近真人。亦即這四句敘述的意涵不在字面，不是真人遠離大眾，而是指出真人與「變」同步，不固定在任何隅落，因此大眾無從抓執真人。

之所以「其神經乎大山而無介（礙），入乎淵泉而不濡（濕）」，是因為真人明瞭「萬物與我為一」（〈齊物論篇〉），亦即「真人與山、淵泉（水）」沒有對立、沒有對待、無待、混融，所以山並不阻礙他。至於人們雖然認為水「濕」，然而「濕」是水的本性，所以對水並無「濕」可說；因此進入水中的真人，與水混融為一，也就沒有濡濕可言。

真人明瞭森羅萬象、萬事萬物並存於天地之間，並無高下貴賤之分，而是齊同平等。所以不同於大眾，不因處境高而傲慢，也不因處境低而困厄，故記載「處卑細而不憊（困頓）」。

關於「既（盡）以與（予）人己愈有」，大略相同於《老子・八十一章》「既以為人，己愈有；既以與人，己愈多。」試想，大眾通常喜愛索取，認為對自己有益；不樂意給予，認為對自己無益。但是真人依循大道不執著的流動特質，不同於大眾，不執著索取，而且流動為給予。另外，這句敘述再次印證：互為對照的狀態相互流通，是無從切割的整體。亦即盡己之所有給予他人，雖然自己的所有減少為「無」；但是「無動而不變，無時而不移」（〈秋水篇〉），一切都在改變中，「無」亦非永恆固定，而將向互為對照的「有」流轉變化，故記載「己愈有」。

本則寓言中孫叔敖兩次敘述「吾（我）何以過人哉」，似乎自認並無過人之處；但是由其談話以及孔子的說明，可知孫叔敖如同真人，依循大道，順隨變化，無所拘泥，所以得失、貴賤都不入於心，這就是孫叔敖以及真人的過人之處。

楚王與凡君坐，少焉，楚王左右曰「凡亡」者三。凡君曰：「凡之亡也，不足以喪吾存。夫『凡之亡不足以喪吾存』，則楚之存不足以存存。由是觀之，則凡未始亡而楚未始存也。」

「楚王」：楚文王。「凡君」：凡國國君，凡僖侯。「少焉」指短時間。「曰凡亡者三」：楚國大，凡國小，楚王有併吞凡國之意，故使臣子再三敘說凡國滅亡。

楚王與凡君同坐，一會兒的時間內，楚王左右的臣子來說了三次「凡國滅亡了」。凡君說：「凡國的滅亡，不足以使我的存在滅失。既然『凡國的滅亡，不足以使我的存在滅失』，那麼楚國的存在也不足以恆常存在。這樣看來，可以說凡國不曾滅亡而楚國不曾存在。」

由於「生死」是無從切割的整體，而「存亡」即為「生死」，故知本則寓言敘述的「存與亡」即為一體不可分。

凡國國君說「凡之亡也，不足以喪吾存」，如果僅觀文字表面，似乎是凡君與凡國可以切割、沒有任何關連。但是〈知北遊篇〉「通天下一氣」，指出以「空氣、氣息」做為觀察基準，便知天下萬有通而為一，並無不可跨越的區隔；亦即萬有相互流通，是不可切割的混融整體。雖然「凡君與凡國」看似可以切割，然而他們都存在大氣之中，都是組成天地萬有連續性整體的一環，他們是「一」不是二。簡言之，凡君與凡國混融為「一」，並非大眾所認為的可以切割各自獨立的存在。

有以上的了解，再看「凡之亡也，不足以喪吾存」，雖然似乎凡國「亡」而凡君「存」，但是由於凡君與凡國無從切割，故知這二句敘述即是凡國「亡而存」。換言之，「存與亡」並不分立，而是相依不離。亦即這二句敘述的意涵不在字面，不是凡君與凡國可以切割，而是指向「存亡」同在。此外，也可由另一面向來了解：有鑑於凡國與凡君都存在天地的整體中，縱使凡國亡，也不足以影響天地整體的存在，而凡君仍然在天地整體之內，故稱「不足以喪吾存」。換言之，在此所說的「吾」，並非僅僅指血肉之軀，而是指向〈齊物論篇〉「天地與我並生，而萬物與我為一」之旨，亦即指向與天地萬物同存並在、無從切割的「吾」。

「楚之存不足以存存」，指出楚國今日雖然存在，但不足以保證楚國與楚王將恆常存在。這是因為「無動而不變，無時而不移」（〈秋水篇〉），天地之中一切都在改變，所以楚國與楚王都不可能恆常不變。亦即「存」必將變化為「不存」。簡言之，「楚之存不足以存存」依然揭示「存與亡」相通為一體。

另外，「楚之存不足以存存」的敘述，也可仿效「凡之亡不足以喪吾存」，描述為「楚之存不足以存汝（楚王）存」，所揭示的意涵依然不變。

「凡未始亡」指出雖然楚王左右三次敘說「凡亡」，不過「凡君存」就是「凡國存」，所以凡國是「亡而不亡」。

此外，也可由另一面向來了解：由於天地是不可切割的整體，所以人們雖然強硬劃分某區域是凡國、某區域是楚國，但是以天地整體為觀察基準，則知凡國與楚國都不可能由整體中切割出來，都不可能單獨成立。那麼凡國與楚國都是「未始存」，既然未始存，又何來「亡」之可說，所以凡國與楚國也都是「未始亡」，故記載「凡未始亡而楚未始存」。

本則寓言藉著凡國、楚國為例，指出「存亡」一體。亦即沒有獨立於「存」之外的「亡」，也沒有獨立於「亡」之外的「存」；「存與亡」必然相依而不離，因此說不出什麼是「存」，也說不出什麼是「亡」，而是「無存無亡」。

知北遊

如何得道？由語言文字即可得道？抑或依循自然天性，順隨天地萬物整體的運作，就是與大道同在，就是得道？

知北遊於玄水之上，登隱弅之丘，而適遭無為謂焉。知謂無為謂曰：「予欲有問乎若：何思何慮則知道？何處何服則安道？何從何道則得道？」三問而無為謂不答也，非不答，不知答也。知不得問，反於白水之南，登狐闋之上，而睹狂屈焉。知以之言也問乎狂屈。狂屈曰：「唉！予知之，將語若，中欲言而忘其所欲言。」知不得問，反於帝宮，見黃帝而問焉。黃帝曰：「無思無慮始知道，無處無服始安道，無從無道始得道。」知問黃帝曰：「我與若知之，彼與彼不知也，其孰是邪？」黃帝曰：「彼無為謂真是也，狂屈似之，我與汝終不近也。」夫知者不言，言者不知，故聖人行不言之教。道不可致，德不可至。仁可為也，義可虧也，禮相偽也。故曰：「失道而後德，失德而後仁，失仁而後義，失義而後禮。禮者，道之華而亂之首也。」故曰：「為道者日損，損之又損之，以至於無為，無為而無不為也。」今已為物也，欲復歸根，不亦難乎！其易也，其唯大人乎！生也死之徒，死也生之始，孰知其紀！人之生，氣之聚也，聚則為生，

散則為死。若死生為徒，吾又何患！故萬物一也。是其所美者為神奇，其所惡者為臭腐；臭腐復化為神奇，神奇復化為臭腐。故曰：「通天下一氣耳。」聖人故貴一。知謂黃帝曰：「吾問無為謂，無為謂不應我，非不我應，不知應我也；吾問狂屈，狂屈中欲告我而不我告，非不我告，中欲告而忘之也；今予問乎若，若知之，奚故不近？」黃帝曰：「彼其真是也，以其不知也；此其似之也，以其忘之也；予與若終不近也，以其知之也。」狂屈聞之，以黃帝為知言。

「知」指分別。「玄水」：水名。「隱弅之丘」：山丘之名。「適」：恰巧，「遭」：遇。「無為謂」：假託之名。「予」：我。「問乎若、將語若、我與若、若知之、予與若」的「若」：都指你。「何處何服」的「處」：居留；「服」：伏，指居留。「何從何道」的「道」：從。「不得問」：不得答。「白水」：水名。「狐闋」：山丘之名。「狂屈」指無心之人。「中」：心。「忘其」的「其」：己。「無思無慮、無處無服、無從無道」的「無」：都指不執著，「處、服」：居留，「道」：從。「邪」：疑問詞。「致」：得。「德不可至」指自然天性不由外來。「仁可為、義可虧」的「可」：是。「義」：宜。「虧」：損，指遮蔽道的整體性。「禮相偽」指禮崇尚儀節，並非本性。「華」：花，指表相。「損」：減。「無為」：不執著固定的行為，而是順應自然。「今已為物」的「物」：人。「根」指道。「大人」指悟道者。「徒」：類。「紀」：端點，指起點、終點。「若死生為徒」的「若」：連接詞，承接上文。「萬物一也」的「一」：兼指整體以及齊同平等。「通天下一氣」的「一」：指整體。「奚」：何。

知前往北方遊歷，到了玄水岸邊，登上隱弅山丘，恰巧遇見無為謂。知對無為謂說：「我想請教你一些問題：怎樣思慮，才可了解道？居留在何處，才可安於道？跟從什麼，才可得道？」提出三個問題，無為謂都不回答，不是不回答，而是不知如何回答。知得不到回答，就回到白水的南岸，登上狐闋山丘，看見狂屈。知用相同的問題請教狂屈。狂屈說：「唉！我知曉，正要告訴你，心中想說卻忘了所要說的。」知得不到解答，就回到黃帝的宮中，看見黃帝而請問。黃帝說：「思慮無所執著，才可了解道；不執著居留在何處，才可安於道；不執著依從什麼，才可得道。」知問黃帝說：「我與你都懂得了，他們二人還不懂，究竟誰對呢？」黃帝說：「那個無為謂是真的對了，狂屈像似對的，我與你終究是不接近。」了解道之人，不執著言談；言說之人，不必然了解道，所以聖人不執著以言談教化民眾。道不可由語言獲得，自然天性之德不是由外而來。仁是有為而非順應自然之無為，義遮蔽道的整體性，禮是儀節制度，並非本性。所以說：「道的整體性被遮蔽之後，則重視天性之德；失落天性之德後，則重視仁愛；失去仁愛之後，則重視義之合宜；失去義的合宜之後，則重視禮儀制度。禮儀制度是道的表相，而且是混亂的起點。」所以說：「探求道必須每天做減損的工作，一再一再地減損，達到順應自然的無為，順應自然的無為則將產生沒有什麼事情做不好的無不為。」現在失道而停滯在物的狀態，想要回返本根，不是很難嗎！如果說容易，大概只有悟道的大人吧！生是死的同類，死是生的開始，誰知其中起點、終點的端點！人的生命是氣的聚合，氣聚則生，氣散則死。死生是同類，我又有什麼好憂慮的呢！因為萬物就是不可切割的整體（或萬物齊同平等）。人們將欣賞的存在物稱為神奇，將厭惡者的存在物稱為臭腐；臭腐將再次變化為神奇，神奇將再次變化為臭腐。所以說：「以空氣、氣息做為觀察基準，便知天下萬有相通為一。」聖人因此看重整體。知對黃帝說：「我問無為謂，無為謂不回答我，不是不給我回應，而是不知如何回應我；我問狂屈，狂屈心中想要告訴我卻沒有告訴我，不是不告訴我，而是心中想說卻忘了所要說的；現在我問你，你都知曉，但為什麼說是不接近道呢？」黃帝說：「無為謂是真的對了，因為他不知要說什麼；狂屈像似對的，因為他忘了要說什麼；我與你終究是不接近，因為我們知曉要說什麼。」狂屈聽說了這些談話，認為黃帝是懂得言談之人。

大道是不割裂的渾全，具有不可切割、分別的整體性；至於認知則是建立在分別的基礎上，也就是唐．成玄英疏：「知，分別也。」本則寓言的「知」就是致力分別怎樣可以得道、不能得道，所以對無為謂提出詢問。然而無為謂卻「不知答」，試問：何以如此？

答案就在後文「天地有大美而不言，四時有明法而不議，萬物有成理而不說。」這三句敘述指出：天地萬有都以它們的自然本質，在不可切割、分別的整體中發展運作，雖呈現大美、明法、成理，但卻不曾使用人類的語言。亦即一切存在都是以與生俱有的自然天性，順隨整體的運作，如此就是與涵容萬有的大道同在，就是得道，並不需要特別地使用人類的語言。以此則可明瞭，無為謂就是「無為」地依隨大道，順應自然，不對天地萬物進行分別性的認知，並且「無謂」不使用語言，所以「不知答」。

關於「不得問」，在此或許可先思考「問與答」。試想：如果無問則無答，有問方有答。由此則知，互為對照的「問與答」具有不可切割的整體性。那麼「不得問」便可進一步描述為「不得答」，以彰顯「問與答」一體不可分。換言之，「不得問」的意涵不在字面，不是沒有問，而是沒有答。

「知」未獲無為謂的回答，於是再向無心的狂屈詢問。試想，無心就是不執著提出自己的意念而是依循大道順應自然，亦即狂屈秉持順應自然的無為準則，當為則為，不當為則不為；不過，狂屈不同於無為謂，並非不使用語言，所以回答「予（我）知之，將語若（你）」，但是「中（心）欲言而忘其（己）所欲言」隨即忘言。也就是面對詢問，狂屈順應自然，當言則言，所以回答；然而回返「天地有大美而不言，四時有明法而不議，萬物有成理而不說」的整體運作，則無庸額外使用人類的語言，因此順應自然，不當言則不言。

「知」未獲狂屈的回答，遂再向黃帝詢問，終於獲得回答「無思無慮始知道，無處無服（居）始安道，無從無道（從）始得道」，如果僅觀這三句敘述的文字表面，不免以為這是將任何思慮、居處、依從都拋棄；然而大道具有不執著的流動特質，豈可能始終固定在拋棄一切的狀態呢？

回顧「知」提出的疑問，不外是希望「有」某種思慮、居處、依從，使他得道；然而黃帝的回答卻是「無」，則可得道。由此即可了解黃帝暗示：由「有」流動為「無」，也就是不固定在任何隅落，無所執著。換言之，這三句敘述的意涵不在字面，不是拋棄一切，而是不滯不泥，與變同步，則可「知、安、得」道。

「知」聽聞黃帝的回答，認為二人都已悟道，至於無為謂、狂屈都未悟道；不過似乎又不能完全確定，所以再請問黃帝，四人中誰屬正確？黃帝指出無為謂真實地與道同在；狂屈近似於道；至於多所使用語言的「知」與黃帝，並不接近道。

讀者在此或許將產生疑惑：為何不言才是與道同在，多所使用語言則是不接近道？回顧〈齊物論篇〉曾說明，人類創設語言以指向萬事萬物，然而萬事萬物從未停止改變，大道就是以不執著的流動特質，順應萬事萬物的變化，亦即萬事萬物與大道都是不斷變動；但是語言，一旦陳述則固定而不隨著萬事萬物同步變化。例如「嬰兒」的語言文字，指向「真實」的嬰兒，但是真實的嬰兒並非永恆固定不變，而將持續成長變化為少年、青年，但是嬰兒的「語言文字」並不隨著真實的嬰兒同步改變。由此即可明瞭語言追不上大道以及萬事萬物的變動，具有侷限性。

另外，人類使用語言雖可彰顯整體中的某部分，但卻使得此部分與其它部分形成一明一暗的相對與分別；例如「嬰兒」的語言文字，雖使人們注意「真實」的嬰兒，但卻不免遺忘了天地萬物（例如：陽光、空氣、水……）共同支撐嬰兒的存活，嬰兒與天地萬物是不可切割的整體。由此即知，一旦使用語言文字，反而切割了整體，使得大道的整體性遭受遮蔽。換言之，語言在本質上就具有遮蔽性，所以言談也就不免離道。因此如果始終與道同在，就是無為謂的無言。如果使用語言，以致出現切割、分別的意念，遮蔽大道的整體性，但是若能即時回返，則是狂屈的忘言。

讀者或許又將有新的疑惑：如果不言才是與道同在，那麼莊子著書大量使用語言，豈不是遠離於道？

關於此項疑問，可回顧〈齊物論篇〉指出：使用語言則必定有所彰顯也有所遮蔽，亦即莊子深知一旦以語言文字著書，則是「彰顯與遮蔽」同存並在。雖然他可以不使用語言文字、不著書，也就無所遮蔽，但這將使旁人無從明瞭大道，因此莊子仍然選擇使用語言文字做為媒介向讀者敘述。

至於本篇寫出無為謂、狂屈、黃帝三人，則是再次揭示莊子明瞭使用語言文字，必定是有所彰顯、也有所遮蔽。亦即莊子以高度自覺，指出語言文字在本質上就具有遮蔽性，但仍以語言文字向讀者傳遞大道的整體義理；希望讀者了解萬有的整體性，順隨整體的運作，就是與涵容萬有的大道同在，就是得道，也就無庸再以語言文字進行有所彰顯、有所遮蔽的敘述了。

接著莊子援引《老子．五十六章》「知者不言，言者不知」，指出悟道者明瞭語言文字的侷限性與遮蔽性，所以不執著言談，故記載「知者不言」；然而這並不表示完全不使用語言文字，試想：老子、莊子著書就是以語言文字說明道；所以不可因文字字面，便誤以為是完全不使用語言文字，而是應當如同老子、莊子一般，恰如其分的言說。

至於介紹大道的意涵，則須使用語言文字，因此言說之人或許了解道，但也或許不了解道，亦即不必然了解道，故記載「言者不知」。在此亦不可因文字字面，便誤以為言說之人必定不了解道；否則，老子、莊子亦是以語言文字說明道，然而老子、莊子豈是不了解道的意涵？

「聖人行不言之教」，援引自《老子．二章》。關於「不言」可由二面向來了解：（一）「不言」的意涵不在字面，不是始終不說話，而是不執著「言」，亦即當言則言，不當言則不言，以「言與不言」的整體待命教化民眾，這是因為互為對照的「言與不言」本就是無從切割的整體，所以「不言」不曾遠離「言」，並不排斥「言」。（二）「不言」指雖然使用語言教導，但不以語言切割整體，亦即教之以整體。

綜言之，莊子援引老子的三句敘述「知者不言，言者不知，聖人行不言之教」，它們的意涵都不在字面，不是悟道的智者與聖人必定不言，不是言說者必定不了解道；而是悟道的智者與聖人或許言、或許不言，言說者或許了解道、或許不了解道。由此則可明瞭，這是舉老子的記載為例，揭示莊子著書有言並非不了解道，亦非不同於悟道的智者與聖人。亦即莊子雖然看似使用語言而不接近道，但是莊子之「言」與「不言」通而為一，所以在本質上並未背離大道的整體性；也就是莊子同於「不言」的無為謂。

「道不可致」，指出道不可由語言而得致，亦即無從藉著抓執語言而得道。這是因為語言在本質上就具有偏限性與遮蔽性，所以讀者必須離開語言，自行跳躍至語言所指向的大道整體性，不應僅僅停留在語言。

「德」是與生俱有的自然天性本質，不是由外而來，故記載「德不可至」。

「仁」是愛，然而有愛便不免有偏私；亦即「仁」是有意而為，不是順應自然的「無為」，不是「當為則為，不當為則不為」，故記載「仁可（是）為也」。

「義」是宜，試想：人們都以自我為中心，強硬指稱喜愛的狀態為「義（宜）」，又指稱不喜愛的狀態為「不義（不宜）」，因此遂衍生數之不盡的「義（宜）與不義（不宜）」的爭執與對立，遮蔽大道的整體性，割裂無待、和諧的生命本質，故記載「義可（是）虧」。

「失道而後德」至「禮者，道之華而亂之首也」，援引自《老子・三十八章》，這段敘述在老子書中是指出：大道的整體性被遮蔽，遂一層層滑落至仁、義、禮。不過，本則寓言主要是討論「言」與「道」，故可明瞭莊子是藉著老子的敘述，指出人們使用語言，遮蔽道的整體性，而後一層層滑落至仁、義、禮。

「禮」是儀節制度，也就是以語言文字訂定規範。換言之，人們忘卻了天地萬有本是和諧並存的整體，也未能依隨整體的運作，未能與萬有恰如其分的互動，反而倚賴語言文字訂定禮節規範來約束行止。然而禮節呈現的狀態（例如：和諧），僅只是截取大道和諧的表象，並不足以使人們回返道的整體性；由於依然缺乏對於整體的自覺，也就不免因為禮節而衍生「禮與非禮」的對立與爭端，乃致出現更多的混亂。

此時，如欲回返大道的整體性，就是《老子・四十八章》「為道者日損，損之又損之，以至於無為，無為而無不為也」，不斷地減少使用語言，不過並非無止盡的減少，亦非絕不使用語言，而是到達順應自然的「無為」準則；爾後，便以無為當做立足點，當言則言，不當言則不言。

以不割裂的大道觀之，互為對照的狀態相互流通，是無從切割的整體。故知互為對照的「無為與無不為」一體不可分，所以到達順應自然的「無為」之後，「無不為」也就相應而生，那麼即可藉著「無為而無不為」的整體性，回返渾全大道。

「今已為物也」指出人們現今的處境，就是「失道而後德，而後仁、義、禮」，又未能減損語言的使用，未能回返大道。身處如此的環境中，唯有悟道的「大人」明瞭語言的侷限性與遮蔽性，所以不執著使用語言，而是秉持順應自然的無為準則，藉著「無為而無不為」的整體性，回返不割裂的大道。故記載「今已為物也」至「其唯大人乎」。

「生也死之徒」至「吾又何患」，舉生死為例，指出互為對照的「生與死」具有不可切割的整體性。

「萬物一也」，指出萬物並存於天地之間，是無從切割的連續性整體，亦即萬物一體不可分。此外，也可由另一面向來了解：由於萬物為一體，所以形貌雖然不同，但卻沒有高低貴賤之別，而是齊同平等。

「是其所美者為神奇」至「神奇復化為臭腐」，可藉下例來了解，例如：人們讚美香水百合的神奇香氣，厭惡腐敗的動物屍臭，然而腐敗的動物屍骸被土壤吸收，土壤卻生長出香水百合；至於香水百合雖有香氣，但是花瓣枯萎後，不僅香氣消失，也將腐爛，融入土壤中。故知莊子在此舉「美與惡」、「神奇與臭腐」為例，指出互為對照的「美與惡」、「神奇與臭腐」通而為一的整體性。

「通天下一氣」，可藉下例來了解，例如：植物與動物皆存活於空氣中，動物吐出二氧化碳，散入大氣中，植物吸收空氣中的二氧化碳以進行光合作用，就是將動物所吐出的氣息吸入植物體內；至於植物行光合作用之後，送出氧氣，亦散入大氣中，動物吸氣，則將植物所送出的氧氣吸入動物體內。由此觀之，植物與動物相互交換氣息，也就是天地之間所有的生物皆是如此相互地交換氣息。亦即以「空氣、氣息」做為觀察基準，便知天下萬物相通相融，是「一」不是二。簡言之，「通天下一氣」依然揭示天地萬物具有不可切割的整體性。悟道的聖人明瞭並且看重以上所述的整體性，因此記載「聖人故貴一」。

聽聞以上黃帝的說明後，「知」回顧詢問無為謂、狂屈以及黃帝三人的情況，再次請問黃帝何以自認不接近道？

黃帝回答「彼其真是也，以其不知也」，指出無為謂之所以真實地與道同在，就是因為他不使用語言，不進行分別性的認知，所以「不知答」，也就不離道的整體性。

「此其似之也，以其忘之也」，指出狂屈之所以近似於道，是因為他最初使用語言，遂有分別性的認知（例如：「你、我」的分別），不免切割了整體，但是隨即放下語言，不進行分別性的認知，回返道的整體性，所以是「中欲言而忘其所欲言」。

「予與若終不近也，以其知之也」，指出一再使用語言的「知」與黃帝，之所以不接近道，就是因為二人使用語言，進行分別性的認知，割裂了整體，使大道的整體性受到遮蔽。

「狂屈聞之，以黃帝為知言」，狂屈認為黃帝如同悟道的「大人」，明瞭語言的性質。亦即黃帝了解語言的侷限性與遮蔽性，至於他使用語言則是回答「知」的提問。那麼，讀者在此即可明瞭：黃帝正是秉持順應自然的無為準則，當言則言，不當言則不言，並非始終呆滯在「言」之單一隅落，並未背離大道。換言之，黃帝如同悟道的「大人」，雖然有言，仍可藉著「無為而無不為」的整體性，回返渾全大道。也就是黃帝雖然自認不接近道，但在本質上，並不曾離道。

綜言之，無為謂、狂屈、黃帝三人對「知」的回應，雖然不同，但是三人都不離於道。由此則可明瞭：並非使用語言就必定遠離於道，如果發言者了解語言的性質，審慎運用語言，並且激盪聽聞者離開語言，跳躍至語言所指向的大道，那麼仍可超越語言的侷限性與遮蔽性。

本則寓言揭示：大道是不割裂的渾全整體，然而人類使用語言切割整體，進行分別性的認知，使道的整體性遭受遮蔽；不過並非使用語言就必定離道，如果發言者與聽聞者都對語言保持高度自覺，則雙方皆不至於落入語言的侷限性與遮蔽性。

天地有大美而不言，四時有明法而不議，萬物有成理而不說。聖人者，原天地之美而達萬物之理，是故至人無為，大聖不作，觀於天地之謂也。今彼神明至精，與彼百化。物已死生方圓，莫知其根也，扁然而萬物自古以固存。六合為巨，未離其內；秋豪為小，待之成體。天下莫不沉浮，終身不故；陰陽四時運行，各得其序。惛然若亡而存，油然不形而神，萬物畜而不知。此之謂本根，可以觀於天矣！

「原」：本。「不作」指無為。「合彼」：此為宋．陳碧虛《莊子闕誤》引劉得一本，至於其它通行本則為「今彼」。「合彼、與彼」的「彼」：都指天地，「與」：隨。「扁然」：偏生之貌，指周遍生長。「六合」：天、地、四方。「待」：依隨。「沉浮」：升降，指變。

「不故」：不守故舊，指變。「惛然」：暗昧之貌。「油然」指自然。「畜」：養。「觀於天」的「天」：自然，指萬物的自然本質。

天地有大美，但是不曾使用人類的語言來敘述；四時有明白的規律，但是不曾使用人類的語言來議論；萬物有生成的道理，但是不曾使用人類的語言來述說。聖人本於天地之美而通達萬物之理，所以至人無為地順應自然，大聖也是無為地順應自然，就是觀察天地的緣故。至人、大聖配合天地的神明至精，依隨天地運作的百變千化。萬物或死或生，或方或圓，卻不知它們的根由。萬物周遍生長於天地之間，自古以來就存在。天地四方雖然巨大，卻不曾超出道的範圍；秋天野獸身上長出的毫毛雖然細微，也要依隨道才有形體。天下萬物無不沉浮變動，它們終身都在變化；陰陽流動，四時運行，各自有它們的秩序。道暗昧好像不存在而存在，自然運作，不見形跡卻有神妙作用，萬物受到養育而不自知。這就稱為本根，可以由此觀察自然。

「天地有大美而不言」至「萬物有成理而不說」，這三句記載的意涵，前述業已說明。「聖人者，原天地之美而達萬物之理」，指出聖人明瞭天地萬有都以自然天性，依隨整體的運作，雖呈現大美、明法、成理，但都不曾使用人類的語言，所以「至人無為，大聖不作（無為）」。然而，由於「無為」的意涵不在字面，不是沒有任何行動，而是順應自然；故可了解這二句敘述的意涵也不在字面，不是悟道的至人與大聖沒有任何行動，而是依循大道，秉持順應萬物自然天性的無為準則，當為則為，不當為則不為。這也就是順隨天地整體的運作，故記載「合彼神明至精，與彼百化。」

萬物皆由「無生」變化為「生」，再變化為「無生」（死），循環往復，流轉不已，因此既不能說「生」是「死」的根源，也不能說「死」是「生」的根源，故記載「物已死生方圓，莫知其根也。」

回顧〈齊物論篇〉曾說明，地球雖然於四十六億年前形成，但是現今的任何存在物都不能與四十六億年前地球（天地）形成之時切割，這是因為四十六億年前地球（天地）形成，逐漸演變至今，是不可切割的連續性整體；四十六億年以來，直至現今存在的任何一物都在這連續性的整體之內。亦即「今」之萬物與四十六億年前地球（天地）形成之「古」時，共生共存，故記載「扁（徧）然而萬物自古以固存」。換言之，由「古」演變至「今」，由「今」可追溯至「古」，就是道真實存在的明證。

「六合為巨」至「待之成體」，舉巨大的六合（天、地、四方）、細小的秋豪為例，指出它們都不曾離道，揭示道在大也在小，無所不在。

道以不執著的流動特質，順應萬物的變化，遷流變動，無所終窮，並不固定在任何隅落，陰陽四時也都依隨道而流轉不已，故記載「天下莫不沉浮」至「各得其序」。

「惛然若亡而存」至「萬物畜而不知」，指出道無形不可見，但由它的神妙運作，即可了解道真實存在，只不過萬物未曾覺察罷了。

如果明瞭以上記載的大道就是萬有之本根，則可進一步了解萬有都是以自然本質順隨於道，故記載「此之謂本根，可以觀於天矣」。由此則知「天」（自然）的意涵不僅止於字面，不是僅僅指自然界的山河大地、雲水花鳥的存在物，而是指萬物的自然本質。

另外，回看莊子前文敘述「物已死生方圓，莫知其根也」，在此則可了解：萬物或生或死或方或圓的根源，就是道；亦即萬物的變化，都是依隨大道。

本段敘述指出：天地萬物「無言」，然而卻都以自然本質順隨大道而運作良好；亦即並非唯有使用語言，才可發展運作。因此悟道者也依循大道，秉持順應自然的無為準則，遂不離於道，也不離於自然。

齧缺問道乎被衣，被衣曰：「若正汝形，一汝視，天和將至；攝汝知，一汝度，神將來舍。德將為汝美，道將為汝居，汝瞳焉如新生之犢而無求其故。」言未卒，齧缺睡寐。被衣大悅，行歌而去之，曰：「形若槁骸，心若死灰，真其實知，不以故自持。媒媒晦晦，無心而不可與謀，彼何人哉！」

「齧缺、被衣」：〈天地篇〉記載「堯之師曰許由，許由之師曰齧缺，齧缺之師曰王倪，王倪之師曰被衣」。「若正汝形」的「若、汝」：都是你。「攝」：收攝，收斂。「度」指意念。「舍」：依附。「德」指自然天性。「瞳焉」指無知，不進行分別性的認知。「犢」：初生的小牛。「無求其故、不以故」的「故」：都指不追求因為分別性認知所建立的巧故與知識。「卒」：終。「槁骸」指槁木。「實知」：所知。「媒媒晦晦」指晦暗；「媒媒」：即晦晦，暗。「彼」指齧缺。

齧缺向被衣請教什麼是道，被衣說：「你要端正你的形體，專一你的視聽，自然的和諧就會來到；收斂你的分別性認知，專一你的意念，神靈也會來依附。自然天性之德就是你的美，道將成為你的居所，你純樸無知如同新生的小牛，而不追求巧故與知識。」話還沒說完，齧缺就睡著了。被衣非常高興，唱著歌離去，唱著說：「形體像枯槁的樹木，心識活動如同熄滅的灰燼，所知就是真實，不抓持巧故與知識。晦晦暗暗，無心而旁人無從與他進行不順應大道的謀議，那是什麼人啊！」

齧缺向被衣問道，被衣首先回答的「若正汝形，一汝視」，就是稍後敘述的「形若槁骸」；至於「攝（收斂）汝知，一汝度（意念）」，則是稍後敘述的「心若死灰」。

「形若槁骸，心若死灰」的意涵，同於〈齊物論篇〉「形如槁木，心如死灰」，止息形體與心識對於天地萬物進行切割、分別性認知的運作，回返天地萬物沒有對立、沒有對待、無待、混融、不可切割的整體性。亦即立足渾全不割裂的大道，「形體與心識」都依隨大道的混融、無待、整體性之運作，也就是〈齊物論篇〉「吾喪我」無我。不過「無我」的意涵不在字面，不是「我」消失了，而是說不出什麼是「我」，也說不出什麼是「物」，亦即物我兩忘。不過「物我兩忘」的意涵也不在字面，不是物、我都消失了，而是回返「物與我」混融無待的整體。

換言之，「若正汝形」至「一汝度（意念）」的意涵並不僅止於字面，不僅僅是字面的端正、專一，而是止息形體與心識對於天地萬物進行分別性認知的運作，以至於物我兩忘，與物混融，故與天地萬物是「一」不是二。亦即回返渾全不割裂的大道，故記載「天和將至」

至「道將為汝居」。

由於立足大道，順隨整體的運作，不進行分別性的認知，不追求因為分別性認知所建立的巧故與知識，宛若一全新的生命，故記載「汝瞳焉如新生之犢而無求其故。」

被衣之言尚未說完，齧缺就睡著了。亦即聽聞被衣的敘述，齧缺便止息分別性的認知，入眠而回返物我兩忘、物我混融的整體。因此被衣大悅，唱道：「形若槁骸，心若死灰，真其實知」，指出明瞭無待的整體意涵，才是真知。到達於此，則依循大道的整體性，不再執著因為分別性認知所建立的巧故與知識，因此記載「不以故自持」。

與道同在，無心而不執著提出自己的意見進行謀議，也不強求在整體中顯現任何獨特性，看似沒有光采，不引人注意，故記載「媒媒晦晦（暗），無心而不可與謀。」

本則寓言指出：止息形體與心識對於萬有進行分別性認知的運作，回返天地萬物沒有對立、沒有對待、無待、混融、不可切割的整體性，則與道同在。

舜問乎丞曰：「道可得而有乎？」曰：「汝身非汝有也，汝何得有夫道！」舜曰：「吾身非吾有也，孰有之哉？」曰：「是天地之委形也；生非汝有，是天地之委和也；性命非汝有，是天地之委順也；子孫非汝有，是天地之委蛻也。故行不知所往，處不知所持，食不知所味。天地之彊陽氣也，又胡可得而有邪！」

「丞」：或是舜的老師，或是官職之名稱。「委」：委託，指賦予。「順」：和順。「子孫」：此為宋．陳碧虛《莊子闕誤》引張君房本，至於其它通行本則為「孫子」。「蛻」指變化。「彊陽氣」：強陽氣，指道。「胡」：何。「邪」：疑問詞。

舜請教丞說：「道可以獲得而擁有嗎？」丞說：「你的身體都不是你能擁有的，你怎麼能擁有道呢！」舜說：「我的身體不是我能擁有的，那麼是誰擁有的呢？」丞說：「是天地賦予的形體；生存不由你擁有，是天地賦予的和諧之氣；性命不由你擁有，是天地賦予的和順之歷程；子孫不由你擁有，是天地賦予的蛻變。所以行走而不知刻意前往何方，安居不知刻意有所把持，飲食不知刻意追求滋味。道是天地本就具有的自然性質，又怎麼能獲得而擁有呢！」

舜請問丞，可否得道並擁有道？丞回答「汝身非汝有也，汝何得有夫道。」亦即舉例：人們無從擁有自己的血肉之軀，更遑論擁有道。

在此回顧〈齊物論篇〉記載「不緣道」，該篇曾說明，道具有不執著的流動特質，不呆滯任一隅落，亦即任何人皆無從攀緣、擁有道。但是，如果與道同步，順隨道之遷流，則可不離於道。

舜未能明瞭丞的回答，遂再次詢問「吾身非吾有也，孰有之哉？」或許讀者也有相同的疑惑，以為血肉身軀當然由自己擁有並可支配，莊子為何如此記載？

針對此一疑問，只須思考人體心臟中的心肌，並非隨意肌，而是不隨意肌，任何人都無從支配軀體中心臟的運作，由此即可了解「汝身非汝有」並非虛言。那麼，此身由誰擁有？

丞回答「是天地之委形也」，指出在天地萬物不斷流動變化、聚散組合的歷程中，偶然聚合而呈現了人類的身軀。不過，此一身軀並非恆存，也並不獨立於萬物不斷變化的本質之外，必將隨著萬物的變化而改變。簡言之，人類的身軀是天地萬物不斷變化的歷程中，偶然而且暫時的呈現；不僅身軀是如此，人們的生存、性命、子孫也都是如此，故記載「生非汝有」至「是天地之委蛻也」。

既然自身乃至於子孫，都是大道順應萬物不斷變化的歷程中，偶然而且暫時的呈現；那麼恰當的生活準則，不是抓持變化歷程中的任何狀態，而是依隨於道，與變同步。以如此的準則生活，則是「行不知所往，處不知所持，食不知所味」，亦即不知刻意而為，而是順隨大道，無所執著。換言之，這三句敘述的意涵不在字面，不是蒙昧一無所知，而是依循大道順應自然的本質，無所拘泥。

〈秋水篇〉「無動而不變，無時而不移」，揭示萬物不斷變化，大道就是以不執著的流動特質，順應萬物的變化，遷流不已，無所終窮，它是天地之間本就具有的自然性質，故稱為「天地之彊陽氣也」。

在此回顧〈山木篇〉「人之不能有天，性也」，指出人不能「有天（自然）」，這是因為「有」則可取之，也可捨之，甚至以己意改造之；但是只須思考死亡便可明瞭：人類皆排斥死亡，然而死亡卻是天之自然，人類無從改變死亡，也不能或取或捨，而只能順應死亡的變化。由此即知，人不能「有天（自然）」，只能順天之自然，這是人類的本性本質。

至於本則寓言「汝何得有夫道」、「又胡可得而有邪」兩句疑問語的意涵，即是同於「人之不能有天，性也」，亦即揭示人類不能「有」道，不能或取、或捨、甚或改變道，而只能順應道，這也是人類的本性本質。

本則寓言指出：不斷變動的大道，是天地本就具有的自然性質，人類雖無從擁有道，但若能與變同步，就是不離於道的恰當生活方式。

孔子問於老聃曰：「今日晏閒，敢問至道。」老聃曰：「汝齊戒，疏瀹而心，澡雪而精神，掊擊而知。夫道，窅然難言哉！將為汝言其崖略。夫昭昭生於冥冥，有倫生於無形，精神生於道，形本生於精，而萬物以形相生，故九竅者胎生，八竅者卵生。其來無迹，其往無崖，無門無房，四達之皇皇也。邀於此者，四肢彊，思慮恂達，耳目聰明，其用心不勞，其應物無方。天不得不高，地不得不廣，日月不得不行，萬物不得不昌，此其道與！且夫博之不必知，辯之不必慧，聖人以斷之矣。若夫益之而不加益，損之而不加損者，聖人之所保也。淵淵乎其若海，巍巍乎其終則復始也，運量萬物而不遺，則君子之道，彼其外與！萬物皆往資焉而不匱，此其道與！中國有人焉，非陰非陽，處於天地之間，直且為人，將反於宗。自本觀之，生者，暗醷物也。雖有壽夭，相去幾何？須臾之說也，奚足以為堯桀之是非！果蓏有理，人倫雖難，所以相齒。聖人遭之而不違，過之而不守。調而應之，德也；偶而應之，道也。帝之所興，王之所起也。人生天地之間，

若白駒之過郤，忽然而已。注然勃然，莫不出焉；油然漻然，莫不入焉。已化而生，又化而死，生物哀之，人類悲之。解其天弢，墮其天袠，紛乎宛乎，魂魄將往，乃身從之，乃大歸乎！不形之形，形之不形，是人之所同知也，非將至之所務也，此眾人之所同論也。彼至則不論，論則不至，明見無值，辯不若默。道不可聞，聞不若塞，此之謂大得。」

「晏閒」：安閒。「疏瀹而心，澡雪而精神，掊擊而知」的「而」：都是你，「疏瀹」：疏通，「澡雪」：洗滌，「掊擊」：打破，「知」：分別性的認知。「窅然」：深奧之貌。「崖略」：約略。「昭昭」：明亮。「冥冥」：昏暗。「有倫」指有形。「形本生於精」的「本」：體。「精」：微，指無形。「九竅者胎生」：例如人類與獸類。「八竅者卵生」：例如禽類與魚類。「無崖」：沒有邊際，指不可見。「無門無房」指通達無礙。「皇」：大。「邀」：通。「彊」：強。「恂達」：通達。「無方」：不拘泥任何方向。「此其道與」的「與」：歟，感歎詞。「不必知」的「知」：智慧。「辯」：言語流利。「斷」：棄，指不執著博、辯。「巍巍乎其」：學者認為應是「巍巍乎其若山」，「巍巍」：高大。「運量萬物而不遺」的「運量」：周度，指涵容；「不遺」：此為宋・陳碧虛《莊子闕誤》引劉得一本，至於其它通行本則為「不匱」。「君子之道，彼其外與」的「道」：路；「彼其」指大道；「與」：歟，疑問詞。「資焉而不匱」的「資」：取，「不匱」：不乏。「直且」：只是暫且。「喑醷」：氣聚。「相去」：相離，指差別。「須臾」指極短的時間。「奚」：何。

「果蓏」：果瓜，在樹為果，柤梨之類；在地為蓏，瓜瓠之類。「難」指多。「所以」：可以。「齒」：類。「遭之」：得之，指生。「不違」指順應。「過之」：失之，指死。「不守」指不執著。「調」：和。「德」指自然天性。「偶」：遇。「白駒」：日光。「郤」：隙。「注然勃然」：出生之貌。「油然漻然」：入死之狀。「入」指死亡。「天弢、天袠」指自然的束縛，「弢」：弓袋，「袠」：箭袋。「墮」：毀。「紛乎宛乎」指變化。「大歸」：死，指回返道。「不形之形，形之不形」的「之」：往。「將至」：造極，指悟道者。「務」：致力探求。「彼至」的「彼」：若，「至」指悟道。「值」：會，了解。「塞」：不聞。

孔子請問老聃說：「今日安閒，請問什麼是至高的道。」老聃說：「你要齋戒，疏通你的心念，洗滌你的精神，去除你的分別性的認知。道深奧難言，我將為你說個大略。明生於暗，有形生於無形，精神生於道，形體生於精微無形，萬物藉著形體代代相生，所以九竅的動物是胎生，八竅的動物是卵生。道，來無蹤迹，去也不可見，通達無礙，宏達四方。會通於道，四肢強健，思慮通暢，耳聰目明，他用心但不勞擾，可因應任何方向的事物。天沒有它，不會高；地沒有它，不會廣；日月沒有它，不會運行；萬物沒有它，不會昌盛，這就是道吧！博學之人不必然有智慧，言語流利之人不必然有智慧，聖人早已不執著博學、言語流利！像那增益而不增益，減損而不減損，才是聖人要保有的。道淵深似海，高大如山，結束了又再次開始，道涵容萬物，無所遺漏，那麼君子之路，在大道之外嗎？萬物都取用於它，但是它從不匱乏，這就是道吧！中國有人，不固定在陰也不固定在陽，居住於天地之間，只是暫且為人，將來都要返本歸宗。從本源來看，生就是有氣息之物。雖然有的長壽有的短命，但是相差多少呢？只是片刻而已，哪裡有時間去評論堯與桀的是非呢！瓜果有它的理則，人倫之理雖然繁多，仍可以相類比。聖人獲得生命，則順應之；失去生命也不執著。調和而順應，就是自然天性之德；隨所遇而順應，就是大道。帝就是因此而興起，王就是因此而起。人生在天地之間，就像陽光掠過孔隙，只是一剎那而已。萬物蓬勃，一切都出生了；進入死亡，一切都死去了。由變化而出生，又由變化而死，生物因此而哀傷，人類因此而悲痛。這是解開自然的束縛，毀棄自然的約束，變化流動，魂魄要離去時，身體也跟著走了，這是大歸於道啊！由無形到有形，由有形到無形，這是人們都知曉的，不是悟道至極之人所致力探求的，這只是眾人共同的說法。如果悟道則不必然論述，論述則不必然悟道，看見卻不必然了解道，言談流利不如沉默；道不可由語言談論而聽聞，聽聞不如不聽聞，這稱為大得，是真正的得道。」

孔子向老聃請問至道。老聃回答的「掊擊而（你）知」，指出破除分別性的認知，回返不割裂的整全大道。

回顧莊子在書中經常指出，以渾全不割裂的大道觀之，互為對照的狀態相互流通，是無從切割的整體。由此則知，互為對照的「明與暗」相通為一體，那麼「昭昭（明）生於冥冥（暗）」，就是舉「明生於暗」為例，指出「暗」流動為「明」的變化，就是道。換言之，「明與暗」相連相通，就是道的呈現。

另外，既然「明與暗」通而為一，那麼不僅「暗」流動為「明」，「明」也將轉變為「暗」，這一由「明」轉「暗」的變化，也是道。因此「昭昭（明）生於冥冥（暗）」可進一步描述為「昭昭（明）生於冥冥（暗），冥冥（暗）生於昭昭（明）」，以彰顯大道變動不居的本質以及不割裂的整體性。

「有倫（形）生於無形」，是以「有形生於無形」指出：互為對照的「有形與無形」相通為一，揭示「無形」流動為「有形」的變化，就是道；亦即「有形與無形」相互連通，就是道的呈現。

既然「有形與無形」通而為一，那麼「有形」也將流動為「無形」，例如：人們都由「無形」變化為「有形」，也都將再變化為「無形」，此一由「有」轉「無」的變化，也是道。因此「有倫（形）生於無形」可進一步描述為「有倫（形）生於無形，無形生於有倫（形）」，以彰顯大道不執著的流動特質以及渾全的整體性。

「精神生於道」，可藉下例來了解：人們由「無形」變化為「有形」，就是道的流動，由於一旦具有形體也就同時具有精神，故可認為人的形體與精神都生於道，所以可進一步描述為「形體、精神生於道」。另外，在此可同時了解：既然形體與精神都生於道，那麼「形體、精神與道」也就具有不可切割的整體性。

有鑑於人類的視覺無從察見無形不可見的精微，故知「形本（體）生於精（微）」，就是指出「有形生於無形」，意涵同於「有倫（形）生於無形」，亦即有形與無形相連相通。

「萬物以形相生」至「八竅者卵生」，舉萬物中的胎生、卵生為例，指出無論是胎生或卵生，都是父生子、子生孫，亦即「父、子、孫」具有不可切割的連續性，相通為「一」而不是二、不是三。換言之，這三句敘述揭示：萬物以形體代代相生的變化，就是道。亦即代代相生的萬物，混融為不可切割的整體，就是道的呈現。

綜言之，「昭昭（明）生於冥冥（暗）」至「八竅者卵生」，這七句敘述的意涵都不在字面，不是明亮如何產生，也不是有形的萬物如何產生，而是藉著它們為例，指出森羅萬象、萬事萬物不斷變化以及萬物不可切割的整體性，就是道。

由以上的意涵，則可一併明瞭：道順應萬物或來或去的變化，但是道卻不固定在任何狀態，它無所不至，無所不在，故記載「其來無迹」至「四達之皇皇也」。

若能依隨於道，則體健、思通，由於行止遵循大道順應自然的無為準則，當為則為，不當為則不為，因此雖然用心卻不勞擾，可全方位因應而不只是因應某些固定方向的事物。故記載「邀於此者」至「其應物無方」。換言之，「其應物無方」的意涵不在字面，不是沒有方向，而是不拘泥任何方向，也就是無物不可因應。

「天不得不高」至「此其道與」，指出天、地、日、月、萬物莫不得道，故有良好的運作發展；亦即不僅悟道之人有上述良好的生命狀態，天地萬有亦然。此外，這五句敘述也可以了解為：道不離天、地、日、月、萬物，亦即道無所不在。

關於「博之不必知（智慧）」，試想：大眾通常認為博學之人，必定有智慧。但是莊子和盤托出，指出常識未留意的另一面，亦即博學者如果僅知事物的表象，而未掌握表象之內的理則，那麼僅知表象不知理則，豈可稱為有智慧，所以是「博之不必知（智慧）」。簡言之，「博」或知（智慧）或不知（無智慧），具有一體兩面的性質。

再看「辯（言談流利）之不必慧」，由於大眾通常認為言談流利之人，必定有智慧。但是莊子仍然指出常識未留意的另一面，亦即「辯（言談流利）之不必慧」。簡言之，「辯」或慧或不慧，也具有一體兩面的性質。

由此則可明瞭「博之不必知，辯之不必慧，聖人以斷之矣」，揭示道的智慧不在於「博、辯（言談流利）」，所以悟道的聖人並不執著博、辯。

「益之而不加益」，指出雖然增加，但是並非固定不變地使用加法，而是靈活調整，適可而止，也就是立足「益與不益」混融、沒有對立、沒有對待、無待的整體。

「損之而不加損」，指出雖然減損，但是並不固定於使用減法，而是適可而止，亦即立足「損與不損」混融的整體，適時調整，無所拘泥。

故知「益之而不加益，損之而不加損」的意涵不在字面，不是固定不變地使用加法或減法，而是舉損、益為例，揭示聖人適時使用加法或減法，保有與大道相同的變動不居之特質，以及不可切割的整體性，故記載「聖人之所保也」。

「終則復始」指出道不呆滯在「始」，也不停留在「終」，而是循環往復，流動不已。因此萬物無論是「終（死）」或「始（生）」都在道的涵容之內，故記載「運量萬物而不遺」。那麼聖人君子所走之路，豈可能在道之外？換言之，聖人君子同於萬物，也在道的涵容之內，也走在由始而終、終則復始的路途中，亦即與道同步，故記載「君子之道，彼其外與。」

再看「萬物皆往資（取）焉而不匱（乏）」，試想：以常識觀之，任何一項存在若被萬物取用，那麼必定將減損；但是莊子卻記載「不匱（乏）」，亦即不枯竭，那麼也就是不固定於減損，而有所變化。例如：〈秋水篇〉記載「天下之水，莫大於海，萬川歸之，不知何時止而不盈；尾閭泄之，不知何時已而不虛。」亦即大海之水雖因尾閭泄之而減少，但是因萬川歸之而變化為「不滅」。換言之，這就是「損之而不加損」。由此則知，「萬物皆往資（取）焉而不匱（乏）」，再次揭示道的流動變化特質。

「中國有人焉」至「須臾之說也」，指出人們不固定在「陰（死）」或「陽（生）」的任一隅落，亦即具有變動不居的性質，生存只是暫時的「氣之聚也」，都將有再次聚散組合的變化。

至於「奚（何）足以為堯桀之是非」，意涵同於〈大宗師篇〉「與其譽堯而非桀也，不如兩忘而化其道。」該篇曾說明其意涵不在字面，不是沒有原則的無是無非，而是明瞭天地之間的任何存在或狀態，都不違逆天地之運作（例如：地球自轉），也就是「無物不然，無物不可」（〈齊物論篇〉），亦即天地之間本無「是、非」可言。但這並非可以恣意損害旁人，而是〈逍遙遊篇〉、〈齊物論篇〉均曾說明，對民眾（包括君王）自幼便教之以「天地與我並生，而萬物與我為一」（〈齊物論篇〉）的大道整體性，以教育喚醒每一個人的自覺，引領民眾（包括君王）回返大道，明瞭生命在天地萬物的整體中，應該順隨整體的運作，與所有存在恰如其分的互動；亦即引導民眾（包括君王）以自覺適時節制不當的舉動，以免損及旁人，愛護自己的同時也尊重他人，以此來安頓自我。如果人人自覺、自我安頓，人際相處和睦，社會安祥，也就沒有「是非」的爭論，達到沒有對立、沒有對待、無待的理想。亦即不離大道的整體性，與其它存在恰如其分的互動，則無是、非之可言。

再看「果蓏（瓜果）有理，人倫（理）雖難（多），所（可）以相齒（類）」，讀者或許對這三句敘述感到疑惑：果蓏是植物，並不尊貴，人類則是動物，而且是萬物之靈，何以莊子卻認為可以相類比？關於此項疑惑，可藉「生死」為例來了解。試想：果蓏植物的生死之理，是由「無生」變化為「生」，再變化為「死」；人類亦同。換言之，無論植物或動物都走在變動不居的大道上。由此則知，果蓏並非不可以與人類「相齒（類）」，也就是「以道觀之，物無貴賤」（〈秋水篇〉），而是齊同平等。亦即莊子舉果蓏為例，揭示若以生死的變化為觀察基準，那麼天地間的存在物無一不可以與人類「相齒（類）」。

「聖人遭（得）之而不違，過（失）之而不守」，指出聖人順應生死的自然變化，無所執著。

關於「德」，〈逍遙遊篇〉記載神人「之德也，將旁礴（混同）萬物以為一」，亦即神人的天性之德就是順應萬物，與萬物混融為一；由此則知「調（和）而應之，德也」，指出聖人的天性之德，就是順應整體的運作。

「偶（遇）而應之，道也」，指出道以順應自然為前提，也就是隨其所遇而順應之。至於人間帝王之所以興起，也都如同道、德之順應天地萬物，故記載「帝之所興，王之所起也。」

「人生天地之間」至「乃大歸乎」，指出人們出於生，入於死，變動不居，也就是「無動而不變，無時而不移」（〈秋水篇〉），雖然人們對死亡感到悲傷，但是「解其天弢（弓袋），墮其天袠（箭袋）」，指出死亡是解除自然的束縛。亦即莊子揭示死亡具有一體兩面的性質，雖然引發悲傷的情緒，但也是大歸於道，解除束縛。這就是本書多次說明，人間世事無不具有一體兩面的性質，例如：地球受陽光照射，必然是一半為「明」，另一半為「暗」；至於死亡亦然，也是明暗並存。

「不形之形」至「此眾人之所同論也」，指出大眾雖然皆知人類由「無形」變化為「有形」，再變化為「無形」，不過大眾只是敘說，而未能順應生死的變化，依然執著生、排斥死。至於悟道者，並不致力探求無形或有形，也不與大眾一同談論之，而是在行為中實踐順應變化；亦即不僅僅停留在變動的狀態，而是與變同步。

「至則不論，論則不至」的意涵，同於前則寓言記載「知者不言，言者不知」，亦即莊子指出悟道者或許論述、或許不論述，論述者或許了解道、或許不了解道。換言之，「至（悟道）則不論，論則不至（不悟道）」的意涵不在字面，不是悟道者必定不論述，也不是論述者必定不了解道；讀者須通讀莊子全書之義理，不可僅只停留在文字表面。

「明見無值（不了解）」，可藉下例來說明，例如：人人都分明看見「有倫（形）生於無形」，但是不必然明白這就是道。亦即「明見無值（不了解）」的意涵不在字面，不是看見之人就必定不了解道；而是看見之人或許了解道、或許不了解道。換言之，「明見無值（不了解）」指出道不遠人，它就存在人們的生命中以及人們存活的環境中；只不過雖然人人都分明看見，但卻不必然覺察它的存在。

之所以「辯（言談流利）不若默」，是因為「辯之不必慧」，亦即道的智慧不在於「辯（言談流利）」。至於沉默，則是不使用語言，不切割整體，也就不離渾全大道。

「道不可聞，聞不若塞（不聞）」的意涵不在字面，不是完全不可藉著聽聞語言來了解道，而是指出不可僅僅藉由抓執語言來了解道，這是因為語言在本質上就具有侷限性與遮蔽性；但是如果發言者了解語言的性質，審慎運用語言，並且激盪聽聞者跳躍至語言所指向的大道，仍可揭示道的意涵。

「此之謂大得」，是老聃總結以上敘述，指出孔子若能了解，則是真實得道的大得。

本則寓言藉著「明與暗、有形與無形、生與死、損與益、終與始、言與不言」等諸多舉例，揭示大道具有不執著的流動特質以及不可切割的整體性；因此，若能無所執著，順應天地萬物整體之運作，與變同步，就是與道同在的大得。

東郭子問於莊子曰：「所謂道，惡乎在？」莊子曰：「無所不在。」東郭子曰：「期而後可。」莊子曰：「在螻蟻。」曰：「何其下邪？」曰：「在稊稗。」曰：「何其愈下邪？」曰：「在瓦甓。」曰：「何其愈甚邪？」曰：「在屎溺。」東郭子不應。莊子曰：「夫子之問也，固不及質。正獲之問於監市履狶也，每下愈況。汝唯莫必，無乎逃物。至道若是，大言亦然。周、徧、咸三者，異名同實，其指一也。嘗相與遊乎無何有之宮，同合而論，無所終窮乎！嘗相與無為乎！澹而靜乎！漠而清乎！調而閒乎！寥已吾志，無（既）往焉而不知其所至，去而來而不知其所止，吾已往來焉而不知其所終。彷徨乎馮閎，大知入焉而不知其所窮。物物者與物無際，而物有際者，所謂物際者也；不際之際，際之不際者也。謂盈虛衰殺，彼

為盈虛非盈虛，彼為衰殺非衰殺，彼為本末非本末，彼為積散非積散也。」

「東郭子」：住在東郭的一位先生。「惡乎」：何。「期」：必。「螻蟻」：螞蟻。「邪」：疑問詞。「稊稗」：草。「瓦甓」：瓦塊。「屎溺」：動物的糞便、尿液。「夫子」指東郭子。「質」：本。「正」：市場監督官的職稱。「獲」：人名。「監市」：屠夫。「履」：踩。「狶」：豬。「況」指肥。「必」：定。「無乎逃物」指道不離萬物，「逃」：離。「周、徧、咸」：都是全。「嘗」：試。「相與」：相互親近、跟隨。「同、合」：都是一。「澹、漠、清、調、閒」：都是靜。「寥已」：寥然，指空虛。「無往」：既往，學者王叔岷先生認為無是錯字，正確應為既字。「止」：留。「彷徨」：盤桓。「馮閎」：遼闊虛空，指道。「大知」指了解道。「入」：會，了解。「物物者」指道，第一個「物」字：支配，第二個「物」字：指萬物。「際」：分際。「不際之際，際之不際」的「不際」指無分際，「際」指有分際，「之」：往。「謂」：譬。「彼」指道。「衰殺」：衰頹、死亡。「本末」：始終。

東郭子問莊子說：「所謂道，在哪裡？」莊子說：「無所不在。」東郭子說：「一定要說個地方才可了解。」莊子說：「在螻蟻中。」東郭子說：「怎麼如此卑下呢？」莊子說：「在稊稗草之中。」東郭子說：「怎麼更為卑下呢？」莊子說：「在瓦塊之中。」東郭子說：「怎麼越來越卑下呢？」莊子說：「在屎溺之中。」東郭子不回應。莊子說：「先生所問的，並沒有觸及本質。有個名叫獲的市場監督官問屠夫如何判斷大豬的肥瘦，就是用腳踩豬腿，越是往下腿踩越有肉，這隻豬就越肥。你不可將道固定在任何地方，道不離萬物。至道是如此，大言也是如此。周、徧、咸三個語詞，名稱不同而實質相同，所指的意涵是一樣的。試著一同悠遊無何有之鄉，論述同、合，無窮無盡啊！試著一同順應自然地無為啊！恬淡而安靜啊！淡漠而清幽啊！調和而悠閒啊！我的心志空虛，雖然去而不知哪裡是道的極至，去了又來而不知曉道在哪裡停留，我來來去去而不知哪裡是道的終點。盤桓在遼闊虛空中，有明瞭道的大知，但卻不知哪裡是道的窮盡之處。支配萬物的道，與萬物沒有分際；物與物之間有分際，稱為物的分際；無分際通往有分際，有分際通往無分際。譬如盈虛衰殺，道順應萬物盈虛的變化，而它不固定在盈或虛；道順應萬物衰殺的變化，而它不固定在衰殺；道順應萬物有始有終的變化，而它不固定在始或終；道順應萬物有聚有散的變化，而它不固定在聚或散。」

東郭子請問莊子「道」在何處？莊子隨即回答「無所不在」，東郭子顯然認為此一回答太過廣泛而無法理解，所以希望莊子明確指出一個所在，才可了解。莊子於是指出「道」在螻蟻、稊稗、瓦甓，東郭子卻認為這些回答一個比一個卑下，當莊子指出「道」在屎溺時，東郭子或許因為無法接受，所以沒有回應。

這時莊子繼續針對東郭子的詢問進行說明，首先舉例「履狶，每下愈況」，指出越往下越清晰可見；揭示道既然無所不在，那麼天地間的任何一項存在，例如：華麗的皇宮以及尋常可見的螻蟻、稊稗、瓦甓、屎溺，都是道的呈現；但是如果舉出常識認為尊貴的皇宮為例，並非人人都曾見過；若是舉出螻蟻等物為例，反而是人人日常生活隨處可見，也更容易使詢問者了解，所以莊子舉之為例。

由此則知，莊子舉螻蟻、稊稗、瓦甓、屎溺為例，並非以常識認為卑下之物譏諷東郭子，而是藉著尋常可見之物，揭示道不遠人，也同時揭示「以道觀之，物無貴賤」（〈秋水篇〉），破除常識的「尊、卑、高、下」之別。

「汝唯莫必，無乎逃物」，指出道不離萬物，所以不可認為道僅僅固定在某一處所或狀態。

「至道若是，大言亦然」，指出大言與道相同，也是不離萬物，並且舉出都指向全體意涵的「周、徧、咸」三個語詞做為例證。

在此回顧〈齊物論篇〉曾說明，「花」與「人」看似為二個不同的語詞，「花」指向真實的花朵，但是真實的花朵不可獨立於空氣、陽光、水之外，亦即與空氣、陽光、水，不可切割；那麼也就與大氣之內的一切存有同在同存，是不可切割的連續性整體，是「一」不是二。同理可推，「人」指向真實的人類，然而真實的人類也與空氣、陽光、水，不可切割，也與大氣之內的一切存有同在同存，是無從切割的整體。簡言之，「花」與「人」雖然看似為二個不同的語詞，但是它們都指向萬有之整體。

由此則知，「花」與「人」與「周、徧、咸」，都是「異名同實，其指一也」，都指向天地萬物無從切割的連續性整體。亦即明瞭萬有的整體性，也就明瞭任何語詞都是「大言」，雖然看似僅僅指向萬物中的某一物，但在本質上都指向萬有之整體，都與不割裂的渾全大道具有相同的義理。由此即可明瞭，何以莊子記載「至道若是，大言亦然。」

關於「無何有之宮」的意涵同於〈逍遙遊篇〉「無何有之鄉」，該篇曾說明其意涵不在字面，並非僅僅指虛無，這是因為「有與無」必然相依相隨，所以雖然看似指向虛無，但卻不離實有之地。由此可知「無何有之宮」不曾遠離實有之地，也就是指人們存活的天地間之任何處所。在天地間，不僅可論述「周、偏、咸」皆為同、合、一，也可論述花與人以及無窮的萬物，都是「同、合、一」而不是二，故記載「嘗相與游乎無何有之宮，同合而論，無所終窮乎！」

「嘗相與無為乎」至「調而閒乎」，指出依循順應自然的無為準則，當為則為，不當為則不為，所以恬淡悠閒。此外，也可由另一面向來了解：由於「澹、靜、漠、清、調、閒」都是靜，所以莊子舉它們為例，再次揭示「異名同實，其指一也。」

「寥已（空虛）吾志」至「吾已往來焉而不知其所終」，揭示不執著自我的意念，而是依隨變動不居的大道，所以雖有個人之來去（生死），但是道並無「至、止、終」之可說，故記載「不知其所至、止、終」。

立足於此，則具有明瞭道的「大知」，而不是切割渾全大道的分別性認知，也就了解道並無「窮」之可說，故記載「彷徨（盤桓）乎馮閎，大知入焉而不知其所窮。」

「物物者（道）與物無際」，指出道與萬物無分際，是「一」不是二；亦即道與萬物同存並在，具有不可切割的整體性。

「而物有際者，所謂物際者也」，指出萬物有分際。那麼這是否意謂著萬物之間有不可跨越的分際呢？

關於此項疑問，可參看〈齊物論篇〉「天倪」自然的分際，該篇曾舉例說明：人類與楓香樹是不同的物種，各自擁有不同的形體，二者的形體沒有重疊密合的可能，因此若以形體做為觀察基準，則知人類與楓香樹「有分際」。但是，人類與楓香樹皆存活於空氣中，人類呼氣，將二氧化碳吐入大氣中，楓香樹則吸收人類吐出的二氧化碳，行光合作用，而後將光合作用所產生的氧氣送入大氣中；至於人類吸氣，則將楓香樹所散發的氧氣吸入人類的肺中。由此則知，人類與楓香樹相互交換氣息。實則，不僅人類與楓香樹如此，天地之間所有的植物與動物都是如此相互地交換氣息，這也就是「通天下一氣」。亦即以「空氣、氣息」做為觀察基準，便知人類與楓香樹以及其它物類，相互流通，並無不可跨越的區隔。由此則可了解，以形體做為觀察基準，萬物誠然是「有分際」；但是，以「氣」觀察，萬物則是「無分際」。換言之，「有分際與無分際」同存共在；萬物就是並存在「有分際而無分際」的整體中，相互流通，這就是「天倪」自然的分際。

由此則知，「物際」的意涵不在字面，不是萬物之間有不可跨越的分際，而是「際與無際」相通為一，所以記載「不際之（往）際，際之（往）不際」，揭示不僅道與萬物無分際，萬物也是通而為一的整體。

此外，也可由另一面向來了解，亦即「不際之（往）際，際之（往）不際」的互通互往，就是道。換言之，「際與無際」相連相通，就是道的呈現。

「謂（譬）盈虛衰殺」，藉盈虛盛衰為例，指出大道順應萬物由「盈、盛」變化為「虛、衰」，然而道具有不執著的流動特質，並不呆滯於此，故將再次順應萬物變化為「盈、盛」；亦即道變動不居，不固定在任何隅落，故記載「彼（道）為盈虛非盈虛，彼（道）為衰殺非衰殺。」

同理，若以本（始）、末（終）、積（聚）、散為例，就是大道順應萬物由「本（始）、積（聚）」變化為「末（終）、散」，再變化為「本（始）、積（聚）」，亦即道不固定在任何狀態，故記載「彼（道）為本末非本末，彼（道）為積散非積散也。」

此外，也可由另一面向來了解：萬物由「盈、盛、本（始）、積（聚）」流動為「虛、衰、末（終）、散」的變化，就是道。亦即「盈與虛」、「盛與衰」、「本（始）與末（終）」、「積（聚）與散」相互連通，就是道的呈現。

簡言之，道順應萬物的變化，因此不僅道無所固定，萬物也都不停留在任何固定的狀態，所以也可進一步描述萬物都是「盈虛非盈虛，衰殺非衰殺，本末非本末，積散非積散」。

本則寓言揭示：道遍在萬物，它就在人們的生命中以及人們存活的環境中；亦即道不離萬物，天地間的萬物以及萬物的變化，都是道的呈現。

妸荷甘與神農同學於老龍吉。神農隱几闔戶晝瞑，妸荷甘日中奓戶而入，曰：「老龍死矣！」神農隱几擁杖而起，嚗然放杖而笑，曰：「天知予僻陋慢訑，故棄予而死已矣！夫子無所發予之狂言而死矣夫！」弇堈弔聞之，曰：「夫體道者，天下之君子所繫焉。今於道，秋豪之端萬分未得處一焉，而猶知藏其狂言而死，又況夫體道者乎！視之無形，聽之無聲，於人之論者，謂之冥冥，所以論道而非道也。」於是泰清問乎無窮曰：「子知道

乎？」無窮曰：「吾不知。」又問乎無為，無為曰：「吾知道。」曰：「子之知道，亦有數乎？」曰：「有。」曰：「其數若何？」無為曰：「吾知道之可以貴，可以賤，可以約，可以散，此吾所以知道之數也。」泰清以之言也問乎無始曰：「若是，則無窮之弗知與無為之知，孰是而孰非乎？」無始曰：「不知深矣，知之淺矣；弗知內矣，知之外矣。」於是泰清中而嘆曰：「弗知乃知乎！知乃不知乎！孰知不知之知？」無始曰：「道不可聞，聞而非也；道不可見，見而非也；道不可言，言而非也！知形形之不形乎！道不當名。」無始曰：「有問道而應之者，不知道也；雖問道者，亦未聞道。道無問，問無應。無問問之，是問窮也；無應應之，是無內也。以無內待問窮，若是者，外不觀乎宇宙，內不知乎太初，是以不過乎崑崙，不遊乎太虛。」

「婀荷甘」：姓婀，字荷甘。「神農」：不是遠古帝王中嚐百草的神農氏，而是以後之人物。「老龍吉」：懷道者。「隱」：靠。「闔」：合，關。「戶」：門。「瞑」：睡。「奓」：開。「嚗然」：放杖聲。「笑」指自嘲。「天」指老龍吉。「予」：我。「僻陋慢訑」：鄙陋虛誕。「夫子」：老師，指老龍吉。「無所發」：未啟發。「狂言」：至言，由於不是世人所能了解，故稱至言為狂言。「弇堈弔」：體道者，名弔。「繫」：屬，指歸往。「今」指老龍吉。「冥冥」：暗。「所以」：可以。「泰清、無窮、無為」：都是假託的人名。「數」：

說。「約」：聚。「弗知」：不知。「中」：仰。「知形形之不形」：學者認為有脫漏，應是「孰知形形之不形」；「形形」指道，第一個「形」字：生發，第二個「形」字：指萬物的形體，「之」：是。「名」：兼指名稱與描述。「雖」：豈只。「問窮」的「窮」：空。「無內」指窮，也是空。「宇」：天地四方。「宙」：古往今來。「太初」：道之本。「崑崙」指高遠之山。「太虛」指道。

婀荷甘與神農一同向老龍吉學道。一日神農靠著几案，關起門來白天睡覺。婀荷甘中午推開門進來說：「老龍死了！」神農扶著拐杖站起來，又砰的一聲放下拐杖，嘲笑自己說：「老師知道我鄙陋虛誕，所以捨棄我而死了，老師未留下啟發我的至言就死了啊！」弇堈弔聽說了這件事情，說：「悟道者是天下君子歸往的對象。現在老龍吉對於道，連一根秋天豪毛末端的萬分之一都沒有得到，他還懂得隱藏至言而死去，更何況是悟道的人呢！道，看它卻沒有形象，聽它卻沒有聲音，談論它的人稱它為冥冥昏暗，可以談論的道就不是道。」於是泰清請問無窮說：「你懂得道嗎？」無窮說：「我不懂。」泰清又去請問無為，無為說：「我懂得道。」泰清說：「你所懂得的道，可以說明嗎？」無為說：「可以。」泰清說：「如何說明呢？」無為說：「我所懂得的道可以貴，可以賤，可以聚合，可以離散，這是我對所懂得的道的說明。」泰清拿這一番談話來請問無始說：「像這樣，無窮的不知與無為的知，誰對誰錯呢？」無始說：「不知深奧，知則是粗淺；不知是深入道之內，知是在道的外圍。」於是泰清仰起頭來，感嘆地說：「不知就是知啊！知就是不知啊！誰懂得不知就是知呢？」無始說：「道不可被聽見，聽見的就不是道；道不可被看見，看見的就不是道；道不可被言說，言說的就不是道！誰懂得生發一切形體的道，卻是無形呢！道不應有名稱或不應敘述道。」無始說：「遇見有人問道就回答，這是不懂得道；豈只是問道的人，不曾懂得道。道不應問，問了也不應回答。不應問卻問，這是問空；不應回答卻回答，這回答也是空。以空答去回應空問，像這樣的人，向外無從觀察宇宙，向內不能懂得道的本源，因此不能越過崑崙山，不能悠遊道的太虛之境。」

神農聽說老龍吉死去，當下的反應是遺憾未曾聽聞老龍吉談論大道。弇堈弔則指出老龍吉對道的了解，雖然極其微少，但卻明瞭語言難以論道，故不進行論述。

「視之無形，聽之無聲」，是弇堈弔舉形、聲為例，指出道無形無聲。然而大道變動不居，豈可能始終固定在無形無聲呢？回顧本篇前文記載「有倫（形）生於無形」，揭示「無形」流動為「有形」的變化，就是道；亦即「有形與無形」相連相通，就是道的呈現。換言之，道不斷變化，並不固定在任何狀態。

另外，參看《老子．四十一章》「大音希（無）聲」，指出最大的聲音是無聲，亦即如果以聲音來譬喻道，那麼道就是最大聲的大音，然而卻又無聲，也就是由「聲」流動為「無聲」的變化，就是道。亦即「聲與無聲」相互連通，就是道的呈現。換言之，道不斷流動，並無固定的聲響。

由此則可了解，道具有變動不居的特質，不固定在「有形、無形、有聲、無聲」之任一隅落，所以人類的視覺與聽覺無從對道進行認知。簡言之，「視之無形，聽之無聲」的意涵不在字面，不是道固定在無形無聲，而是指出道遷流不已，故無從以視覺、聽覺進行辨識。

弇堈弔繼續指出有些人以「冥冥（暗）」論道，並不正確。針對於此，可以回顧本篇前文記載「昭昭（明）生於冥冥（暗）」，指出「冥冥（暗）」流動為「明」的變化，就是道；亦即「冥冥（暗）與明」連通為一，就是道的呈現。換言之，道不斷流動，並不固定在「冥冥（暗）」的單一隅落，因此如果以「冥冥（暗）」論道，誠然並不正確，故記載「於人之論者，謂之冥冥，所以論道而非道也。」

泰清向無窮問道，無窮回答不知；泰清再請問無為，無為回答「吾知道之可以貴，可以賤，可以約，可以散」四句敘述。試想，常識認為「貴與賤」、「約（聚）與散」互斥不並存；然而，這四句敘述卻似乎是「貴與賤」、「約（聚）與散」同存並在，其原因何在？本書多次說明，以渾全不割裂的大道觀之，互為對照的狀態相互流通，是無從切割的整體；由此則知，互為對照的「貴與賤」、「約（聚）與散」相通相連。換言之，這四句敘述的意涵不在字面，不是道有「貴、賤、約（聚）、散」可言，而是舉貴賤、約（聚）散為例，指出道不固定在人們認為的「貴、約（聚）」或「賤、散」，而是變動不居，無所停滯。

泰清向無始請問：無窮與無為的回應，誰屬正確？無始指出無窮的「不知」，深入於道；無為的「知」，則是粗淺，只在道的外圍。讀者或許感到疑惑：何以無為指出大道變動不居的特質，卻被無始認為「淺、外」呢？

關於此項疑問，至少可由二個面向來回答：（一）本篇前文記載「道無所不在」，亦即道徧在萬物，任何存有或狀態都不曾遠離道。然而無為舉「貴賤、約（聚）散」為例，對道進行說明，卻不免使得聽聞者誤以為道侷限在貴賤、約（聚）散的狀態，以致遺忘了任何存有或狀態都是道的呈現，都不曾離道。（二）〈秋水篇〉「以道觀之，物無貴賤」，指出道並無貴、賤的分別可說；另外，本篇前文記載「彼（道）為積散非積散」指出大道順應萬物聚散組合的變化，但是道並不呆滯在聚或散的任一隅落，並無聚、散之可說。然而，無為舉例「貴賤、約（聚）散」對道進行說明，卻不免使得聽聞者誤以為道有貴賤、約（聚）散的分別，以此反而背離大道並無「貴、賤、約（聚）、散」的本質。

由此則可明瞭，無為使用語言說明道，不免產生誤會，以致遠離道；無窮不使用語言，反而不離於道。因此無始指無窮是「深、內」，無為是「淺、外」。

聽過無始的說明後，泰清感嘆無窮的「不知」為真知，故記載「弗知乃知、不知之知」；至於無為的「知」則為不知，故記載「知乃不知」。

關於「道不可聞，聞而非也；道不可見，見而非也」的意涵，同於弇堈弔所述「聽之無聲」與「視之無形」，亦即它們的意涵不在字面，不是道固定在無聲無形，而是指出道不呆滯在「有聲、無聲、有形、無形」之任一隅落，變動不居，因此無從以聽覺與視覺對道進行辨識。

「道不可言，言而非也」的最佳例證，就是上述無為以「貴賤、約（聚）散」對道進行說明，卻不免造成誤會，以至背離於道。亦即語言在本質上就具有侷限性與遮蔽性，因此使用語言雖可彰顯整體中的某部分，但卻也同時遮蔽了其它部分。換言之，一旦使用語言反而遮蔽了大道的整體性。

萬物都依隨渾全不割裂的大道而生，也就是萬物都源自道，故以「形形」指稱生發萬物的大道；「形形之不形」揭示生發萬物的大道，不是人類可由感官知覺進行辨識的存在，亦即弇堈弔所述「視之無形」以及無始所說「道不可見，見而非也」，其意涵業已敘明，故不再贅述。

「道不當名」的意涵，可由二個面向來了解：（一）不應賦予道一個名稱，這是因為道與天地萬物同在，與一切存有不可切割，然而如果以語言創設「道」的名稱，又創設許多不同的名稱來指稱萬有，不免使得人們誤以為不同的名稱也就表示名稱不同的各種存在沒有關連、可以切割。例如，「道」與「人」雖然是兩個不同的名稱，但是「道」與「人」無從切割，不可分立，不是二而是「一」。（二）不應敘述道，如果由此一面向來了解，那麼「道不當名」同於「道不可言」，其意涵業已敘明，故不再贅述。

「有問道而應之者」至「亦未聞道」，指出對道提出詢問以及回答之人，都不了解道。亦即「道無問」不應詢問，這是因為道無所不在，就在人人的生命中以及人們存活的環境中，也就是人人自我觀察即可明瞭，故無須向任何旁人詢問。有鑑於此，即使有人提出詢問，被詢問者也無庸回答，故記載「問無應」。

既然「道無問，問無應」，那麼如果仍然提問與回答，就是空問與空答。這是因為問與答，都是使用語言，然而語言在本質上就具有偏限性與遮蔽性，未能與道同步變化，也不等同於道，故記載「無問問之」至「不遊乎太虛」。

本則寓言中，無始的敘述如同補充說明弇堈弔何以指出老龍吉「藏其狂言而死」，亦即一旦使用語言談論道，卻不免造成誤會，以至於背離大道。因此，了解道的理想途徑，並非經由語言，而是人人觀照自身的存在狀態，立足天地萬物無從切割的整體性，依隨整體的運作，就是不離於道。

光曜問乎無有曰：「夫子有乎？其無有乎？」光曜不得問，而孰視其狀貌，窅然空然，終日視之而不見，聽之而不聞，搏之而不得也。光曜曰：「至矣，其孰能至此乎！予能有無矣，而未能無無也；及為無有矣，何從至此哉！」

「光曜問乎無有」的「光曜、無有」：都是假託的人名。「夫子」：老師，在此指無有。「不得問」：即不得答，本篇第一則寓言業已說明。「孰視」：熟視，仔細看。「窅然」：無形貌。「搏」：摸。「孰能」：誰能。「予」：我。「及為無有」的「無有」：即無無。

光曜請問無有說：「先生是有呢？抑或是無呢？」無有不回應，光曜沒有獲得回答，遂仔細觀察無有的容貌，空虛的樣子，整天看它卻看不見，聽它卻聽不到，摸它卻摸不著。光曜說：「這是最高境界了，誰能到達這種境界呢！我能做到無，而不能做到無無；就算我做到無有（無無），如何能夠到達夫子這種境界呢！」

光曜以「無有」為師，請問「無有」是有抑或是無？「無有」並未給予回應，於是光曜仔細觀察「無有」，則為「視之而不見，聽之而不聞」，關於這二句敘述的意涵，同於前則寓言「視之無形，聽之無聲」，亦即指出「無有」與道相同，具有變動不居的特質，不停留在「有形、無形、有聲、無聲」之任一隅落，遷流不已，因此無從以視覺與聽覺對「無有」進行認知。簡言之，「視之而不見，聽之而不聞」的意涵不在字面，不是「無有」固定在無形無聲，而是指出「無有」變動不居，故無從以視覺、聽覺進行辨識。

由此則知「搏之而不得」的意涵也不在字面，不是「無有」固定在無形質，而是再次指出「無有」不呆滯在有形或無形之任一隅落，遷流不已，因此無從以觸覺對「無有」進行辨識。

亦即「無有」夫子，在「無形與有形」、「無聲與有聲」混融的整體中，不斷流動變化，並不固定在任何狀態，具有與道相同的不執著之流動特質。

試想，人們對於「有、無」，通常都是執著「有」，排斥「無」。但是光曜不同於大眾，不執著「有」，而且由「有」流動至「無」，故記載「予（我）能有無矣」；但是流動至「無」之後，卻固定在「無」，也就是執著「無」，故記載「而未能無無也」。

本書多次說明「有與無」是不可切割的整體，那麼光曜執著「無」，亦即抓執「無」，因此也就是抓執「有」，所以光曜不僅是「有無」，也是「有有」。至於「無無」則是不抓執「無」，那麼也就不抓執「有」，所以「無無」不僅是「無無」，也是「無有」。不過「無無、無有」的意涵不在字面，不是消滅「無」，不是消滅「有」，而是說不出什麼是「無」，也說不出什麼是「有」；亦即回返「有無」混融的整體，不斷流動變化，無所執著，無所固定。

光曜因此進一步思考，即使不執著「無」而到達「無無」、「無有」，雖然看似相同於「無有」夫子，但卻因為使用具有侷限性與遮蔽性的語言，切割整體，遮蔽大道的整體性，終究不如「無有」夫子不曾使用語言，不曾遮蔽大道的整體性，故記載「及為無有矣，何從至此哉！」

本則寓言揭示：大眾通常抓執「有」、排斥「無」，鮮少不抓執「有」而適時調整為「無」者。所以捨「有」就「無」，看似較一般人們高明；但是，如果捨「有」就「無」，卻因此抓執「無」，那麼同時也就是抓執「有」，在本質上豈非同於抓執「有」的大眾。至於捨「有」就「無」，但並不抓執「無」，並且保有流動的能力，在「無與有」（例如「無形與有形」、「無聲與有聲」）的整體中，往來自如；亦即在行為中實踐與變同步，而且不再使用具有侷限性與遮蔽性的語言，來自我表述。這是與道同在的悟道者。另外，本則寓言一併揭示：道不在語言文字。

大馬之捶鉤者，年八十矣，而不失豪芒。大馬曰：「子巧與？有道與？」曰：「臣有守也。臣之年二十而好捶鉤，於物無視也，非鉤無察也。是用之者，假不用者也以長得其用，而況乎無不用者乎！物孰不資焉。」

「大馬」：大司馬，古代官職。「捶」：打鍛。「鉤」：腰帶之帶鉤。「豪芒」指細微。「與」：歟，疑問詞。「守」：道。「假」：借，藉。「資」：成。

大司馬家中捶製腰帶帶鉤的工匠，已經八十歲了，所做的帶鉤依然沒有絲毫差錯。大司馬說：「你是有技巧呢？還是有道呢？」他說：「我有道。我二十歲就喜好做帶鉤，對別的東西都不看，不是帶鉤就不仔細觀察。我用心於此就是藉著不用心於它物，才可長用於此，更何況是無事不採用這種法則呢！事情怎會做不成呢！」

捶鉤者自述「是用之者，假不用者也以長得其用」，指出之所以不失豪芒，並非僅僅因為用心於帶鉤，而是同時藉著不用心於它物而達成。亦即「用與不用」同存並在，故有長用。換言之，常識認為「用、不用」互斥不並存，但是莊子指出互為對照的「用與不用」共存共在，也就是沒有對立、沒有對待、無待、不可切割的整體。

有鑑於「用與不用」相通為一體，因此實踐「不用」之後，「用」也就相應而生，亦即「用」就是「不用」的一體兩面之另一面。所以處理任何事物如果都秉持「不用與用」的整體性，以整體待命，當用則用，不當用則不用，那麼也就可以圓滿完成所做之事。故記載「而況乎無不用者乎，物孰不資（成）焉。」

本則寓言揭示：互為對照的「用與不用」相依而不離，因此實踐「不用」之後，「用」隨即相應而生，故有長用。亦即「不用」的意涵不僅止於字面，不是沒有任何作用，而是不離於「用」。

冉求問於仲尼曰：「未有天地可知邪？」仲尼曰：「可，古猶今也。」冉求失問而退。明日復見，曰：「昔者吾問『未有天地可知乎？』夫子曰：『可。古猶今也。』昔日吾昭然，今日吾昧然，敢問何謂也？」仲尼曰：「昔之昭然也，神者先受之；今之昧然也，且又為不神者求邪。無古無今，

無始無終。未有子孫而有子孫，可乎？」冉求未對。仲尼曰：「已矣，未應矣！不以生生死，不以死死生。死生有待邪？皆有所一體。有先天地生者物邪？物物者非物。物出不得先物也，猶其有物也。猶其有物也無已，聖人之愛人也終無已者，亦乃取於是者也。」

「冉求」：姓冉，名求，孔子的弟子。「仲尼」：孔子，字仲尼。「可知邪、有待邪、物邪」的「邪」：疑問詞。「失問」：得答。「夫子」：老師，指孔子。「昭然」指明白。「昧然」指不明白。「神」指虛心，亦即不使用分別性的認知。「不神者求邪」的「不神」指不虛心，亦即使用分別性的認知；「邪」：也，語末助詞。「待」：對待、對立。「先天地生者物」：先天地生之物，「者」：之。「物物者」指道，第一個「物」字：生發，第二個「物」字：指萬物。「非物」有二意：（一）指沒有物象，（二）指不離萬物。「物出」指物之呈現。「猶其有物」：其猶為物，指仍然是物；「有」：為。「無已」：無窮止，「已」：止。

冉求請問孔子說：「沒有天地之前的情況，可以了解嗎？」孔子說：「可以，古時與現今一樣。」冉求獲得回答，就退下去了。第二天又來見孔子，冉求說：「昨天我問『沒有天地之前的情況，可以了解嗎？』老師說：『可以，古時與現今一樣。』昨天我明白，今天我卻不明白，請問為什麼呢？」孔子說：「昨天明白，是以虛心領會，沒有使用分別性的認知；今天卻不明白，是不虛心，使用分別性的認知來探求。沒有古就沒有今，沒有始就沒有終。沒有子孫以前就有了子孫，可以嗎？」冉求沒有回答。孔子說：「算了，不必回答了！不是運用生使得死變化為生，不是運用死使得生變化為死。死與生有對待、對立嗎？它們本就是不可切割的整體。有先於天地生的存在物嗎？生發萬物的道沒有物象（或道不離萬物），任何一物不能先於其它存在物，它們都是物。它們都是物，沒有窮盡，聖人愛護人們沒有窮盡，也正是取法於此。」

冉求提問「未有天地」，試想：「未有天地」也就是遠古，看似遙不可及、也不可知，那麼孔子為何回答「可」？這是因為「古」發展至「今」，是不可切割的連續性整體；亦即由「古」至「今」的變化，就是道。「古今」相連，通而為一，即為道的呈現；因此可依隨道，由「今」回溯「古」，所以孔子回答「可，古猶今。」

不過，「古猶今」的意涵不在字面，不是「古、今」可劃上等號，而是沒有獨立於「今」之外的「古」，也沒有獨立於「古」之外的「今」。亦即「古今」混融，是一不是二。

由於「今與古」連通為一，並沒有獨立於「今」之外的「古」，所以不應僅僅追求「古」；亦即如果了解「今與古」為一，那麼置身現今之天地，則知「未有天地」的古時不在「今」之外，而就涵藏於「今」之中，豈須再提出任何詢問。另外，也可藉著「有、無」來了解，亦即互為對照的「無與有」相依相隨，沒有獨立於「有」之外的「無」，所以不應僅僅追求「無」，而是明瞭「有無」同存並在，一體不可分。

關於「失問」，本篇第一則寓言曾說明，互為對照的「問與答」具有不可切割的整體性；那麼互為對照的「失與得」無疑地也具有不可切割的整體性。由此則知「失問」可進一步描述為「得答」，以彰顯「失與得」、「問與答」連通為一的整體性。亦即「失問」的意涵不在字面，不是失落問題，而是獲得回答。

冉求第二天再請問，孔子先回答「昔之昭然也，神（虛心）者先受之；今之昧然也，且又為不神（不虛心）者求邪（也）。」回顧〈德充符篇〉曾援引王叔岷先生所說「心起於分別，分別之謂知」，亦即心識運作起於分別。由此則可了解「神」之虛心，就是不使用分別性的認知，以「古猶今」的整體性，明瞭「未有天地」就涵藏在「有天地」之中；至於「不神」的不虛心，則是使用分別性的認知，切割「古、今」，遂無法了解孔子的回答。

另外，之所以「昔之昭然」而「今之昧然」，是因為在生活中，人們慣性地使用分別性認知，雖然偶有時刻「虛心」不使用分別性認知，但是如同慣性作用的分別性認知，仍在意念中流竄，遂針對「昔之昭然」的虛心了解，提出質疑與疑問，故為「今之昧然」。

「無古無今」，指出無古則無今，有古方有今；亦即古今連通為一。換言之，「無古無今」的意涵同於「古猶今」，也就是其意涵不在字面，不是古、今都消失了，而是「古今」混融為一，無從切割，因此說不出什麼是古，也說不出什麼是今。

「無始無終」，指出無始則無終，有始才有終，也就是互為對照的「始終」相互依倚，無從切割。例如：信手劃一條直線，不論直線有多長，有開端則必然出現終端，兩者自然而然地相應而生。亦即「無始無終」的意涵也不在字面，不是始、終都消失了，而是指出始、終也具有不可切割的整體性，沒有獨立於「終」之外的「始」，所以不應僅僅追求「始」。

同理，子孫代代相生，無子則無孫，有子方有孫，亦即「子與孫」具有不可切割的整體性，沒有獨立於「無子孫」之外的「有子孫」，故以疑問語記載「未有子孫而有子孫，可乎」，亦即不可。這是舉「子與孫」的整體性為例，揭示不應追求獨立於「無子孫」之外的「有子孫」。

關於「不以生生死」至「皆有所一體」，指出並非特別運用「生」而使「死」轉變為「生」，也不是特別運用「死」而使「生」轉變為「死」，而是「生死」本就是無待、混融的整體。亦即這是再舉例，指出互為對照的「生死」連通為一，揭示不應追求獨立於「死」之外的「生」。

「有先天地生者（之）物邪」，以疑問語指出：萬物都存在於天地中，也都不可能存在於天地之外。這是舉例，指出「天地與萬物」也具有不可切割的整體性，揭示不應追求獨立於「天地」之外的「物」。

萬物都依隨渾全不割裂的大道而生，也就是萬物都源自道，故以「物物者」指稱生發萬物的大道；然而道並無物象，故記載「物物者非物」。那麼，道與萬物是否有分際？道是否獨立於萬物之外？

本篇前文記載「物物者（道）與物無際」指出道與萬物無分際，亦即沒有獨立於「道」之外的「物」，也沒有獨立於「物」之外的「道」。故知「物物者非物」是再次舉例，指出「道與萬物」同存同在，也具有混融的整體性；揭示不應追求獨立於「道」之外的「物」，也不應追求獨立於「物」之外的「道」。

萬物是無從切割的連續性整體，亦即任一物與其它存在物，並不相隔遙遠。例如：動物不可遠離於植物，植物不可遠離於空氣，空氣不可遠離於水。換言之，萬物誠然不能相離，是一不是二；因此也就沒有先、後之別，故記載「物出不得先物」。

在此，讀者或許將提出疑問：例如子孫是先有子，再有孫，就是有先有後。然而，這是以物象觀之，看似有先有後；但若以構成所有存在物的原子為觀察基準，豈有先、後可說？

由此則知，「物出不得先物，猶其有物也」，指出任一物都不離於其它存在物，因為萬物是無從切割的連續性整體，故記載「猶其有物也無已（無窮）」。

以上揭示「天地與萬物」、「道與萬物」、「物與物」都具有不可切割的整體性，亦即沒有任何存在物獨立於現今可見的天地萬物之外，也就是天地萬物本就是無從切割的連續性整體，所有存在都是連續性整體中的一環，相互流通，無有窮盡。聖人明瞭於此，了解自己與他人共處於和諧混融的整體中，所以照顧他人，就是照顧整體，也就是照顧自己，因此依隨整體的運作，也就愛護他人無窮止，故記載「聖人之愛人也終無已（無窮）者，亦乃取於是者也。」

本則寓言舉例，以渾全不割裂的大道觀之，互為對照的「古與今」、「始與終」、「有與無」、「生與死」、「天地與萬物」、「道與萬物」、「物與物」都具有不可切割的整體性。亦即沒有任何單一狀態獨立於大道整體性之外，故不應追求之；反之，只要不離大道的整體性，就是不離於一切，不離任何狀態與存在。

顏淵問乎仲尼曰：「回嘗聞諸夫子曰：『無有所將，無有所迎。』回敢問其遊。」仲尼曰：「古之人，外化而內不化；今之人，內化而外不化。與

物化者，一不化者也。安化安不化，安與之相靡，必與之莫多。狶韋氏之囿，黃帝之圃，有虞氏之宮，湯、武之室。君子之人，若儒、墨者師，故以是非相韲也，而況今之人乎！聖人處物不傷物，不傷物者，物亦不能傷也。唯無所傷者，為能與人相將迎。山林與！皋壤與！使我欣欣然而樂與！樂未畢也，哀又繼之。哀樂之來，吾不能禦，其去弗能止。悲夫，世人直為物逆旅耳！夫知遇而不知所不遇，能能而不能所不能。無知無能者，固人之所不免也。夫務免乎人之所不免者，豈不亦悲哉！至言去言，至為去為。齊知之所知，則淺矣！」

「顏淵」：姓顏，名回，字子淵。「仲尼」：孔子，字仲尼。「嘗」：曾經。「夫子」：老師，指孔子。「將」：送。「遊」：由，指道理。「與物化者，一不化者」：融變與不變於一身，「化」：變，「一」指整體。「安與之相靡，必與之莫多」的「之」：都指物，「靡」：順，「必」：而，「莫多」：不過度。「狶韋氏」：遠古之帝王，已見於〈大宗師篇〉。「有虞氏」：舜。「湯、武」：商湯、周武王。「囿、圃、宮、室」指所遊之處。「儒墨者師」：儒墨之師，「者」：之。「韲」指排擠。「山林與、皋壤與、樂與」的「與」：歟，感嘆詞。「皋壤」指原野。「弗」：不。「止」：留。「直」：只。「逆旅」：旅舍。「能能而不能所不能」：此句為唐寫卷子本，至於其它通行本則為「知能能而不能所不能」。「務」：致力。「齊知」：平凡之知，「齊」：平凡。

顏淵請問孔子說：「我曾經聽老師說：『不送往，不迎來。』請問其中的道理。」孔子說：「古代的人，外在行為隨物變化而內心不變；現在的人，內心多變而外在行為不能隨物變化。隨物變化的人，融變與不變於一身。所以安於變也安於不變，安於與物相順隨，而與物順隨不過度。狶韋氏的苑囿，黃帝的園圃，虞舜的宮殿，商湯、周武王的屋宇，都是古人所遊之處。君子一類的人，像儒家、墨家的老師，用是非互相排擠，何況是現在的人呢！聖人與萬物相處而不傷害萬物，不傷害萬物的，萬物也不會傷害他。正因為無所傷害，才能與人相往來。山林啊！原野啊！使我欣欣然快樂啊！快樂還沒有結束，悲哀又接著產生。哀樂情緒的到來，我不能抗拒，它們離去時，也無法留住。可悲啊，世人只是萬物寄居的旅舍罷了！知曉所遇到的，而不知不曾遇到的；能做自己所能做的，而做不到自己所不能做的。有所不知、有所不能，本來就是人不能避免的狀況。一定要避免人所不能避免的狀況，豈不是可悲嗎！最高的至言，不執著於言談；最高的至為，不執著於行動。平凡之人所知的一切，就是粗淺啊！」

關於「無有所將（送），無有所迎」，如果僅觀字面，似乎是不送往不迎來、與物隔絕；然而其意涵是否果真如此呢？此項疑問的解答就在後文，因此稍後再做說明。

「古之人，外化而內不化」，指出古代悟道者依循大道順應萬物自然天性的本質，與萬物沒有對立、沒有對待、無待，由於和諧地與萬物相處，適時調整表現於外的行為舉止，所以是「外化」；至於「內不化」，則是內心依隨大道變動不居的本質，不曾改變。故知「內不化」的意涵不在字面，不是內心固定在寂靜或某一狀態，而是指出悟道者依隨大道，與變同步；由於不曾停止改變，所以是不變，故記載「內不化」。

孔子繼續指出當代的人們，未能依隨大道，內心茫然的游移變動，又未能適時調整行為來順應萬物，故記載「今之人，內化而外不化。」

「與物化者，一不化者也」的意涵同於「外化而內不化」，亦即悟道者依循大道順應自然的本質，行止順隨於物，所以是「與物化」；至於「不化」則是不改變依隨大道的特質。亦即融「化與不化」於一身，故記載「與物化者，一不化者也。」

由於集「化與不化」於一身，順應萬物恰如其分，故記載「安化安不化」至「必（而）與之（物）莫多（不過度）」。

悟道者立足大道的整體性，所以無處不可遊，無人不可相互往來，故舉例「狶韋氏之囿」至「湯、武之室」，指出古代帝王都是悟道者來往的對象。

關於「是非」，〈齊物論篇〉曾說明：以「天地之運作」為觀察基準，則知所有存在都不違逆天地運作的法則（例如：地球自轉），也就是「無物不然，無物不可」；亦即萬有並存於天地之間，本無「是、非」可言，而是沒有對立、沒有對待、無待、和諧的整體。只不過人們都以自我為中心，強硬指稱喜愛的狀態為「是」，又指稱不喜愛的狀態為「非」，因此遂衍生數之不盡的「是、非」對立。

所以寓言繼續指出：儒墨兩家的學者落入「是、非」的對立之中，相互排斥；至於當代的人們，則是更加遠離和諧無待的整體性。故記載「君子之人」至「而況今之人乎」。

「聖人處物不傷物」至「物亦不能傷也」，指出聖人順隨而不傷害萬物，因此萬物也不傷害聖人。換言之，「行為與回應」是不可切割的一體之兩面，亦即作用力等於反作用力，種瓜得瓜，種豆得豆；也就是《老子．六十章》「兩不相傷」之意。由於兩不相傷，故可和諧地與所有存在相處，送往並且迎來，故記載「唯無所傷者，為能與人相將（送）迎。」

回看寓言之初記載「無有所將（送），無有所迎」，雖然字面看似不送往不迎來；然而寓言中卻兩次敘述：順應萬物的悟道者，無處不可遊，無人不可相互往來。由此則知，「無有所將，無有所迎」的意涵不在字面，不是絕不送往迎來，而是指出依循大道順應自然的本質，既不固定在「將（送）」，也不固定在「迎」，而是隨機因應，靈活流動，當將（送）則將（送），當迎則迎。

「山林與」至「世人直為物逆旅耳」，舉山林原野為例，指出大眾在生活中與物交接，必然產生或哀或樂的情緒，這些情緒來之時不可抵擋，去之時不可留住，因此感嘆人們宛若萬物短暫寄居的客舍。那麼，人們可否遠離物，以免受到物的影響？〈齊物論篇〉「非彼無我，非我無所取。」指出只要存活，便不可離開「物」。亦即我需要「物」的供養，而且我本就是「物」，所以「物與我」終身相依而不離，這是人們與生俱有的自然天性。

簡言之，與物交接，受物影響，是人類生命的本質，雖然不免因此產生情緒的波動，但是既然情緒來之時不可抵擋，那麼也就無庸排斥；去之時不可留住，那麼也就無庸執著。亦即恰當的因應對策就是順應自然，無所拘泥。

由此則知，莊子舉哀樂為例，指出人們對於情緒就做不到「無有所將（送），無有所迎」的不送往不迎來，而是必然「無不將（送）也，無不迎也」（〈大宗師篇〉）的送往迎來。

另外，人們對於生、老、病、死的變化也無從拒絕，亦即做不到不送往不迎來，而是必然送往迎來。

「夫知遇而不知所不遇」至「豈不亦悲哉」，指出人類只是天地中的萬種物類之一，所知所能甚少，也必定無法全知全能。例如對於情緒、生老病死的變化，人類就不能「無有所將，無有所迎」，而是必然「無不將也，無不迎也」。所以如欲避免「無不將也，無不迎也」，則是更加可悲。

綜言之，明瞭與物交接，受物影響，「無不將也，無不迎也」，是人類生命的自然性質，因此也就順應自然，無所執著，無所排斥；亦即與物混融、沒有對立、沒有對待、無待，那麼即可與萬物互動恰如其分，宛若「無有所將，無有所迎」的平和安適。

換言之，「無不將也，無不迎也」與「無有所將，無有所迎」，是互為對照的一體之兩面；亦即「無不將也，無不迎也」與「無有所將，無有所迎」一體不可分，所以順應自然，到達「無不將也，無不迎也」之後，「無有所將，無有所迎」的安適自在，遂相應而生，則無處不可遊，無物不可相互往來，也就沒有悲或不悲的感嘆。

然而，如果未能了解生命「無不將也，無不迎也」的自然性質，卻又竭力避免之，則是虛妄的徒勞，故記載「豈不亦悲哉」。

再看「至言去言」，試想：「至言」必然有所言說，但是「至言去言」指出至言並不固定於「言」，而是調整為「去言」。故知「至言去言」的意涵不在字面，並非絕不言說，而是以「言與無言」的整體待命，並非呆滯「無言」之一隅，所以可進一步描述為「至言去言非去言」。以此，則可彰顯「至言」兼具「言與無言」的整體性，當言則言，不當言則無言，無所執著。

同理可推，「至為去為」的意涵也不在字面，並非絕無行為，而是以「為與無為」的整體待命，所以可進一步描述為「至為去為非去為」。以此，則可彰顯「至為」兼具「為與無為」的整體性，當為則為，不當為則不為，不滯不泥。

大眾未能明瞭在天地之間，人類與萬物本就是無從切割的連續性整體，本就是無待、和諧並存，卻以一己之好惡為基準，強硬指稱是、非、好、壞，以強烈的執著與排斥面對萬物，誤以為可執著喜愛的狀態，又誤以為可排斥不喜愛的狀態；亦即誤以為可做到不送往不迎來，這就是「齊知」的平凡之知，故記載「齊知之所知，則淺矣。」

本則寓言揭示：依隨渾全不割裂的大道，與萬物和諧共處，順應自然，無所執著也無所排斥，到達「無不送往迎來」之後，互為對照的「不送往迎來」也就相應而生。簡言之，順應自然即可擁有「不送往迎來」的安適自在。

庚桑楚

如何達到無禍無福、無人災的安和人生？心志抑或兵器，對生命造成的殘害最為慘烈？不得已是懦弱無奈，抑或是不排斥人生的機緣、順應自然？

老聃之役有庚桑楚者，偏得老聃之道，以北居畏壘之山，其臣之畫然知者去之，其妾之挈然仁者遠之；擁腫之與居，鞅掌之為使。居三年，畏壘大穰。畏壘之民相與言曰：「庚桑子之始來，吾洒然異之。今吾日計之而不足，歲計之而有餘。庶幾其聖人乎！子胡不相與尸而祝之，社而稷之乎？」庚桑子聞之南面，而不釋然，弟子異之。庚桑子曰：「弟子何異於予？夫春氣發而百草生，正得秋而萬寶成。夫春與秋，豈無得而然哉？天道已行矣。吾聞至人，尸居環堵之室，而百姓猖狂不知所如往。今以畏壘之細民而竊竊焉欲俎豆予于賢人之間，我其杓之人邪？吾是以不釋於老聃之言。」弟子曰：「不然。夫尋常之溝，巨魚無所還其體，而鯢鰌為之制；步仞之丘陵，巨獸無所隱其軀，而孽狐為之祥。且夫尊賢授能，先善與利，自古堯、舜以然，而況畏壘之民乎！夫子亦聽矣！」庚桑子曰：「小子來！夫函車之獸，介而離山，則不免于罔罟之患；吞舟之魚，碭而失水，則蟻能苦之。故鳥獸不厭高，魚鼈不厭深。夫全其形生之人，藏其身也，不厭深

眇而已矣。且夫二子者，又何足以稱揚哉！是其於辯也，將妄鑿垣牆而殖蓬蒿也。簡髮而櫛，數米而炊，竊竊乎又何足以濟世哉！舉賢則民相軋，任知則民相盜。之數物者，不足以厚民。民之於利甚勤，子有殺父，臣有殺君，正晝為盜，日中穴阫。吾語汝，大亂之本，必生于堯、舜之間，其末存乎千世之後。千世之後，其必有人與人相食者也。」

「役」指學徒弟子。「庚桑楚」：姓庚桑，名楚。「偏得」：少得。「以北」的「以」：則。「畏壘」：山名，也可能是莊子假設之山。「臣、妾」指男性、女性的僕人。「畫然」指明察炫耀的樣子。「知者」指分別性的認知。「挈然」：舉。「擁腫、鞅掌」都指無知、純樸。「大穰」：大熟，豐收。「相與」：相互親近、跟隨。「庚桑子」：即庚桑楚。「洒然」：驚訝之貌。「餘」：多。「庶幾」：幾近。「胡」：何。「尸而祝之，社而稷之」指推舉庚桑楚為主，崇奉如神社中的穀神。「尸」：主。「祝」：祝禱。「社」：神社，例如土地廟。「稷」：穀神，指奉之為神。「南面」指南面為王。「釋然」：怡悅。「予」：我。「正」：當。「萬寶」：萬實，指秋實。「無得」指無故。「尸居」：靜處。「環堵之室」指方丈小室；一丈（十尺）為堵，環堵是四面皆為一丈，故為小室。「猖狂」指無心。「如往」：往。「細」：小。「竊竊焉」：細語。「俎豆」指祭祀崇奉；俎、豆都是祭祀時，盛肉的器皿。「杓之人」指眾人注意之標的。「杓」：的，標的。「邪」：疑問詞。「不釋於」：不安於。「尋常」：八尺為尋，十六尺為常。「還」：旋，轉。「鯢鰌為之制」的「鯢鰌」：

小魚，學者王叔岷先生認為制是錯字，正確應為利字。「步仞」：六尺為步，七尺或八尺是一仞。「蘡狐」：狐狸。「祥」：善。「以然」：已然。「夫子」：老師，指庚桑楚。「聽」：從。「函車之獸」：口能含車的巨獸，「函」：含。「介」：獨。「罔罟」：網。「碭」：蕩。「厭」：饜，飽足。「全其形生」的「全」指不割裂的整體性；「生」：性，指自然天性。「深眇」：深遠，指道。「二子」指堯、舜。「辯」：辨，分別。「垣牆」：牆，指道。「殖」：植。「蓬蒿」：茼蒿，草本植物，高約七、八公寸；在此指賢、能、善、利。「簡」：擇。「櫛」指梳髮。「竊竊乎」：察察乎，明察之貌；指執著細節，斤斤計較。「軋」：傾軋，指排擠。「數物」：數事。「穴」：挖。「阫」：牆。「末」指流弊。

老聃的弟子中，有一人名叫庚桑楚，他學了一些老聃的道術，則去北方住在畏壘山中，他的僕人中炫耀分別性的認知，就被辭退；他的侍女中標舉仁愛的，就被疏遠；只有無知純樸的人與他住在一起，為他所差使。住了三年，畏壘豐收。畏壘的民眾互相說：「庚桑子剛來時，我感到驚訝。現在我的收入以每天來計算，雖然不足，但是以年來計算，卻有很多。他大概是聖人吧！你為什麼不一起來推舉他為主，敬奉他如同神社中的穀神呢？」庚桑子聽說將被推舉南面為王，卻感到不怡悅，弟子覺得奇怪。庚桑子說：「你們為什麼覺得我很奇怪呢？春天生氣蓬勃發展而百草生長，到了秋季所有的果實都成熟了。春天與秋天難道是沒有任何緣由就如此的嗎？這就是自然天道運行的結果啊。我聽說至人，靜居方丈小室，而百姓無心地並不執著前往何處。現在畏壘的民眾竊竊細語想要把我列於賢人之間來敬奉，我難道是要做人們的標的嗎？我因此對老聃的教誨感到不安。」一弟子說：「不是這樣的。平常的溝渠中，大魚沒有轉身的空間，而小魚卻可游動自如；低矮的丘陵中，巨獸沒有藏身之處，而狐狸卻可居住。況且尊重賢者，推舉能人，崇敬善與利，自古堯、舜以來就是如此，何況是畏壘的民眾呢！老師就聽從他們吧！」庚桑子說：「年輕人，你們過來！口能含車的巨獸，獨自離山，就不免遭到捕獸網的禍患；口能吞船的大魚，漂流而失去海水，那麼連螞蟻都能欺負牠。因此鳥獸對高山沒有飽足之時，魚鼈對深淵沒有飽足之時。形貌與天性不離整體之人，自我內斂，對深遠大道沒有飽足之時罷了。像堯、舜二人，又有什麼好稱讚的呢！他們分辨賢、能、善、利，就像胡亂搗毀城牆，卻種植蓬蒿草來做屏障。挑著頭髮來梳理，數著米粒來煮飯，如此斤斤計較又怎麼能救世呢！標舉賢能則使民眾相互傾軋排擠，任用智巧之人則民眾互相爭盜。這些做法，都不足以使民眾淳厚。民眾追求利益非常急切，於是子會殺父，臣會殺君，白天搶劫，正午挖牆。我告訴你，大亂的根源，就是產生於堯、舜之時，流弊影響到千年之後。千年之後，一定會有人吃人的事情。」

庚桑楚向老子學道，因此明瞭大道是不割裂的渾全，具有不可切割、分別的整體性；至於「知」則是建立在分別的基礎上。亦即分別性的認知割裂道的整體性，因此「其臣之畫然（炫耀）知者去之」。

關於「仁（愛）、義（宜）」，回顧〈齊物論篇〉、〈大宗師篇〉均曾說明，大道通貫天地萬物，是不割裂的渾全整體，至於天地萬物依隨大道，也相同的具有不可切割之整體性。因此立足大道，明瞭人類是萬種物類之一，齊同平等於萬物，依循這項與生俱有的自然天性之「德」，愛護自己，同時尊重所有存在，也就是順隨萬物的天性之「德」，與萬物恰如其分的互動，仁（愛）、義（宜）就已涵融在整體的運作中，並不需要特別標舉。

但是如果未能明瞭上述的整體性，人們的行為也未能依循順應萬物自然本質的準則，反而創設「仁（愛）、義（宜）」之詞，欲引導人們的行為固定於仁義。殊不知這對人們的行為雖有引導的功效，但是額外標舉的「仁（愛）、義（宜）」只是截取大道整體中的局部隅落，如果過度執著則將偏離整體性的均衡運作，亦即行為固定在額外標舉的仁義，也就停滯在整體中的局部隅落，以致更加遮蔽大道的整體性。而且額外標舉的仁義，並未廣及於天地萬有，而是狹隘地僅限於人類之間，追求僅以人類為考量的狹隘「仁（愛）、義（宜）」，卻產生有愛便不免有偏私的流弊；又因為整體性被遮蔽，人們並非以整體的運作來判斷合宜與否，而是以自我為中心進行判斷，遂演變為符合一己的利益就視之為「義（宜）」，亦即產生將利益視為合宜的流弊。

綜言之，額外標舉的「仁（愛）、義（宜）」對人們的行為雖有引導的功能，但卻使大道的整體性更加被遮蔽，而且僅僅追求以人類為考量的狹隘「仁（愛）、義（宜）」，卻產生偏私的流弊，以及將利益視為合宜的流弊。由此即可了解，額外標舉的仁義雖然有「明」的一面，但也有「暗」的另一面。亦即額外標舉的「仁義」具有明暗並存、一體兩面的性質，不足以使人們的相處回返整體性的和諧，也不足以使人類與天地萬有的整體回返均衡狀態，人類仍然停滯在整體性遭受遮蔽的錯誤之中。

由於明瞭額外標舉的仁義，使大道的整體性遭受遮蔽，所以庚桑楚對於「其妾之挈然（舉）仁者遠之」。

「擁腫之與居，鞅掌之為使」，指出庚桑楚任用無知者，也就是不執著於進行分別性認知之人，不以人為干擾整體的自然運作，而是順隨整體，故大穰。然而常識稱讚「知、仁」，因此畏壘民眾無法理解庚桑楚不任用「知、仁」的舉動，故記載「庚桑子之始來，吾洒然異之。」

有鑑於春夏秋冬四季在天地中流轉，自成一完整的週期，無從切割也不能使它們各自分立；亦即四季是不可切割的整體，所以春生秋實的豐足成果，就是四季整體運作的完整全貌之呈現。然而如果只計算每日的收益，則是僅僅抓取整體中的局部片段，並不能呈現整體運作的完整全貌，所以是「日計之而不足，歲計之而有餘。」由此揭示：觀察與思考不可僅只停留在局部的隅落，而應同時併觀整體；畏壘民眾就是因此了解整體之運作後，意圖敬奉庚桑楚。

「春氣發而百草生」至「天道已行矣」，庚桑楚指出豐收是順應整體自然的運作，故不欲居功。

「至人尸（靜）居環堵之室」，如果僅觀文字表面似乎是靜處，但是至人具有與道相同的不執著之流動特質，豈可能始終固定在「靜」？〈在宥篇〉、〈天運篇〉均記載「尸居而龍見」，指出「靜」並不排斥「動」，亦即雖靜而動，立足「靜與動」混融、沒有對立、沒有對待、無待的整體，當靜則靜，當動則動。故知「至人尸居環堵之室」的意涵不在字面，不是排斥動，而是以「靜與動」的整體待命，無所執著。

「百姓猖狂（無心）不知所如往」，猖狂是無心，也就是依隨大道而不執著自己的意念；

至於「不知所如往」的意涵不在字面，不是蒙昧一無所知，而是依循大道順應自然的本質，因此並不執著前往何處。

「我其杓（標的）之人邪」，庚桑楚藉著疑問語肯定地指出：無意於自我炫耀。由此而彰顯他具有不同於大眾的內斂生命氣質。

「尋常之溝」至「夫子亦聽矣」，是弟子舉體型或大或小的動物為例，指庚桑楚是「大」，故受崇敬，建議接受民眾的推舉。

「函車之獸」至「蟻能苦之」，是庚桑楚舉體型巨大的動物為例，指出「大」並非高枕無憂，也有禍患。這就是本書多次說明，人間世事無不具有一體兩面的性質，例如：地球受陽光照射，必然是一半為「明」、另一半為「暗」，也就是明暗並存。換言之，「大」亦為明暗並存，悲喜同在。

「全其形生（性）之人，藏其身也，不厭（饜）深眇（遠）而已矣」，指出悟道者不割裂身軀與自然天性的整體性，亦即依隨大道渾全不割裂的本質，與道同在，並且不飽足於道的深遠。亦即這三句敘述的意涵不在字面，不是貪生怕死、遠離人群。讀者須通讀上下文之義理，不可僅只停留在文字表面。

「是其於辯也，將妄鑿垣牆而殖蓬蒿」，指出堯舜拋棄道的整體性，僅只截取整體中的賢、能、善、利，是一項錯誤。這是因為「賢、能、善、利」如同前述曾說明的仁義，本就涵融在大道整體的運作中，並不需要特別標舉。但是如果未能明瞭於此，反而特別標舉之，以致行為停滯在賢、能、善、利，也就是停滯在整體中的局部隅落，則將流失大道的整體性。

繼續舉例「簡髮而櫛，數米而炊」，指出刻意標舉局部的隅落，未能回返道的整體性，故不足以救世。

「舉賢則民相軋，任知（智）則民相盜」，指出上位者刻意標舉某些特定能力是賢能、才智，將使民眾追逐這些能力，爭奪「賢、知（智）」的名聲。亦即上位者「舉賢、任知」，民眾也就呈現「相軋、相盜」的狀態。換言之，上位者的行為與民眾的回應，具有一體不可分的性質；也就是種瓜得瓜，種豆得豆，「作用力與反作用力」相應而生。

前述曾說明「利」本就是大道整體運作的一部分，因此依循大道順應自然的本質，與萬物恰如其分的互動，「利」就已涵融在整體的運作中，並不需要特別標舉。但是如果未能明瞭於此，反而創設「利」之詞，引發民眾的強烈執著，遂出現「子有殺父」至「日中穴阫」的各種事件，破壞和諧無待的整體性，產生流弊無窮，故記載「大亂之本」至「其末存乎千世之後」。

綜上說明，「仁、義、賢、能、善、利」等標的，都是截取大道整體中的局部隅落，如果過度執著則將偏離整體性的均衡運作；一旦偏離，未能導正，縱使每日僅有如同髮絲般的細微偏離，但是長此以往，一年、十年、百年、千年之後，則偏離甚鉅，嚴重流失整體和諧均衡運作的本質，故記載「千世之後，其必有人與人相食者也。」

南榮趎蹵然正坐曰：「若趎之年者已長矣，將惡乎託業以及此言邪？」庚桑子曰：「全汝形，抱汝生，無使汝思慮營營。若此三年，則可以及此言

也。」南榮趎曰：「目之與形，吾不知其異也，而盲者不能自見；耳之與形，吾不知其異也，而聾者不能自聞；心之與形，吾不知其異也，而狂者不能自得。形之與形亦辟矣，而物或間之邪？欲相求而不能相得。今謂趎曰：『全汝形，抱汝生，勿使汝思慮營營。』趎勉聞道達耳矣！」庚桑子曰：「辭盡矣。曰奔蜂不能化藿蠋，越雞不能伏鵠卵，魯雞固能矣。雞之與雞，其德非不同也，有能與不能者，其才固有巨小也。今吾才小，不足以化子。子胡不南見老子？」南榮趎贏糧，七日七夜至老子之所。老子曰：「子自楚之所來乎？」南榮趎曰：「唯。」老子曰：「子何與人偕來之眾也？」南榮趎懼然顧其後。老子曰：「子不知吾所謂乎？」南榮趎俯而慙，仰而嘆曰：「今者吾忘吾答，因失吾問。」老子曰：「何謂也？」南榮趎曰：「不知乎？人謂我朱愚，知乎？反愁我軀。不仁則害人，仁則反愁我身；不義則傷彼，義則反愁我己。我安逃此而可？此三言者，趎之所患也，願因楚而問之。」老子曰：「向吾見若眉睫之間，吾因以得汝矣，今汝又言而信之。若規規然若喪父母，揭竿而求諸海也。汝亡人哉，惘惘乎！汝欲反汝情性而無由入，可憐哉！」

「南榮趎」：姓南榮，名趎，庚桑楚的弟子。「蹵然」：驚懼之貌。「惡乎」：何。「託業」：受學。「邪」：疑問詞。「全汝形，抱汝生」的「全、抱」都指不割裂的整體性；「抱」：

保；「生」：性，指自然天性。「營營」：惑。「之與」：之於。「辟」指近。「間」：隔。「勉」：勉強。「奔蜂」：小蜂。「化」：孵化。「藿蠋」：豆藿中的大青蟲。「越雞」：小雞。「伏」：孵化。「鵠」：天鵝。「魯雞」：大雞。「德」指自然天性。「胡」：何。「羸」：盈，擔。「偕」：共。「慙」：慚。「朱愚」：愚鈍。「義」：宜。「安」：何。「向」：曏，方才。「若眉睫、若規規」的「若」：你。「信」：實。「規規然」：細碎之貌。「揭竿而求諸海」：持竿以窮究於海，指以竿測海。「亡」：流亡。「惘惘」：迷惘之貌。「反」：返。「情性」指真實的本性，「情」：實。

南榮趎聽了這些話，驚異地端坐著說：「像我的年紀已經很大了，要如何學習才可到達老師所說的境界呢？」庚桑子說：「不割裂形軀與自然天性的整體性，不使思緒陷入疑惑。像這樣三年，就可以到達我所說的境界了。」南榮趎說：「眼睛在形體中，我不知彼此有什麼不同，可是瞎子卻不能看見；耳朵在形體中，我不知彼此有什麼不同，可是聾子卻不能聽到；心在形體中，我不知彼此有什麼不同，可是瘋子卻控制不住自己。此形體之於彼形體，相互親近，但或許因為有物間隔，使得彼此想要相互了解而不可得。現在對我說：『不割裂形體與自然天性的整體性，不使思緒陷入疑惑。』我勉強聽聞道理，卻只到達耳朵而已！」庚桑子說：「話說完了。小蜂不能孵化大青蟲，小雞不能孵化天鵝卵，大雞就可以了。雞與雞的自然天性並沒有不同，但有能與不能的差異，這是因為才能本來就有大有小。現在我的才能小，不足以教導你。你何不往南方去見老子？」南榮趎擔著糧食，走了七天七夜，到達老子的住所。老子說：「你從庚桑楚那裏來的嗎？」南榮趎說：「是的。」老子說：「你怎麼和這麼多人一起來呢？」南榮趎驚訝地回頭向後看。老子說：「你不了解我所說的意思嗎？」南榮趎慚愧地低下頭，再仰起頭而嘆息說：「現在我忘了如何回答，也一併忘了我的問題。」老子說：「怎麼說呢？」南榮趎說：「如果不進行分別性的認知呢？人說我愚蠢；如果進行分別性的認知呢？反而使我自己愁苦。不仁愛則傷害他人，仁愛卻反而使我自己愁苦。行為不義則傷害他人，行義卻反而使我自己愁苦。我如何才可避免這些呢？這三項就是我所憂慮的。希望藉著庚桑楚的關係來請問您。」老子說：「方才我看你眉目之間的神色，我便看出你的意念，現在又從你的話得到證實。你細碎的樣子像是失去了父母，又像拿著竹竿去探究大海。你是迷失之人啊，惘然啊！你想要回返你真實的本性卻找不到途徑，可憐啊！」

「全汝形，抱汝生（性）」的意涵，同於先前庚桑楚曾說過的「全其形生（性）」，也就是不割裂身軀與自然天性的整體性，亦即依隨大道，與道同在；如此即為〈知北遊篇〉「無思無慮始知道」，思緒不固定在任何隅落，而是與道同步，不離於道，因此無所疑惑，故記載「無使汝思慮營營（惑）」。

「目之與形」至「趎勉聞道達耳矣」，是南榮趎指出人們的形軀都有目、耳、心，但是盲、聾、狂人的感官運作受阻，故不能自見、自聞、自得；至於他與庚桑楚的形軀相互親近，而且親身聽聞庚桑楚的指導，但卻只到達耳聽，未能通貫而悟道，似乎也是感官思考的運作受阻。

由於南榮趎未能悟道，所以庚桑楚建議他求教老子。老子一見南榮趎便覺察他的意念太過紛雜，不是虛靜純一的「虛者，心齋」（〈人間世篇〉），故言「子何與人偕來之眾也」，南榮趎果然提問「知、仁、義」，證實老子的觀察無誤。

回看寓言之初記載：庚桑楚「其臣之畫然知者去之，其妾之挈然仁者遠之」，揭示庚桑楚明瞭大道具有不可切割的整體性，也明瞭仁（愛）、義（宜）本就涵融在大道整體的運作中，並不需要特別標舉；因此不以分別性的認知割裂大道渾全的本質，也並不僅只截取整體中的仁義。

由此則知，南榮趎提問中敘述的「不知、不仁、不義」，就是效法庚桑楚，因為了解「知、仁、義」具有明暗並存、一體兩面的性質（關於「知」一體兩面的性質，請參見〈養生主篇〉的說明；至於「仁、義」一體兩面的性質，本篇前述業已說明），所以不執著於使用知、仁、義，而是依循大道順應自然，當為則為，不當為則不為。換言之，「不知、不仁、不義」的意涵不在字面，不是愚蠢，也不是傷天害理的胡作非為，而是指向依隨大道。

然而常識稱讚「知、仁、義」，譏諷不執著於進行分別性認知的「不知」是愚蠢。另外，常識期待南榮趎有仁（愛）、義（宜）的行為，例如：對某人特別偏愛、特別表現符合大眾利益的「義」（宜）之舉；但是依隨大道，順應自然，當為則為，不當為則不為，也就不必然有符合常識期待的行止，因此不免使大眾的期待落空，故記載「害人、傷彼」。換言之，「害人、傷彼」的意涵不在字面，不是傷天害理的損害他人，而是不符合常識的期待。

反之，南榮趎如果配合常識，不斷進行分別性的認知，表現常識稱讚的仁義之舉，則使大道的整體性遭受割裂與遮蔽，以至於感到不安，故記載「反愁我軀、我身、我己」。

簡言之，南榮趎雖然在庚桑楚的引領下，依隨大道，但卻仍然不免受到常識的拉扯，未能堅定地實踐大道。在此參看《老子．四十一章》「上士聞道，勤而行之；中士聞道，若存若亡；下士聞道，大笑之，不笑不足以為道。」揭示高度自覺的上士，即時明瞭大道的義理對生命極有助益，遂實踐不輟；中度自覺的中士，認為大道的意涵似乎有理，又似乎不合理，因此在半信半疑之間；低度自覺的下士，認為大道違背其生活所倚賴的常識，遂大大的嘲笑。

由此則知，南榮趎即為中度自覺的中士，因為搖擺不定，未能與道同步，因此落入兩難的困境，所以有患。如欲解除此患，則應該在生活中的每一件事物上，磨鍊自覺能力，逐漸自我提昇為高度自覺的上士，以回返大道的整體性，也就是老子所說「反汝情（實）性」、庚桑楚所說「全汝形，抱汝生（性）」。

南榮趎請入就舍，召其所好，去其所惡，十日自愁，復見老子。老子曰：「汝自洒濯，孰哉鬱鬱乎！然而其中津津乎猶有惡也。夫外韄者不可繁而捉，將內揵；內韄者不可繆而捉，將外揵；外、內韄者，道德不能持，而況放道而行者乎！」南榮趎曰：「里人有病，里人問之，病者能言其病，病者猶未病也。若趎之聞大道，譬猶飲藥以加病也，趎願聞衛生之經而已矣。」老子曰：「衛生之經，能抱一乎？能勿失乎？能無卜筮而知吉凶乎？能止乎？能已乎？能舍諸人而求諸己乎？能翛然乎？能侗然乎？能兒子

乎？兒子終日嗥而嗌不嗄，和之至也；終日握而手不捝，共其德也；終日視而目不瞚，偏不在外也。行不知所之，居不知所為，與物委蛇而同其波。是衛生之經已。」南榮趎曰：「然則是至人之德已乎？」曰：「非也，是乃所謂冰解凍釋者，能乎？夫至人者，相與交食乎地而交樂乎天，不以人物利害相攖，不相與為怪，不相與為謀，不相與為事，翛然而往，侗然而來。是謂衛生之經已。」曰：「然則是至乎？」曰：「未也。吾固告汝曰：『能兒子乎？』兒子動不知所為，行不知所之，身若槁木之枝而心若死灰。若是者，禍亦不至，福亦不來。禍福無有，惡有人災也！」

「召」：招，求。「去其所惡、猶有惡」的「惡」：都指常識。「息愁」：此為宋・陳碧虛《莊子闕誤》引張君房本、文如海本，至於其它通行本則為「自愁」。「汝自」的「自」：雖。「熟哉鬱鬱乎」指煮熟之物蒸氣騰騰。「津津乎」指動盪，「津」：汁液。「外韄」：與外界接觸的耳目感官被繫縛；「韄」：獲，指縛。「繁」：忙，指急切。「將內揵、將外揵」的「將」：當，「揵」：閉。「內韄」：內在心志被繫縛。「繆」：細。「放」：仿效。「病者猶未病也」：此句為日本高山寺藏古鈔卷子本，至於其它通行本則為「然其病病者猶未病也」。「衛生之經」的「生」：性，指自然天性；「經」指準則。「一」指整體性。「卜筮」：占卜。「能已乎」的「已」：止。「翛然」指不受繫縛。「侗然」：無知，指不進行分別性的認知。「兒子」指嬰兒。「嗥」：號，哭。「嗌」：喉。「嗄」：啞。「捝」：痙攣。「共其德」：一其性，指不離自然天性。「共」：一。「德」指自然天性。「瞋」：動。「偏不在外」：不偏滯在外。「委蛇、同其波」：都指順隨。「相與」：相互親近、跟隨。「交」：共。「攖」：亂。「怪」指特異。「惡有」：何有。

南榮趎請求留在館舍受業，求取所好，摒除所惡，十天之後平息了愁苦，再去見老子。老子說：「你雖然洗濯，但仍像是煮熟之物蒸氣騰騰，胸中仍然動盪，受到常識的拉扯。與外界接觸的耳目感官如果被繫縛，不可僅只急切地抓住耳目以求安靜，也應當內閉心志；內在心志如果被繫縛，不可僅只細細抓住心志以求安靜，也應當外閉耳目；耳目感官、內在心志如果都被繫縛，不能秉持道與德，更何況是仿效道而行呢！」南榮趎說：「鄉里中有人生病了，里中的旁人去問候他，生病的人能說出自己的病狀，那麼生病的人還不算是重病。像我這樣聽說了大道，卻如同吃藥反而加重病情。我只希望聽聽護衛自然天性的準則。」老子說：「護衛自然天性的準則，能懷抱整體嗎？能不失去整體性嗎？能不靠占卜就知曉吉凶嗎？能安分嗎？能不追逐嗎？能不仿效他人而回返自己嗎？能無所束縛嗎？能不進行分別性的認知嗎？能如同嬰兒嗎？嬰兒整天號哭而喉嚨不沙啞，這是因為生命和諧之至；整天握拳而手不痙攣，這是因為不離天性之德；整天睜眼而目不轉動，這是因為生命不偏滯在外。走路時不知執著要去哪裡，安居時不知執著特定的行為，隨順於物而與物同步。這就是護衛自然天性的準則了。」南榮趎說：「那麼，這就是至人的天性之德了嗎？」老子說：「不是的，這只能使冰凍融化，能稱為至人嗎？至人與民眾共食於大地，同樂於自然，不因人物利害而擾亂生命，不執著參與表現自我特異的行動，不執著參與謀劃，不執著參與事務，無所束縛而去，不進行分別性的認知而來。這是護衛自然天性的準則了。」南榮趎說：「那麼，這就是最高境界嗎？」老子說：「還不是。我原本就告訴你說：『能如同嬰兒嗎？』嬰兒行動時不知執著特定行為，走路時不知執著要去哪裡，身體像槁木枯枝，而心識如同死灰。像這樣，禍也不會到，福也不會來。無禍無福，哪裡會有人的災害呢！」

南榮趎在老子的館舍，修養十天，雖然自以為消除「知、仁、義」三愁，但是老子卻指出他仍然受到常識的拉扯。

「夫外韄者不可繁而捉」至「而況放道而行者乎」，指出人們的耳目感官與萬事萬物交接，如果被外物束縛，那麼內在心志也必然因此而浮動，所以改善的對策不僅應使耳目安靜，也應同時安定內在心志，不向外追逐。這是因為「內與外」是無從切割的整體，所以必須內外兼治，進行整體性的改變，不可僅只針對局部的隅落進行調整。同理，如果內在心志遭到束縛，則不僅應安定心志，也應使耳目安靜，不向外追逐。否則內在心志與耳目感官皆遭束縛，失落大道不執著的流動特質，又失落天性之德，也就更難以依隨大道無所執著的自我調整。

南榮趎自述聽聞老子闡明大道，竟然如病人服藥卻使病情加重，亦即仍然未能悟道，所以似乎退而求其次，請問「衛生（性）之經」。然而，道「無所不在」（〈知北遊篇〉），那麼「衛生之經」豈可能在道之外呢？有鑑於後文老子的回答，皆指向大道，由此便可了解：依循大道就是護衛自然天性的準則。簡言之，大道就是「衛生之經」。

老子在回答中，使用許多疑問語來傳達肯定的意涵。「能抱一乎」，直指不離整體；「能勿失乎」，指出秉持整體性。

人們通常都以自我為中心，強硬指稱對自己有益的狀態為「吉、利、福」，反之則為「凶、害、禍」；然而將眼光擴展至人們存活的天地之間，則知人們所感知的萬事萬物、森羅萬象，無一不符合天地運作的法則（例如：地球自轉），亦即「無物不然，無物不可」（〈齊物論篇〉）。換言之，天地之間本無「吉、凶、利、害、禍、福」可說，而是無吉無凶，無利無害，無禍無福。那麼，悟道者恰如其分地與萬物互動，無庸占卜也知無吉無凶，故記載「能無卜筮而知吉凶乎」。換言之，「能無卜筮而知吉凶乎」的意涵不在字面，不是果真有吉凶，而是無吉凶。

人們通常都是不斷地向外追逐，也就是執著於使用加法，鮮少有所節制地使用減法。「能止乎？能已乎？」就是指出可否不同於大眾，不執著使用加法，而是有所節制地適時使用減法。

人們經常認為自己不如他人，故羨慕他者。例如〈秋水篇〉「夔憐（慕）蚿，蚿憐蛇，蛇憐風，風憐目，目憐心」，該篇曾說明萬物都是以自然天性存在於天地之間，由於自然天性並無優劣可說，所以萬物都是齊同平等，因此無庸妄自菲薄地羨慕他者。故可了解「能舍諸人而求諸己乎」就是指出回返自己的天性。

依隨大道，與萬物沒有對立、沒有對待、無待、和諧共處，則無束縛之可說；由於不割裂整體，不執著分別性的認知，故記載「能翛然乎？能侗然乎？」

嬰兒雖然號哭，但也時常笑，哭與笑並存於嬰兒的生命中，這就是嬰兒生命的和諧與常態，一如人生的常態就是悲喜並存。故知嬰兒雖哭，但屬自然狀態，並未失去生命的和諧；至於號哭時，雙拳緊握，然而手並不痙攣，則是因為號哭就是嬰兒天性之「德」的呈現，故記載「能兒子乎」至「共其德也」。

另外，由於人們通常都是不斷地向外追逐，注意力偏滯在外而疏離了生命的內在；但是嬰兒不同於人們，並不僅僅停滯於外，故記載「終日視而目不瞚（動），偏不在外也」。由此則知「目不瞚（動）」的意涵不在字面，不是眼睛全然不動，而是藉此為例，指出嬰兒的生命有動有靜，向內也向外，不偏頗，不僵化。

「行不知所之，居不知所為，與物委蛇而同其波」的意涵不在字面，不是愚昧無知，而是依循大道順應自然的本質，因此並不執著前往何處，也不執著特定行為；以此，遂與萬物同步，沒有對立、沒有對待、無待。

南榮趎聽聞以上說明，再請問老子這是否即為至人的天性之德。老子指出以上敘述並非至人之德，只是使冰凍一般的執著開始消融而已。

「至人者，相與交食乎地而交樂乎天」，指出至人未曾遠離大眾。

關於「利害」，前述業已說明天地之間本無「利、害」可說，而是無利無害。悟道的至人，恰如其分地與萬物互動，所以不落入「利、害」之任一隅落，故記載「不以人物利害相攖」。

人們通常都是竭力表現自我不同於眾的特異性，也就是「相與為怪」；至於行事並不以順應自然為前提，而是以一己的意念進行謀劃，也就是「相與為謀」；又認為不擔任事務就是無用，遂排斥之，而且急於任事以凸顯有用，也就是「相與為事」。然而至人立足大道，順隨自然，不同於大眾，不執著「怪、謀、事」，故記載「不相與為怪，不相與為謀，不相與為事」。換言之，這三句敘述的意涵不在字面，不是刻意排斥怪（特異）、謀、事，而是無所執著也無所排斥。

悟道者來去（生死）皆依隨大道，順應自然，不同於大眾，不執著來（生），也不排斥去（死），故記載「翛然而往，侗然而來」。

南榮趎聽聞以上闡述，再請問老子這是否為至極境界。老子仍回答不是，並且指出至極境界如嬰兒「動不知所為，行不知所之」，依隨大道順應自然為前提。

「身若槁木之枝而心若死灰」的意涵，同於〈齊物論篇〉「形如槁木，心如死灰」，止息形體與心識對於天地萬物進行切割、分別性認知的運作，回返天地萬物沒有對立、沒有對待、無待、混融、不可切割的整體性。也就是立足渾全不割裂的大道，「形體與心識」都依隨大道的混融、無待、整體性之運作。亦即〈齊物論篇〉「吾喪我」無我。

不過，「無我」不是我消失了，而是說不出什麼是「我」，也說不出什麼是「物」，亦即立足「物與我」混融、沒有對立、沒有對待、無待的整體。換言之，至極境界就是「物與我」為一；由於物我混融，故與天地萬物同在，也就是與不割裂的大道同遊同在。

關於「禍福」，前述業已說明天地之間本無「禍、福」可說，而是無禍無福。悟道的至人，恰如其分地與萬物互動，所以不落入「禍、福」之任一隅落，故記載「禍亦不至」至「惡有人災也」。

本則寓言揭示：依隨大道順應自然的本質，無我而與萬物混融為一，則無禍無福、無人災。這是生命的至高境界，同時也是護衛自然天性的準則。

宇泰定者，發乎天光。發乎天光者，人見其人，物見其物。人有脩者，乃今有恆；有恆者，人舍之，天助之。人之所舍，謂之天民；天之所助，謂之天子。學者，學其所不能學也；行者，行其所不能行也；辯者，辯其所不能辯也。知止乎其所不能知，至矣。若有不即是者，天鈞敗之。備物以將形，藏不虞以生心，敬中以達彼，若是而萬惡至者，皆天也，而非人也，不足以滑成，不可內於靈臺。靈臺者有持，而不知其所持，而不可持者也。不見其誠己而發，每發而不當，業入而不舍，每更為失。為不善乎顯明之中者，人得而誅之；為不善乎幽間之中者，鬼得而誅之。明乎人，明乎鬼者，然後能獨行。券內者，行乎無名；券外者，志乎期費。行乎無名者，唯庸有光；志乎期費者，唯賈人也，人見其跂，猶之魁然。與物窮者，物入焉；與物且者，其身之不能容，焉能容人！不能容人者無親，無親者盡人。兵莫憯於志，鏌鋣為下；寇莫大於陰陽，無所逃於天地之間。非陰陽賊之，心則使之也。

「宇」指心。「泰定」：大定。「人見、物見」的「見」：現。「物見其物」：宋・陳碧虛《莊子闕誤》引張君房本有此句，至於其它通行本則無此句。「乃今」：至今。「人舍之」指眾人依歸。「辯」：說。「天鈞」：自然的均平，指整體的均衡。「將形」：養形。「藏」：內斂。「不虞」指思慮無所執著，「虞」：思慮。「生心」：養心。「敬中以達彼」的「敬」：端正，「中」：內，「彼」：外。「萬惡」指災害。「滑」：亂，「成」：和。「內」：入。「靈臺」指心。「不知其所持」的「不知」：不進行分別性的認知。「不見其誠己」：自身不真誠。「不當」：不合宜。「業」：既已。「入」：不發。「每更」的「每」：必。「顯明」指公開。「幽間」指暗中。「券」：契合。「無名」指不執著名聲。「期費」：求財。「唯庸」：其用。「庸」：用，指運用。「唯賈人」：只是商人。「跂」：危。「魁」：安。「窮」：空，指包容。「且」：阻。「盡」：空，無。「兵」：兵器。「憯」有二意：（一）利，（二）毒。「鏌鋣」：古代寶劍之名。「寇」指傷害。「陰陽」指情緒之喜懼。「賊」：害。

內心安定的人，會發出自然的光輝。發出自然光輝的人，可使人呈現人的本質，物呈現物的本質。修道至今，持續有恆；修道有恆之人，大眾會依歸於他，自然將協助他。大眾所依歸的，稱為天民；自然所協助的，稱為天子。學者是學他學不會的，行者是做他做不到的，辯者是說他說不清楚的。知，停在不知，就是知的極至了。如果不如此，整體的自然均衡就會敗壞。準備物質以養形，內斂而思慮無所執著以養心，端正內在以通達於外，如果做到這些，仍然遭遇災難，那就是自然，而不是人為所致，因此不足以擾亂生命的和諧，也不可侵入靈臺內心。靈臺內心有所持守，而對它所持守的不進行分別性的認知，它所持守的是不可持守。自身不真誠而發為言行，所發出的言行也不會合宜；既然不發為言行而又不舍棄不真誠，必定更為失落自然天性的真誠。公開為惡，大眾會制裁他；暗中為惡，鬼會懲罰他。對人光明磊落、對鬼也光明磊落，然後才可獨行無懼。契合內心之人，行動不執著名聲；配合外在之人，志向在於求財。行動不執著名聲之人，他的運作有光輝；志向在於求財之人，只是商人而已，人們看他情況危險，他還自以為平安。能包容萬物之人，萬物都來依歸；與萬物阻隔之人，對自己都不能包容，怎可能包容旁人！不能包容旁人則無法與人親近，無法與人親近則自絕於人。兵器沒有比心念更銳利或慘痛的了，鏌鋣寶劍還在其次；損傷沒有比喜懼的情緒更大的了，在天地之間無處遁逃。傷害人的不是喜懼的情緒，而是心念造成的。

「宇泰定者」至「物見其物」，指出心神凝靜，宛如明鏡，可以鑑人照物，使萬有呈現其本來面目。也就是〈天道篇〉「聖人之心靜乎，天地之鑑也，萬物之鏡也。」

在此先看「知止乎其所不能知，至矣」，其意涵同於〈齊物論篇〉「知止其所不知，至矣」。有鑑於人們在天地之間，雖有所「知」但也有所「不能知」，不可能消滅「不能知」，例如：不能知下一秒鐘將發生何事。換言之，以人們的生活為觀察基準，即可明瞭「知與不能知」並不是常識認為的互斥對立，而是同存共在，具有不可切割的整體性；明瞭於此，就是「知」的理想狀態。亦即常識認為消滅不能知，才是完美的「知之至」；但是莊子指出謙卑地了解「知與不能知」共存共在，就是完美的「知之至」。

同理可推，在天地之間，人們雖可有所「學、行、辯（說）」，但必定有所「不能學、行、辯（說）」，例如：不能學飛翔、不能永久停留在水中、不能使用在本質上就有侷限性與遮蔽性的語言文字說明大道。換言之，互為對照的「學與不能學」、「行與不能行」、「辯

（說）與不能辯（說）」同存並在人們的生活中，具有不可切割的整體性。

如果明瞭上述的整體性，不排斥「不能學、行、辯」，而是以整體待命，應當「學、行、辯」則為之；「不能學、行、辯」則不為之，因應情勢，不執著地適時調整，則可如同「知止乎其所不能知，至矣」，呈現「學、行、辯（說）」的理想狀態。換言之，「學者，學其所不能學也」至「辯其所不能辯也」，均可仿效「知止乎其所不能知，至矣」，進一步描述為「學止乎其所不能學，至矣；行止乎其所不能行，至矣；辯止乎其所不能辯，至矣」，以此而彰顯「學與不能學」、「行與不能行」、「辯（說）與不能辯（說）」的整體性。

但是，如果背離上述的整體性，誤以為無止盡地「學、行、辯、知」就可拋棄「不能學、行、辯、知」，卻未明瞭拋棄整體的一方，也就是拋棄整體，因此整體的自然均衡與恰如其分的運作，都將一併失去，故記載「若有不即是者，天鈞敗之。」

讀者在此或許將提出疑問：如果「學止乎其所不能學，行止乎其所不能行，辯止乎其所不能辯，知止乎其所不能知」，不竭力超越「不能學、行、辯、知」，人類社會豈非無從進步？

針對以上疑問，或許首先必須思考：何謂「進步」？試想，當代超越以往人類的「不能學、行、辯、知」所製造的創新發明，是否即為進步？在此可藉飛機為例，飛機的發明誠然是超越以往人們的「不能學、行、辯、知」，也為人們的生活帶來方便，但是進步顯然不應僅指生活的便利性，也應包括人們和樂相處，社會安祥，世界和平。以此，飛機於戰時，被用做轟炸機，轟炸敵國的後方，造成後方民眾大量死傷，使得戰爭傷亡人數遠遠超出飛機發明之前。試問：這是否為進步呢？由此則可了解，竭力超越「不能學、行、辯、知」的創新發明，具有一體兩面的性質，也就是「明暗並存」。故知「學者，學其所不能學也」至「知止乎其所不能知」的意涵不在字面，不是反諷，也不是消極，而是指出順應自然、當為則為、不當為則不為，將「整體」的智慧，運用在學、行、辯、知等等不同面向，則處處皆符合自然，就是前文記載的「天民、天子」。

「不虞（不思慮）」的意涵同於〈知北遊篇〉「無思無慮始知道」，指思緒不固定在任何隅落，而是無所執著地依隨大道。換言之，「不虞（不思慮）」的意涵不在字面，不是拋棄一切思慮，而是指向無所執著。

「備物以將（養）形」至「敬中（內）以達彼（外）」，指出如果恰當地照顧血肉之軀，思緒也依隨大道無所執著，而且兼顧「內與外」的整體性，但仍遭遇災難，則了解並非人為之不當而是自然的機緣，所以沉穩地因應處理，不失心平氣和，故記載「若是而萬惡至者」至「不可內於靈臺」。

悟道者的靈臺之心不離大道，也就是持守大道，與大道是「一」不是二，因此無從分別什麼是靈臺，也無從分別什麼是大道。換言之，無從針對靈臺或大道，各自進行分別性的認知，故記載「靈臺者有持，而不知其所持」。

關於「不可持者也」，可由三個面向來了解：（一）前句記載「靈臺者有持」，也就是「可持」，但卻隨後翻轉為「不可持」；亦即由「可持」流動為「不可持」，立足「可持與不可持」混融、沒有對立、沒有對待、無待的整體，以此而彰顯靈臺具有與大道相同的變動不居之特質，以及渾全不割裂的整體性。（二）「不可持」即為「無持」，然而併觀前句「靈臺者有持」，則知這是由「有」流動為「無」，立足「有持與無持」不可切割的混融整體，仍然彰顯靈臺與大道相同，具有變動不居的特質以及整體性。（三）本書多次說明大道具有不執著的流動特質，不呆滯任一隅落，任何人皆無從抓執大道，唯有與道同步，順隨道之遷流，方可不離於道；故知悟道者的靈臺之心雖然不離大道，但是並非抓執大道，而是依隨大道，故記載「不可持者也」。

「不見其誠己而發」至「然後能獨行」，揭示秉持天性中的真誠，依隨大道，順應自然，與萬物和諧互動，行止恰到好處，當為則為，不當為則不為，既不損傷萬物，也不被萬物所損傷；亦即不僅「物莫之傷」（〈逍遙遊篇〉），而且是「兩不相傷」（《老子．六十章》）。

「行乎無名」的意涵不在字面，不是拋棄一切名聲，而是依隨大道不執著的特質，對於名聲無所執著也無所排斥，心念持平而安定，一如前文記載「宇泰定者，發乎天光」，所以「唯庸（其用）有光」。

「與物窮（包容）者，物入焉」，指出悟道者依隨大道順應萬物的自然本質，因此與萬物沒有對立、沒有對待、無待，也就是無所排斥。

「兵莫憯於志」至「心則使之也」，指出心志對生命造成的殘害，超過一切。然而之所以造成損傷，則是由於心志過度偏執，例如「學其所不能學、行其所不能行、辯其所不能辯、不見其誠己而發、志乎期費（求財）、與物且（阻）」，呆滯在學、行、辯、不真誠（不秉持自然天性）、求財、不包容、排斥等等的固定隅落，背離大道無所執著的本質，遂產生種種殘害。

本段敘述指出：悟道者依循大道順應自然的本質，無所執著也無所排斥，因此靈臺之心遂有自然天光；然而如果未能依隨大道，心志過度偏執僵化，背離大道不執著的流動特質，則遭受損傷。

道通，其分也，其成也毀也。所惡乎分者，其分也以備。所以惡乎備者，其有以備。故出而不反，見其鬼；出而得，是謂得死。滅而有實，鬼之一也。以有形者象無形者而定矣。出無本，入無竅，有實而無乎處，有長而無乎本剽，有所出而無竅者有實。有實而無乎處者，宇也；有長而無本剽者，宙也。有乎生，有乎死，有乎出，有乎入，入出而無見其形，是謂天門。天門者，無有也，萬物出乎無有。有不能以有為有，必出乎無有，而無有一無有。聖人藏乎是。古之人，其知有所至矣。惡乎至？有以為未始有物者，至矣，盡矣，弗可以加矣。其次以為有物矣，將以生為喪也，以死為反也，是以分已。其次曰始無有，既而有生，生俄而死；以無有為首，以生為體，以死為尻。孰知有無死生之一守者，吾與之為友。是三者雖異，公族也。昭、景也，著戴也；甲氏也，著封也，非一也？

「惡乎分、惡乎備」的「惡乎」：厭惡，「備」指整體。「以備」的「以」：已，「備」：存在。「反」：返。「滅而有實」指背離大道，徒有形骸之實。「鬼之一」：與鬼為一類。

「象」：似，指依循。「定」有二意：（一）指固定不變地依循道，（二）指安定。「無本、無竅」：都指無。「無乎處」：不固定任何處所。「宇」：上下四方。「剽」：末。「宙」：古往今來。「天門」指道。「無有一無有」的「一」：常，指不變。「惡乎至」的「惡乎」：何。「俄而」指短時間。「尻」：背脊骨盡之處，即尾椎。「一守」：一道，指整體。「公族」指同一宗源。「昭、景、甲氏」：都是楚國貴族的姓氏。「著戴」：以姓氏著稱。「著封」：以封地著稱。「非一也」的「也」：邪，疑問詞。

所有存在與狀態都相通，就是道。事物有所分，則有所成；有所成，必有所毀。之所以厭惡額外增添的區分，是因為區分業已存在。之所以厭惡額外增添的完備（整體），是因為完備（整體）業已存在。一再地額外增添，向外追逐而不能回返於道，則離死期不遠；向外追逐而以為有所得，稱為得死。背離大道，徒有形骸之實，則與鬼為同一類。有形的萬物依隨無形的大道，固定不變地依循大道，或因此而獲得安定。出於無，入於無，真實存有而不固定在任何處所，綿長存有而沒有本末始終可說，出於無而入於無的是真實存有。真實存有而不固定在任何處所，是由宇（空間）來看；綿長存有而沒有本末始終，是由宙（時間）來看。萬物有生，有死，有出，有入，但卻看不見順應萬物出生以及死亡的大道，稱為天門。天門，就是無與有混融，萬物都出自無與有混融的天門。有不能靠有來生出有，必定出自無與有混融，而無與有混融的性質總是如此，並不改變。聖人懷藏無與有混融的整體性。古代的人，認知達到極至。什麼極至呢？有些人認為未曾有物，這就是極至，達到盡頭，不可以再增加任何敘述了。其次，有些人認為有物的存在，認為生是喪亡，認為死是回歸，這就有區分了。其次，認為最初是無與有混融，然後有生，生隨即死亡；將無與有混融當做頭，將生當做軀幹，將死當做尾椎。誰能明瞭死生、存亡一體不可分，我要與他結交為友。這三者雖然看似有差異，但是同源於道。就如同楚國的貴族昭氏、景氏，以姓氏著稱；甲氏以封地著稱，雖然姓氏不同，卻是同族，他們不是一嗎？

萬物由「無」而「有」（生），又復返為「無」（死）的變化，就是道。換言之，「生（有）與死（無）」相通為一體，即為道的呈顯，故記載「道通」。

「其分也，其成也毀也」，可藉下例來說明：胎兒自母體分離而出，成為獨立的個體，逐漸長大再變化為衰頹、死亡，身軀銷毀不再存在。亦即由整體而分離，雖有所「成」但又變化為「毀」，就是道通為一。

大道以變動不居的特質，順應萬物的變化，例如：胎兒與母體本是不可切割的整體，而後胎兒自母體分離而出，這是自然的整體與區分；亦即依循大道順應萬物的本質，那麼整體與區分將自然呈現，並不需要刻意追求。但是如果未能依循大道順應自然的前提，反而偏執地追求區分或整體，那麼無論執著「分」或「備（整體）」都背離大道不執著的流動特質，呆滯僵化，必將招來禍害。故記載「所惡乎分者」至「鬼之一也」。

另外，由此亦可一併明瞭：大道的整體性並不排斥區分，亦即「整體與區分」同存並在；大道順應萬物的性質，呈現或「備（整體）」或「分」的物象，不斷流動變化，無所執著也無所排斥。

「出無本，入無竅」揭示：出於無，入於無。接著先說明「有所出而無竅者有實」，這句敘述揭示：出於無而入於無的存在是真實存有，也就是由「無」變化為「有」，再變化為「無」的真實存有。這就是本書多次說明，變動不居的大道順應萬物由「無」變化為「有」（生），再變化為「無」（死）。然而，不僅大道不呆滯在「無」或「有」之任一隅落，萬物也都不固定在「無」（死）或「有」（生）。換言之，大道與萬物都是真實存在，也都不固定於任何狀態，而是遷流無已，故記載「有實而無乎處」。

大道順應萬物由「無」變化為「有」（生），再變化為「無」（死），循環往復，綿長存有，因此既不能說「無」（死）是本，也不能說是末；同理，也不能說「有」（生）是本或末。故記載「有長而無乎本剽（末）」。

以「宇」上下四方的空間做為觀察基準，大道與萬物都是流動而不固定；以「宙」古往今來的時間做為觀察基準，大道與萬物都是往復循環，綿長存有，故記載「有實而無乎處者，宇也」至「宙也」。

綜言之，由「出無本」至「宙也」，揭示無形的大道具有不執著的流動特質與不割裂的整體性，有形的萬物依隨大道，也具有相同的性質；雖然物象呈現「生（有）死（無）」的變化，然而萬物都是固定不變地依隨大道，也都因此而獲得安定，所以前文記載「以有形者象無形者而定矣」。

萬物呈現出生以及進入死亡的物象，然而順應萬物或生或死、不斷變化的大道，無形不可見，故記載「有乎生」至「入出而無見其形」。此外，也可由另一面向來了解：由於大道具有不執著的流動特質，並不固定在「生」或「死」之任一隅落，而是變動不居，所以人類的視覺無從對道進行認知，故可記載「入出而無見其形」。

萬物由「無」變化為「有」（生），再變化為「無」（死），即為道的呈顯。因此，宛若萬物由大道之門走出而「生」，爾後又進入大道之門而「死」，故稱為「天門」。

關於「天門者，無有也」，如果僅觀「無有」的文字表面，不免以為是指虛無；然而本書多次說明，常識認為「有、無」互斥對立，是觀察未盡透澈的錯誤偏見。實則，互為對照的「有與無」同存並在，是不可切割的整體。故知「天門者，無有也」的意涵不在字面，不是虛無頑空，而是指出天門是「無與有」混融的整體。亦即「無與有」混融為一，即為天門大道的呈現。萬物源於大道，也就是源於「無與有」混融的天門，故記載「萬物出乎無有」。

萬物之存有並非僅僅源自於「有」，這是因為「有與無」相通為一體，具有不可切割的整體性，不可能消滅「無」，也不可能使「有」單獨存在，故記載「有不能以有為有，必出乎無有。」

萬物由「無」變化為「有」（生），再變化為「無」（死），雖然呈現或無或有的物象，但是「無與有」混融的整體性從未改變，故記載「無有一（常）無有」。悟道的聖人明瞭上述的整體性，因此不同於大眾，不排斥「無」（死），也不執著「有」（生），而是大度懷藏「無與有」的整體性，故記載「聖人藏乎是」。

接著敘述三類古人的認知：第一類「以為未始有物」，不過其意涵不在字面，並非認為天地之間頑空無一物，而是由於萬物相通、混融、不可切割，因此說不出任一獨立之物，故記載「以為未始有物」。

第二類「以為有物矣，將以生為喪也」，不同於常識以生為得（有）、以死為喪（無），而是揭示生為喪（無），也就是死。亦即指出「生（有）與死（無）」具有不可切割的整體性。「以死為反也」指出死亡並非成為頑空，亦非一切歸零，而是回返「生（有）與死（無）」的整體。

至於「是以分已」，如果僅觀文字表面，不免以為是生死有別；但是前文多次說明，萬物由「無」變化為「有」（生），再變化為「無」（死），循環往復。亦即「生（有）與死（無）」相通為一體，而且「以生為喪（死）」就已明示：生死無從分立。由此則知「是以分已」可進一步描述為「是以分已而無分」，以彰顯生死一體不可分。換言之，「是以分已」的意涵不在字面，不是固定在有區分，而是指出物象雖呈現或生或死的變動，但都未曾遠離「生（有）與死（無）」的整體性。讀者須併觀上下文之義理，不可僅只停留在文字表面。簡言之，第二類認知以為存在物或生或死，雖然看似有物象上的區分，但都不離「生（有）與死（無）」的整體性。

第三類認知「其次曰始無有」至「吾與之為友」，指出由「無與有」混融的整體，流動變化為「有」（生），再變化為「無」（死）；並且舉人類的軀體為例，揭示「首與體與尻」不可切割，正如「無與有」一體不可分。

綜言之，上述三類認知一致指向「無與有」不可切割的整體性，亦即都以大道不割裂的渾全整體性為依歸。故可明瞭這三類認知雖然看似有層級之分，但是以「整體」做為觀察基準，那麼三類認知仍然通而為一，並不互斥對立。至於之所以記載這三類認知，或許有下列二項原因：（一）三類認知即為三條通路，它們都通往整體，因此無論讀者自認為現在置身哪一條道路，都通往整體。（二）以看似不同，但是本質相同的三種狀態，提醒讀者不可僅只停滯在不同的表象，而應穿過表象，察見本質。

最後再舉例，楚國的「昭、景、甲氏」均與楚國王族同宗，故記載「是三者雖異，公族也。」語揭示：三族是「一」不是二、也不是三。

本段敘述舉「成與毀」、「分與備（整體）」、「有與無」、「生與死」、「古人的三類認知」、「楚國的三族」為例，藉著它們不可切割的整體性，揭示萬物通而為一，就是道的呈現。

有生，黬也，披然曰移是。嘗言移是，非所言也。雖然，不可知者也。臘者之有膍胲，可散而不可散也；觀室者周於寢廟，又適其偃焉，為是舉移是。請嘗言移是。是以生為本，以知為師，因以乘是非；果有名實，因以己為質；使人以為己節，因以死償節。若然者，以用為知，以不用為愚；以徹為名，以窮為辱。移是，今之人也，是蜩與學鳩同於同也。

「黬」：痕跡，指軌跡。「披然曰移是」的「披然」：紛然，「曰」：而，「移是」：是的變動。「非所言」：不可言，「所」：可。「臘者」：大祭。「膍」：牛胃，指內臟。「胲」：牛蹄，指四肢。「適」：往。「偃」：廁所。「舉」：皆。「乘」：多。「質」：

主。「節」指準則。「價」指宣揚。「以用為知」的「知」：聰明。「徹」：通達。「窮」：困，指不通達。「蜩」：蟬。「學鳩」：小鳥。「同於同」指蜩同於學鳩，學鳩同於蜩。

生活的軌跡即為許多是的變動所組成。嘗試說說是的變動，卻不可說。雖然不可說，更不可進行分別性的認知。祭祀的祭品有牛的四肢、五臟，祭祀時不可分散，祭祀後可以分散；參觀宮室之人繞行寢殿廟堂之後，還要去廁所，這些皆為是的變動。現在嘗試說說是的變動。是來自於求生存，以分別性的認知為老師，因此造成多是非；以為果真有名實之分，都是以自己為主；使他人以自己做為準則，以死來宣揚自己的準則。像這樣的人，以用世為聰明，以不用世為愚蠢；以通達為榮耀，以不通達為恥辱。是的變動，就是當今人們的想法，蟬同於小鳥，小鳥同於蟬。

在此先看「移是」，即為「是」的變動，例如：祭祀結束時，做為犧牲的肉品就由不可分散轉變為可以分散，這即為「移是」（是的變動）。又例如：參觀宮殿廟堂，若前往廁所便溺，那麼「是」就由宮殿移轉至廁所，這亦為「移是」。由此則知，隨著處境的不同，「移是」在生活中不斷發生。生活的軌跡就是由許多「移是」組成，故記載「有生，黬（軌跡）也，披然曰移是。」

此外，由上述二項舉例也可一併明瞭：生活中並無固定不移的「是」，亦即無從確認何者為「是」，那麼也就無從確認何者為「非」。以此，將無從指出孰是孰非，而為「無是無非」。換言之，「移是」的意涵不僅止於字面，並非僅僅指出「是」變動不已，而是指向「無是無非」。

然而「無是無非」並不意謂著可以任意損害他人，而是〈逍遙遊篇〉、〈齊物論篇〉均曾說明，對民眾自幼便教之以「天地與我並生，而萬物與我為一」（〈齊物論篇〉）的大道整體性，以教育喚醒每一個人的自覺，引領民眾回返大道，明瞭生命在天地萬物的整體中，應該順隨整體的運作，與所有存在恰如其分的互動；亦即引導民眾以自覺適時節制不當的舉動，以免損及旁人，愛護自己的同時也尊重他人，以此來安頓自我。如果人人自覺、自我安頓，人際相處和睦，社會安祥，也就沒有「是非」的爭論，達到沒有對立、沒有對待、無待的理想。

再看「嘗言移是，非所（可）言也」至「不可知者也」，指出「移是」不可言、不可知。這是因為「移是」（無是無非）指出「是、非」均無從確立，然而一旦敘述「移是」，卻不免使人們誤以為有「是」可說、誤以為「是」可確立，反而背離「移是」的本意，故記載「非所（可）言也」。另外，本書多次說明「知」建立在分別的基礎上；換言之，若不進行分別，則無分別性的「知」可說。有鑑於「移是」（無是無非）即為不對事物進行「是、非」的分別性認知，亦即說不出一個固定的「是」，也說不出一個固定的「非」。換言之，「是」不可知，「非」也不可知，故記載「不可知者也」。

求生存的本能主宰人們的言行思維，因此人們指稱有助於存活的事物為「是」。亦即「是」源自於求生存，故記載「是以生為本」。

關於「名、實」，在此回顧〈知北遊篇〉「周、徧、咸三者，異名同實，其指一也。」揭示周、徧、咸三個不同的「名」，都指向天地萬物無從切割的連續性整體。亦即立足渾全不割裂的大道，則知語言文字所指稱的「名」即使不同，但是「實」並無不同，也就是「實」都指向萬有之整體。簡言之，「名」雖異，但是「實」相同，那麼也就沒有別異可言。然而如果未能立足大道的整體性，僅僅停滯在語言文字所指稱的「名」，則誤以為「名」不同、「實」也就不同，誤以為果真有名實之別，故記載「果有名實」。

人們不僅以生存為基準，也以自我的好惡為中心，更且誤以為名實有別，對萬事萬物進行分別性的認知，強硬指稱喜愛的狀態為「是、用、知、徹（通達）、名（榮）」，又指稱不喜愛的狀態為「非、無用、愚、窮、辱」，執著前者，排斥後者，衍生「是、非」以及數之不盡的兩兩對立，甚至以犧牲生命宣揚自己強烈的執著與排斥，這就是未能明瞭無是無非的當代人們，誤以為有固定不移的「是」、「非」，又誤以為「是、非」對立互斥，如同〈逍遙遊篇〉譏諷大鵬的蜩與學鳩。故記載「以知為師」至「是蜩與學鳩同於同也」。

關於蜩、學鳩，〈逍遙遊篇〉曾說明，牠們不可飛升至九萬里的高空，因為小小身軀無法承擔高空的強大氣流，所以順應自然天性，在接近地表的樹林間飛翔，即為牠們的「是」；然而大鵬的翅翼「若垂天之雲」，因此不可在接近地表的樹林間飛翔，否則山林、土丘將刮傷甚或折斷大鵬的翅翼，牠必須上達九萬里的高空，才可不受阻擋的展開雙翼，全速飛翔。換言之，飛升至九萬里的高空，即為大鵬順應自然天性的「是」。簡言之，針對蜩、學鳩、大鵬的飛翔進行觀察，便知並無固定不移的「是」，而為「移是」的無是無非。不過，蜩與學鳩未能了解於此，遂譏諷大鵬。

本段敘述揭示：生活中沒有固定不移的「是」或「非」，亦即沒有是、非可說，而為「無是無非」。所以無論當前的處境為何，都無須執著也無須排斥，而應順隨自然，持平因應並且安頓處理之。

蹍市人之足，則辭以放驁，兄則以嫗，大親則已矣。故曰，至禮有不人，至義不物，至知不謀，至仁無親，至信辟金。徹志之勃，解心之謬，去德之累，達道之塞。貴、富、顯、嚴、名、利六者，勃志也。容、動、色、理、氣、意六者，謬心也。惡、欲、喜、怒、哀、樂六者，累德也。去、就、取、與、知、能六者，塞道也。此四六者，不盪胷中則正，正則靜，靜則明，明則虛，虛則無為而無不為也。道者，德之欽也；生者，德之光也；性者，生之質也。性之動，謂之為；為之偽，謂之失。知者，接也；知者，謨也。知者之所不知，猶睨也。動以不得已之謂德，動無非我之謂治，名相反而實相順也。

「蹍」：踩踏。「辭以放驁」：以放肆自責來謝罪，「驁」：傲。「嫗」：憐愛。「大親」指父母。「已矣」的「已」：止。「不人」指沒有人我之分。「不物」指沒有物我之分。「至知」的「知」：智，指聰明。「辟金」指不執著以金錢做憑證，「辟」：避。「徹」：通。「勃」：悖，亂。「謬」：誤。「德」指自然天性。「色理」：臉色、理論。「就」：近。「盪」：動。「胷」：胸。「明」：明白生命的真實。「虛」指不執著。「無為」指不執著固定的行為，而是順應自然。「偽」指不依循自然天性。「接」：與物接觸。「謨」：謀。「睨」：目斜視一方，指所見不多。「不得已」指順應自然。「治」指不亂。

踩了市場中旁人的腳，就要陪罪說自己放肆，若是兄弟的腳就要憐愛撫慰，若是父母的腳，雖然道歉，但只是簡單一、二句話即停止。所以說至禮沒有人我之分，至義沒有物我之分，至知不執著謀劃，至仁不執著親愛，至信不執著以金錢做憑證。疏通意志的惑亂，解除心思的錯誤，去除外加於自然天性的負累，打通大道的阻塞。執著高貴、富裕、顯赫、威嚴、名聲、利益這六項，惑亂意志。執著容貌、舉動、臉色、理論、神氣、意念這六項，謬誤心思。執著厭惡、愛好、喜、怒、哀、樂這六項，拖累自然天性。執著捨去、親近、取得、施與、智巧、才能這六項，阻塞大道。這四類的六項，不在胸中動盪就可平正，心神平正則安靜，安靜則明白生命的真實，明白生命的真實則虛而不執著，虛而不執著則順應自然，也就沒有什麼事情做不成。自然天性之德欽仰於道；生是天性之德的光華；自然天性是生的本質。依循自然天性的行動，稱做為；不依循自然天性的行為，稱做失道。知是與物接觸；知是謀劃。知仍有所不知，就像眼睛斜視，所見有限。行動順應自然，稱為天性之德；行動以我為本，稱為治（不亂），這兩者雖然名相反但是實相順。

「蹍市人之足」至「大親則已矣」，是以踩他人之腳為例，指出對於疏遠之人（如：市人）則表現出合乎禮儀的道歉；對親近之人（如：兄弟）則表現出合乎仁愛的慰撫；對至親（如：父母）雖然道歉，但只是簡單一、二句話，並不表現上述合乎禮、仁的舉動。這是因為「我與父母」不分彼此，是沒有對立、沒有對待、無待之整體，踩父母之足就如同踩自己，所以並不額外做出合乎禮、仁的舉動。

這也就是本書多次說明，「禮、義（宜）、知（智）、仁（愛）、信」都是大道整體運作的一部分，都涵容在大道中。因此人人依隨大道的整體性，將自然呈現恰如其分的和諧互動，而不執著於人我之分、物我之分、謀略、親愛、以金錢做憑證，故記載「至禮有不人」至「至信辟金」。換言之，「至禮、至義、至知、至仁、至信」都指向大道的整體性；至於「不人、不物、不謀、無親、辟金」的意涵則不僅止於字面，不是排斥人、物、謀、親、金，而是立足整體性，因此無所執著。

關於「貴富顯嚴名利、容動色理氣意、惡欲喜怒哀樂、去就取與知能」，也就是「四六者」，在此可以平心思考：它們都是人類生活中的一部分，對於人們的生活也具有輔助的功能，並非萬惡的淵藪；只不過人們如果過度執著之，則將使行為產生偏差與錯誤。換言之，錯誤並非源於「四六者」，而是來自人們的執著。故知「勃志、謬心、累德、塞道」的記載，並非排斥「四六者」，而是提醒讀者不宜執著，並應以自覺有所節制。

換言之，「徹志之勃」至「達道之塞」的意涵不在字面，不是消滅四六者，而是指向不應執著。如果不執著，也就「不盪胷（胸）中」，亦即依隨大道，秉持順應自然的無為準則，當為則為，不當為則不為，故可行事平順，所以記載「不盪胷中則正」至「無為而無不為也」。

與生俱有的自然天性之「德」，就是依循大道順應自然的本質，故記載「道者，德之欽也」。至於「生者，德之光也；性者，生之質也」，揭示生與自然天性之「德」，密不可分。簡言之，「道者，德之欽也」至「性者，生之質也」，指出「道、德（自然天性）、生」相通相連，具有不可切割的整體性。

有鑑於自然天性，就是依循大道順應自然的無為準則，當為則為，不當為則不為，故記載「性之動，謂之為」。由此則知「為」的意涵不僅止於字面，並不排斥「不為」。如果未能依循自然天性，也就是未能依循大道順應自然的無為準則，則是背離大道，故記載「為之偽，謂之失。」

與物交接、進行謀劃，都使人們有所知，故記載「知者，接也」至「謨也」。不過，雖有所「知」，但也必定有所「不知」，不可能消滅「不知」，例如：下雨時，不知哪一個瞬間停止下雨，故記載「知者之所不知，猶睨也。」

關於「不得已」，〈人間世篇〉曾說明，生活中不可改易的「不得已」情事，就是不得不然、必然、自然。換言之，「不得已」即為自然。故知「動以不得已」揭示：不排斥人生的機緣，不執著自我的好惡，也就是「無我」而順應自然；至於與生俱有的自然天性之德，就是依循大道順應自然的本質，由此則可明瞭「動以不得已」與「德」之意涵相吻合，故記載「動以不得已之謂德」。換言之，這句敘述的意涵不在字面，不是行動無奈勉強，而是指向「無我」而順應自然。

「動無非我」指出舉止皆以我為本。在此回看上文記載則知：這是指與人（物）混融為一的「我」。亦即依隨大道，秉持順應自然的無為準則，行止「無為而無不為」的我；由於依隨大道，所以治而不亂，故記載「動無非我之謂治」。如此之依隨大道順應自然，與「動以不得已之謂德」無我而順應自然之意涵相同，所以雖然「動以不得已、動無非我」的文字表面看似一無我、一有我，但是都相同地指向「無我」而順應自然，故記載「名相反而實相順也」。

本段敘述揭示：依隨大道渾全不割裂的整體性，則無人、我之分。不執著富貴名利、各種好惡，可使行事順利。存活在天地之間，人們的舉止不可能違逆自然而必定是順應自然，這雖然看似為不得已，但卻也是一切皆以我（自然）為本。

羿工乎中微而拙乎使人無己譽；聖人工乎天而拙乎人。夫工乎天而俍乎人者，唯全人能之。唯蟲能蟲，唯蟲能天。全人惡天，惡人之天，而況吾天乎人乎！一雀適羿，羿必得之，或也；以天下為之籠，則雀無所逃。是故湯以庖人籠伊尹，秦穆公以五羊之皮籠百里奚。是故非以其所好籠之而可得者，無有也。介者拸畫，外非譽也；胥靡登高而不懼，遺死生也。夫復謵不餽，而忘人。忘人，因以為天人矣。故敬之而不喜，侮之而不怒者，唯同乎天和者為然。出怒不怒，則怒出於不怒矣；出為無為，則為出於無為矣。欲靜則平氣，欲神則順心，有為也欲當，則緣於不得已。不得已之類，聖人之道。

「羿」：上古善射之人，每射必中。「工」：巧。「拙乎人」的「拙」：屈，指卑屈。「俍」：良，善。「唯蟲」的「唯」：發語詞，無特殊意涵。「蟲」：古代對所有動物的通稱。

「惡」：烏，無。「人之天」的「之」：往。「適」：過。「或」指不必然；此為唐．陸德明《經典釋文》記載之崔譔本，至於其它通行本則為「威」。「庖人」：廚師。「伊尹」：有莘氏之臣，長於廚藝，負鼎俎求見商湯，商湯知其賢，遂順應其天性，以庖廚而籠絡之。「百里奚」：複姓百里，虞國人，晉國滅虞國，遂逃亡而遭楚國人拘執，淪為奴隸，秦穆公聞其賢，以五張羊皮贖之，授以國政。「介」：遭刑罰砍去一足。「拸」：去。「畫」：裝飾。「非譽」：毀譽。「胥靡」：受刑人。「遺」：忘，指超越。「復」：往復，指多次。「謵」：慴，指恐嚇。「餽」指回應。「忘人」指超越人們的諸多執著。「天和」指順應自然，與自然和諧。「不怒」指生命不固定於怒。「無為」指生命不固定於有為。「緣」：順。「不得已」指順應自然。

羿巧於射中微小之物，卻拙於使人們不稱讚自己；聖人善於順應自然而卑屈於人。善於順應自然而又善於配合人們，只有全人才可做到。動物做動物能做的，動物能做的都是天賦。全人沒有天的想法，沒有人通往天的想法，更何況我所說的天啊、人啊！一隻雀鳥飛過羿的面前，羿必將射中牠，但也不一定。如果將天下做為鳥籠，雀鳥就不能逃離了。所以商湯用廚師來籠絡伊尹，秦穆公用五張羊皮來籠絡百里奚。所以不用對方的所好來籠絡而可以成功的，那是不可能的。受刑而斷足之人不執著裝飾，因為不在乎毀譽了；受刑人登高也不害怕，因為超越生死了。一再受恐嚇，但不回應，超越人們的諸多執著。超越人們的諸多執著，因此是天人。所以受尊敬而不歡喜，受侮辱而不憤怒，只有同於天和之人才可做到。發出憤怒的生命不固定於憤怒，憤怒出自於不固定於憤怒的生命；發出行為的生命不固定於有為，行為出自於不固定於有為的生命。想要安靜就要平穩呼氣與吸氣，想要神妙就要順應心念，有所行為而想要恰當，就須順應自然。順應自然，這一類的舉止，就是聖人的通道。

「羿工（巧）乎中微而拙乎使人無已譽」指出羿雖巧於射，但也有其拙，亦即「巧與拙」並存於羿的生命中。稍後「一雀適羿」至「或也」，指出羿雖然善射，但並不必然射中每一隻雀鳥，即為再次舉例「巧拙」同存於羿的生命中。

關於「聖人」，在此先看本段敘述之末「不得已之類，聖人之道。」前則寓言曾說明，生活中不可改易的「不得已」情事，就是不得不然、必然、自然。簡言之，「不得已」即為自然。故知「不得已之類，聖人之道」，揭示聖人明瞭生命中不可改變的「不得已」情事，就是自然；因此不排斥人生的機緣，也不執著自我的好惡，而是順隨之，亦即順應自然，具有與道相同的大度胸襟。那麼「聖人工（巧）乎天而拙（卑屈）乎人」，就是指出即使卑屈於人，聖人也是順應自然，無所執著無所排斥；後文記載曾擔任廚師的伊尹、曾淪為奴隸的百里奚，即為「工乎天而拙（卑屈）乎人」的舉例。

「工乎天而俍（善）乎人者，唯全人能之。」指出全人善於依循大道順應自然，無論「天」（自然）或「人」皆無所偏廢，具有「天與人」和諧的整體性。

「唯蟲能蟲，唯蟲能天」，指出萬物各有自然的天賦能力，例如：鳥飛、魚游、蜘蛛結網，都是自然天性，無庸特別的稱譽。由此則知，羿之善射亦為自然天賦，誠然無庸特別稱譽；但是羿未能明瞭於此，也未能引領大眾明瞭於此，以致獲得稱譽，故前文記載「羿工（巧）乎中微而拙乎使人無已譽」。另外，在此並可同時了解：羿即為「唯蟲能蟲，唯蟲能天」的舉例。

悟道的全人立足「人與天一也」（〈山木篇〉）的混融整體，了解「人與天」的整體性無從切割，也就無從指出什麼是各自分立的「天」或「人」，故記載「全人惡（無）天」至「而況吾天乎人乎」。

「一雀適羿」至「無有也」，先舉例「巧拙」並存於羿的生命中，接著指出若以天下為籠，則不失任何一隻雀鳥；再舉例商湯與秦穆公，順隨伊尹、百里奚，亦即順應對方的自然天性，混融而沒有對立、沒有對待、無待、和諧，就是以天下為籠，必可籠絡對方。簡言之，順應自然，立足混融和諧的整體性，即為「以天下為之籠」，遂有相應而生的「工乎天而俍（善）乎人」。以此則知，商湯與秦穆公即為「全人」的舉例。

回看「聖人工乎天而拙（卑屈）乎人」的伊尹、百里奚，雖然曾擔任廚師、或淪為奴隸；但是他們不排斥當下的處境，而是順應，爾後依隨人生機緣輔佐商湯、秦穆公，成就大業，不正是「工乎天而俍（善）乎人」的全人？由此則知，「工乎天而拙（卑屈）乎人」的聖人，即為「工乎天而俍（善）乎人」的全人。換言之，「聖人」相同於「全人」之順應自然，無論「天」（自然）或「人」皆無所偏廢，具有「天與人」和諧的整體性。

雖然有些學者認為全人較聖人更高一層，不過由敘述的文脈可以了解：全人與聖人並無層級之分，亦即商湯、秦穆公、曾擔任廚師的伊尹、曾淪為奴隸的百里奚，齊同平等，沒有高低位階的分別，也就是晉．郭象注：「全人則聖人也」。

對於「毀與譽」、「死與生」，大眾都執著「譽、生」，排斥「毀、死」；然而「介者迻畫」至「遺死生也」，舉例遭受刑罰的介者與胥靡，不同於大眾，不執著「譽、生」，也不排斥「毀、死」，亦即無所執著也無所排斥，因此縱然一再受到恐嚇亦不回應，也就是沒有人們的執著與排斥，故記載「夫復謵不餽，而忘人。」

由於沒有人們的諸多執著與排斥，所以總是順應自然，故記載「忘人，因以為天人矣。」換言之，雖然遭受刑罰，但是無所執著的介者與胥靡，並不卑賤而是值得敬重的天人。

大眾都喜愛受到尊敬，也都對侮辱感到憤怒，但是天人不同於大眾，無所執著也無所排斥，故記載「故敬之而不喜」至「唯同乎天和者為然」。由此則知，天人具有天和的特質，不僅與「天」（自然）和諧，也與人和諧，具有「天與人」和諧的整體性。簡言之，天人（介者、胥靡）具有天和的特質，相同於全人、聖人。也就是受刑而斷足的「介者」，雖然肢體殘缺不全，但是因為具有「天與人」和諧的整體性，所以依然是全人。綜上所述，可知天人、全人、聖人，均無高下之別，平等齊一。

本書多次說明，由整全不割裂的大道觀之，互為對照的狀態相通為一體；故知互為對照的「怒與不怒」、「為與無為」是不可切割的整體。「出怒不怒」至「則為出於無為矣」，揭示生命是「怒與不怒」、「為與無為」混融的整體。亦即生命不固定於「怒、為」，也不固定於「不怒、無為」，而是無所排斥也無所執著，因此面臨屈辱，縱然有憤怒的情緒，也可隨即調整為一體兩面的另一面「不怒」，亦即「侮之而不怒」。另外，行止依循大道順應自然的無為準則，以「為與無為」的整體待命，當為則為，如果不當為，則適時調整至一體兩面的另一面「不為」。

關於「順心」，回看上文記載則知：這是指順應自然的心念。換言之，不以自我好惡的心念做為人生之前提，而是順應自然，與道同在，故有暢達之發展，故記載「欲神則順心」。

「無為」的意涵不在字面，不是排斥「為」，而是順應自然，以「為與無為」的整體待命，當為則為，不當為則不為。換言之，有為、無為的前提都是順應自然。至於「不得已」的意涵也不在字面，不是無奈、勉強，而是明瞭人生不可改變的「不得已」情事，就是不得不然、必然、自然，因此順隨之，也就是順應自然。故記載「有為也欲當，則緣（順）於不得已」。有鑑於聖人的生命氣質，就是如此，故記載「不得已之類，聖人之道。」

本段敘述舉例：羿的箭術雖巧，然而並非萬無一失；但是如果順應自然，立足混融和諧的整體性，則是以天下為籠，這是萬無一失的至巧。聖人順應自然，具有「天與人」和諧的整體性，無所執著也無所排斥，故不離於道。

徐無鬼

回返大道抑或文治武功的功業，可為人們帶來滿心的歡喜？立足大道的整體性與平等性，抑或停止軍備，可以止息國家之間的戰爭？

徐無鬼因女商見魏武侯，武侯勞之曰：「先生病矣，苦於山林之勞，故乃肯見於寡人。」徐無鬼曰：「我則勞於君，君有何勞於我！君將盈嗜欲，長好惡，則性命之情病矣；君將黜嗜欲，掔好惡，則耳目病矣。我將勞君，君有何勞於我！」武侯超然不對。少焉，徐無鬼曰：「嘗語君，吾相狗也。下之質，執飽而止，是狸德也；中之質，若視日；上之質，若亡其一。吾相狗，又不若吾相馬也。吾相馬，直者中繩，曲者中鉤，方者中矩，圓者中規，是國馬也，而未若天下馬也。天下馬有成材，若卹若失，若喪其一。若是者，超軼絕塵，不知其所。」武侯大悅而笑。徐無鬼出，女商曰：「先生獨何以說吾君乎？吾所以說吾君者，橫說之則以《詩》、《書》、《禮》、《樂》，從說之則以《金板》、《六弢》，奉事而大有功者不可為數，而吾君未嘗啟齒。今先生何以說吾君，使吾君悅若此乎？」徐無鬼曰：「吾直告之吾相狗、馬耳。」女商曰：「若是乎？」曰：「子不聞夫越之流人乎？去國數日，見其所知而喜；去國旬月，見所嘗見於國中者喜；及期年也，

見似人者而喜矣。不亦去人滋久，思人滋深乎？夫逃虛空者，藜藋柱乎鼪鼬之逕，踉位其空，聞人足音跫然而喜矣，又況乎昆弟親戚之謦欬其側者乎！久矣夫，莫以真人之言謦欬吾君之側乎！」

「徐無鬼」：姓徐，字無鬼，魏國的隱士。「因」：藉著。「女商」：姓女，名商，魏武侯的寵臣。「魏武侯」：魏國國君。「勞之、勞於」的「勞」：慰問。「先生病」的「病」：憊。「性命之情病矣」指未能依隨大道，「情」：實，「病」：損。「黜」：廢除。「掔」：去除。「超然」：不悅之貌。「少焉」指短時間。「嘗」：試。「執」：抓，執著。「狸德」指貓的天性，「狸」：貓，「德」指天性。「若亡其一、若喪其一」：均指若無其身，「一」：都指身。「成材」指天生的才質。「卹」：亡。「超軼絕塵」指至極迅速。「所以」：可以。「橫」指遠。「從」指近。「金板、六弢」：太公兵法。「啟齒」指笑。「直」：只。「越」：浙江。「流人」：流放之人。「期年」：一年。「滋」：愈加。「虛空」指空曠荒野。「藜藋」：草。「柱」：塞。「鼪鼬」：黃鼠狼。「逕」：路徑。「踉」：良久。「跫然」：腳步聲。「昆弟親戚」指兄弟父母。「謦欬」指聲音笑貌。「莫」：無。

徐無鬼藉著女商的推薦去見魏武侯，武侯慰問他說：「先生疲憊了，隱居在山林之中，一定很勞苦，所以才肯來見我。」徐無鬼說：「我是來慰問國君的，國君有什麼可以慰問我的呢！國君如果想要滿足嗜好欲望，放縱好惡的情緒，那麼生命的真實就將受損；國君如果要除去嗜好欲望，去除好惡的情緒，那麼耳目的享受就會受損。我正要來慰問國君，國君有什麼可以慰問我的呢！」武侯不悅而沒有回答。過了一會兒，徐無鬼說：「我來告訴國君我的相狗術。下等資質的狗只求吃飽就好，表現出像貓一樣的天性；中等資質的狗，好像看著太陽，十分專注；上等資質的狗，好像忘了自己的存在。我的相狗術，又不如我的相馬術。我相馬，直的要合乎繩墨，彎曲的要合乎彎鉤，方的要合乎矩尺，圓的要合乎圓規，這樣就是國馬了，可是還不如天下馬。天下馬有天生的才質，若亡若失，好像忘了自己的存在。這樣的馬，跑起來極其快速，不知止於何處。」武侯大為高興地笑了。徐無鬼出來後，女商說：「先生對國君說了什麼？我可以告訴國君的，由遠處說起，就是《詩》、《書》、《禮》、《樂》，由近處說起，就是《金板》、《六弢》，行事而大有功效的，不可勝數，但是國君從來沒有開口笑過。現在先生對國君說了什麼，使國君這麼高興呢？」徐無鬼說：「我只是告訴他，我怎麼相狗、相馬而已。」女商說：「就是這樣嗎？」徐無鬼說：「你沒有聽過越國的流放之人嗎？離開國家幾天後，看見認識的人就很高興；離開國家一個月後，看見曾經在國內見過的人，就很高興；等到離開國家一年後，看見像似鄉里之人就很高興。不正是離開人越久，思念人也就越深嗎？逃難到空曠荒野，野草將黃鼠狼出沒的路徑都塞滿了，長久位於空曠荒野之中，聽到人的腳步聲就高興起來，更何況是兄弟父母在身邊談笑呢！已經很久了，沒有人使用真人的悟道之言在國君身邊談笑了啊！」

徐無鬼對武侯敘述，如果無所節制，不斷使用加法以滿足感官欲求，則背離大道不執著的流動特質，生命將遭受折損，故記載「君將盈嗜欲」至「則性命之情（實）病矣」。至於「君將黜嗜欲，掔好惡，則耳目病矣」，指出如果有所節制，適時使用減法，雖減少耳目的享樂，但卻可使性命之情（實）「不病」，生命不受折損。

試想，由「加」流動為「減」，也就是適時調整，不呆滯在固定的隅落，立足「加與減」不可切割的混融整體；這就是與道同步，具有與大道相同的不執著之流動特質以及整體性，所以可使性命之情（實）「不病」。如果武侯明瞭於此，即是悟道；然而武侯對徐無鬼的上述談話未予回應，顯示武侯尚未明瞭道的意涵，因此徐無鬼遂以相狗、馬，來傳達道的義理。

先看對狗的敘述，下等資質僅僅停滯在肉身欲望的滿足，中等資質則展現精神之專注，上等資質「若亡其一（身）」就是若無其身，亦即無己、忘我。回顧本書自〈逍遙遊篇〉以來，多次說明「無己、忘我」的意涵不在字面，不是取消自我，而是說不出什麼是我，也就因此而說不出什麼是物，亦即物我兩忘。然而「物我兩忘」的意涵也不在字面，不是「物、我」都消失了，而是回返「萬物與我為一」（〈齊物論篇〉）的整體，也就是回返大道渾全不割裂的整體性。

再看對馬的敘述，天下馬「若卹（亡）若失」什麼都忘了，亦即說不出任何存在物；至於「若喪其一（身）」，也就是「若無其身」的無己、忘我。換言之，「若卹若失，若喪其一」揭示：說不出什麼是物，也說不出什麼是我，亦即與上等資質的狗相仿，也是「物我兩忘」，回返大道的整體性。試想，大道「無所不在」（〈知北遊篇〉），那麼回返大道的天下馬，也就與道同在而無所不至，故記載「若是者，超軼絕塵，不知其所。」

武侯聽聞相狗、馬的敘述後，大悅而笑，顯示武侯終於了解道的義理，並因此回返於道，與道同遊同在，也就不失「性命之情（實）」，所以歡悅大笑。

女商不解武侯為何如此歡悅，遂提出詢問，而且指出雖向武侯說明文治武功的六經、兵法，並獲得功績，但卻都未能使武侯啟齒而笑。徐無鬼回答只是敘述相狗、相馬之術，女商仍然有疑，故再次詢問。亦即女商未能明瞭大道「無所不在」，未能了解即使狗馬以及相狗相馬的譬喻，也都不離於道，都蘊藏道的義理。

徐無鬼遂舉例流放與逃虛空之人，「去人滋久，思人滋深」，譬喻人們離道越久，對道越為殷切渴望。「久矣夫，莫以真人之言謦欬吾君之側乎」指出武侯許久未曾聽聞大道，所以一旦聽聞關於大道義理的談話，並且因此而回返於道，自然是歡喜非常。

本則寓言揭示：大道「無所不在」，所以悟道者可靈活運用各種譬喻向他人說明道，如果使人們因此了解並回返於道，也就不失「性命之情（實）」，則將為人們帶來極其之大的歡喜，遠遠超越文治武功的功業之上。

徐無鬼見武侯，武侯曰：「先生居山林，食芧栗，厭蔥韭，以賓寡人，久矣夫！今老邪？其欲干酒肉之味邪？其寡人亦有社稷之福邪？」徐無鬼曰：「無鬼生於貧賤，未嘗敢飲食君之酒肉，將來勞君也。」君曰：「何哉？奚勞寡人？」曰：「勞君之神與形。」武侯曰：「何謂邪？」徐無鬼曰：「天地之養也一，登高不可以為長，居下不可以為短。君獨為萬乘之主，以苦一國之民，以養耳目鼻口，夫神者不自許也。夫神者，好和而惡姦；夫姦，病也，故勞之。唯君所病之何也？」武侯曰：「欲見先生久矣，

吾欲愛民而為義偃兵，其可乎？」徐無鬼曰：「不可。愛民，害民之始也；為義偃兵，造兵之本也。君自此為之，則殆不成。凡成美，惡器也。君雖為仁義，幾且偽哉！形固造形，成固有伐，變固外戰。君亦必無盛鶴列於麗譙之間，無徒驥於錙壇之宮，無藏逆於得，無以巧勝人，無以謀勝人，無以戰勝人。夫殺人之士民，兼人之土地，以養吾私與吾神者，其戰不知孰善？勝之惡乎在？君若勿已矣，脩胷中之誠，以應天地之情而勿攖。夫民死已脫矣，君將惡乎用夫偃兵哉！」

「芧」：橡子，似栗而小。「厭」：饜，指飽足。「賓」：擯，棄。「邪」：疑問詞。「干」：求。「將來」：而來。「勞」：慰問。「奚」：何。「天地之養也一」的「一」：齊，指平等。「姦」指偏私。「偃兵」：止息軍備。「造」：引發。「殆」：必。「成美」的「成」：美。「偽」：非，指錯誤。「形固造形」的「形」：均為行，古字形、行通用。「固」：必。「伐」有二意：（一）征伐，（二）指毀。「盛」指陳列。「鶴列」：古代兵法的陣形，指兵陣。「麗譙」：高樓或高樓之名。「徒」：步兵。「驥」：騎兵。「錙壇」：宮殿之名。「藏逆於得」指貪圖獲得利益而違逆萬物平等的本質，「逆」指違逆萬物平等的本質；後文「以巧勝人、以謀勝人、以戰勝人」都是藏逆於得。「惡乎」：何。「若勿已矣」：勿若已矣，指不如停止；「已」：止。「脩」：修。「胷」：胸。「情」：實。「攖」：擾。「脫」：免。

徐無鬼拜見魏武侯，武侯說：「先生住在山林中，吃橡栗，飽食蔥韭，拋棄寡人已經很久了！現在年老了嗎？想嚐嚐酒肉的滋味嗎？抑或寡人可得到你的幫助造福國家呢？」徐無鬼說：「我出生貧賤，從來不敢享用國君的酒肉，我是來慰問國君的。」武侯說：「什麼？要如何慰問寡人呢？」徐無鬼說：「慰問國君的精神與形體。」武侯說：「這是什麼意思呢？」徐無鬼說：「天地平等的養育萬物，登上高位的不可自以為尊貴，居處下位的不可自以為卑賤。國君一人為萬乘之主，勞苦全國的民眾，來奉養你耳目鼻口的欲求，這是精神所不自我許可的行為。精神喜好和諧而厭惡偏私。偏私就是病，所以來慰問國君。只是國君怎麼有這種病呢？」武侯說：「希望見到先生已經很久了！我想要愛護民眾，為了義而止息軍備，可以嗎？」徐無鬼說：「不可以。你以為愛民，卻是害民的開始；為義而止息軍備，是引發戰爭的本源。國君從這裡著手，一定不會成功。凡是美，就是造成惡之器。國君雖然行仁義，但幾乎是錯誤！止息軍備的行為必將引來他國侵略的行為，做成了必有征戰殺伐（或成必有毀），變動必引起外戰。國君一定不要在高樓之間陳列兵陣，不要在錙壇宮殿集合兵騎，不要貪圖獲得利益而違逆萬物平等的本質，不要以巧勝人，不要用謀略勝人，不要以戰勝人。殺害其它國家的士兵，兼併別國的土地，來奉養自己的私欲與心念，這種戰爭不知有什麼好處？究竟勝了什麼？國君不如停止為義止息軍備的想法，修養胸中之誠，以順應天地的真實而不打擾民眾。民眾可免於死亡的威脅，國君又何必談什麼止息軍備呢！」

徐無鬼對武侯敘述「登高不可以為長，居下不可以為短」，指出國君與民眾齊同平等，沒有尊卑之別。因此，以君苦民，違逆「天地之養也一（齊）」的本質，亦即破壞天地萬物整體性的和諧，這是「神者不自許」心神所不許可的狀態。換言之，武侯之神有病，故徐無鬼前來慰問。

武侯聽聞徐無鬼之言，立即表示願意改變現況為「愛民而為義偃（息）兵」，然而徐無鬼卻認為不可行。這是由於如果為了愛護民眾而止息軍備，則不免引來旁國的覬覦與侵略，反而使民眾陷於戰爭的痛苦中。換言之，互為對照的「愛民與害民」、「偃兵與造兵」不是常識認為的互斥不並存，而是相通為一體。換言之，徐無鬼和盤托出，指出常識未留意的一體兩面之另一面，揭示完整的全貌，使武侯了解「愛民與害民」、「偃兵與造兵」具有不可切割的整體性。故記載「愛民，害民之始也」至「造兵之本也」。

由以上說明可知：互為對照的狀態相互流通，是不可切割的整體。那麼互為對照的「美與惡」亦然，也是無從切割的整體，故記載「凡成美，惡器也」。換言之，徐無鬼仍然和盤托出常識未留意的完整全貌，使武侯了解抓持「美」，就是抓持「美與惡」的整體。換言之，雖以為「愛民而為義偃兵」是一樁美事，但卻引發旁國侵略性戰爭之「惡」，故記載「君雖為仁義，幾且偽（錯誤）哉」。

「形（行）固造形（行）」，指出在人間處理事物，「行為與回應」是不可切割的一體之兩面，必然相應而生；亦即種瓜得瓜，種豆得豆，作用力等於反作用力。也就是依然指出「為義偃兵，造兵之本也」。

「成固有伐（毀），變固外戰」的意涵，同於「為義偃兵，造兵之本也」，亦即將現況改變為止息軍備，必將引來他國的侵略；也就是再次揭示「偃兵與造兵」相應而生，通而為一。此外，「成固有伐（毀）」也可藉〈齊物論篇〉「其成也，毀也」來了解，亦即互為對照的「成與毀」互通互往，具有不可切割的整體性。

如果明瞭以上揭示的整體性，那麼觀察將不僅只是停留在局部的隅落，而是察見完整的全貌；亦即以整體待命，當為則為，不當為則不為，也就是「與時俱化，而無肯專為」（〈山木篇〉）。換言之，不固定在「偃兵」止息軍備之一隅，也不固定在誇耀軍備之另一隅，而是隨機因應，靈活調整，故記載「君亦必無盛鶴列於麗譙之間，無徒驥於錙壇之宮。」

人類與萬種物類並存於天地之間，本是無從切割的連續性整體。同理，人與人、國與國亦是不可切割的整體，本無敵我對立之可言。如果人人都明瞭上述整體的本質，則知傷害他人即為傷害整體；由於自己也在整體之內，因此，所造成的傷害必將回到自己身上，那麼誰人將發動戰爭撕裂整體的和諧，造成嚴重失衡以及違反自然的對立呢？更且世人都是以自然天性存在於天地之間，由於自然天性並無優劣可說，所以世人都是齊同平等，沒有任何一人有權力去侵害另一人。可歎世人少有整體以及平等的思考，遂有發動戰爭之錯誤行徑。故記載「無藏逆於得」至「勝之惡乎在」。

關於「天地之情（實）」，就是寓言之初記載的「天地之養也一」，亦即人與人、國與國都是齊同平等。如果人人都有此了解，那麼攻城掠地、搶奪財物的戰爭將不再發生，也就無庸討論是否「偃兵」止息軍備了。故記載「君若勿已矣」至「君將惡乎用夫偃兵哉」。

本則寓言揭示：立足渾全不割裂的大道，明瞭所有人類具有不可切割的整體性，而且都是齊同平等，則戰爭將自然止息。簡言之，欲止息戰爭，正本清源的方法在於整體與平等的思考。

黃帝將見大隗乎具茨之山，方明為御，昌寓驂乘，張若、謵朋前馬，昆閽、滑稽後車。至於襄城之野，七聖皆迷，無所問塗。適遇牧馬童子，問塗焉，曰：「若知具茨之山乎？」曰：「然。」「若知大隗之所存乎？」曰：「然。」黃帝曰：「異哉小童！非徒知具茨之山，又知大隗之所存。請問為天下。」小童曰：「夫為天下者，亦若此而已矣，又奚事焉！予少而自遊於六合之內，予適有瞀病，有長者教予曰：『若乘日之車而遊於襄城之野。』今予病少痊，予又且復遊於六合之外。夫為天下亦若此而已。予又奚事焉！」黃帝曰：「夫為天下者，則誠非吾子之事。雖然，請問為天下。」小童辭。黃帝又問。小童曰：「夫為天下者，亦奚以異乎牧馬者哉！亦去其害馬者而已矣。」黃帝再拜稽首，稱天師而退。

「大隗」指大道，在此假託為人名。「具茨之山」：在河南省滎陽密縣東，今名泰隗山。「方明、昌寓、張若、謵朋、昆閽、滑稽」：都是假託的人名。「御、驂」：駕駛馬車，在左為御，在右為驂。「乘」：一車四馬。「襄城」：河南省襄城縣。「塗」：道，路。「適」：恰巧。「所存」：所在，指住所。「若知、若乘」的「若」：你。「非徒」：不但。「為天下」：治天下。「奚」：何。「予」：我。「六合」：天、地、四方。「瞀」：眼睛昏花。

「日之車」：譬喻自然的運作。「少痊」：稍為痊癒。「復」：再。「六合之外」：即六合之內，指天地之中。「吾子」指小童。「稽首」：叩頭。

黃帝要去具茨山拜見大隗，方明駕車在左，昌寓在右，張若、謵朋在馬前引導，昆閽、滑稽在車後跟隨。來到襄城的原野，七位聖人都迷失了方向，沒有人可以問路。恰巧遇見牧馬的童子，就向他問路說：「你知曉具茨山嗎？」童子說：「是的。」黃帝說：「你知曉大隗的住所嗎？」童子說：「是的。」黃帝說：「真是一位奇特的小童啊！不但知曉具茨山，又知曉大隗的住所。請問如何治理天下。」小童說：「治理天下，就是這樣罷了，又有什麼事情呢！我小時候自己在天地之內遊走，我恰巧有眼睛昏花的疾病，一位長輩教我說：『你乘坐太陽車而遊走於襄城的原野。』現在我的病稍微好了一些，我又要再到天地之中遊玩。治理天下也是這樣。我又要做什麼事呢！」黃帝說：「治理天下，實在不是你的事。雖然如此，還是要請問如何治理天下。」小童推辭。黃帝又再請問。小童說：「治理天下，與牧馬之人有什麼不同呢！也就是去除對馬有害的事物罷了！」黃帝一再叩首拜謝，稱他為天師，然後離去。

黃帝對牧馬童子知曉大隗（大道）之所在，十分驚訝；驚訝之餘，三次請問如何治天下。在此先看童子對第三次詢問的回答「去其害馬者」，試問：何謂「害馬者」？回顧〈馬蹄篇〉記載「伯樂曰我善治馬。燒之，剔之，刻之，雒之，連之以羈馽，編之以皁棧，馬之死者十二三矣；飢之渴之，馳之驟之，整之齊之，前有橛飾之患，而後有鞭筴之威，而馬之死者已過半矣。」

由此可知，未能順應馬的自然天性，而以人的意念採取種種措施來整治馬，就是「害馬者」。那麼同理可推，治天下就是「去其害民者」，去除一切未能順應民眾自然天性的施政。簡言之，治天下就是順應民眾的自然天性，亦即依循大道順應自然的無為準則，當為則為，不當為則不為。

現在，再看童子對第一次治理天下的詢問，回答「予少而自遊於六合之內」至「今予病少痊」，指出依隨太陽的運作，「日出而遊，日入而息」（晉．郭象注），也就是順隨自然，使眼睛昏花的瞀病獲得改善；亦即照顧血肉之軀也是順應自然。所以重複敘述「夫為天下亦若此而已，予又奚事焉」，揭示治理天下如同照顧身軀，以順應自然為前提。

綜上說明，可知童子第一次被詢問治天下時，便已回答，只不過黃帝未能立時明瞭；所以第三次被詢問時，則舉牧馬為例，終於使黃帝了悟。此刻黃帝也同時了解童子即為順應自然（天）的悟道者，所以見到童子就如同見到大隗（大道），遂尊稱為「天師」，亦即不因童子年幼而輕忽之。

另外，關於「內、外」，由渾全不割裂的大道觀之，則知互為對照的「外與內」具有不可切割的整體性，有「內」即有「外」，無「內」則無「外」，也就是「外與內」無從切割。因此如果僅觀童子敘述「六合之內」與「六合之外」的文字表面，似乎並不相同；然而由不割裂的大道觀之，則知互為對照的「六合之內與六合之外」是無從切割的整體。換言之，童子自述「予（我）又且復（再）遊於六合之外」的意涵不在字面，不是遠離天地，而是不離於天地的「六合之內」。這句談話中的「又、復（再）」堪稱關鍵詞，向讀者暗示「六合之外」即為「六合之內」。以此，益加印證童子的觀察與思考，皆不離於道，誠然為悟道之人，無愧於「天師」之稱。

本則寓言指出：無論治身、牧馬、治天下，皆以順應自然為前提；如果明瞭並且實踐，即可稱為天師。

知士無思慮之變則不樂，辯士無談說之序則不樂，察士無淩誶之事則不樂，皆囿於物者也。招世之士興朝，中民之士榮官，筋力之士矜難，勇敢之士奮患，兵革之士樂戰，枯槁之士宿名，法律之士廣治，禮教之士敬容，仁義之士貴際。農夫無草萊之事則不比，商賈無市井之事則不比，庶人有旦暮之業則勸，百工有器械之巧則壯，錢財不積則貪者憂，權勢不尤則夸者悲，勢物之徒樂變。遭時有所用，不能無為也。此皆順比於歲，不物於易者也。馳其形性，潛之萬物，終身不反，悲夫！

「淩誶」：以言詞欺淩他人。「囿」：限。「招」：舉。「中民」：善治民。「矜難」：誇耀克服困難，「矜」：誇。「奮」：勇武之貌。「枯槁之士」指隱士。「宿名」：留名。「廣治」：推廣治術。「貴際」：以交際為重。「草萊之事」指耕種。「不比」的「比」：和樂。「市井之事」指買賣。「勸」：勉。「壯」：速。「尤」：甚，指出眾。「夸」：虛名。「勢物」：學者通常都認為物是錯字，正確為利字；「勢利」指上述累積錢財以及追逐權勢之人。「無為」指不執著固定的行為，而是順應自然。「順比於歲」的「比」：附，「歲」指時機。「不物於易」：不易於物，即上文「囿於物」，指囿限於物。「潛」：潛，沒。

智謀之士不進行思慮的變易就不快樂，善辯之士不在談論中分出高下次序就不快樂，明察之士沒有以言詞欺凌他人的事情就不快樂，他們都受到事物的拘限。足以舉世之士振興朝廷，善於治民之士以官祿為榮，筋骨強壯之士以克服困難自誇，勇敢之士奮勇除患，持有兵器之士以征戰為樂，山林隱士留下名聲，法律之士推廣治術，禮教之士端整儀容，仁義之士重視交際盟會。農夫不耕種就不快樂，商人不做買賣就不快樂，民眾每日都有工作就會勤勉努力，工匠有靈巧的器械就可加速工作。錢財累積不多，貪婪的人就會憂慮；權勢不出眾，喜好虛名的人就會悲哀；上述累積錢財以及追逐權勢之人，以變詐為樂。遭逢時機就展現有用的能力，但是不能順應自然。這些都是比附於時機，囿限於物的人。形體與心性都向外奔馳，陷溺於萬物，終身不能回返大道，可悲啊！

「知士無思慮之變則不樂」至「皆囿（限）於物者也」，舉知士、辯士、察士為例，指出他們過度執著於展現能力，故有不樂；亦即未能如〈至樂篇〉「至樂無樂」，不認為什麼是樂，也就不認為什麼是不樂，無所執著，則無所不樂。換言之，知士、辯士、察士各自有所執著與排斥，侷限一隅，不若大道無所執著也無所排斥，亦即未能與道同步。

「招世之士興朝」至「勢物（利）之徒樂變」，再舉社會中具有不同能力、從事不同工作、有不同偏好的人們，也都有其執著與排斥，也都是「囿（限）於物」，未能依隨大道不執著的本質。

以上各自有所執著與排斥的人們，僅在時機恰巧與他們相應之際，可施展能力，顯示有用；反之，如果未遭遇相應的時機，不能顯示有用，則悲傷不樂。也就是未能依隨大道順應自然的無為準則，未能「當為則為，不當為則不為」，未能靈活調整「展現與不展現」，過於執著，故記載「遭時有所用，不能無為也。」由此則知本句敘述中的「無為」指向：順應自然，不刻意執著。

上述人們比附時機，囿限於物，未能依隨大道適時調整、無所執著，終身難以回返於道，故記載「此皆順比於歲」至「悲夫」。

本段敘述指出：大眾各有一己的執著與排斥，因此唯有特定的時機，才可展現有用的能力；但是依循大道順應自然，無所執著也無所排斥，適時調整「展現或不展現」，無庸刻意追逐特定的時機，也不執著一定要展現有用，不失生命之平穩自適。

莊子曰：「射者非前期而中，謂之善射，天下皆羿也，可乎？」惠子曰：「可。」莊子曰：「天下非有公是也，而各是其所是，天下皆堯也，可乎？」惠子曰：「可。」莊子曰：「然則儒、墨、楊、秉四，與夫子為五，果孰是邪？或者若魯遽者邪？其弟子曰：『我得夫子之道矣，吾能冬爨鼎而夏造冰矣。』魯遽曰：『是直以陽召陽，以陰召陰，非吾所謂道也。吾示子乎吾道。』於是為之調瑟，廢一於堂，廢一於室，鼓宮宮動，鼓角角動，音律同矣。夫或改調一弦，於五音無當也，鼓之，二十五弦皆動，未始異

於聲，而音之君已，且若是者邪？」惠子曰：「今夫儒、墨、楊、秉，且方與我以辯，相拂以辭，相鎮以聲，而未始吾非也，則奚若矣？」莊子曰：「齊人蹢子於宋者，其命閽也不以完，其求鈃鍾也以束縛，其求唐子也而未始出域，有遺類矣夫？楚人寄而蹢閽者，夜半於無人之時而與舟人鬭，未始離於岑而足以造於怨也。」

「非前期而中」指誤中，「前期」：預定目標。「羿」：古代善射之人。「公是」：公認的是非。「楊」：楊朱。「秉」：公孫龍，字秉。「與夫子為五」的「夫子」：指惠子。「邪」：疑問詞。「魯遽」：周初人。「我得夫子之道」的「夫子」：指魯遽。「冬爨鼎而夏造冰」：冬日取燥灰而出火，以之爨鼎；夏日以瓦瓶盛水，懸瓶井中而成冰。「爨」：炊煮。「直」：只。「廢」：置。「鼓」：彈。「宮、角」：均為五音中的一音。「當」：合。「二十五弦」：一張瑟有二十五弦。「未始」：未曾。「拂」：對抗。「鎮」：壓。「奚」：何。「蹢子」的「蹢」：謫，罰。「閽」：守門人。「完」指形體完好無殘缺。「求鈃鍾」的「求」：得，「鈃鍾」：長頸之酒器。「以束縛」：用繩子綁好以免破損。「唐」：失。「域」：閾，門檻。「遺類」指走失之子。「蹢閽」的「蹢」：謫，怒責。「鬭」：鬥。「離」：麗，指附著。「岑」：岸。

莊子說：「射箭之人不依預定目標而誤中，就稱他為善射，那麼天下人都是羿，可以這樣說嗎？」惠子說：「可以。」莊子說：「天下沒有公認的是非，而人人都自以為是，天下人都是堯，可以這樣說嗎？」惠子說：「可以。」莊子說：「那麼儒者、墨者、楊朱、公孫龍四家，與你為五家，究竟誰說的對呢？或者像魯遽那樣嗎？魯遽的弟子說：『我學得了老師的道術，我能冬天用鼎生火煮飯而夏天取水造冰了。』魯遽說：『這只是以陽召陽，以陰召陰，不是我所說的道術。我來讓你看看我的道術。』於是調整古瑟，放一張瑟在堂上，放一張瑟在室內，彈這張瑟的宮音，另一張瑟的宮音也響了起來；彈這張瑟的角音，另一張瑟的角音也響了起來，這是音律相同的緣故。如果改變一弦而成變調，使它不定於五音中的任何一音，那麼一彈就二十五弦都響了起來，聲音不曾有異，只是改變音調成為君王般的主音，其它的弦也就隨之響起，你就是這樣的嗎？」惠子說：「現在儒者、墨者、楊朱、公孫龍正與我辯論，用言語相對抗，用聲音相互壓制，但不能說我錯了，那麼如何呢？」莊子說：「齊國有人處罰犯錯的兒子，將兒子流放宋國，但他卻任用犯罪遭受刑罰的殘缺者做守門人，他得到一個鈃鍾酒器，就用繩子小心綁好以免破損，但是尋找走失的孩子，卻不肯走到門外，這豈能找到走失之子？楚國有人寄居在他人家中，卻怒責守門之人，夜半無人之時而與船夫爭鬥，船還沒有靠岸就已經結下仇怨了。」

「射者非前期而中」至「天下皆堯也，可乎」，先舉射箭為例，指出若以誤中為善射、自是者為堯，豈非人人皆可稱為羿、堯？然而「可乎」的反問語，揭示不可稱為羿、堯。亦即莊子指明「妄中者非羿而自是者非堯」（晉．郭象注）。

另外，關於「天下非有公是也，而各是其所是，天下皆堯也，可乎？」如果僅觀這四句敘述的文字表面，或許以為是假設天下有公認的是非；然而回顧〈齊物論篇〉「無物不然，無物不可」，揭示以天地的運作為觀察基準，則知天地萬物本是和諧並存的整體，本無「是、非」可言。只不過人類以自我為中心，強硬指稱喜愛的狀態為「是」，反之則為「非」，亦即強硬指稱天地中有「是與非」的對立，誠然是觀察未盡透澈的錯誤。換言之，天下並沒有常識所說的「是、非」，而為「無是無非」。故知這四句敘述的意涵不在字面，不是假設有公認的是非，而是指出「無是無非」。由此則可明瞭：自是者以自己的好惡、成見為基準，強硬指稱是、非，誠然不可稱為堯；反之，如果了解「無是無非」而不自是，則貼合真實。

但是惠子對莊子的提問卻回答「可」，彰顯惠子尚未了解天下「無是無非」的本質。莊子繼續詢問儒者、墨者與惠子等人，果真有「是」可說嗎？並舉例魯遽的弟子「冬爨鼎而夏造冰」，依據唐．成玄英疏：寒冬取千年燥灰以擁火，須臾出火，可以爨鼎；盛夏以瓦瓶盛水，熱湯中煮之，懸瓶井中，須臾成冰。弟子以此為得道，但是魯遽認為燥灰是陽，火也是陽，故為「以陽召陽」；井中是陰，水也是陰，故為「以陰召陰」，指弟子並非得道。

實則，寒冬取燥灰以生火，是由「寒」而「熱」，亦即互為對照的「寒與熱」相通不相斥，正是「道通為一」（〈齊物論篇〉）的呈顯；炎夏將燒煮後的盛水瓦瓶，懸於井中而成冰，是由「熱」而「寒」，亦即「熱與寒」復通為一，也是「道通為一」的呈顯。

至於魯遽以堂中與室內之瑟為例，「鼓宮宮動，鼓角角動」，是因為音律相同而共振。亦即「堂中之瑟與室內之瑟」通而為一，亦是「道通為一」的呈顯。

另外，關於聲音，試想：所有或高或低的聲音，本就是不可切割的連續性整體，人們只是將其中的「宮、商、角、徵、羽」五音暫時固定在瑟弦上，然而如果改調一弦，使之不合於五音；亦即由固定的音調成為變調，而回返聲音不可切割的連續性整體，那麼也就不離任何一音，因此一旦彈奏，則另一張瑟的二十五弦皆動，宛若「音之君」。故知「改調一弦，於五音無當也，鼓之，二十五弦皆動」，不僅是「堂中之瑟與室內之瑟」通而為一，而且是「改調之音與二十五弦之音」相通，進而彰顯「改調之音與聲音之全體」相通相連，亦為「道通為一」的呈顯。

綜上說明，魯遽「鼓宮宮動，鼓角角動」以及「改調一弦，於五音無當也，鼓之，二十五弦皆動」，皆是得道之呈顯；至於弟子「冬爨鼎而夏造冰」也是得道之呈顯。亦即魯遽與弟子皆得道，並無孰是孰非可說，因此魯遽不應自以為「是」，不應以弟子為「非」。所以莊子藉疑問語「且若是者邪」，指出惠子與魯遽相同，亦為自是者。

「今夫儒墨楊秉，且方與我以辯」至「則奚若矣」，則是惠子自以為牢牢抓住「未始台非」，就可歸屬為「是」，殊不知天下本為「無是無非」。

莊子舉齊人為例，同樣是犯罪，將兒子流放宋國，但家中卻任用犯罪的受刑人；同樣是有所求，對鈃鍾酒器的愛護卻超過走失之子，揭示行為自相矛盾，卻未能自省，仍自以為是。再舉楚人為例，寄人籬下卻自以為是的責備守門人，乘船卻與舟人爭鬥，指出自是者徒然引發仇怨；反之，如果了解「無是無非」而不自是，則無怨尤。

本則寓言揭示：天下本為「無是無非」，如果有此了解，那麼不自以為是，則不至於結下仇怨，也就是〈山木篇〉「人能虛己以遊世，其孰能害之。」

莊子送葬，過惠子之墓，顧謂從者曰：「郢人堊漫其鼻端若蠅翼，使匠石斲之。匠石運斤成風，聽而斲之，盡堊而鼻不傷，郢人立不失容。宋元君聞之，召匠石曰：『嘗試為寡人為之。』匠石曰：『臣則嘗能斲之。雖然，臣之質死久矣！』自夫子之死也，吾無以為質矣！吾無與言之矣！」

「郢」：楚國國都，在今湖北省江陵縣。「堊」：石灰。「漫」：塗。「匠石」：工匠，名石。「斲」：削，砍。「斤」：斧。「聽」：任意。「宋元君」：宋國國君。「嘗能」：尚能。「質」：對象。「夫子」指惠子。

莊子送葬，經過惠子的墳墓，回頭對跟隨的人說：「郢都有個人，將石灰塗在鼻尖上，薄得如同蠅翼一般，請匠石替他削去。匠石揮動斧頭而呼呼生風，隨意地砍下，將石灰完全削去而鼻子毫無損傷，郢人站著面不改色。宋元君聽說這件事，就把匠石找來說：『請你做給寡人看看。』匠石說：『我還是能用斧頭削去石灰。不過，我的對手已經死去很久了！』自從惠子先生死去，我沒有了對手，我沒有可以談話的人了！」

綜觀莊子全書，多次記載與惠子的對談，例如：上一則寓言就是莊、惠對話，然而由敘述中可知惠子尚未了解天下「無是無非」的本質；另外，〈逍遙遊篇〉記載莊子與惠子的兩則對談，清晰可見惠子尚未明瞭「無用與有用」一體不可分的無待義理；〈秋水篇〉「莊子與惠子遊於濠梁之上」寓言，惠子則是尚未明瞭「物我為一」的整體性。

不過，惠子雖然未能了解莊子敘述的無待、整體義理，但是〈天下篇〉附錄的惠子學術與莊子所揭示的大道義理，並不相悖（請參看〈天下篇〉的說明）。換言之，惠子雖然尚未悟道，但是他的學術與大道相通，因此莊子將他視為談話的對象，所以本則寓言記載「自大子之死也，吾無以為質矣，吾無與言之矣。」

管仲有病，桓公問之曰：「仲父之病病矣，可不諱，云至於大病，則寡人惡乎屬國而可？」管仲曰：「公誰欲與？」公曰：「鮑叔牙。」曰：「不可。其為人絜廉善士也，其於不己若者不比之，又一聞人之過，終身不忘。使之治國，上且鉤乎君，下且逆乎民。其得罪於君也，將弗久矣。」公曰：「然則孰可？」對曰：「勿已，則隰朋可。其為人也，上忘而下畔，愧不若黃帝而哀不己若者。以德分人謂之聖，以財分人謂之賢。以賢臨人，未有得人者也；以賢下人，未有不得人者也。其於國有不聞也，其於家有不見也。勿已，則隰朋可。」

「仲父」：齊桓公任用管仲為宰相，匡正天下，九合諸侯，而為霸主，遂尊稱管仲為仲父。「病病矣」指病重。「可不諱」：不可諱，指不避諱；此句為宋．陳碧虛《莊子闕誤》引江南李氏本，至於其它通行本則為「可不謂」。「云」：如。「惡乎」：疑問詞。「屬國」：託付國政。「鮑叔牙」：姓鮑，名叔牙，年少即與管仲為友，知管仲賢而貧，所以兩人做生意的收入，分給管仲的比自己多；後來鮑叔牙跟隨齊桓公，管仲跟隨公子糾；公子糾死，管仲遭囚；鮑叔牙向桓公推薦管仲，桓公任用管仲而成就霸業。「絜」：潔。「比」：親。「鉤」：逆。「勿已」：不得已。「隰朋」：姓隰，名朋，齊國之賢人。「畔」：伴，指不背離。「哀」：憐。「德」：惠，指恩惠。「分人」：給人，指助人。「臨人」：向他人誇耀。「下人」：對人謙遜，宛若在對方之下。「不聞、不見」：均指不苛察，包容。

管仲生病，齊桓公問他說：「仲父的病很重了，不避諱，如果大病不起，那麼寡人將國政託付給誰才好呢？」管仲說：「您想要交給誰？」桓公說：「鮑叔牙。」管仲說：「不可以。他是個廉潔的好人，他對於不如自己的人就不親近，而且一聽說他人的過失，就終身不忘。如果讓他來治國，對上將違逆國君，對下將違逆民眾。過不了多久，他就要得罪國君了。」桓公說：「那麼誰可以呢？」管仲說：「不得已的話，隰朋可以。他的為人，可使居上位者忘了他的存在，居下位者願意與他為伴，他自愧不如黃帝而憐憫不如自己的人。給人恩惠，稱為聖；以錢財幫助人，稱為賢。以賢才向他人誇耀，沒有能得民心的；以賢才來謙遜待人，沒有不得民心的。他對國事不會一一苛察，他對家事不會一一干涉。不得已的話，隰朋可以。」

在此回顧〈田子方篇〉「田子方侍坐於魏文侯」寓言，記載「虛緣而葆真，清而容物」，揭示田子方之師東郭順子，呈顯與大道相同的涵容萬物、無所排斥的特質。

然而本則寓言中，管仲敘述鮑叔牙「其為人絜（潔）廉善士也」至「將弗久矣」，可知鮑叔牙不同於東郭順子，不是「清而容物」，而是「清而不容物」。亦即鮑叔牙並非無所排斥，與人們相處亦非沒有對立、沒有對待、無待、混融。

至於隰朋，「其為人也，上忘而下畔（伴）」。「上忘」是指上位者忘卻隰朋，但這並不意謂著隰朋消失了，而是上位者說不出誰是隰朋。換言之，「隰朋與上位者」混融、沒有對立、沒有對待、無待，是一不是二。「下畔（伴）」指下位者不離隰朋。由此可知隰朋與人們（包括上位者、下位者）的相處，都是和諧、混融、無待。

「愧不若黃帝，而哀不己若者」，指出隰朋謙虛並且包容不如自己之人，不同於鮑叔牙「不己若者不比（親）之」排斥不如自己之人。

「以賢下人，未有不得人者也」，是因為態度謙遜，不與他人對立，而是無待、混融、和諧。至於「以賢臨人，未有得人者也」，則是因為未能與他人無待、混融、和諧之故。

「其於國有不聞也，其於家有不見也」，指出隰朋無論治國或治家，都是包容而不排斥。然而這是否意謂著，對於不貼合大道的狀態也不做任何處理呢？回顧〈田子方篇〉記載東郭順子對於「物無道，正容以悟之」，亦即對於無道之人，就以貼合大道的行為令對方開悟。故可推知：隰朋對於無道的行為與狀態，並非不做任何處理，而是喚醒對方的自覺，引領人們回返於道。

本則寓言舉隰朋為例，指出具有與大道相同的無待特質，無不包容、無所排斥之人，即為治國的良相。

吳王浮于江，登乎狙之山，眾狙見之，恂然棄而走，逃於深蓁。有一狙焉，委蛇攫搔，見巧乎王。王射之，敏給搏捷矢。王命相者趨射之，狙執死。

王顧謂其友顏不疑曰：「之狙也，伐其巧、恃其便以敖予，以至此殛也。戒之哉！嗟乎，無以汝色驕人哉！」顏不疑歸而師董梧以鋤其色，去樂辭顯，三年而國人稱之。

「浮」指泛舟。「狙」：猴。「恂然」：驚慌之貌。「棄」：離。「走」：跑。「蓁」：樹叢。「委蛇」：從容之貌。「攫搔」指攀執樹枝，「攫、搔」：均為抓。「見巧」的「見」：現，呈顯。「敏給」：敏捷。「搏捷」：接。「相者」指吳王的左右侍從，「相」：助。「趨」：急。「執」：墜下。「顏不疑」：姓顏，字不疑，吳王之友。「伐」：矜誇。「恃其便」的「恃」：倚仗，「便」：敏捷。「敖」：傲。「殛」：死。「汝」指顏不疑。「色」：驕色。「董梧」：姓董，名梧，吳國之賢人。「鋤」：除。

吳王泛舟於長江，登上一座猴山，群猴看見人來，都驚慌地跑開，逃到樹叢中。有一隻猴子，從容地攀著樹枝跳躍，向吳王顯現牠的靈巧。吳王射牠，牠敏捷地接住箭。吳王就命左右侍從迅速發箭，牠中箭摔下而死。吳王回頭對他的朋友顏不疑說：「這隻猴子，自以為靈巧、仗著身手敏捷來傲視我，以至於喪命。引以為戒啊！唉，不要以驕傲的態度對人啊！」顏不疑回去就拜董梧為師，以改過他的驕態，摒除享樂，辭去顯榮，三年之後國人都稱讚他。

狙猴「伐（誇）其巧、恃其便（捷）」，也就是誇耀能力，遂遭殺戮。換言之，誇耀能力固然彰顯敏捷出眾，具有「明」的一面，但也有殺身之禍的「暗」的另一面，也就是「明暗」並存。這即為本書多次說明，人間世事無不具有一體兩面的性質，例如：地球受陽光照射，必然是一半為「明」，另一半為「暗」。

顏不疑聽聞吳王指出：明暗並存，一體兩面的性質後，遂拜師以去除驕色，三年後獲得國人之稱讚。這就是《老子．二十二章》「不自見（現）故明」，亦即顏不疑「去樂辭顯」、消弭驕態，雖然看似黯淡無光，但卻有受到稱讚的「明」的另一面。換言之，去除驕色、不矜誇，也是明暗並存，也具有一體兩面的性質。

本則寓言舉狙猴、顏不疑為例，揭示驕傲誇耀與內斂不誇耀，都是明暗並存，亦即和盤托出人間世事都具有一體兩面的性質。

南伯子綦隱几而坐，仰天而噓。顏成子游入見曰：「夫子，物之尤也。形固可使若槁骸，心固可使若死灰乎？」曰：「吾嘗居山穴之中矣。當是時也，田禾一覩我，而齊國之眾三賀之。我必先之，彼故知之；我必賣之，彼故鬻之。若我而不有之，彼惡得而知之？若我而不賣之，彼惡得而鬻之？嗟乎！我悲人之自喪者，吾又悲夫悲人者，吾又悲夫悲人之悲者，其後而日遠矣！」

「南伯子綦」：即〈齊物論篇〉的南郭子綦。「隱」：靠。「噓」：吐氣。「顏成子游」：南郭子綦的弟子。「夫子」：老師。「尤」：異。「固」：何，疑問詞。「田禾」：齊國國君。「先之」指先有名聲。「鬻」：賣。「惡」：何，疑問詞。「嗟乎」：歎詞。「人之自喪者」指人們（包括自己）追逐名聲，失落大道。「喪」指失落大道。「悲人者」指子綦自己。「悲人之悲者」指上述子綦的悲傷。

南伯子綦倚靠桌子坐著，仰頭向天，緩緩吐氣。顏成子游進來見到說：「老師，真是奇特啊。為什麼形體如同枯骨，心神如同熄滅的灰燼呢？」南伯子綦說：「我曾經隱居山穴之中。那個時候，齊君田禾一來看我，齊國民眾就再三向他祝賀。我一定是先有名聲，他才會知曉；我一定是賣弄名聲，他才會來販賣。如果我沒有名聲，他怎麼會知曉呢？如果我不賣弄名聲，他怎麼會來販賣呢？唉！我對人們（包括自己）追逐名聲，以致失落大道感到悲傷；我又對自己感到悲傷；我又對自己的悲傷感到悲哀；然後就一日日地遠離了這些！」

「形固可使若槁骸，心固可使若死灰乎」的意涵，同於〈齊物論篇〉「形固可使如槁木，而心固可使如死灰乎。」該篇曾說明，其意涵是無我。不過，「無我」不是我消失了，而是說不出什麼是「我」，也說不出什麼是與「我」相對的「物」；亦即物我兩忘，回返「萬物與我為一」（〈齊物論篇〉）的混融、沒有對立、沒有對待、無待的整體。由於這是常人難以企及的生命高度，所以子游稱子綦是「物之尤（異）也」。

然而子綦卻指出，往昔尚未回返「萬物與我為一」的混融整體，曾經自異於人，居處山穴，因此聲名在外，以致齊君來見。亦即子綦先自賣隱者之名，齊君遂來買之，繼而再向民眾販售探訪隱者、求賢若渴之名。

「我悲人之自喪者，吾又悲夫悲人者，吾又悲夫悲人之悲者」，揭示由外向內層層深入觀察，首先對人們（包括自己、齊君）執著名聲，以致失落大道不執著的本質，感到悲傷；

繼而對自己感到悲傷；再對自己的悲傷感到悲哀。

然而，縱使因為有所執著而失落大道，但是大道恆存並無得失之可言；一旦有此了解，則可自我提昇回返於道，遵循大道不執著的特質，不再呆滯追逐名聲或情緒悲傷的隅落，適時調整，無所執著，無所停滯，故記載「其後而日遠」。換言之，「其後而日遠」的意涵不在字面，不是遠離人世，而是遠離於刻意追逐名聲、遠離於刻意隱居、遠離於呆滯在悲傷中。

另外〈齊物論篇〉曾說明子綦「隱几而坐，仰天而噓」，但是他與「几、天」並不是常識認為的「物與我」、「天與人」對立，而是「物我」為一，「天人」不二。所以子游驚嘆這是「物之尤（異）也」。

本則寓言揭示：自異於人，離群索居，縱然聲名在外，引來國君相見，並非「物之尤」；然而，不自異於人，回返「萬物與我為一」的混融整體，依隨大道不執著的流動特質，無所羈絆，則可稱為「物之尤」。

仲尼之楚，楚王觴之，孫叔敖執爵而立，市南宜僚受酒而祭，曰：「古之人乎！於此言已。」曰：「丘也聞不言之言矣，未之嘗言，於此乎言之。市南宜僚弄丸而兩家之難解，孫叔敖甘寢秉羽而郢人投兵。丘願有喙三尺。」彼之謂不道之道，此之謂不言之辯，故德總乎道之所一，而言休乎知之所不知，至矣。道之所一者，德不能同也。知之所不能知者，辯不能舉也。名若儒、墨而凶矣。故海不辭東流，大之至也。聖人并包天地，澤

及天下，而不知其誰氏。是故生無爵，死無謚，實不聚，名不立，此之謂大人。狗不以善吠為良，人不以善言為賢，而況為大乎！夫為大不足以為大，而況為德乎！夫大備矣，莫若天地，然奚求焉？而大備矣！知大備者，無求，無失，無棄，不以物易己也。反己而不窮，循古而不摩，大人之誠。

「仲尼」：孔子，字仲尼。「之楚」：往楚。「觴」：酒器之總名，指宴請。「孫叔敖」：姓孫，名叔敖，楚國宰相，甚有賢德。「爵」：酒器。「市南宜僚」：姓熊，字宜僚，楚國勇士，居市南，故稱市南宜僚。「弄丸而兩家之難解」：市南宜僚善弄丸鈴，常八個在空中，一個在手；楚國白公欲作亂，將殺宰相子西，司馬子綦指出宜僚為勇士，若得之，可敵五百人，白公遂派遣使者往見宜僚，欲使宜僚為己所用；使者見宜僚時，宜僚正弄丸而戲，不與使者言，使者以劍相逼，宜僚並不驚懼，既不從命，亦不言它；白公因此未得宜僚，作亂亦不成。「兩家之難解」指宜僚避開兩家大夫相爭的危難。「甘寢秉羽而郢人投兵」：孫叔敖深具知見，安寢而執羽扇，遂使敵國不侵，折衝於千里之外。「秉羽」：執羽扇。「郢人」：楚人，郢是楚國國都。「投兵」：投棄武器而不用，指息兵。「丘」：孔子，名丘。「喙」：口。「三尺」指長。「彼之謂不道之道，此之謂不言之辯」的「彼」：指市南宜僚、孫叔敖，「此」指孔子，「辯」：言說。「德總乎道之所一」指德統於道，「德」指自然天性，「一」指整體性。「休乎」：止於。「舉」：全，盡。「名若儒、墨而凶矣」：儒墨之名相異，遂相爭而有凶險。「并包」：包容。「謚」：人死後，依其生時之行跡，為之立號。「實」指財貨。「善吠、善言」的「善」：喜好。「奚」：何。「易」：改變。「反」：返。「窮」：盡。「循」：順。「摩」：滅。「誠」：實。

孔子前往楚國，楚王宴請他。孫叔敖手執酒器站立著，市南宜僚接過酒來致祭說：「古代的人啊！在這種情景下要說話了。」孔子說：「我曾聽過不言之言，沒有向人說過，在這裡要說一說。市南宜僚玩弄丸鈴，而使自己避開兩家大夫相爭的危難，孫叔敖手執羽扇臥牀安寢而使楚國免於用兵。我真希望自己有三尺長的嘴巴來描述他們。」這二人可稱為不道（說）之道，孔子可稱為不言之辯（言）。因此天性之德歸於道的整體性，而言談停在知之所不知，就是德、知、言的極至了。道的整體性，自然天性之德不能同。知所不能知的，言談不能說盡。名相異，如同儒家、墨家那樣相爭而引發凶險。所以海不推辭向東流向它的河水，因此使它成為極至之大。聖人包容天地，恩澤及於天下，而人們不知他是誰。所以在世時沒有爵位，死後沒有諡號，不執著積聚財貨，不執著建立名聲，這稱為大人。狗不因為喜歡叫就是好狗，人不因為喜歡說話就是傑出，更何況是成就偉大呢！有心成就偉大卻不足以成為偉大，更何況是修養自然天性之德呢！最極至的完備，沒有比得上天地的，但是天地追求什麼呢？它卻是最極至的完備。了解最極至的完備，不執著求取，也無失落可說，無所捨棄、排斥，不因它物改變自己。回返自己與萬物的整體，所以沒有窮盡，順隨自古以來的大道則不滅失，這是大人的真實狀態。

古人在宴會之間，經常贈人以言，因此「古之人乎，於此言已」，就是希望孔子有所贈言。然而孔子卻以「不言之言」指出：互為對照的「言與不言」無從切割，是沒有對立、沒有對待、無待的整體。亦即孔子立足「言與不言」的整體，以整體待命，當言則言，不當言則不言。

「未之嘗言，於此乎言之」，就是由「不言」流動為「言」，再次揭示孔子秉持「不言與言」的整體。接著舉市南宜僚、孫叔敖為例，說明二人就是以「言與不言」的整體待命，當言則言，不當言則不言，所以恰如其分，使得「難解、投（息）兵」。

再看「丘願有喙三尺」，如果僅觀文字表面，似乎是孔子欲以三尺長喙而言。然而回顧「言與不言」無從切割的整體性，便知即使有三尺長喙而「言」，仍然是立足「言與不言」的整體。亦即雖然「言」但卻不曾遠離「不言」，也就是「言而不言」。由此可知「丘願有喙三尺」的意涵不在字面，不是固定於「言」，而是以「言與不言」的整體待命，無所執著。

關於「彼之謂不道（說）之道，此之謂不言之辯（言）」，在此先看「不道（說）之道」，這句敘述也曾記載於〈齊物論篇〉，揭示語言文字無從說明大道。這是因為語言文字在本質上就具有侷限性、遮蔽性。不過「不道（說）」的意涵不在字面，並非語言文字必然不可說明道。試想，莊子著書就是以語言文字說明道，所以不可因「不道（說）之道」的文字字面，便誤以為語言文字必然不可說明道，而是應當如同莊子一般，恰如其分的說明。例如：莊子運用獨特的敘述筆法，激盪讀者由語言文字跳躍至「真實」，那麼仍可避免落入語言文字的侷限性、遮蔽性，仍可發揮語言文字指向「真實」的功能，亦即指向大道不可切割的整體性。因此語言文字並非必然不可說明道，所以可進一步描述為「不道（說）而道（說）之道」。以此，則可彰顯大道並不呆滯在「不道（說）」之一隅。那麼，如果以大道為觀察基準，則可一併明瞭「道（說）與不道（說）」並不是常識所認為的互斥對立，而是沒有對立、沒有對待、無待。簡言之，「不道（說）之道」揭示無待、整體之意涵。

再看「不言之辯（言）」，它的意涵相同於寓言之初記載的「不言之言」。故知「不言之辯（言）」也指向無待、整體之義理。

有以上的了解，則知「彼（宜僚、叔敖）之謂不道（說）之道，此（孔子）之謂不言之辯（言）」，指出宜僚、叔敖、孔子都與大道相同，懷藏無待以及不割裂的整體性。

人們的天性之「德」依歸於道的整體性，這是「德」之極至展現。另外，人們存活在天地之間，雖有所「知」，但也必定有所「不知」，例如：下雨時，不知降雨在哪一個瞬間停止。換言之，以人們的生活為觀察基準，即可明瞭「知與不知」並不是常識認為的互斥對立，而是同存共在，具有不可切割的整體性。了解於此，那麼也就坦然面對「知與不知」，知則言，不知則不言；亦即明瞭「知與不知」的整體性，也就不失「言與不言」的整體性，這是「知」的極至，也是「言」的極至，因此記載「故德總乎道之所一」至「至矣」。

與生俱有的天性之德，依歸於道，並不等同於道，故記載「道之所一者，德不能同也。」不過，天性之德順應自然，不離道的整體性，亦即「道與德」相依相隨，不曾相離。故知「道之所一者，德不能同也」的意涵不在字面，不是「道與德」遙遙相隔沒有關連，在此可進一步描述為「不能同而能同」，以彰顯「道德」相通相隨的本質。

人們如果「知」，則可言說敘述；但是如果「不知」，則無從言說敘述，故記載「知之所不能知者，辯（言）不能舉也。」

「名若儒墨而凶矣」，指出儒墨因為名、言不同，遂互相排斥。但是海無所排斥，因此能成其大；悟道的聖人亦如大海，無不包容，無所排斥，而且不執著名聲，所以記載「故海不辭東流」至「而不知其誰氏」。

然而，回顧前文說明「知與不知」是不可切割的整體，故可了解「不知其誰氏」的意涵不在字面，不是民眾必然不知聖人，而是或許知、或許不知。故可進一步描述為「不知而知其誰氏」，以彰顯「知與不知」一體不可分。

如果僅觀「生無爵，死無謚，實不聚，名不立」四句敘述的文字字面，不免以為聖人排斥爵位、謚號、財貨、名聲，然而是否果真如此呢？

本書多次說明，由不割裂的渾全大道觀之，互為對照的狀態是無從切割的整體。故知互為對照的「爵與無爵」、「謚與無謚」、「實聚與不聚」、「名立與不立」是沒有對立、沒有對待、無待的整體。換言之，這四句敘述的意涵不在字面，不是聖人排斥爵位、謚號、財貨、名聲，也不是固定在無爵、無謚、不聚實、不立名，而是秉持「爵與無爵」、「謚與無謚」、「實聚與不聚」、「名立與不立」無待的整體性，無所執著，也無所排斥。故可進一步描述為「生有爵而無爵，死有謚而無謚，實聚而不聚，名立而不立」，以彰顯聖人與大道相同，具有不執著的特質以及不割裂的整體性。由於聖人無所執著，也無所排斥，如同「海不辭東流」故能成其大，所以記載「此之謂大人」。

接著舉例，好吠之狗與喜好言說之人，執著吠、言，不同於無所執著、無所排斥的聖人，所以不能成其大，故記載「狗不以善吠為良」至「而況為大乎」。

海並非有心為大，而是「不辭東流」順應自然，故能成其大。反之，如果不順應自然，而是有心為大，那麼互為對照的「大與不大」一體不可分，因此有心為大，反將成為不大。至於與生俱有的天性之「德」，並不需要刻意修持，只須順應自然，即可使天性之德飽滿完足。故記載「夫為大不足以為大，而況為德乎」。

天地涵容萬有，但是並非刻意為之，而是順應自然，無所執著也無所排斥；亦即「無求、無棄」，故能成其大，所以記載「夫大備矣」至「無求，無失，無棄」。

關於「無失」，可藉下例來說明。例如：一隻羚羊存活於天地之間，死去後軀體分解，被土壤吸收而長出一叢綠草；亦即天地看似曾經獲得而又失去一隻羚羊，而後再獲得一叢綠草，但這叢綠草必將枯死或被其它草食性動物吃盡。由此則知萬物不斷變動，沒有恆常固定的「得」，也沒有恆定的「失」。所以既無從言「得」，亦無從言「失」，而是無得無失。換言之，「無失」的意涵不在字面，不是天地萬物恆常不變，而是變化不定，所以可進一步描述為「無得無失」，以彰顯了悟大備之人，順應變化而非一成不變。

悟道的大人明瞭「萬物與我為一」（〈齊物論篇〉）和諧並存於天地之間，是無待、混融的整體，因此雖然隨物而動，但是並非被牽著鼻子走，而是依隨整體的運作，故記載「不以物易己也」。由此則知「不以物易己也」的意涵不在字面，不是固定不變，而是依隨整體，順應自然。

之所以「反己而不窮」，是因為悟道的大人與萬物混融，是一不是二；因此「反己」也就是回返「萬物與我為一」的整體，所以無有窮極。

在此回顧〈知北遊篇〉「扁（徧）然而萬物自古以固存」，指出「今」之存在的萬物與四十六億年前地球（天地）形成之「古」時，是不可切割的連續性整體；亦即萬物由「古」演變至「今」，就是大道真實存在的明證。那麼悟道的大人也就可以由「今」追溯至「古」；換言之，大人依隨由「古」至「今」的大道，與萬物同在，即使死去，亦未曾遠離萬物的整體性，並無滅失之可言，也就是前文記載「無失」，因此敘述「循古而不摩（滅）」，大人之誠」。

本則寓言藉由「言與不言」、「知與不知」的整體性，進而揭示悟道者一如天地，具有與大道相同的整體性。

子綦有八子，陳諸前，召九方歅曰：「為我相吾子，孰為祥？」九方歅曰：「梱也為祥。」子綦瞿然喜曰：「奚若？」曰：「梱也將與國君同食以終其身。」子綦索然出涕曰：「吾子何為以至於是極也！」九方歅曰：「夫與國君同食，澤及三族，而況父母乎！今夫子聞之而泣，是禦福也。子則祥矣，父則不祥。」子綦曰：「歅，汝何足以識之！而梱祥邪？盡於酒肉，入於鼻口矣，而何足以知其所自來！吾未嘗為牧，而牂生於奧；未嘗好田，而鶉生於宎，若勿怪，何邪？吾所與吾子遊者，遊於天地。吾與之邀樂於天，吾與之邀食於地；吾不與之為事，不與之為謀，不與之為怪。吾與之乘天地之誠，而不以物與之相攖；吾與之一委蛇，而不與之為事所宜。今

也然有世俗之償焉。凡有怪徵者，必有怪行，殆乎，非我與吾子之罪，幾天與之也。吾是以泣也。」無幾何而使梱之於燕，盜得之於道，全而鬻之則難，不若刖之則易，於是乎刖而鬻之於齊，適當渠公之街，然身食肉而終。

「子綦」：學者認為或許是楚國的司馬子綦，或許是前則寓言的南伯子綦。「陳」：列。「九方歅」：姓九方，名歅，善於相馬。「梱」：子綦之子。「瞿然」：驚訝之貌。「奚若」：何若。「索然」：流淚之貌。「涕」：淚。「極」：困。「三族」：父族、母族、妻族。「夫子」指子綦。「禦」：拒。「邪」：疑問詞。「盡」：全。「而何足、若勿怪」的「而、若」：都是你。「牂」：母羊。「奥」：住屋的西南隅。「田」：獵。「宎」：住屋的東南隅。「所與、與之、不與之」的「與」：予，指教導。「邀」：遇。「乘天地之誠」的「乘」：順，「誠」：真實。「攖」：擾。「一委蛇」指總是順應自然，「一」：全，「委蛇」：順隨之貌。「為事所宜」的「為」：選擇。「償」：報。「殆」：危。「幾天與之」的「幾」：乃、是，「與」指給予。「無幾何」指短時間。「之於燕」的「之」：往。「全」指肢體健全。「鬻」：賣。「刖」指砍去一腳。「適當渠公之街」：恰巧為渠公看門，「適」：恰好，「當」：掌管。

子綦有八個兒子，都排列在他面前，他請來九方歅說：「給我的兒子相命，誰最有福氣？」九方歅說：「梱最有福氣。」子綦驚喜地說：「他會如何呢？」九方歅說：「梱將終身與國君相同飲食。」子綦傷心流淚說：「我的兒子為什麼會陷入這種困境呢！」九方歅說：

「與國君相同飲食，恩澤普及三族，更何況父母呢！現在先生聽了反而哭泣，這是拒絕福份。兒子有福氣，父親卻沒有福氣。」子綦說：「歎，你怎麼能了解其中的道理呢！梱真的有福氣嗎？食物都是酒肉，送入鼻口而已，你怎麼知曉酒肉從哪裡來的呢？我不曾畜牧而住屋的西南角卻出現母羊，不曾喜好打獵而住屋的東南角卻出現鵪鶉，你不覺得奇怪，為什麼呢？我教我的兒子悠遊，是遊於天地之間。我教他們與自然同樂，我教他們求食於地。我不教他們執著於行事，不教他們執著於謀略，不教他們執著於標新立異。我教他們順隨天地的真實，不教他們與萬物相擾；我教他們總是順應整體自然的運作，而不教他們選擇什麼事是合宜。現在竟然有世俗的報償。凡是有奇怪的徵兆，一定有奇怪的事情，危險啊，這不是我與兒子的過錯，是天給予他的。我因此哭泣啊。」沒過多久，他派梱前往燕國，在途中強盜將梱擄走，強盜認為四肢健全恐將逃跑，很難賣出去，不如將腳砍掉容易賣出去。於是砍掉梱的腳而賣到齊國，恰巧為渠公看門，終身都有肉可吃。

首先看「吾所與吾子遊者」至「吾與之邀食於地」，揭示子綦教導兒子們順應天地之自然。

人們通常認定「不為事」就是無用，強烈排斥之，故教導子弟必須「為事」，以凸顯有用；人們不教導子弟順應自然，而是教導凡事以自己的意念進行謀劃，亦即「為謀」；並且教導子弟盡力表現自我不同於眾的特異性，也就是「為怪（特異）」。然而子綦立足渾全不割裂的大道，明瞭互為對照的「為事與不為事」、「謀與不謀」、「怪（特異）與不怪（不特異）」是沒有對立、沒有對待、無待、不可切割的整體。因此順隨自然，不同於大眾，不執著教導兒子「為事、謀、怪」，故記載「吾不與之為事，不與之為謀，不與之為怪」。換言之，這三句敘述的意涵不在字面，不是刻意排斥教導「事、謀、怪（特異）」，而是無所執著也無所排斥。

「吾與（教）之乘天地之誠」至「不與（不教）之為事所宜」，指出教導兒子順應自然，與萬物互動恰如其分，不以自己的意念認定合宜或不合宜，而總是依隨自然。

綜觀以上說明，可知子綦教導兒子凡事順應自然，無所執著也無所排斥；亦即與天地萬物混融，也就是與大道同在。回顧〈齊物論篇〉、〈庚桑楚篇〉均曾說明，天地之間本無「利、害、吉、凶、禍、福」可說，而是無利無害，無吉無凶，無禍無福。簡言之，悟道者與萬物恰如其分地互動，不落入「利、吉、福」之一隅，也不落入「害、凶、禍」之一隅。亦即〈庚桑楚篇〉「禍亦不至，福亦不來；禍福無有，惡（何）有人災也。」

不過寓言之初，九方歅看出梱將終身與國君同食，也就是梱有世俗認為的福，亦即「世俗之償」；另外，子綦自述「吾未嘗為牧」至「鶉生於宎」，獲得羊與鴾鶉，也是世俗認為的福（世俗之償）。然而《老子．五十八章》「禍兮福之所倚，福兮禍之所伏。」揭示互為對照的「禍福」相互依倚，是不可切割的整體。那麼梱與國君同食之「福」，必有「禍」相隨，所以子綦悲泣。爾後，梱遭盜賊擄走並刖足，就是印證。

本則寓言揭示「禍福」相依，不可切割；人們追求「福」，則「禍」亦將隨之。但是若能依隨大道，了解天地之間本無禍福可說，順應自然，無所執著也無所排斥，不落入「禍、福」之任一隅落，則是無禍無福。

齧缺遇許由，曰：「子將奚之？」曰：「將逃堯。」曰：「奚謂邪？」曰：「夫堯畜畜然仁，吾恐其為天下笑。後世其人與人相食與！夫民，不難聚也，愛之則親，利之則至，譽之則勸，致其所惡則散。愛利出乎仁義，捐仁義者寡，利仁義者眾。夫仁義之行，唯且無誠，且假夫禽貪者器。是以一人之斷制利天下，譬之猶一覕也。夫堯知賢人之利天下也，而不知其賊天下也，夫唯外乎賢者知之矣。」

「齧缺」：許由之師。「許由」：與堯同時代的智者。「奚之」：何往，「奚」：疑問詞。「邪」：疑問詞。「畜畜然」：勤勞之貌。「相食與」的「與」：歟，感嘆詞。「勸」指勤奮。「致」：送。「捐」：棄，指不執著。「仁義之行，唯且無誠」的「之」：若，「唯」：則，「且」：將，「無誠」：不貼合真實，「誠」：實。「假」：借，指給予。「禽貪」：凶貪。「斷制」指判斷，「制」：斷。「覕」：瞥。「賊」：害。「外」：去除，指不執著。

齧缺遇到許由，說：「你要去哪裡？」許由說：「要逃避堯。」齧缺說：「為什麼呢？」許由說：「堯孜孜不倦地推行仁愛，我擔心他將被天下人嘲笑。後世大概會有人吃人的事情啊！民眾不難聚集，愛護他們就會來親近，給他們利益就會前來，讚譽他們就會勤奮，給予他們厭惡的就會離散。愛護與利益出於仁義，不執著仁義的人很少，利用仁義的人很多。如果執著推行仁義，則將不貼合真實，成為借給貪求者的工具。這是只憑一個人的判斷來認定什麼對天下有利，就如同一瞥之見。堯知曉賢人有利天下，卻不知賢人賊害天下，只有不執著賢人的智者才了解。」

關於「仁（愛）、義（宜）」，〈齊物論篇〉、〈大宗師篇〉均曾說明，大道通貫天地萬物，是不割裂的渾全整體，至於天地萬物依隨大道，也相同的具有不可切割之整體性。因此立足大道，明瞭人類是萬種物類之一，齊同平等於萬物，依循這項與生俱有的自然天性之「德」，愛護自己，同時尊重所有存在，也就是順隨萬物的天性之「德」，與萬物恰如其分的互動，仁（愛）、義（宜）就已涵融在整體的運作中，並不需要特別標舉。亦即仁義本就是大道整體的一部分，本就涵藏在自然天性中。

但是如果未能明瞭上述的整體性，人們的行為也未能依循順應萬物自然本質的準則，反而創設「仁（愛）、義（宜）」之詞，欲引導人們的行為固定於仁義。殊不知這對人們的行為雖有引導的功效，但是額外標舉的「仁（愛）、義（宜）」只是截取大道整體中的局部隅落，如果過度執著則將偏離整體性的均衡運作，亦即行為固定在額外標舉的仁義，也就停滯在整體中的局部隅落，以致更加遮蔽大道的整體性。而且額外標舉的仁義，並未廣及於天地萬有，而是狹隘地僅限於人類之間，追求僅以人類為考量的狹隘「仁（愛）、義（宜）」，卻產生有愛便不免有偏私的流弊；又因為整體性被遮蔽，人們並非以整體的運作來判斷合宜與否，而是以自我為中心進行判斷，遂演變為符合一己的利益就視之為「義（宜）」，亦即產生將利益視為合宜的流弊。

綜言之，額外標舉的「仁（愛）、義（宜）」對人們的行為雖有引導的功能，但卻使大道的整體性更加被遮蔽，而且僅僅追求以人類為考量的狹隘「仁（愛）、義（宜）」，卻產生偏私的流弊，以及將利益視為合宜的流弊。由此即可了解，額外標舉的仁義雖然有「明」的一面，但也有「暗」的另一面。亦即額外標舉的「仁義」具有明暗並存、一體兩面的性質，不足以使人們的相處回返整體性的和諧，也不足以使人類與天地萬有的整體回返均衡狀態，人類仍然停滯在整體性遭受遮蔽的錯誤之中。

理想狀態則是：立足大道的整體性，與天地萬物沒有對立、沒有對待、無待、和諧、混融，以整體為念，行仁義之實，而不存行仁義之念。但是這樣的人甚少，故記載「捐（不執著）仁義者寡」；至於利用仁義之名，進行巧取豪奪者極多，故記載「利仁義者眾」至「且假乎禽貪者器」。

由以上說明可知，「仁、義」之德目，僅只是截取大道整體中的局部隅落，如果過度執著則將偏離整體性的均衡運作；而且一旦偏離，未能導正，縱使每日僅有如同髮絲般的細微偏離，但是長此以往，一年、十年、百年、千年之後，則偏離甚鉅，嚴重流失整體和諧均衡運作的本質。以此則知，寓言之初何以記載「後世其人與人相食與」。

大眾稱讚仁義，殊不知仁義對天下有利，但也有害。這就是本書多次說明，人間世事無不具有一體兩面的性質，有光明面就有晦暗面，亦即「明暗並存」。故知莊子在此並非與大眾唱反調，而是和盤托出，指出常識未留意的一體兩面之另一面。

堯只見仁義有利的一面，卻未見有害的另一面，未能察見「利害」同存並在的完整全貌，故記載「是以一人之斷制利天下，譬之猶一覕（瞥）也」。既然仁義對天下有利也有害，那麼以仁義治天下的賢人，對天下也是有利有害；亦即賢人也具有一體兩面的性質，故記載

「堯知賢人之利天下也，而不知其賊天下也。」至於悟道者明瞭賢人一體兩面的性質，因此依隨大道順應自然的本質，無所執著也無所排斥，故記載「夫唯外乎賢者知之矣」。

本則寓言指出「仁義」以及運用仁義治理天下的「賢人」，對天下都是有利有害，都具有一體兩面的性質；進而揭示立足大道，順應自然，不執著仁義、賢人，則不落入「利、害」之任一隅落，而是無利無害，恰如其分。

有暖姝者，有濡需者，有卷婁者。所謂暖姝者，學一先生之言，則暖暖姝姝而私自悅也，自以為足矣，而未知未始有物也，是以謂暖姝者也。濡需者，豕蝨是也，擇疏鬣，自以為廣宮大囿，奎蹄曲隈，乳間股腳，自以為安室利處，不知屠者之一旦鼓臂布草，操煙火，而已與豕俱焦也。此以域進，此以域退，此其所謂濡需者也。卷婁者，舜也。羊肉不慕蟻，蟻慕羊肉，羊肉羶也。舜有羶行，百姓悅之，故三徙成都，至鄧之墟而十有萬家。堯聞舜之賢，舉之童土之地，曰冀得其來之澤。舜舉乎童土之地，年齒長矣，聰明衰矣，而不得休歸，所謂卷婁者也。是以神人惡眾至，眾至則不比，不比則不利也。故無所甚親，無所甚疏，抱德煬和以順天下，此謂真人。於蟻棄知，於魚得計，於羊棄意。

「暖姝」指淺見自喜。「濡需」指偷安自得。「卷婁」指勞苦不休。「先生」：老師。

「未始有物」指道的整體性。「豕」：豬。「鬣」：獸頭上的長毛。「囿」：園林。「奎」：兩腿之間。「曲隈」：胯內。「股」：大腿。「鼓」：舉。「域」：境。「慕」：愛。「羶」：羊的氣味。「鄧」：地名，在今河南省南陽附近。「墟」指村落。「童土」：禿土，荒地。「冀」：希望。「澤」：恩澤。「年齒長」指年老。「聰明衰」指耳目衰。「比」：親。「不利」：不和。「踈」：疏。「德」指自然天性。「煬」：養。「於蟻棄知」指百姓不執著追隨仁君，「蟻」指百姓，「知」：分辨仁君之知。「於魚得計」指魚將生命安頓在江湖之水中，「計」指生命規劃。「於羊棄意」指舜不執著仁愛的意念，「羊」指舜，「棄」指不執著。

有沾沾自喜的人，有偷安自得的人，有勞苦不休的人。所謂沾沾自喜的人，只學了一位老師的言論，就心悅誠服暗自得意，自以為博學，而不知大道的整體性，所以稱為沾沾自喜的人。偷安自得的人，像豬身上的蝨子，選擇豬鬃稀疏的地方，自以為身處廣闊的宮庭園林，寄居在豬的蹄邊、胯下、胸部乳間、大腿、腳內，自以為是安居便利的處所，不知屠夫有一天舉起手臂，鋪下柴草生起煙火，自己就與豬一同燒焦了。像這樣隨著環境而進，隨著環境而退，這就是所謂偷安自得的人。勞苦不休的人，像是舜。羊肉不愛慕螞蟻，螞蟻卻愛慕羊肉，因為羊肉有腥羶的氣味。舜的行為有腥羶的氣味，百姓喜愛，所以遷徙三次，百姓都跟隨而成為都城，到達鄧地而聚集十萬戶人家。堯聽說舜的賢能，將他從荒野中拔舉出來，說是希望獲得舜為百姓帶來的恩澤。舜從荒野中被拔舉出來，年歲大了，耳目衰頹，卻不能退休，這就是所謂勞苦不休的人。所以神人惡而不惡眾人來歸，眾人來歸就不親而親，不親而親就不和而和。他與大眾不特別親近，也不特別疏遠，秉持天性之德，存養和諧之氣以順應天下，這就稱為真人。真人使百姓（螞蟻）不執著追隨仁愛之君，使魚回返江湖，使舜（羊）不執著仁愛的意念。

先看暖姝，關於「未始有物」，〈齊物論篇〉亦曾記載，該篇曾說明其意涵不在字面，並非天地頑空無一物，而是指萬物相連相通、不可切割，因此說不出任一獨立之物。換言之，「未始有物」指向通貫天地萬物的渾全大道。由此則知，暖姝「未知未始有物」的認知，有其侷限性而未能明瞭大道的整體性。

再看濡需是寄居豬體的蝨子，認為豬體「安、利」；這是譬喻攀緣富貴之人，以為富貴可長久「安、利」。然而人間世事「無動而不變，無時而不移」（〈秋水篇〉），亦即一切都在改變，沒有恆常不變的「安、利」。另外，本書多次說明，由不割裂的渾全大道觀之，互為對照的狀態是無從切割的整體；故知互為對照的「安與危」、「利與害」一體不可分。換言之，富貴並非僅有「安、利」的單一面向，而有「危、害」的另一面，亦即富貴具有一體兩面的性質。「安、利」終將流動變化為「危、害」，故記載「不知屠者之一旦鼓臂布草」至「此以域進，此以域退。」反之，如果「不以域進」，也就是不攀緣富貴，則無「安、利」之一面；那麼也就「不以域退」，沒有「危、害」之另一面。

簡言之，濡需僅見局部之單一面向，未能察見完整的全貌，亦即如同暖姝，未能明瞭大道的整體性。

至於卷婁，則是指舜。由於舜有仁愛之行，引來百姓愛慕，如同羊肉腥羶，引來螞蟻愛慕。然而，舜非但引來百姓，更引來堯的注意，爾後繼承堯的天子職位，縱使年老體衰，卻勞苦不得休歸。換言之，舜僅知仁行有百姓愛慕的「明」之一面，而不知有己身勞苦的「暗」之另一面，亦即尚未明瞭「明暗」不可切割的整體性。簡言之，卷婁停滯在單一隅落，如同暖姝、濡需，未能明瞭大道的整體性。

關於「神人惡眾至」，如果僅觀文字表面，似乎是悟道的神人厭惡並且疏遠大眾；然而，若果真如此，豈不是與後文「無所甚踈（疏）」相互矛盾嗎？那麼這是否意謂著「神人惡眾至」的意涵不在字面呢？此一疑問，隨後即可獲得解答。

先看「無所甚親，無所甚踈（疏）」，指出神人與大眾既不固定於「親」，也不固定於「疏」。換言之，神人立足「親與疏」不可切割的混融整體，以「親與疏」的整體待命，隨機因應，適時調整，故記載「抱德煬（養）和以順天下，此謂真人。」

由此則知，「神人惡眾至」的意涵不在字面，不是神人厭惡、疏遠大眾，而是與大眾或親或疏，無所執著也無所排斥，故可進一步描述為「神人惡而不惡眾至」，以與「無所甚親，無所甚踈（疏）」相呼應。

既然神人並非厭惡、疏遠大眾，那麼「眾至則不比（不親），不比（不親）則不利」的意涵是否僅止於字面呢？試想，由不割裂的渾全大道觀之，互為對照的狀態是無從切割的整體，故知互為對照的「不比（不親）與比（親）」、「不利與利」一體不可分，亦即神人與大眾並非始終固定在「不比（不親）、不利」，而是未曾遠離「比（親）、利」，故可進一步描述為「眾至則不比而比，不比而比則不利而利」，以彰顯神人具有與大道相同的整體性。

神人也就是真人，不僅與道同在，而且引領百姓（亦即螞蟻）回返於道，以大道的整體性安頓生命，如同〈大宗師篇〉「泉涸，魚相與處於陸，相呴以濕，相濡以沫，不如相忘於江湖。」魚置身江湖之水中，生命依隨整體的運作，安適平穩，也就不執著相互濡沫的仁愛，亦即不執著追隨仁愛之君。至於舜（亦即羊）也將自我安頓在道的整體性之中，依循大道順應自然的本質，與萬物恰如其分的互動，雖無仁愛可說，但仁愛卻自然涵融在整體的運作中；亦即行仁愛之實，而不存行仁愛之念。故記載「於蟻棄知，於魚得計，於羊棄意。」

本則寓言舉三種生命型態為例，指出未能立足大道的整體性，也就未能平穩安頓生命；但是如果回返渾全不割裂的大道，順隨大道整體性的運作，不僅無所執著，也可自我安頓恰如其分。

以目視目，以耳聽耳，以心復心。若然者，其平也繩，其變也循。古之真人，以天待人，不以人入天。古之真人，得之也生，失之也死，得之也死，失之也生。藥也，其實堇也，桔梗也，雞壅也，豕零也，是時為帝者也，何可勝言！句踐也以甲楯三千棲於會稽，唯種也能知亡之所以存，唯種也不知其身之所以愁。故曰，鴟目有所適，鶴脛有所節，解之也悲。故曰，風之過河也有損焉，日之過河也有損焉。請只風與日相與守河，而河以為未始其攖也，恃源而往者也。故水之守土也審，影之守人也審，物之守物也審。故目之於明也殆，耳之於聰也殆，心之於殉也殆。凡能其於府也殆，殆之成也不給改。禍之長也茲萃，其反也緣功，其果也待久。而人以為己

實，不亦悲乎！故有亡國戮民無已，不知問是也。故足之於地也踐，雖踐，恃其所不蹍而後善博也；人之於知也少，雖少，恃其所不知而後知天之所謂也。知大一，知大陰，知大目，知大均，知大方，知大信，知大定，至矣。大一通之，大陰解之，大目視之，大均緣之，大方體之，大信稽之，大定持之。盡有天，循有照，冥有樞，始有彼。則其解之也似不解之者，其知之也似不知之也，不知而後知之。其問之也，不可以有崖，而不可以無崖。頡滑有實，古今不代，而不可以虧，則可不謂有大揚搉乎！闔不亦問是已，奚惑然為！以不惑解惑，復於不惑，是尚大不惑。

「復」：求。「繩」指直。「循」：順。「以天待人」：此句為宋．陳碧虛《莊子闕誤》引張君房本，至於其它通行本則為「以天待之」。「入」：侵，指干擾。「其實堇也」的「實」：即，就是。「堇」：藥草名，即烏頭，治風冷痺。「桔梗」：藥草名，治心腹血瘀症。「雞壅」：藥草名，即雞頭草，服之延年。「豕零」：一名豬苓，根似豬卵，治渴病。「句踐也以甲楯三千棲於會稽」：句踐是春秋時代越國（現今浙江）的國君，被吳王夫差打敗時，率領三千士兵退守會稽山。「甲楯」指士兵。「棲」：登山。「會稽」：山名，在現今浙江省紹興縣。「種」：文種，句踐的謀臣，助句踐敗亡吳國後，遭句踐猜疑而自殺。「所以存、所以愁」的「所以」：可以。「鴟」：貓頭鷹。「脛」：腿。「節」：適。「解」：去。「只」：語中助詞，無特殊意涵。「守」：不離。「其攖」：有損，「攖」：損。「審」：定。「殆」：

危。「殉」：逐。「凡能其於府」的「能」：指明、聰、殉，「於」：如，「府」：藏。「不給改」：不能速改。「茲萃」：益多。「反」：返。「緣功」指修養的功夫。「果」：成。「戮民」：殺人。「問是」的「是」：指整體的道理。「踐、蹍」：都是踩踏。「善博」指遠行。「大一」指道的整體性。「大陰解之」的「解」：達。「緣之」的「緣」：順。「體」：容、含。「稽」：至。「持」：守。「盡」：全。「冥」：暗。「樞」：道的樞要。「彼」指道。「似」：以，藉。「崖」：界。「頡滑有實」的「頡滑」指不同，「實」指本質。「代」：易。「虧」：減，損。「大揚搉」：大略。「闔不」：何不。「奚」：何。

用眼睛去看眼睛能看見的，用耳朵去聽耳朵能聽到的，用心去求取心能了解的。能做到如此，生命持平如繩一般地直，遇到變動則是順隨於變。古代的真人，以天之自然來對待人事，不以人事干擾自然。古代的真人，以得為生，以失為死；以得為死，以失為生。藥材，它們就是烏頭、桔梗、雞頭草、豬苓根這些藥草，當需要用它做主藥時就尊貴了，這樣的例子怎麼說得完呢！句踐被吳王夫差打敗時，率領三千士兵退守會稽山，只有文種能知越國雖亡但仍可以圖生存，也只有文種不能知自己有殺身之禍。所以說，貓頭鷹的眼睛只在夜晚適用，鶴的腿必須那麼長才適用，截短了牠就悲傷。所以說，風吹過會使河水有所減損，太陽照過也會使河水有所減損。讓風與太陽都不離河水，而河水沒有任何減損，那是靠著水由源頭不斷灌注。因此水不離土是一定的，影不離人是一定的，物不離物是一定的。所以眼睛過度追求明，就會危險；耳朵過度追求聰，就會危險；心智過度向外追逐，就會危險。凡是收藏明、聰、殉（逐）的能力，就會危險；危險一旦形成，就來不及改善了。禍患的滋長越來越多，若要回返沒有禍患的天生能力，需要修養的功夫，要想有所成，須待長久的時日。而人們還將明、聰、殉（逐）當做寶貝，不是可悲嗎！因此亡國殺人的事件不會止息，就是因為不知探討上述整體的道理。腳踩在地上，雖然只踩一小塊地面，但是靠著沒有踩到的地面而後可以遠行；人之所知很少，雖然少，但是靠著不知而後可以了解天之自然。了解大一、大陰、大目、大均、大方、大信、大定的整體性，這就是最高境界了。大一的整體性無所不通，大陰通達陰與陽，大目涵容見與不見，大均無不順應，大方涵容任何方向，大信使不信達至信，大定持守道的整體性。完全順應自然，依循自然的整體性，有暗有明就是道的樞要，有始有終就是道。了解是藉由不了解，知是藉由不知，不知而後知。探問道，不可以有邊界，也不可以沒有邊界。萬物紛雜不同但是存在的本質相同，古今沒有變易，沒有任何減損，這還不能說是它的大略嗎！為什麼不來探問整體的道理呢？為什麼有疑惑呢？以整體性的不惑消解對立性的疑惑，回返於整體性的不惑，這就是人人崇尚的大不惑。

人們的眼、耳、心，雖有「見、聽、知」的能力，但是也有所「不能見、聽、知」，例如：在沒有光線的暗處不能見物，不能聽振動頻率在二十至二萬赫茲之外的聲音，不能知火山何時爆發。換言之，以人們的生活為觀察基準，即可明瞭「見與不能見」、「聽與不能聽」、「知與不能知」、「能與不能」並不是常識認為的互斥對立，而是同存共在人們的生活中，具有不可切割的整體性。如果了解上述的整體性，也就不至於意圖消滅「不能見、聽、知」，而是持平運用眼、耳、心的能力，縱然遭遇「不能見、聽、知」的變化，也可順應而非排斥，故記載「以目視目」至「其變也循」。

人們的「能與不能」是「天」，亦即這是與生俱有的自然天性。悟道的真人順隨天之自然，故記載「以天待人，不以人入天。」

關於「得之也生，失之也死；得之也死，失之也生」四句敘述，若以「得、失」做為觀察點，那麼無論「得」或「失」都是有生有死；若以「生、死」做為觀察點，那麼無論「生」或「死」都是有得有失。換言之，這四句敘述揭示「得、失、生、死」是一不是二，無從切割。真人明瞭於此，也就是明瞭人們「能」生、死、得、失，「不能」無生、無死、無得、無失；因此，不同於大眾，既不執著「生、得」，也不排斥「死、失」，而是順應生死得失的變化。亦即這四句敘述是舉生死、得失為例，說明前文「其平也繩」至「不以人入天」；也同時指出真人集「能與不能」於一身。

繼續舉例，指出數種通常被認為是賤藥的藥材，並非固定在「賤、不能」，而有「貴、能」之時。亦即藉藥材為例，揭示「能與不能」並存。至於「何可勝言」，則是指出「能與不能」相通為一體的例子，非常之多。

隨之，舉例文種「能」知越國雖敗亡但仍可圖存，卻「不能」知輔佐越王句踐兵敗吳國之後，將有殺身之禍。亦即揭示文種也是集「能與不能」於一身。

貓頭鷹的眼睛於夜晚「能」見物，但在白晝「不能」見物；鶴腿之長是自然天性，「能」長「不能」短，故記載「鴟目有所適」至「解之也悲」。這是舉兩種動物為例，指出牠們都是集「能與不能」於一身。

「風之過河也有損焉」至「恃源而往者也」，指出風與日雖「能」使河的水量減少，但「不能」使河的源頭之水不流入河中。亦即舉風與日為例，指出它們也都是集「能與不能」於一身。

環顧人們生活的環境，「水與土」同存共在，不曾相離；「人與影」相依而不離；至於萬物是不可切割的連續性整體，亦即所有物類都是「物與物」不相離，故記載「水之守土也審，影之守人也審，物之守物也審。」亦即這三句敘述指出：萬物（例如：水與土、人與影）都是「能」相守，「不能」相離。換言之，這是舉萬物為例，指出「能與不能」無從切割。

由以上眾多舉例，可知萬事萬物都是集「能與不能」於一身，都具有一體兩面的性質，所以無庸排斥「不能」，而是以「能與不能」的整體待命，「能」則為，「不能」則不為，也就是「以天待之」，則可呈現「其平也繩，其變也循」的理想狀態。反之，如果背離上述的整體性，無止盡地追逐眼見之明、耳聽之聰、心之認知，誤以為追逐「能」就可拋棄「不能」，卻未明瞭拋棄整體的一方，也就是拋棄整體，因此整體的自然均衡與恰如其分的運作，都將一併失去，以致難以回復本就具有的天賦能力，故記載「故目之於明也殆」至「不亦悲乎」。這些危險與悲哀，都是由於不了解「能與不能」的整體性，故記載「不知問是也」。

人們的行走是藉著腳「踩」與「未踩」之地，相互搭配，才可完成。換言之，以行走做為觀察基準，便知「踩與未踩」之地，不是常識認為的互斥對立，而是不可切割的連續性整體。故記載「足之於地也踐」至「而後善博也」，亦即這是舉「行走、腳踩地」為例，揭示道的整體性。

前述曾說明，人們存活天地之間，雖有所「知」，但是也有所「不知」，亦即「知與不知」同存共在，具有不可切割的整體性，這是「天」之自然，也是人們與生俱有的天性本質，故記載「人之於知也少」至「而後知天之所謂也」；亦即這是舉「知」為例，揭示道的整體性。

「大一通之」的意涵，可藉〈齊物論篇〉「道通為一」來了解，亦即萬物通貫為一，具有不可切割的整體性，就是道的呈顯。簡言之，「大一」揭示道的整體性。

再看「大陰解之」，回顧〈天道篇〉、〈刻意篇〉均曾記載「靜而與陰同德，動而與陽同波」，指出聖人不離「動與靜」、「陰與陽」的整體性，同時揭示互為對照的「陰與陽」本就是無從切割的整體。故知「大陰」不是常識認為與「陽」對立之意，而是指向「陰與陽」沒有對立、沒有對待、無待、混融為一。亦即明瞭「陰」通往「陽」，就是大陰，故記載「大陰解（通達）之」。簡言之，「大陰」同於「大一」，也揭示道的整體性。

關於「大目視之」，前述曾說明，人們的眼睛雖有所「見」，但也有所「不見」。換言之，以人們的生活為觀察基準，即可明瞭「見與不見」同存共在，具有不可切割的整體性。故知大目之「見」並不排斥「不見」，而是了解「見與不見」是無從割裂的整體。簡言之，「大目」同於「大一、大陰」，也指向道的整體性。

關於「大均緣之」，可參看〈齊物論篇〉「聖人和之以是非，而休乎天均」，揭示聖人了解「無物不然，無物不可」，因此基於天地之間並無「是、非」的本質性，調和或順應人們各自提出的是、非主張，以自然均衡並且相通的整體性，止息是、非的爭執。亦即「天均」指向自然均衡並且相通的整體性，這也是「大均」的意涵，由此則知大均為何可以「緣（順）之」。簡言之，「大均」同於「大一、大陰、大目」，也揭示道的整體性。

再看「大方體（容）之」，回顧〈秋水篇〉「兼懷萬物，其孰承翼，是謂無方」，指出胸懷萬物之整體性，所以不執著任何固定的方向，也就是以萬物的全方位做為方向。換言之，「無方」就是任何方向，這也是「大方」的意涵，由此則知大方為何可以「體（容）之」。簡言之，「大方」同於「大一、大陰、大目、大均」，也揭示道的整體性。

關於「大信稽（至）之」，可參看《老子．四十九章》「信者吾信之，不信者吾亦信之，德信。」指出聖人不僅接納誠信的民眾，也大度包容不誠信的民眾，並且引導他們適時節制不當的舉動，回歸自然天性中的誠信，所以最終總是獲得誠信的民眾。這印證互為對照的「不信與信」互通互往，並非不相往來的互斥狀態。由此則知「大信」並不排斥「不信」，而是引領「不信」流動至「信」，通貫「信與不信」，呈顯不割裂的整體性；故知大信為何可以「稽（至）之」。簡言之，「大信」同於「大一、大陰、大目、大均、大方」，也指向道的整體性。

再看「大定持之」，回顧〈天道篇〉「通乎道，合乎德，退仁義，賓禮樂，至人之心有所定矣」，指出悟道的至人就是定於道的整體性，以及無待和諧的天性之德。故知「大定」就是持守道德而不離。簡言之，「大定」同於「大一、大陰、大目、大均、大方、大信」，也指向道的整體性。

明瞭上述「大一」至「大定」的義理，回返道的整體性，依循大道順應自然的本質，故記載「盡有天（自然）」。

關於「循有照」，回顧〈齊物論篇〉「聖人不由，而照之以天」，指出聖人不由「彼（非）與是（此）」對立的角度來進行觀察，而是以「天」的自然來進行觀察，也就是以「天地之運作」為觀察基準，不呆滯在「彼（非）」或「是（此）」的任一隅落，而是觀察完整的全貌，明瞭天地之間並無「是、非、彼、此」的對立可說。故知「循有照」就是依循天（自然）的整體性。

再看「冥有樞」，回顧〈知北遊篇〉「昭昭（明）生於冥冥（暗）」，指出「暗」流動為「明」的變化，就是道；亦即「暗與明」相連相通，就是道的呈顯。另外，〈齊物論篇〉「彼是莫得其偶，謂之道樞，樞始得其環中」，指出明瞭道的樞要，就是懷抱道的整體性，了解「是、非、彼、此」沒有對立、沒有對待、無待，因此如同立足空虛的環中，不抓持任一隅落的「實」，而是無所執著地依隨整體的變動。故知「冥有樞」揭示大道遷流不定，由「冥（暗）」流動至「明」，再流動至「冥（暗）」，循環往復，故可進一步描述為「冥（暗）明有樞」，以彰顯「冥（暗）」不離「明」，就是道的整體性。

繼續看「始有彼（道）」，回顧〈秋水篇〉「終則有（又）始」，指出互為對照的「始與終」無從切割。故知「始有彼（道）」揭示道以不執著的流動特質，順應萬事萬物由始而終，終而復始，變動不居，因此可進一步描述為「終始有彼（道）」，以彰顯「終始」不相離，就是道的整體性。

由以上敘述明瞭道的整體性，以及萬事萬物也相同地具有不可切割的整體性，則知互為對照的「解與不解」、「知與不知」也是無從切割，同存共在人們的生活中，故記載「則其解之也似（以）不解之者，其知之也似（以）不知之也，不知而後知之。」

如果僅觀「其問之也，不可以有崖，而不可以無崖」三句敘述的文字表面，似乎是拋棄「有崖、無崖」；然而是否果真如此呢？回顧本書多次說明，由不割裂的渾全大道觀之，互為對照的狀態是無從切割的整體。故知互為對照的「有崖與無崖」一體不可分，所以這三句敘述是指出：在「有崖與無崖」的整體中，不固定在「有崖」也不固定在「無崖」，而是適時調整，無所執著。亦即這三句敘述的意涵不在字面，不是拋棄一切，不是頑空，而是指出探問大道必須不離整體性，不可偏滯任一隅落。

回顧〈秋水篇〉「萬物一齊，孰短孰長」，指出萬物的形貌雖然各自不同，但是穿過表象，明瞭任何存在都是組成天地萬物無從切割的連續性整體之一環，存在的本質相同，而且是齊同平等，並無優劣之別。故記載「頡滑（不同）有實」。

「古今不代（易）」，指出古今不曾改易，也就是〈知北遊篇〉記載「古猶今」，亦即「古今」不是常識認為沒有關連的兩種狀態，而是無從切割的連續性整體，是一不是二。

以上舉萬物、古今為例，說明所有存在都相同地具有不可切割的整體性，進而揭示：這就是道的主旨，故記載「而不可以虧，則可不謂有大揚搉（大略）乎」。遺憾的是，人們長期被常識籠罩，停滯在割裂整體的對立性錯誤中，即使身處無從切割的連續性整體，卻總是提出對立性的疑惑。然而，如果明瞭上述眾多舉例，進而化除常識對立性的錯誤，回返渾全不割裂的大道，也就不再提出任何疑惑，故記載「闔不亦問是已」至「是尚大不惑」。

本段敘述藉著眾多舉例，指出「能與不能」同存並在，人人都是集「能與不能」於一身，這是天之自然，也是人們與生俱有的天性本質，依隨這項本質，則生命持平運作，不落入危殆；又藉著「知與不知」等眾多舉例，揭示道的整體性，敦促讀者化除常識對立性的錯誤，回返於道，依隨整體的運作，以此而安身立命，無疑無惑。

則陽

如何才可深入人心？使用智巧，抑或依隨大道的整體性以及與生俱有的自然天性之德？自然天性是否因為遭受遮蔽，被人們遺忘，便不存在？

則陽游於楚，夷節言之於王，王未之見，夷節歸。彭陽見王果曰：「夫子何不譚我於王？」王果曰：「我不若公閱休。」彭陽曰：「公閱休奚為者邪？」曰：「冬則擉鼈于江，夏則休乎山樊，有過而問者，曰：『此予宅也。』夫夷節已不能，而況我乎！吾又不若夷節。夫夷節之為人也，無德而有知，不自許，以之神其交，固顛冥乎富貴之地，非相助以德，相助消也。夫凍者假衣於春，暍者反冬乎冷風。夫楚王之為人也，形尊而嚴；其於罪也，無赦如虎。非夫佞人正德，其孰能撓焉！故聖人，其窮也使家人忘其貧，其達也使王公忘爵祿而化卑。其於物也，與之為娛矣；其於人也，樂物之通而保己焉。故或不言而飲人以和，與人並立而使人化。父子之宜，彼其乎歸居，而一閒其所施。其於人心者若是其遠也，故曰待公閱休。」

「則陽」：姓彭名陽，字則陽，魯國人，前往楚國，欲事楚文王。「游」：遊。「夷節」：姓夷，名節，楚國大臣。「王果」：楚國之賢大夫。「夫子」指王果。「譚」：談說。「公閱休」：隱士。「奚」：何。「邪」：疑問詞。「擉」：刺。「樊」：傍。「德」指自然天性。

「自許」：自信。「以之」：因此。「神」：伸，展。「固」：久。「顛冥」：迷惑。「消」：損。「假」：藉。「暍」：中暑。「反」：求。「佞」：才。「撓」指說服。「娛」：樂。「樂物之通」的「物」：指人，「通」指往來。「飲」指給予。「一」：全。「閒」：息。

彭則陽遊歷到了楚國，夷節向楚王推薦，但楚王沒有接見則陽，夷節只好回去了。彭則陽去見王果說：「先生為什麼不在楚王面前提到我？」王果說：「我不如公閱休。」彭則陽說：「公閱休是做什麼的呢？」王果說：「他冬天在江中刺鼈，夏天在山邊休息，有過路的人問他，他說：『這就是我的住所。』夷節都幫不了你，何況是我呢！我又不如夷節結交富貴。夷節的為人，不依循天性之德而使用智巧，沒有自信，因此向外伸展他的交遊，長久沉迷在富貴之中，這不是助長天性之德，而是消損天性之德。受凍的人藉著厚衣而有春暖，中暑的人反求冬天的冷風。楚王的為人，形貌尊貴而威嚴，對於罪犯，如同猛虎毫不寬赦；如果不是依循自然天性的正德才人，誰能說服他呢！所以聖人在窮困時可使家人忘卻貧困之苦，通達時可使王公貴族忘卻爵祿身分而化為謙卑。他與萬物，可以和樂相處；他與人們，樂於往來而不失自我。所以即使不發一言而能予人和諧的感受，與人並肩而立就使人有所改變。使父子相處，各得其宜，他安居家中，無所施為，他對於人心的影響如此深遠，所以說要等公閱休才能辦成。」

先看王果描述楚王甚是威嚴，若非依循自然天性的正德才人，則難以說服楚王。再看王果描述夷節不但不依循天性之德，而且減損德。接著舉例受凍、中暑之人，必須藉著「衣、冷風」，才可改善現況；以此譬喻則陽是受凍、中暑之人，必須在夷節之外，另行尋覓「衣、冷風」，也就是依循天性之德的悟道者，才可改變楚王難以說服的現況，進而成功地推薦則陽。

至於王果描述公閱休是悟道的聖人，亦即具有與大道相同的無所執著、無所排斥的特質，「其窮也使家人忘其貧」指公閱休帶領家人也具有相同的特質，不同於常識，不排斥貧窮而是不以為意。「其達也使王公忘爵祿而化卑」，指公閱休引領王公貴族不執著爵祿之「貴」，並且調整為「卑」。

綜言之，「其窮也使家人忘其貧，其達也使王公忘爵祿而化卑」，是舉例說明：公閱休引領大眾無所執著也無所排斥，那麼他當然也與所有存在都是和樂相處，故記載「其於物也」至「樂物之通而保己焉」。不過「保己」並非始終牢牢抓住自我，而是不改變依循天性之德，也不改變順隨於道。故知「保己」的意涵不在字面，不是以自我為中心，而是不離道、德。

公閱休依循大道順應自然的本質，當言則言，不當言則不言，並且呈顯與大道相同的沒有對立、沒有對待、無待、和諧的生命氣質，因此記載「故或不言而飲人以和」。另外，由不割裂的渾全大道觀之，互為對照的「言與不言」是無從切割的整體，所以可進一步描述為「故或言或不言而飲人以和」，以彰顯聖人不離「言與不言」的整體性，以及無論言、不言都是「飲人以和」。

「與人並立而使人化」的意涵，同於「其窮也使家人忘其貧，其達也使王公忘爵祿而化卑」，亦即引領人們依隨大道變動不居的特質，與變同步，適時調整，無所拘泥。

「父子之宜，彼其乎歸居，而一閒其所施」，指出公閱休依循大道順應自然的無為準則，當為則為，不當為則不為。換言之，「而一閒（全息）其所施」的意涵不在字面，不是沒有任何行為設施，而是指向順應自然。

「其於人心者若是其遠也，故曰待公閱休」，指出依循天性之德，不離於道，則對他人有深遠影響。由此揭示公閱休就是可以說服楚王的正德才人，亦即受凍、中暑的則陽，需要公閱休做為「衣、冷風」，改善夷節難以說服楚王的現況。簡言之，唯有公閱休可向楚王成功地推薦則陽。

本則寓言藉著向國君推薦人才為例，指出不離道與德，則可深入人心，也才可能成功地說服他人。

聖人達綢繆，周盡一體矣，而不知其然，性也。復命搖作，而以天為師，人則從而命之也。憂乎知，而所行恆無幾時，其有止也若之何！生而美者，人與之鑑，不告則不知其美於人也。若知之，若不知之，若聞之，若不聞之，其可喜也終無已，人之好之亦無已，性也。聖人之愛人也，人與之名，不告則不知其愛人也。若知之，若不知之，若聞之，若不聞之，其愛人也終無已，人之安之亦無已，性也。舊國舊都，望之暢然；雖使丘陵草木之緡，入之者十九，猶之暢然。況見見聞聞者也？以十仞之臺縣眾間者也。

「綢繆」指深奧。「一體」：整體。「復命」：靜，指死。「搖作」：動，指生。「命之」：名之。「憂乎知」指憂患來自分別性的認知，「知」指分別。「所行恆無幾時」指不停止使用分別性的認知。「其有止也若之何」指憂患無止。「鑑」：鏡。「若知、若不知、若聞、若不聞」的「若」：或。「無已」：不止。「舊國舊都」指自然天性。「暢然」：喜悅。「緡」：盛。「入」：沒，指遮蔽。「見見聞聞」指見聞完整的全貌，亦即自然天性不被遮蔽。「以十仞之臺縣眾間者也」指不被遮蔽，「以」：如。「仞」：周代的長度單位，有些古籍記載七尺、有些記載八尺是一仞。「縣」：懸，指矗立。

聖人深奧，明瞭周徧存在的萬物是不可切割的整體，而不知其中的緣由，這就是萬物的自然天性。死或生都以自然為師，人們跟從而稱他為聖人。憂患來自分別性的認知，而又不斷使用分別性的認知，那麼這種憂患怎可能停止！天生就長得美的人，旁人給他鏡子，如果不告訴他，他仍然不知曉自己比旁人美。或許知曉，或許不知曉，或許聽說，或許不曾聽說，但他令人喜愛的特質不會消失，旁人對他的喜愛也不會消失，這是自然天性。聖人愛護人們，人們給他聖人的名稱，如果不告訴他，他仍然不知曉自己愛護人們。或許知曉，或許不知曉，或許聽說，或許不曾聽說，但他愛護人們的行為始終不停止，人們安於他的愛護也不會停止，這是自然天性。自己的祖國與故鄉（自然天性），遠遠望見就感到舒暢；即使被丘陵草木掩蔽了十分之九，仍然感到舒暢，更何況是見聞（自然天性）完整的全貌？如同十仞的高臺矗立在眾人之間，不被遮蔽。

聖人明瞭大道「無所不在」（〈知北遊篇〉），遍在天地萬物，是不割裂的渾全整體，天地萬物也相同的具有不可切割之整體性，雖然不知為何有上述的整體性，但是整體性並不因此而滅失不存，因為這就是天地萬物的性質。故記載「聖人達綢繆」至「而不知其然，性也。」

關於「復命搖作」的意涵，可參看《老子．十六章》「致虛極，守靜篤，萬物並作，吾以觀復；夫物芸芸，各復歸其根；歸根曰靜，是謂復命。」這段敘述指出，虛靜將發展變化為萬物的生長與活動，萬物又再變化而各自返回它們的根源，歸根稱做靜，這就是復命，返回生命的起源。亦即沒有生命跡象的虛空寂靜，變化為有生命的活潑動態，再變化為沒有生命的寂靜；也就是「生與死」、「動與靜」相互流通，一體不可分。

由此則知「復命」（靜）指死，「搖作」（動）指生。聖人明瞭「復命搖作」（死生）是無從切割的整體，亦即有生就有死，這是無可改易的自然天性；因此不同於常識，不執著「生」，也不排斥「死」，而是順應生死之自然，所以受到人們追隨，故記載「而以天為師，人則從而命之也。」

「憂乎知」指出憂患來自分別性的認知。然而，分別性的認知為何引發憂患呢？在此可藉「生死」為例，進行說明。回顧聖人明瞭「生死」一體的自然天性，所以不執著生，也不排斥死，不以分別性的認知進行揀擇。但是常識使用分別性的認知，企圖切割「生與死」，並且強烈執著「生」、排斥「死」，當死亡接近時，不斷做出阻擋死亡的舉措。然而存活流動變化為死亡，既是不變的法則，那麼人類便不可能阻擋死亡；因此不恰當的阻擋死亡之行動，遂為人類帶來憂患，例如：古代求長生之人，煉丹服藥，反而自促死亡；當代醫療院所，對於長期重病、器官功能衰竭而瀕臨死亡的病人，執行急救措施，卻為病人製造極度的痛苦。

換言之，分別性的認知與行為，不能改變「生死」一體的自然天性，如果仍然不斷使用分別性的認知與行為，未能如同聖人順應生死之自然，則將憂患無止。故記載「憂乎知而所行恆無幾時，其有止也若之何。」

接著舉容貌美麗之人為例，即使不自知美麗，但是容貌（美）並不消失，因為容貌（美）是與生俱有的自然天性。至於聖人立足大道的整體性，與天地萬物沒有對立、沒有對待、無待，順隨整體的運作，行愛護之實，而不存愛護之念；亦即不自知愛人，但是愛並不消失，因為這是與生俱有的自然天性。故記載「聖人之愛人也」至「人之安之亦無已，性也。」

「舊國舊都」至「以十仞之臺縣眾間者也」，指出自然天性縱然遭到遮蔽，但是並不滅失，所以一旦去除遮蔽，即可重見完整天性，屆時則將欣喜無比。

本段敘述藉著「萬物的整體性、生死一體、容貌（美）、愛」等天性為例，指出天性並不因為人們不知曉而受到任何影響，源於分別性認知的行為也無從改變它，即使遭受遮蔽也不滅失，所以一旦自覺即可重新回返完好如初的自然天性。

冉相氏得其環中以隨成，與物無終無始，無幾無時。日與物化者，一不化者也，闔嘗舍之！夫師天而不得師天，與物皆殉，其以為事也若之何？夫聖人未始有天，未始有人，未始有始，未始有物，與世偕行而不替，所行之備而不洫，其合之也若之何！湯得其司御，門尹登恆為之傅之，從師而不囿，得其隨成，為之司其名；之名嬴法，得其兩見。仲尼之盡慮，為之

傅之。容成氏曰：「除日無歲，無內無外。」

「冉相氏」：古代聖王。「環中」指道。「隨成」：隨物自成。「無終」：無未來。「無始」：無過去。「無幾無時」：無現在。「日與」的「日」：時。「闔」：何。「舍」：離。「殉」：逐。「其以為事」指以師天為事。「世」指整體。「替」：廢。「洫」：學者王叔岷先生參酌唐．成玄英疏，指出洫是錯字，正確應為「堙」，指塞。「其合之」指合道。「湯」：商湯，商朝開國始祖。「司御」：主事之官員。「門尹」：官職名稱。「登恆」即伊尹。「傅」：師。「囿」：限。「得其隨成」指依循環中之道。「為之司其名」指名聲歸於師傅。「之名贏法」指名聲是功業的餘跡，「贏」：餘，「法」指功業。「得其兩見」指商湯得其實，師傅得其名。「見」：現，顯。「仲尼」：孔子，字仲尼。「盡慮」指無心。「容成氏」：古代聖王。「除」：無。

冉相氏秉持環中之道，依隨萬物的發展變化，順應萬物而沒有未來、沒有過去，也沒有現在可說。時時隨物變化的人，融變與不變於一身，何嘗離開環中之道！心存效法自然的意念就不是效法自然，只是與萬物一樣地向外追逐，那又怎能做到效法自然？聖人說不出什麼是天之自然，說不出什麼是人，說不出什麼是開始、終結，說不出什麼是物、我，與整體同行而沒有偏廢，行止皆完備而沒有阻塞，他是如何貼合環中之道啊！商湯獲得主事的官員，就以門尹登恆做為老師，跟從老師但不侷限於老師所教，秉持環中之道，將名聲歸於老師；名聲是功業的殘留餘跡，商湯得功業之實，老師得其名，都獲得彰顯。孔子以無心做為老師。

容成氏說：「沒有日就沒有年歲，沒有內就沒有外。」

關於「環中」的意涵，可參看〈齊物論篇〉「彼是莫得其偶，謂之道樞，樞始得其環中，以應無窮」，揭示秉持道的樞要，就是懷抱大道不割裂的整體性，如同立足空虛的環中，不抓持任一隅落的「實」，而是無所執著地依隨整體的遷流，故可靈活應變。由此則知，「環中」指向道的整體，「冉相氏得其環中以隨成」指出悟道者立足整體，依循大道順應萬物自然天性的本質，順隨萬物之生長變化。

常識雖然認為萬物的存在有「過去、現在、未來」的區隔，但是悟道者明瞭「天地與我並生，而萬物與我為一」（〈齊物論篇〉），亦即古往今來的萬物共存共在，是不可切割的連續性整體，並沒有常識所說「過去、現在、未來」的分別，亦即「過去、現在、未來」是一，不是二，也不是三。換言之，在不可切割的連續性整體中，沒有獨立的「過去、現在、未來」可說，故記載「與物無終（無未來）無始（無過去），無幾無時（無現在）」。由此可知，「與物無終無始，無幾無時」的意涵不在字面，不是消滅過去、現在、未來，而是指出時間以及「物我」都具有與大道相同的整體性。

「日與物化者，一不化者也」的意涵，同於〈知北遊篇〉「與物化者，一不化者也」，指出悟道者依循大道順應自然的本質，行止順隨於物，所以是「與物化」；至於「不化」則是不改變依隨大道的特質。亦即融「化與不化」於一身，未嘗暫離於道，故記載「日與物化者」至「闔嘗舍之」。

悟道者依循大道順應自然的本質，雖然行止順應自然，但是並不存順應自然之念，這是因為「天人」混融，是一不是二。至於心存順應自然之念，則是未能混融，是二不是一，故記載「夫師天而不得師天」至「其以為事也若之何？」

聖人立足渾全不割裂的大道，明瞭互為對照的「天與人」、「終與始」、「物與我」是無從切割的整體。亦即「天與人」、「終與始」、「物與我」相通為一體，在整體中沒有獨立的「天、人、終、始、物、我」可說，故記載「夫聖人未始有天，未始有人，未始有始，未始有物」。換言之，這四句敘述的意涵不在字面，不是什麼都沒有的頑空，而是指出「天人、終始、物我」都具有與大道相同的整體性。

聖人立足整體，行止順應整體之運作，總是貼合大道，故記載「與世偕行而不替」至「其合之也若之何」。

接著舉例，商湯拜登恆（伊尹）為師，「從師而不囿」就是不固定在「從師」的單一隅落，而是無所執著，故可進一步描述為「從師而不從師，不從師非不從師」，以彰顯秉持環中之道，則隨機因應，無所拘泥，故可「得其隨成」。

「為之司其名」至「得其兩見（現）」，指出登恆輔佐商湯治理天下，商湯既得天下平治之「實」，則不再執著「名」，遂將「名」歸於登恆；這就是靈活而不呆滯的環中之道。

「仲尼之盡慮（無心），為之傅之」，指出孔子以無心為師，也就是不執著一己的意念而是依隨大道的整體性。換言之，孔子也是秉持環中之道。由此則可一併了解，前述的冉相氏、聖人、商湯也都是以無心為師，亦即「無心」師天，並非有心師天；也就是天人混融，是一不是二。

常識認為「日」短，「歲」長，亦即認為「日與歲」、「短與長」互相對立。然而悟道者立足渾全不割裂的大道，明瞭互為對照的「日與歲」、「短與長」並不是常識認為的兩兩對立，而是無從切割，一體不可分。換言之，在整體中沒有獨立的「日（短）、歲（長）」可說，故記載「除（無）日無歲」。由此則知「除日無歲」的意涵不在字面，不是日、歲都消失了，而是指出時間以及「長短」都具有與大道相同的整體性。

同理，互為對照的「內與外」並不是常識認為的互斥對立，而是無從切割的整體。換言之，在整體中沒有獨立的「內、外」可說，故記載「無內無外」。換言之，「無內無外」的意涵不在字面，不是消滅內、外，而是指出空間具有與大道相同的整體性。由此則知「容成氏曰：除日無歲，無內無外」，揭示容成氏亦為明瞭整體性的悟道者。

本段敘述藉著兩位古代聖王以及商湯、孔子為例，指出他們都是「無心」師天，不執著一己的意念而是依隨大道的整體性，化除常識誤認的對立性，了解時間、空間、天人、物我，所有存在都具有與大道相同的整體性。

魏瑩與田侯牟約，田侯牟背之，魏瑩怒，將使人刺之。犀首聞而恥之，曰：「君為萬乘之君也，而以匹夫從讎。衍請受甲二十萬，為君攻之，虜其人民，係其牛馬，使其君內熱發於背，然後拔其國。忌也出走，然後抶其背，折其脊。」季子聞而恥之，曰：「築十仞之城，城者既十仞矣，則又壞之，此胥靡之所苦也。今兵不起七年矣，此王之基也。衍亂人，不可聽也。」

華子聞而醜之，曰：「善言伐齊者，亂人也；善言勿伐者，亦亂人也；謂伐之與不伐亂人也者，又亂人也。」君曰：「然則若何？」曰：「君求其道而已矣。」惠子聞之而見戴晉人，戴晉人曰：「有所謂蝸者，君知之乎？」曰：「然。」「有國於蝸之左角者曰觸氏，有國於蝸之右角者曰蠻氏，時相與爭地而戰，伏尸數萬，逐北旬有五日而後返。」君曰：「噫！其虛言與？」曰：「臣請為君實之。君以意在四方上下有窮乎？」君曰：「無窮。」曰：「知遊心於無窮，而反在通達之國，若存若亡乎？」君曰：「然。」曰：「通達之中有魏，於魏中有梁，於梁中有王，王與蠻氏有辯乎？」君曰：「無辯。」客出而君惝然若有亡也。客出，惠子見。君曰：「客，大人也，聖人不足以當之。」惠子曰：「夫吹管也，猶有嗃也；吹劍首者，吷而已矣。堯、舜，人之所譽也，道堯、舜於戴晉人之前，譬猶一吷也。」

「魏瑩」：魏惠王之名。「田侯牟」指齊國國君，名牟。「背」：違背。「犀首」：官職名稱，類同虎牙將軍。「匹夫」指平民。「從讎」：報仇，「讎」：仇。「衍」：姓公孫，名衍，擔任犀首將軍。「受甲」指率領士兵，「甲」：兵。「係」：繫，指掠奪。「忌」：姓田，名忌，齊國將軍。「抶」：擊。「季子」：季梁，魏國臣子。「仞」：周代的長度單位，有些古籍記載七尺、有些記載八尺是一仞。「胥靡」：服勞役之人。「華子」：魏國臣子。

「醜」：恥。「惠子」：惠施。「見戴晉人」：將戴晉人推薦給魏王，「戴晉人」：魏國賢人。「逐北」：戰爭時勝軍追逐敗軍，「北」：軍隊敗走。「旬有五日」：十五日，「旬」：十日，「有」：又。「噫」：感嘆詞。「虛言與」的「與」：歟，疑問詞。「意在」的「在」：察。「反」：返，回。「通達」指舟車往來。「若存若亡」：若有若無，「亡」：無。「梁」：在今河南省開封一帶，魏惠王三十一年，被秦所逼，遷都於梁。「辯」：別。「惝然」：悵然。「若有亡」：若有所失。「管」：竹管。「嗃」：大聲。「劍首」：在此指劍柄前端可繫絲繩的環形小孔，即劍環。「劍」：劍。「吷」：小聲。

魏惠王與田侯牟訂立盟約，田侯牟違背了盟約，魏王大怒，要派人去刺殺田侯牟。犀首將軍公孫衍聽到後，認為可恥，說：「您是萬乘大國的君王，卻用平民的手段去報仇。我請求率領二十萬士兵，為您去攻打齊國，俘虜齊國的人民，掠取齊國的牛馬，使齊國國君內心焦急而病發於背，然後消滅齊國。迫使田忌逃走，然後鞭打他的背，折斷他的脊骨。」季子聽到後，認為可恥，說：「建築十仞的城牆，城牆既已建成十仞高，卻又毀壞它，這是服勞役的人感到痛心之事。現在沒有戰爭已經七年了，這是您的基業啊。公孫衍是擾亂的人，不可聽信他的話。」華子聽到後，認為可恥，說：「極力主張攻打齊國的，是擾亂的人；極力主張不攻打的，也是擾亂的人；說主張攻打與不攻打是擾亂的人的，還是擾亂的人。」魏王說：「那麼該怎麼辦？」華子說：「您請依道而行。」惠子聽說這件事，就為魏王引見戴晉人，戴晉人說：「有一種稱為蝸牛的動物，您知曉嗎？」說：「知曉。」戴晉人說：「有一個國家位於蝸牛的左角上，叫做觸氏，有一個國家位於蝸牛的右角上，叫做蠻氏，這兩個國家時常為了爭奪土地而打仗，戰死的有幾萬人，勝軍追逐敗軍，要十五天才返回。」魏王說：「啊！這是虛構的故事吧？」戴晉人說：「我來為您證實這件事情。以您的觀察，四方上下有窮盡嗎？」魏王說：「沒有窮盡。」戴晉人說：「明瞭自己的心念可以悠遊於無窮，而回來再看舟車往來的這塊國土，似乎若有若無吧？」魏王說：「是啊。」戴晉人說：「舟車往來的大地中，有一個魏國，在魏國中有一個梁城，在梁城中有一個國君，國君您與蠻氏有什麼分別呢？」魏王說：「沒有分別。」客人辭出後，魏王悵然若有所失。客人走了，惠子晉見。魏王說：「這位客人，真是了不起，聖人也不能與他相比。」惠子說：「吹竹管，聲音還很大；吹劍首的劍環小孔，就只有絲絲之聲而已。堯、舜是人們所稱讚的，在戴晉人面前談說堯、舜，就好像絲絲之聲。」

由華子的談話可知，無論主戰、主和或批評上述兩種策略，都是「亂」而非「正」；進而以「君求其道而已矣」，指出依隨大道才是正途。

戴晉人詢問魏王「四方上下有窮乎」，魏王回答「無窮」，戴晉人再指出如果「遊心於無窮」，也就了解所爭如蝸角。

關於「無窮」或許是指天地無窮；但也可由另一面向來了解，有鑑於大道順應萬物的變化，遷流不已，無所終窮；因此「無窮」也可了解為大道。那麼「遊心於無窮」就是與道同遊，與變同步，與天地萬物同在。

簡言之，華子與戴晉人一致建議魏王：回返於道，依隨大道變動不居的特質，不呆滯在「主戰或主和」之任一隅落，而是隨機因應。

本則寓言指出：依隨大道，與變同步，不滯不泥，無所執著，是國與國之間往來的準則。

孔子之楚，舍於蟻丘之漿。其鄰有夫妻臣妾登極者，子路曰：「是稯稯何為者邪？」仲尼曰：「是聖人僕也。是自埋於民，自藏於畔。其聲銷，其志無窮，其口雖言，其心未嘗言，方且與世違，而心不屑與之俱。是陸沉者也，是其市南宜僚邪？」子路請往召之。孔子曰：「已矣！彼知丘之著於己也，知丘之適楚也，以丘為必使楚王之召己也，彼且以丘為佞人也。夫若然者，其於佞人也羞聞其言，而況親見其身乎！而何以為存！」子路往視之，其室虛矣。

「之楚、適楚」：都是前往楚國，「之、適」：都是往。「舍」：住。「蟻丘」：山丘名。「漿」：賣漿之家。「臣、妾」指男性、女性的僕人。「登極」：登上屋的最高處。「稯稯」：總總，指眾聚。「邪」：疑問詞。「仲尼」：孔子，名丘，字仲尼。「埋」：藏。「畔」：田壠。「銷」：消，損。「無窮」指道。「陸沉」：指隱者，譬喻無水而沉。「市南宜僚」：熊宜僚，居市南，故稱市南宜僚，楚國人。「著」：明瞭。「佞人」：諂媚之人。「而何以為存」的「而」：你，「存」：在。

孔子到楚國去，住在蟻丘一戶賣漿人的家中。他的鄰居有夫妻以及男性、女性的僕人，爬到屋頂上觀看孔子，子路說：「這裡擠了一堆人，要做什麼呢？」孔子說：「這些是聖人的僕人。他自隱於民間，藏身於田園。他隱匿名聲，志向於道，口雖有言，但是心中始終無言。他與世俗相異，而心不屑與世俗同流，這是陸沉之人，不就是市南宜僚嗎？」子路要求去請他。孔子說：「算了吧！他知曉我了解他，知曉我到楚國來，以為我一定會使楚王召見他，他將我當做諂媚之徒。像這樣的人，羞於聽到諂媚之徒的言談，更何況是親身相見呢！你怎麼以為他還在屋中呢！」子路前往探視，房舍果然空無一人。

先看「自埋於民，自藏於畔，其聲銷」，指出市南宜僚不執著「名」，而是自我內斂為「無名」，亦即具有與大道相同的不執著之流動特質。

關於「其志無窮」，前則寓言曾說明「無窮」指遷流不已，無所終窮的大道，故知宜僚志向於道。

「其口雖言，其心未嘗言」，指出雖然有「言」但是並不呆滯在「言」之單一隅落，亦即立足「言與不言」混融、沒有對立、沒有對待、無待的整體。

「方且與世違，而心不屑與之俱」，揭示宜僚尚與人們有所對立，尚未實踐「萬物與我為一」（〈齊物論篇〉）的和諧混融；孔子指出這是「陸沉」，也就是聖人之僕而非聖人。簡言之，雖然志向於道，部分行止也實踐大道的整體性，但是未能踐履「物我」混融為一，即為「聖人僕、陸沉」。

孔子繼續敘述，宜僚知曉孔子了解他；隨後，孔子料中宜僚離去而不願與孔子會面，可證孔子確實深入了解宜僚；這同時也再次印證宜僚尚與人們有所對立，尚未實踐「物我」混融為一。

那麼，宜僚對孔子的了解如何？孔子敘述，宜僚認為孔子必將遊說楚王召見宜僚，故視孔子為佞人；然而孔子並未進行這項遊說，可證宜僚誤會孔子，也就是宜僚未能正確觀察孔子。至於孔子察見宜僚志向於道，部分行止也實踐大道的整體性，可證孔子是明瞭大道的悟道者，並且正確料中宜僚離去之行動，反而是宜僚未能察見孔子並非佞人。由此可知，孔了的生命深度非宜僚所可了解。

綜言之，宜僚與孔子都明瞭道的意涵，不過宜僚尚與人們有所對立，未能「物我」混融為一，也就因此未能正確了解孔子。至於孔子即使自知被誤會為佞人，卻不以為意，這正是「物與我」沒有對立、沒有對待、無待之展現。換言之，孔子業已實踐「物我」混融、無待，也就因此而能正確觀察宜僚；由此則可一併明瞭，孔子不是陸沉、聖人之僕，而是聖人。至於寓言之初記載宜僚的僕人是「聖人僕」，似乎是以宜僚為聖人；但是完整了解寓言的意旨之後，則知宜僚尚不可稱為聖人。

本則寓言藉著市南宜僚與孔子為例，揭示明瞭道的意涵，並且在行為中實踐「物我」混融、無待，才是悟道的聖人；反之，如果未能實踐，則是聖人之僕。

長梧封人問子牢曰：「君為政焉勿鹵莽，治民焉勿滅裂。昔予為禾，耕而鹵莽之，則其實亦鹵莽而報予；芸而滅裂之，其實亦滅裂而報予。予來年變齊，深其耕而熟耰之，其禾蘩以滋，予終年厭飧。」莊子聞之曰：「今人之治其形，理其心，多有似封人之所謂，遁其天，離其性，滅其情，亡

其神，以眾為。故鹵莽其性者，欲惡之孽，為性萑葦蒹葭，始萌以扶吾形，尋擢吾性；並潰漏發，不擇所出，漂疽疥癰，內熱溲膏是也。」

「長梧」：地名。「封人」：駐守邊境之人。「子牢」：有學者認為是孔子的弟子琴牢，也有學者認為不知何許人。「焉」：則。「鹵莽」：魯莽，指粗略。「滅裂」指草率。「予」：我。「為禾」：種禾，「禾」：小米或稻。「芸」：除草。「變齊」：變更方法。「耰」：鋤。「蘩以滋」指繁盛。「厭飧」：飽食。「厭」：饜，飽足。「遁」：逃。「情」：實。「以眾為」：因為額外多出的行為，「以」：因，「眾」：多。「孽」：櫱，芽。「為性萑葦蒹葭」指蘆葦閉塞天性，「萑葦蒹葭」：都屬蘆葦。「扶」：助。「尋」：漸。「擢」：拔。「並」：迸，散。「漂疽」：病瘡膿出。「疥癰」：疥瘡膿腫。「溲膏」：虛勞之人尿上有肥白沫。

在長梧駐守邊境的官員對子牢說：「您處理政務不要魯莽，治理民眾不要草率。從前我種禾，耕種時粗率，收成也就以粗率來回報我；除草時草率，收成也就以草率來回報我。我第二年變更方法，深耕田地，仔細除草，禾穀繁盛滋長，使我全年飽食。」莊子聽到這段談話後，說：「現在的人治理形體，調理內心，很多就像這位駐守邊境的官員所說，逃避自然，遠離天性，消滅真實，喪失心神，都是因為額外多出的行為。由於魯莽地對待天性，各種欲望與憎惡就萌芽了，像野草一般遮蔽天性，開始時這些額外多出的行為似乎對形體有所輔助，漸漸地就拔除我的天性。於是膿漏潰散，到處出毛病，像疥瘡出膿，內熱虛勞都是。」

長梧封人認為深耕細耨是治田的良方，因此「為政、治民」應仿效之，也採取類似的方法。莊子聽聞上述意見後，並未立即表示治田良方用於為政治民是否恰當，而是指出人們「治其形，理其心」治理身心，頗有採用類似深耕細耨的方法，但卻造成背離自然、折損天性的後果。

試問：莊子為何如此記載？在此可藉仁義禮樂為例，進行說明。通常人們認為仁義禮樂可以深入人心，是調理行為與修養心性的良方；但是〈齊物論篇〉、〈大宗師篇〉都曾說明，大道是不割裂的渾全整體，至於天地萬物依隨大道，也相同地具有不可切割的整體性。因此立足大道，明瞭人類是萬種物類之一，齊同平等於萬物，依循這項與生俱有的自然天性之「德」，愛護自己，同時尊重所有存在，也就是順隨萬物的天性之「德」，並不需要額外標舉特殊準則，即可與萬物恰如其分的互動，不失生命之真淳以及整體之和諧。但是大道的整體性遭受遮蔽，人們創設「仁、義」之詞，又訂定「禮、樂」的各種儀式規範，然而「仁」是愛，有愛便不免有偏私的流弊；「義」是宜，不過並非以整體性判斷合宜與否，而是以自我的利益進行判斷；禮、樂的各種儀式，只是整體的一部分，行為固定在此，也就停滯在整體中的局部隅落，遂失落大道的整體性。而且追求「仁、義、禮、樂」卻相應有「不仁、不義、非禮、非樂」，以致產生對立性，更加遮蔽大道的整體性，也一併失落依循大道的自然天性。

由此可知，來自人為額外標舉的治理身心的方法（例如：仁義禮樂），都是明暗並存，都具有一體兩面的性質，故記載「始萌以扶（助）吾形，尋擢吾性。」亦即莊子和盤托出，指出常識未留意的一體兩面之另一面。因此敘述：如果過度執著額外標舉的治理身心之方法，反而魯莽、滅裂天性，斲喪生命，導致諸病叢生。

綜言之，深耕細耨雖是治田的良方，但卻不可仿效用以治理身心，否則就是滅裂天性。寓言中，莊子雖未明白敘述如何「為政治民」，但是有鑑於深耕細耨是順應農作物的自然天性，因此可推知「為政治民」的良方就是順應民眾的自然天性。由此亦可一併明瞭：莊子之所以不贊同仿效深耕細耨的方法用於治理身心，是因為深耕細耨的對象不是人而是農作物。換言之，莊子揭示：處理事物必須隨機因應，不可用一種行為模式處理不同的事物，也就是「與時俱化，而無肯專為」（〈山木篇〉）。

本則寓言指出：無論為政治民或修養身心，都無庸額外標舉任何準則，而是依隨大道的整體性，秉持與生俱有的自然天性，與萬有恰如其分地互動，則人人不失生命的和諧。簡言之，為政治民以及修養身心的良方，就是順應自然。

栢矩學於老聃，曰：「請之天下遊。」老聃曰：「已矣，天下猶是也。」又請之，老聃曰：「汝將何始？」曰：「始於齊。」至齊，見辜人焉，推而彊之，解朝服而幕之，號天而哭之，曰：「子乎子乎！天下有大菑，子獨先離之。曰莫為盜！莫為殺人！榮辱立，然後覩所病；貨財聚，然後覩所爭。今立人之所病，聚人之所爭，窮困人之身使無休時，欲無至此，得乎？古之君人者，以得為在民，以失為在己；以正為在民，以枉為在己。故一形有失其形者，退而自責。今則不然，匿為物而愚不識，大為難而罪

不敢，重為任而罰不勝，遠其塗而誅不至。民知力竭，則以偽繼之。日出多偽，士民安取不偽！夫力不足則偽，知不足則欺，財不足則盜。盜竊之行，於誰責而可乎？」

「栢矩」：姓栢，名矩。「請之」：請往。「辜人」：罪人，指死刑示眾之人。「彊之」：僵之，指仰臥。「幕」：覆蓋。「子乎」：感歎詞。「菑」：災。「離」：罹，遭遇。「病」：困。「休」：止，指脫離。「正」指國治。「枉」：錯誤，指國家治理不良。「一形」：一人。「匿為物」：隱匿真相。「安取」：何為。

栢矩在老聃門下學習，說：「請求准許往天下各地遊歷。」老聃說：「算了！這兒就是天下。」栢矩再提出請求，老聃說：「你要先去哪裡？」栢矩說：「先去齊國。」他到了齊國，看見一具死刑示眾的屍體，就推動屍體成仰臥狀，再脫下朝服覆蓋屍體，喊著天而痛哭，說：「嗚呼嗚呼！天下有大災難，你卻先遇到了。大家都說不要做強盜，不要殺人。榮辱出現了，然後就看見人們被困住；財貨聚集，然後就看見人們爭奪。現在樹立人們會被困住的榮辱，聚集人們爭奪的財貨，卻又使人們窮困而無從脫離，想要不走到這種狀況，做得到嗎？古代的君主，將成就歸於民眾，將過失歸於自己；國家治理得好，是靠著民眾；國家治理得不好，是自己有錯。所以只要有一個人喪生，就退而責備自己。現在卻不是這樣，隱匿事情的真相而愚弄不知曉的民眾，製造困難而怪罪民眾不勇敢，加重任務而處罰不能勝任的人，拉長路途的遙遠而誅殺不能到達的人。民眾了解能力無法達到君主的要求，就以虛偽來應付。君主每日發出這麼多虛偽的命令，民眾怎麼會不虛偽。能力不足就做假，才智不足就欺騙，財用不足就偷盜。盜竊的行為，該責備誰才對呢？」

首先回顧〈逍遙遊篇〉曾說明，方圓萬里，固然是天下，但是方圓數尺，也是天下。亦即與己身距離遙遠之地固然是天下，但是存身之處也是天下。因此栢矩欲遊歷天下，老聃便回答「天下猶是也」，指出此處即為天下，並非遊歷遠方才是遊天下。然而栢矩未能即時明瞭老聃之意，遂再次提出請求而前往齊國。

關於「榮辱」，可參看〈秋水篇〉「以道觀之，物無貴賤」、「萬物一齊，孰短孰長」，指出立足渾全不割裂的大道，明瞭萬物並存於天地之間，是和諧、沒有對立、沒有對待、無待的整體，並無「貴、賤、高、下、長、短」可說。同理可推，森羅萬象、萬事萬物亦無「榮、辱」可說，而是齊同平等。然而上位者以分別性的認知區隔「榮、辱」，刻意推崇「榮」、排斥「辱」，上行下效，遂使民眾陷入追逐「榮」、排斥「辱」的對立性糾葛之中，割裂和諧、無待的整體性，反而被對立性所困。故記載「榮辱立，然後覩所病（困）」。

「貨財聚，然後覩所爭」，指出上位者刻意聚集財貨，使民眾受財貨之利誘，以致出現爭奪之行為。

綜言之，「榮辱立」至「然後覩所爭」，揭示上位者的行為與民眾的回應，具有一體不可分的性質。如果上位者立「榮辱」、聚「財貨」，民眾也就呈現「病（困）、爭」的狀態。亦即種瓜得瓜，種豆得豆。

「匿為物而愚不識」至「遠其塗而誅不至」四句敘述指出，上位者不順應民眾的天性，制定過度嚴苛的規定，處處限制民眾的生活，民眾欲破除或降低這些嚴苛規定所造成的不便，遂以各種狡詐行徑做為應對之策，故記載「民知力竭，則以偽繼之」。亦即「上位者的行為與民眾的回應」相應而生，也就是「作用力與反作用力」相應而生。

「日出多偽，士民安取不偽」，再次指出「行為與回應」是不可切割的一體之兩面，亦即作用力等於反作用力。

「夫力不足則偽」至「於誰責而可乎」，指出民眾的偽、欺、盜，皆源於上位者的「日出多偽」，依然揭示「上位者與民眾」、「行為與回應」具有一體兩面的性質。

由以上諸多關於整體性的說明，即可明瞭寓言之初老子說「天下猶是也」，不僅指出存身之地即為天下，也揭示天下是無從切割的整體，恰如國家中的「上位者與民眾」一體不可分。換言之，天下、「國與國」、「人與人」都與渾全大道相同，具有不可切割的整體性。

本則寓言揭示「上位者與民眾」、「行為與回應」、「國與國」、「人與人」以及天下，都具有與道相同的整體性。

蘧伯玉行年六十而六十化，未嘗不始於是之而卒詘之以非也，未知今之所謂是之非五十九非也。萬物有乎生，而莫見其根；有乎出，而莫見其門。人皆尊其知之所知，而莫知恃其知之所不知而後知，可不謂大疑乎！已乎已乎！且無所逃，此所謂然與？然乎？

「蘧伯玉」：姓蘧，名瑗，字伯玉，衛國的賢大夫。「卒」：終。「詘」：反。「疑」：惑。「且無所逃」指不免於大惑。「然與」的「與」：歟，疑問詞。

蘧伯玉到了六十歲，六十年來都是與時俱化，未嘗沒有在開始時認為是對的，後來反而以為是錯的，不知現在認為對的，不是五十九歲時認為是錯的呀。萬物出生卻不見其根源，有所出卻不見其門徑。人們都重視自己智力所知的知識，卻不知靠著智力所不知的，而後才是真知，這能不說是大疑惑嗎！算了吧！算了吧！沒有人可以免於這樣的大惑，這樣說是對的嗎？果真是對的嗎？

〈秋水篇〉「無動而不變，無時而不移」，揭示天地之中一切皆變，無所不變。故知「蘧伯玉行年六十而六十化」，就是指出蘧伯玉與「變」同步。

關於「是、非」，〈齊物論篇〉「無物不然，無物不可」，指出所有存在無不符合天地運作的法則（例如：地球自轉），並無「是、非」可言；但是人們未能明瞭於此，以一己之好惡為基準，強硬指稱喜愛的狀態為「是」，反之則為「非」。然而，由於「無動而不變，無時而不移」，所以人們指稱的「是、非」，也不斷改變，例如：販賣人口在古代被視為合法，現代則視之為非法。

由此則知「未嘗不始於是之而卒詘之以非也，未知今之所謂是之非五十九非也」的意涵不在字面，不是「是、非」果真存在，而是揭示人們強硬指稱的「是、非」不斷改變。換言之，天地之間沒有恆常固定的「是、非」，亦即蘧伯玉了解「是、非」無從成立，天地之間本為「無是無非」。

萬物由「無生」變化為「生」，即為道的呈現。由此可知「萬物與道」相依相隨，宛若大道就是萬物的根源，又宛若萬物都由大道之門走出而「生」；然而順應萬物由「無生」變化為「生」的大道，卻是無形不可見，故記載「萬物有乎生」至「而莫見其門」。此外，也可由另一面向來了解：由於大道具有不執著的流動特質，並不固定在任何狀態，而是變動不居，所以人類的視覺無從對道進行認知，故可記載「莫見其根、莫見其門」。

回顧〈齊物論篇〉「知止其所不知，至矣」，指出人們在天地之間，雖有所「知」但也有所「不知」，例如：雖可大約預測，但不能確知颱風的行進路線。換言之，以人們的生活為觀察基準，即可明瞭「知與不知」並不是常識認為的互斥對立，而是同存共在，具有不可切割的整體性。明瞭於此，就是「知」的理想狀態，亦即謙卑地了解「知與不知」共存共在，就是完美的「知之至」。

由此則可明瞭「人皆尊其知之所知，而莫知恃其知之所不知而後知」的意涵不在字面，不是藉著不知就可知，而是了解「知與不知」共存共在，就是真實之知。換言之，了解「知與不知」無從切割，就是真知。然而鮮少有人明瞭於此，反而以為所知就是真知，深陷大惑之中。故記載「可不謂大疑乎」至「且無所逃」。

不過，雖然鮮少有人了解「知與不知」一體不可分，但是〈齊物論篇〉以及本篇，都記載「知與不知」同存同在，可證莊子並非「無所逃」於上述的疑惑，所以隨後敘述「此所謂然與？然乎？」的反問語，彰顯莊子不在上述疑惑之中。

本則寓言舉蘧伯玉為例，揭示人們只知評論是非，卻不知天地之間「無是無非」的本質性；人們只知由「無生」變化為「生」，卻不知這是依隨於道；人們以為所知就是真知，卻未能謙卑地了解「知與不知」共存共在，才是真知。

仲尼問於太史大弢、伯常騫、狶韋曰：「夫衛靈公飲酒湛樂，不聽國家之政；田獵畢弋，不應諸侯之際。其所以為靈公者，何邪？」大弢曰：「是因是也。」伯常騫曰：「夫靈公有妻三人，同濫而浴。史鰌奉御而進所，搏幣而扶翼。其慢若彼之甚也，見賢人若此其肅也，是其所以為靈公也。」狶韋曰：「夫靈公也死，卜葬於故墓不吉，卜葬於沙丘而吉。掘之數仞，得石槨焉，洗而視之，有銘焉，曰：『不馮其子，靈公奪而埋之。』夫靈公之為靈也久矣！之二人何足以識之。」

「仲尼」：孔子，字仲尼。「太史」：史官。「大弢、伯常騫、狶韋」：三位史官之姓名。「衛靈公」：衛國國君。「湛樂」：耽樂，「湛」：樂之久。「田獵」：打獵。「畢」：大網。「弋」指射獵。「際」指盟會。「邪」：疑問詞。「是因是也」：這就是因為這樣。「濫」：浴器，大盆。「史鰌」：姓史，名鰌，衛國的賢大夫，是朝廷老臣。「奉御」：奉召。「進所」：進於君所。「搏幣而扶翼」：靈公博奕（下棋）時，史鰌進見，靈公停止下棋而去攙扶史鰌。「搏幣」：博奕，指下棋。「扶翼」：扶掖，以手扶持人臂。「慢」指散漫。「肅」：敬。「故墓」指祖先墓地。「沙丘」：地名。「仞」：周代的長度單位，有些古籍記載七尺、有些記載八尺是一仞。「銘」：鑄刻在器物上的文字。「馮」：憑，靠。「識之」：知之。

孔子問太史大弢、伯常騫、狶韋說：「衛靈公飲酒作樂，不過問國家大政；打獵捕獸，不參與諸侯盟會，他死後為什麼謚號是靈公呢？」大弢說：「這就是因為這樣。」伯常騫說：「靈公有三位妻子，他們同在一個浴盆洗澡。史鰌奉召進入君所，靈公停止下棋而去攙扶史鰌。他的生活那麼散漫，見到賢人又是如此尊敬，這就是他謚號所以為靈公的緣故。」狶韋說：「靈公死時，占卜顯示葬在祖先墓地不吉祥，葬在沙丘才吉祥。掘地數仞，發現一具石槨，洗乾淨一看，上面有銘文說：『不必依靠兒子製棺槨，靈公取而埋之。』靈公被謚號為靈，是早就注定的！他們二人怎麼能知曉其中的緣故。」

古代謚法是在人死之後，依其一生之行跡，為之立號。據《謚法》記載「德之精明曰靈」、「亂而不損曰靈」，可知「靈」有常識認為的好、壞兩種意涵。換言之，由《謚法》對於「靈」的記載做為觀察基準，便知常識認為的「好、壞」同存並在，無從切割。然而常識必定不贊同，這是因為常識以分別性的認知，區隔「好、壞」為互斥不並存的對立兩端，因此不同意「好與壞」並存。

回顧〈齊物論篇〉「無物不然，無物不可」，指出所有存在無不符合天地運作的法則（例如：地球自轉），並無「然、不然、可、不可、好、壞」可言；但是人們未能明瞭於此，以一己之好惡為基準，強硬指稱喜愛的狀態為「然、可、好」，反之則為「不然、不可、壞」，因此遂衍生數之不盡的「好、壞」對立。換言之，人們未能明瞭天地之間並無「好、壞」的本質性，總是以自我為中心，強硬指稱喜愛的狀態為「好」，那麼其它的狀態立即被判定為「壞」。亦即若不標舉「好」，則無好、壞之可言，一旦標舉，則好、壞必然同時凸顯，如影隨形，任一方皆不獨自成立，必定與另一方相依相倚。簡言之，天地之間本為「無好無壞」，然而人們強硬指稱之，卻不知一旦指稱，那麼所指稱之「好、壞」就具有不可切割的整體性。

有以上的了解，再看寓言中孔子敘述靈公飲酒打獵，不問國政、不參與諸侯盟會，顯然不符合《諡法》「德之精明曰靈」所具有的「好」之意涵，因此向三位太史提出詢問。

接著，先看伯常騫的回答，指出靈公與妻妾同浴，有失端莊穩重的國君風範，這是常識認為「壞」的行為；但是對朝廷老臣史鰌的尊重與體恤，常識則認為「好」。亦即靈公集「好與壞」於一身，既不能只說靈公「好」，也不能只說「壞」，而是「好壞」並存；這恰巧吻合《諡法》記載「靈」兼具好壞兩種意涵。

此外，「靈」也有奇異、應驗之意。狶韋敘述靈公下葬得石槨銘文一事，不僅奇異，而且應驗銘文之記載，故不妨稱為「靈公」。

在此回顧大弢敘述「是因是也」，雖然看似並未給予實質之回答，但卻已涵括伯常騫以及狶韋的敘述。簡言之，大弢給予孔子的回答，即為完整的說明。

本則寓言藉著衛靈公為例，指出天地之間「無好無壞」的本質性；然而，這並不意謂著可以恣意損害他人；反之，正因為了解在天地之間所做的任何舉動，並不違逆天地運作的法則（例如：地球自轉），並無「好、壞」可說，因此更是需要以自覺節制行為。也就是〈齊物論篇〉曾說明，對民眾（包括君王）自幼便教之以「天地與我並生，而萬物與我為一」（〈齊物論篇〉）的大道整體性，以教育喚醒每一個人的自覺，引領民眾（包括君王）回返大道，明瞭生命在天地萬物的整體中，順隨整體的運作，與所有存在恰如其分的互動；亦即引導民眾（包括君王）以自覺適時節制不當的舉動，以免損及旁人，愛護自己的同時也尊重他人，以此來安頓自我。如果人人自覺、自我安頓，人際相處和睦，社會安祥，也就沒有「好、壞」的爭論，達到沒有對立、沒有對待、無待的理想。

少知問於太公調曰：「何謂丘里之言？」太公調曰：「丘里者，合十姓百名而以為風俗也，合異以為同，散同以為異。今指馬之百體而不得馬，而馬係於前者，立其百體而謂之馬也。是故丘山積卑而為高，江河合水而為大，大人合并而為公。是以自外入者，有主而不執；由中出者，有正而不距。四時殊氣，天不賜，故歲成；五官殊職，君不私，故國治；文武大人不賜，故德備；萬物殊理，道不私，故無名。無名故無為，無為而無不為。時有終始，世有變化，禍福淳淳，至有所拂者而有所宜；自殉殊面，有所正者有所差。比于大澤，百材皆度；觀乎大山，木石同壇。此之謂丘里之言。」少知曰：「然則謂之道，足乎？」太公調曰：「不然，今計物之數，不止於萬，而期曰萬物者，以數之多者號而讀之也。是故天地者，形之大者也；陰陽者，氣之大者也；道者為之公。因其大以號而讀之則可也，已有之矣，乃將得比哉！則若以斯辯，譬猶狗馬，其不及遠矣。」少知曰：「四方之內，六合之裏，萬物之所生惡起？」太公調曰：「陰陽相照、相蓋、相治，四時相代、相生、相殺，欲惡去就，於是橋起；雌雄片合，於是庸有。安危相易，禍福相生，緩急相摩，聚散以成。此名實之可紀，精之可志也。隨序之相理，橋運之相使，窮則反，終則始，此物之所有，言之所盡，知之所至，極物而已。覩道之人，不隨其所廢，不原其所起，此議之所止。」少知曰：「季真之莫為，接子之或使，二家之議，孰正於其情，孰偏於其理？」太公調曰：「雞鳴狗吠，是人之所知；雖有大知，不能以言讀其所自化，又不能以意其所將為。斯而析之，精至於無倫，大至於不可圍。或之使，莫之為，未免於物，而終以為過。或使則實，莫為則虛。有名有實，是物之居；無名無實，在物之虛。可言可意，言而愈疏。未生不可忌，已死不可阻。死生非遠也，理不可覩。或之使，莫之為，疑之所假。吾觀之本，其往無窮；吾求之末，其來無止。無窮無止，言之無也，與物同理；或使、莫為，言之本也，與物終始。道不可有，有不可無。道之為名，所假而行。或使、莫為，在物一曲，夫胡為於大方！言而足，則終日言而盡道；言而不足，則終日言而盡物。道，物之極，言、默不足以載。非言非默，議有所極。」

「少知、太公調」：莊子假設的兩個人名。「丘里」指大眾。「係」：繫。「立」：站立，在此指總合。「卑」：低下，指土石。「合并」指包容。「有正而不距」指相合而不排斥，「正」指合，「距」：拒。「賜」：私。「歲」：穀物成熟。「五官」：古代仿效五行以設置官職。「德備」指恩惠普及民眾，「德」：惠。「淳淳」指流動。「拂」：逆。「殉」：逐。「殊面」指單一面向。「有所正者有所差」：有所合有所不合，「正」指合，「差」指不正、不合。「比于」的「比」：譬。「度」指用。「壇」：基。「期曰」：只說。「讀」：說。「乃將」：豈尚。「斯」：這。「辯」：說。「不及」：不相及，不相干。「六合」：天、地、四方。「惡起」：何起。「相治」指互為君臣。「相殺」：互相取代。「橋起」：喬起，高漲。「雌雄片合」：雌雄各半而相合。「庸有」：常有。「易」：變。「摩」：迫近。「志」：誌，記。「橋運之相使」的「橋運」指各種運作，「使」：為。「窮則反」指物極而反。「廢」指終。「不原」指不探究。「所起」：所始。「季真、接子」：都是齊國的稷下學者。「莫為」：無為。「或使」：有為。「其情」：真實。「無倫」：無形。「或之使」：有所為。「莫之為」：無所為。「居」：停、止。「忌」：禁。「疑之所假」：疑之所至。「有不可無」的「有」：又。「一曲」指一隅。「胡為」：何助。「大方」：大道。「足」指周偏。「言而不足」的「不足」：指偏滯。「議有所極」：言則有所窮，「極」：窮。

少知問太公調說：「什麼是丘里大眾之言？」太公調說：「丘里大眾，就是聚集十姓、百人而形成的風俗，有的是聚集不同成為同，有的是分散相同而成為不同。現在專指馬體的各個部位，就不得馬的整體，而馬繫於眼前，是總合馬體的各個部位才稱為馬。因此山丘是累積土石而成為高，江河匯合小水流而成為大，大人包容各方而成為大公。所以包容由外而入的，雖居主位但無所執著；由內向外而出，與外相合而無所排斥。四季的氣候不同，天不偏私，所以穀物成熟；五官的職務不同，君主沒有偏私，所以國家平治；文官武將的才幹不同，大人沒有偏私，所以恩惠普及民眾；萬物的理則不同，道沒有偏私，所以無名。無名所以無為而順應自然，無為而順應自然也就沒有什麼做不成。時序有終始，世事有變化，禍福流變，以至於有所逆但也有所宜；如果只追逐單一面向，雖有所合但也有所不合。譬如大澤之中，各種木材都有用；再看大山之中，樹木岩石共處。這就稱為丘里大眾之言。」少知說：「那麼稱之為道，可以嗎？」太公調說：「不可以，現在計算物的種類，不止於一萬，而只說萬物，是以這個大的數目來號稱它，而平常也都這麼說。所以稱呼天地，是有形存在中最大的；稱呼陰陽，是氣之中最大的；道則是總括這一切。因為它大所以這樣稱呼是可以的，但是既然已有了名稱，如何能比無名的真實大道！如果以為這樣的論說即為大道，就好像狗和馬，完全地不相干。」少知說：「四方之內，六合之中，萬物從何而生？」太公調說：「陰陽互相對照、互相蓋過彼此、宛若互為君臣，四季相代、相生、相繼，愛、惡、去、就，於是紛紛出現；雌雄交配生育下一代，於是萬物不斷絕而常有。安危互相代換變易，禍福相應而生，緩急相近，聚散相應而成。這些是有名有實可以辨識的，雖然精微仍可記載的。隨著四時順序的運行，各種運作的相互推動，物極而反，終而復始，這是萬物所具有的狀態，言語所能窮盡的，認知所能到達的，只限於物的範疇罷了。悟道之人，不執著追逐物之終，不執著探究物的起始，議論到此為止。」少知說：「季真主張道無為，接子主張道有為，這二人的議論，誰符合真實，誰偏離真理？」太公調說：「雞鳴狗吠，這是人們所知曉的；即使有大智慧的人，不能以言談說明牠們之所以鳴叫的緣故，又不能意測牠們將有什麼動作。這樣來分析萬物，有精微到無形的，也有巨大到不可界定範圍的。有所為，無所為，都不免是在物之中討論，所以終究有過誤。若認定道有為，則停滯在實；若認定道無為，則停滯在虛。認定道有名有實，就是停止在物；認定道無名無實，就只是在虛。雖然這樣可以言說可以意會，但是愈用言說愈加疏離於道。未生的不可禁止它出生，已死的不可阻擋它的死亡。死生距離人們並不遙遠，但是人們卻看不見此中的理路。有所為，無所為，是最極至的疑惑。我觀察道的本源，它卻無窮地變動而去；我探求道的終點，它卻無止盡地流動而來。如果無窮無止的變動，就說它是無，那麼就相同於停滯在單一隅落的物。有為、無為，以為道有本末，那麼就相同於有始有終的物。道不可只說是有為，又不可只說是無為。道這個名稱，只是假借的稱呼。有為、無為，各自侷限在物之一隅，哪裡有助於了解大道！言說如果周偏，則終日言說無不是道；言說偏滯，則終日言說無不是物。道是物之窮極，言說與沉默都不足以表達。不固定在言，也不固定在默，如果執著言說則有所窮。」

太公調回答少知的第一個問題，指出丘里之言是大眾的議論，有的是「合異以為同」，有的是「散同以為異」；隨即舉馬為例，如果僅見馬之各部位，則不見馬之整體。由此則知，大眾「散同以為異」，僅只停滯在「異」的單一隅落，則將失落道的整體性。

「是故丘山積卑而為高」至「有正而不距」，舉丘山、江河、大人為例，指出它們都是「合異以為同」，而且都是無所執著也無所排斥，故能成為「高、大、公」。

「四時殊氣」至「故德備」，舉天、君、大人為例，指出他們都是無私的包容，也就是「合異以為同」，不偏滯在任一隅落，所以有「歲成、國治、德備」之呈現。

「萬物殊理，道不私，故無名」，指出道無私地包容，也就是「合異以為同」；由於大道遷流不定，並不停滯在任何狀態，因此無從以任何固定的名稱來稱呼它，所以是「無名」。無名之道，以順應萬物的自然本質為準則，不執著固定的行為，故以「無為」稱之。有鑑於「無為」是以順應自然為前提，當為則為，不當為則不為，隨機因應，故有「無不為」之呈現。因此記載「無名故無為，無為而無不為。」

人間世事「無動而不變，無時而不移」（〈秋水篇〉），沒有恆常的固定不變，故記載「時有終始，世有變化。」

「禍福淳淳」至「有所正（合）者有所差（不合）」，指出互為對照而且無從切割的「禍福」，隨著世事而不斷變動，雖呈現或「拂（逆）」或「宜（不逆）」的不同狀態，但是互為對照的「拂（逆）與宜（不逆）」的性質，與「禍福」相同，也是無從切割的整體，人們不可能僅僅抓取整體中的局部狀態，而必然是「拂（逆）與宜（不逆）」、「正（合）與差（不合）」同存並在。然而，如果明瞭上述的整體性，不追逐任一面向，無所執著也無所排斥，則無「正、差」之可言，也就是「無正無差、不拂不宜、非禍非福」。

「比於大澤」至「此之謂丘里之言」，舉大澤、大山為例，指出它們都是「合異以為同」，故成為「大」。

由於以上太公調一再舉例說明「合異以為同」的整體性，因此少知提出第二個問題：可否將以上說明稱為大道？太公調回答：不可。

之所以「不可」，在此藉以下兩個面相來說明：（一）「今計物之數」至「其不及遠矣」，指出大道不離天地、陰陽以及一切存在，太公調只是勉強給予一個「道」的名稱，因此不可認為以上語言文字的說明就是大道；並且舉狗、馬為例，指出上述的語言文字與大道是不相及、不相干。這也就是本書自〈齊物論篇〉以來多次說明，語言文字僅只指向真實而不等於真實，亦即語言文字在本質上就具有侷限性，因此讀者必須離開語言文字，自行跳躍至真實大道，不可僅只停留在語言文字。另外，有些學者誤會「不及」為比不上，然而〈逍遙遊篇〉業已說明「不及」是不相及、不相干，並無比較之意。

（二）有鑑於大道具有變動不居的特質，故知「散同以為異」、「合異以為同」都是大道遷流不定的呈現；只不過大眾通常只知「散同以為異」，卻不知「合異以為同」，亦即大眾只見「異」而輕忽「同」，因此太公調以較多的敘述指出「合異以為同」。然而如果因此便只認為「合異以為同」是道的呈顯，卻未能了解「散同以為異」也是道的呈顯，則是一項偏頗的錯誤。所以太公調回答為「不可」。

少知提出第三個問題：萬物從何而生？太公調首先回答「陰陽相照」至「四時相代、相生、相殺」，這是舉陰陽與四季為例，指出互為對照而且無從切割的「陰陽」、「春夏秋冬」相應而生，也就是陰從陽而生，陽從陰而生；春生於冬，夏生於春，秋生於夏，冬生於秋；說不出何處是起始，也說不出何處是終點。換言之，陰陽、四季本就具有不斷流動變化的自然性質，陰陽、四季的生成，不是其它力量使然，而是自然。陰陽相生、四季循環反覆，遂有道的呈顯，然而並非道使陰陽與四季產生，而是道順應陰陽與四季不斷變動的自然本質。

「欲惡去就」至「聚散以成」，繼續舉例指出：萬物呈現許多互為對照而且無從切割的狀態，例如「欲與惡」、「去與就」、「雌與雄」、「安與危」、「禍與福」、「緩與急」、「聚與散」。之所以有這些狀態，是因為萬物本就具有不斷流動變化的自然性質，亦即「無動而不變，無時而不移」（〈秋水篇〉）。換言之，萬物呈現各種狀態，是自然，不是它然。萬物變動無已，遂有道的呈顯，但是並非道使萬物呈現各種狀態，而是道順應萬物不斷變動的自然本質。

「隨序之相理」至「此物之所有」，指出萬有的運作都是物極則反，由始而終，再由終而始，也就是「終與始」相應而生。之所以如此，是因為萬物本就具有不斷流動變化的自然本質，由「無」變化為「有」，再變化為「無」。換言之，萬物的生滅是自然，不是它然，不是外力使然。萬物由始而終，終而復始，循環反覆，以此而有道的呈顯，然而並非道使萬物生滅，而是道順應萬物的自然本質。

悟道者明瞭於此，不停留「廢（終、死）」或「起（始、生）」之任一隅落，亦即不呆滯在任何變動的現象，而是穿過表象，了解萬物的生滅是自然，不是它然；萬物都以不斷流動變化的自然本質存在，遷流無已，遂有道的呈顯，故記載「覩道之人」至「此議之所止」。

少知提出第四個問題：季真主張道是「莫為（無為）」，接子主張道是「或使（有為）」，此二人誰屬正確？太公調回答「雞鳴狗吠」至「又不能以意其所將為」，舉雞、狗為例，指出牠們的行動源於自然天性。以此則可了解：由至精無形到至大不可圍的一切存在，之所以如此呈現，都是自然，不是外力使然，故記載「斯而析之」至「大至於不可圍」。

「或之使，莫之為，未免於物而終以為過」至「在物之虛」，指出無論認定道是或使（有為）抑或莫為（無為），都停滯在單一隅落，前者滯於「實」，後者滯於「虛」，都背離人道不執著的流動特質。

「可言可意，言而愈疏」，揭示：或使（有為）、莫為（無為）的主張，都呆滯一隅，未能呈顯大道完整的全貌，所以僅只停留在這些主張，反而更加疏離於道。

「未生不可忌」至「理不可覩」，舉生死為例，指出由生至死是人們的自然天性，人人都走在由「無生」變化為「生」，再變化為「無生」（死）的通路上。簡言之，人們的生死是自然，不是外力使然；人們以自然天性走在生死的道路上，只不過無從以視覺察見此一通路罷了。如果未能了解於此，仍認定是或使（有為）或莫為（無為）使然，則是大惑之至，故記載「或之使，莫之為，疑之所假（至）。」

「吾觀之本」至「其來無止」，指出觀察道之本，卻見它無窮地變動而去，故不見其始；探求道之終點，卻見它無止盡地流動而來，故不見其終。亦即無論觀察大道之「本」或「末」，都只見它遷流不定，也就是無從見其「本、末」。如果因為它無窮無止的變動，無從見其「本、末」，就說它固定在「無」，豈不是相同於停滯在單一隅落的物嗎？故記載「無窮無止，言之無也，與物同理。」

「或使莫為，言之本也」，指出或使（有為）、莫為（無為）認定道有「本」；試想，互為對照的「本與末」是無從切割的整體，如果認定道有「本」，也就有「末」。然而，認定道有本有末，豈不是相同於有始有終的物嗎？故記載「與物終始」。

綜言之，「吾觀之本，其往無窮；吾求之末，其來無止」，指出大道無窮無止的變動，無從見其「本、末」，也就是大道無本無末，無始無終。不過「無本無末，無始無終」的意涵不在字面，不是消滅本、末、始、終，而是不固定在「本、始」，也不固定在「末、終」，變動不居，無所停滯。所以隨後記載「道不可有，有（又）不可無」，指出大道不固定在「有」或「無」之任一隅落，而是在「有與無」的整體中，遷流不定。因此停滯在固定隅落的或使（有為）、莫為（無為），誠然無助於了解大道，故記載「或使莫為，在物一曲，夫胡為於大方（大道）。」

「言而足」至「則終日言而盡物」，指出言談如果未能超越語言文字的侷限性，則不及於大道，而只及於物；反之，則可直指大道。

「道，物之極」至「非言非默」，指出大道是不割裂的渾全整體，具有不執著的流動特質，所以如欲傳達大道，則須與大道的整體性、流動性相呼應，不可僅只以「言」來傳達，也不可僅只以「不言」來傳達，而應秉持「言與不言」的整體性，當言則言，不當言則不言，靈活調整。如果未能了解於此，始終執著「言」，則將不及於大道，故記載「議有所極（窮）」。

由此則知，「非言非默」的意涵不在字面，不是消滅言、默，而是不固定在「言」也不固定在「默」，以「言與默」的整體待命，或言或默，無所執著。至於「議有所極」的意涵也不在字面，不是言說必定不及於道，而是執著言說，未能秉持「言與不言」的整體性，則將不及於道。

本則寓言藉著太公調回答四個問題，揭示（一）大眾通常只知「散同以為異」，停滯在「異」的單一隅落，以致遠離於道；但是如果兼顧「散同以為異，合異以為同」則可察見人道變動不居的完整全貌。（二）語言文字的論述雖然指向大道，但是不可認為這些論述就是大道，而應離開語言文字，自行跳躍至真實大道。（三）萬物的生滅是自然，不是它然；萬物都以不斷流動變化的自然本質存在，並非其它力量使萬物產生。（四）道不固定在「有為」或「無為」之任一隅落，如欲傳達道，就須運用與大道的整體性、流動性相呼應的論述。

外物

世事是否恆常不變？是否只有單一面向，抑或具有一體兩面的性質？如何因應為宜？執著喜愛的一面，排斥另一面？抑或無所執著也無所排斥？

外物不可必，故龍逢誅，比干戮，箕子狂，惡來死，桀、紂亡。人主莫不欲其臣之忠，而忠未必信，故伍員流于江，萇弘死于蜀，藏其血三年而化為碧。人親莫不欲其子之孝，而孝未必愛，故孝己憂而曾參悲。木與木相摩則然，金與火相守則流。陰陽錯行，則天地大絯，於是乎有雷有霆，水中有火，乃焚大槐。有甚憂兩陷而無所逃，螴蜳不得成，心若縣於天地之間，慰暋沈屯，利害相摩，生火甚多，眾人焚和，月固不勝火，於是乎有僓然而道盡。

「外物」：兼指萬物與世事。「不可必」的「必」：定。「龍逢誅，比干戮」：夏桀殺關龍逢，商紂殺比干，已見於〈人間世篇〉。「箕子」：商紂之庶兄，見商紂之亂而假裝瘋狂，以避免商紂之殘害。「惡來」：商紂之諛臣，被周武王所殺。「桀」：夏桀，夏朝的最後一位天子。「紂」：商紂，商朝的最後一位天子。「伍員」：即伍子胥，吳王夫差之臣，勸諫吳王未獲採納，反遭賜死，屍浮於江。「萇弘」：周景王、敬王之賢臣，被周人殺害。

「碧」：玉。「孝己」：商高宗的太子，事親至孝，但是高宗受後妻之言所惑，將孝己流放至死。「曾參」：曾參至孝，而父母憎之，常遭父母毆打，近乎死地。「則然」：則燃。「守」：不離。「流」指熔化。「錯行」指變化。「絯」：駭，指震動。「霆」：疾雷。「水中有火」指雨中有閃電，「水」指雨，「火」指閃電。。「甚憂」指憂心如焚。「兩陷」指困於利害、榮辱、得失等兩兩對立的糾葛中。「螴蜳」：怵惕，恐懼。「成」：和。「縣」：懸。「慰暋」：鬱悶。「沈屯」：沉悶。「生火、不勝火」的「火」：指焦躁。「月」指人的清明和諧本性。「僓然」指毀壞。「盡」：喪。

萬物與世事從來不固定，所以有龍逢被誅，比干被殺，箕子假裝瘋狂，惡來身死，夏桀、商紂滅亡。君主無不希望臣子忠心，然而忠心的臣子未必獲得君主的信任，因此伍員浮屍於江，萇弘在蜀死去，他的血被人珍藏三年而化為碧玉。父母無不希望子女孝順，然而孝順的子女未必獲得父母的歡心，因此孝己憂苦而曾參悲傷。木與木相摩擦就會燃燒，金不離火就會熔化。陰陽的運行有所變化，引起天地大震動，於是有雷有霆，雨中有閃電，將大槐樹都燒了起來。有人陷入利害、榮辱、得失兩兩對立的糾葛中，憂心如焚而無從逃離，怵惕恐懼不得安和，心像懸空於天地之間，鬱悶苦惱，利害相互衝突，內心焦急萬分，眾人就是這樣焚燒生命的和諧，清明和諧的本性禁不住焦躁的焚燒，於是身心敗壞而失去大道。

「外物不可必」指出世事沒有恆常的必然，也就是沒有永恆的固定不變。接著舉「龍逢誅」至「桀紂亡」為例；首先看夏桀、商紂、商紂之諛臣惡來，都是作惡多端而遭受滅亡，也就是常識認為的惡有惡報。另外，常識雖然認為善人有善終，但是龍逢、比干都是賢臣卻遭殺戮，箕子則以裝瘋避免商紂之殘害；亦即善人未必有善終。換言之，龍逢、比干、箕子三人之例，就是揭示「外物不可必」；亦即莊子和盤托出，指出善人或許有善終，或許沒有善終，具有一體兩面的性質。

有以上的了解，再回看夏桀、商紂、惡來，雖然惡有惡報，但是環顧人間也不乏惡人有善終者，例如：南宋時，秦檜擔任宋高宗的宰相，不僅誣殺良將岳飛，也殺害許多忠臣，但卻富貴終身。換言之，併觀夏桀、商紂、惡來、秦檜，即可明瞭仍然是「外物不可必」；亦即惡人或許有惡終，但也或許有善終，具有一體兩面的性質。

隨之再舉例，雖然人人都認為君王必定信任忠臣、父母必然愛護孝子，但是伍員、萇弘、孝己、曾參四人，就不被信任與愛護。換言之，這四人之例，再次指出「外物不可必」；亦即忠臣孝子或許被信任與愛護，但也或許不被信任與愛護，具有一體兩面的性質。

「木與木相摩則然（燃），金與火相守則流。」舉木、金為例，指出木與木相摩擦而生火燃燒則化為灰，金熔化則為液態而非固態，亦即木、金並非恆常為一種狀態，也就是「外物不可必」。換言之，木、金或許是固態，或許不是固態，具有一體兩面的性質。

生活中，雖然常有風和日麗的天氣，但也有雷電交作「變」的時候，故記載「陰陽錯行」至「乃焚大槐」。換言之，「陰陽錯行」這五句敘述再次揭示「外物不可必」；亦即天氣或許是風和日麗，或許不是風和日麗，具有一體兩面的性質。

本書多次說明，依隨大道的整體性，順應自然，無所執著也無所排斥，與萬物恰如其分的互動，是理想生活的前提。但是人們通常未能依隨大道的整體性，反而以自我為中心對萬物進行切割與分別，例如：強硬指稱喜愛的狀態為「利、榮、得」，又指稱不喜愛的狀態為「害、辱、失」，執著喜愛的狀態，排斥不喜愛的狀態；殊不知互為對照的「利與害」、「榮與辱」、「得與失」是不可切割的整體，人們根本無從僅僅抓執整體中的某些局部，而是一旦抓執局部就是抓執整體。遺憾的是，人們未能了解於此，誤以為可僅僅抓執喜愛的局部，但卻發現不喜愛的其它部分跟隨而至，無從消除。故記載「有甚憂兩陷而無所逃」。

由於陷入兩兩對立的糾葛之中，無從脫困，失落生命的和諧，也遮蔽大道的整體性以及無所執著也無所排斥的特質，故記載「螴蜳不得成」至「於是乎有僓然而道盡」。

本段敘述藉由眾多舉例，指出「外物不可必」，進而揭示：萬物與世事無不具有一體兩面的性質，並非恆常固定於單一面向，所以應對之策就是秉持大道無所執著也無所排斥的特質，隨機因應，靈活調整。

莊周家貧，故往貸粟於監河侯。監河侯曰：「諾。我將得邑金，將貸子三百金，可乎？」莊周忿然作色曰：「周昨來，有中道而呼者，周顧視，車轍中有鮒魚焉。周問之曰：『鮒魚來，子何為者邪？』對曰：『我，東海之波臣也。君豈有斗升之水而活我哉？』周曰：『諾，我且南遊吳、越之王，激西江之水而迎子，可乎？』鮒魚忿然作色曰：『吾失我常與，我無所處，吾得斗升之水然活耳，君乃言此，曾不如早索我於枯魚之肆。』」

「貸粟」：借米。「監河侯」：監河之官員。「諾」：好。「邑金」：封地的稅收。「忿然」指氣憤。「中道」：途中。「顧」：看。「車轍」：車輪輾地的痕跡，在此指車輪輾過地面所造成的凹陷處。「鮒魚來」的「鮒魚」：鯽魚，「來」：語助詞。「邪」：疑問詞。「波臣」指水族，水中生物。「斗」：十升為一斗。「我且」：我將。「激」：引。「西江」：蜀江由西來，故稱西江。「常與」：常相與，指水。「曾」：則。「索」：求。「肆」：市。

莊周家裏貧窮，因此去向監河侯借米。監河侯說：「好的。等我收到封地的賦稅，就借給你三百金，可以嗎？」莊周氣得臉色都變了，說：「我昨天來的時候，途中有人喊我，我看車輪輾過地面所造成的凹陷處，有一隻鯽魚。我問牠說：『鯽魚呀，你在這裡做什麼呢？』牠回答說：『我是東海的水族之臣。你有沒有一斗或一升的水可以救我呢！』我說：『好的，我將到南方遊說吳國、越國的君王，引西江之水來迎接你，可以嗎？』鯽魚氣得臉色都變了，說：『我失去了水，沒有容身之處，我只要有一斗或一升的水就可活命，你竟然這麼說，那還不如早些去乾魚市場找我吧。』」

莊子的生活窘迫，乃至必須向他人借米維生，由於對方允諾的協助遠在未來，不能解當前的燃眉之急，因此不免有忿然的情緒。然而不畏讀者嘲笑他的情緒起伏，而將此次經驗書寫下來，足見上述激動的情緒業已平復，而且經過深思，鄭重而非草率地加以記錄。

不過，讀者或許仍然感到疑惑：莊子既然向人借米遭拒而情緒激動，那麼顯然與社會大眾並無不同，焉可稱之為有智慧？關於此項質疑，首先可以思考：情緒起伏就是愚蠢嗎？

本書多次參看《老子．十五章》：「古之善為士者，微妙玄通，深不可識。夫唯不可識，故強為之容……混兮其若濁，孰能濁以靜之徐清？孰能安以久動之徐生？」指出有道之士的生命內涵深不可測，不過老子仍然勉強予以描述，而且揭示悟道者有時也不免如同混濁之水，並不清澈安靜。這是因為悟道者也是有血有肉之人，在生活中受到周身事物的激盪，自然不免有混亂激動之時，但可逐漸安靜下來，遂由混濁而逐漸清澈。

由此則知，莊子向人借米遭拒而情緒激動，與老子的義理並不相悖；亦即莊子與老子筆下的有道之士相仿，雖然激動但可逐漸調整，並非呆滯僵化在情緒之中，也就是〈養生主篇〉、〈大宗師篇〉均曾說明，入於情緒而又能出於情緒的「入而能出」。換言之，莊子是有血有肉有情緒波動的常人，並不悖離道家的智慧；而且在情緒平復之後，經過深思卻不畏譏嘲，鄭重寫下此次經驗，更可見他誠實面對自己的勇敢。

本則寓言不僅呈顯莊子誠實面對自己以及不畏譏嘲的勇敢，也同時呈現他擁有與大眾相同的真實人性，但這並不減損他的生命內涵，因此稱莊子具有智慧，並不虛妄。

任公子為大鉤巨緇，五十犗以為餌，蹲乎會稽，投竿東海，旦旦而釣，期年不得魚，已而大魚食之，牽巨鉤錎沒而下，騖揚而奮鬐，白波若山，海水震蕩，聲侔鬼神，憚赫千里。任公子得若魚，離而腊之，自制河以東，蒼梧已北，莫不厭若魚者。已而後世輇才諷說之徒，皆驚而相告也。夫揭竿累，趣灌瀆，守鯢鮒，其於得大魚難矣。飾小說以干縣令，其於大達亦遠矣。是以未嘗聞任氏之風俗，其不可與經於世亦遠矣。

「任公子」指任國之公子；任，國名。「緇」：黑繩。「犗」：閹牛。「會稽」：山名，在浙江省境內。「旦旦」指日日。「期年」：一年。「已而」：而後。「錎沒」指牽鉤陷沒，「錎」：陷。「鶩揚」：馳鶩激揚，指翻騰。「鬐」：鰭。「侔」：同。「憚赫」：畏懼。「若魚」：此魚。「離」：分解。「腊」：乾肉。「制河」：即浙江。「蒼梧」：山名，在今廣西省蒼梧縣。「已北」：以北。「厭」：饜，飽食。「輇才」：小才。「諷說」：傳說。「揭」：舉。「累」指細繩。「趨」：走。「灌瀆」指小水流。「鯢鮒」：都是小魚。「飾」指表彰。「小說」指淺薄學說，並非後世所認為的《世說新語》、《三國演義》等小說。「干」：求。「縣」：懸，指高。「令」：名。「大達」指大道。「風俗」：風格。「與」：以。「經」：行。

任公子做了一個大釣鉤以及大黑繩，用五十條閹牛做釣餌，蹲在會稽山上，將魚竿投入東海，天天都在那裡釣，整年都沒有釣到魚。然後有一條大魚來吃餌，牽動大釣鉤沉下水中，又翻騰而起擺動魚鰭，白波湧起如山，海水震蕩，聲如鬼神，千里之外聽了都感到畏懼。任公子釣到這條魚，將牠剖開曬乾，從浙江以東，蒼梧以北，沒有人不飽食了這條魚。後世小才喜愛談說之人，都驚奇而爭相走告。拿著小魚竿細釣繩，走到小溝旁，守候鯢鮒小魚，這要得到大魚是很困難的。表彰淺薄學說以求高名，這樣距離大道是很遠的。所以沒有聽過任公子釣魚風格的人，不可以行於世，因為相去實在太遙遠了！

由任公子的裝備可知他志在釣大魚，經過一年以上的堅持，大魚終於顯現，再經過非凡的努力，才獲得大魚；爾後，並不藏私而是與廣大群眾分享。但是若無類似任公子的裝備與努力之歷程，僅只是「揭竿累，趨灌瀆，守鯢鮒」的些微付出，則難以有令人驚嘆的豐厚成果。

或許本則寓言以大魚譬喻大道，指出如果立下悟道的大志，則須再經歷長時間的堅持與努力，才可悟道；純熟道的義理之後，則可引領群眾依隨於道，使人們擁有智慧人生。

儒以《詩》、《禮》發冢，大儒臚傳曰：「東方作矣，事之何若？」小儒曰：「未解裙襦，口中有珠。《詩》固有之曰：『青青之麥，生於陵陂。生不布施，死何含珠為？』」「接其鬢，壓其顪，儒以金椎控其頤，徐別其頰，無傷口中珠。」

「以《詩》、《禮》」的「以」：用。「發冢」：盜墓。「臚傳」：在上方之人傳話告訴在下方之人。「東方作矣」指日出。「小儒」指弟子。「襦」：上衣。「《詩》固有之」：這是逸詩，不在現今可見的《詩經》之中。「陵陂」：山坡。「接」：抓。「壓」：按。「顪」：鬍鬚。「儒以金椎」的「儒」：學者都認為是錯字，正確應為「而」。「金椎」：鐵錘。「控」：敲。「頤」：腮，下巴。「徐別」：慢慢地分開。

儒士用《詩》、《禮》來盜墓，大儒傳話說：「太陽出來了，事情進行得如何？」小儒說：「長裙與上衣還沒有脫下，口中含著珠子。《詩》早就寫著：『青青的麥穗，生長在山坡上。生前不施捨他人，死後又何必含著珠子？』」大儒說：「抓著他的鬢髮，按著他的鬍鬚，用鐵錘敲他的下巴，慢慢地分開他的兩頰，不要損傷口中的珠子。」

「生不布施，死何含珠為？」諷刺富裕者存活時未曾幫助需要幫助的人們，死後依然，埋葬入土卻口含珍珠，並非將珍珠幫助仍然存活而需要幫助之人。

回顧本書多次說明，人間世事無不具有一體兩面的性質，例如：地球受陽光照射，必然是一半為「明」，另一半為「暗」，不可能只有「明」的一面、沒有「暗」的另一面。又例如：常識稱讚「知」使人脫離盲昧，但是知識也同時增長文飾造作，甚至是智巧詐偽，而且不免誘發情欲，所知愈多，欲求愈多。換言之，「知」不是只有光明面，而是明暗並存，具有一體兩面的性質。

相同地，常識稱讚典籍，然而本則寓言舉例《詩》「生不布施，死何含珠為」的內容，竟使盜墓者竊取死人口中的珠子，宛若是合理的舉動，亦即盜墓者藉《詩》將盜墓的行為合理化。

本則寓言藉著典籍為例，揭示人間世事無不具有一體兩面的性質。亦即莊子和盤托出，指出常識未留意的一體兩面之另一面，也就是「外物不可必」。

老萊子之弟子出薪，遇仲尼，返以告曰：「有人於彼，脩上而趨下，末僂而後耳，視若營四海，不知其誰氏之子。」老萊子曰：「是丘也，召而來。」仲尼至。曰：「丘，去汝躬矜與汝容知，斯為君子矣。」仲尼揖而退，蹙然改容而問曰：「業可得進乎？」老萊子曰：「夫不忍一世之傷，而驁萬

世之患，抑固窶邪？亡其略弗及邪？惠以歡為驁，終身之醜，中民之行進焉耳，相引以名，相結以隱。與其譽堯而非桀，不如兩忘而閉其所譽。反無非傷也，動無非邪也。聖人躊躇以興事，以每成功。奈何哉其載焉終矜爾！」

「老萊子」：楚國人，隱者。「出薪」：砍柴。「仲尼」：孔子，名丘，字仲尼。「彼」：那，指外面。「脩上而趨下」：上身長下身短。「脩」：長。「趨」：促，指短。「末僂」：背脊彎曲，「末」：背。「後耳」指耳朵後貼。「營」：周徧。「躬矜」指行為矜誇。「容知」指機智的神色。「揖」：拱手。「蹙然」：不安之貌。「業」指學說。「得進」指推廣。「驁」指輕忽。「固」：本來。「窶」指不足。「窶邪、弗及邪」的「邪」：疑問詞。「亡其」：或。「略」指智謀。「惠」：發語詞，無特殊意涵。「醜」：恥。「行進」：行為。「焉耳」：語末助詞。「隱」：私。「反」指毀譽太過。「動」指毀譽不定。「無非邪」的「邪」：差錯。「躊躇」指戒慎。「每」：求。「載」：行為。「爾」：乎，語助詞。

老萊子的弟子外出砍柴，遇見孔子，回來告訴老師說：「外面有個人，上身長而下身短，背脊彎曲而耳朵後貼，目光好似遍及四海，不知他是什麼人。」老萊子說：「是孔子，去叫他來。」孔子來了。老萊子說：「孔丘，除去你矜誇的行為以及你機智的神色，這樣就可以成為君子了。」孔子向他作揖，退後了幾步，不安地神色改變而問說：「我的學說可以推廣於世嗎？」老萊子說：「不忍一世受損傷，卻輕忽了萬世的禍患，這是你本來就天賦不足？

或智謀不及呢？喜歡做輕忽禍患之事，是終身的恥辱，這只是中等人的行徑，以名聲相互援引，以恩私相互結交。與其稱譽堯而非議桀，不如忘卻兩者而不稱譽也不責難。毀譽太過，無不是傷害；毀譽不定，無不是差錯。聖人戒慎以從事，以求成功。為什麼你總是矜誇自己的行為呢！」

首先看「去汝躬矜與汝容知，斯為君子矣」，指出孔子如果將矜誇調整為內斂，就是依隨於道的君子；亦即不執著矜誇，而是適時使用減法。換言之，並非內斂即為君子，而是依隨大道，無所執著，適時調整，具有與大道相同的不執著之流動特質，就是君子。

但是孔子提出詢問：使用減法而調整為內斂，可否為世所用？老萊子回答「夫不忍一世之傷，而驁萬世之患」，指出孔子以仁、義救一時之傷，卻造成萬世之患。然而常識稱讚仁、義，必定不同意此一敘述。

回顧〈齊物論篇〉、〈大宗師篇〉均曾說明，人們遺忘天地萬物本是無從切割的連續性整體，人們的行為也未能依循順應萬物自然本質的準則，即使額外標舉「仁、義」，然而「仁」是愛，有愛便不免有偏私的流弊；「義」是宜，不過並非以天地萬物的整體性判斷合宜與否，而是以自我為中心進行判斷，遂產生將利益視為「義」（宜）的流弊。亦即額外標舉的仁義具有明暗並存、一體兩面的性質，不足以使人們的相處回返整體性的和諧，也不足以使人類與天地萬有的整體回返均衡狀態，人類仍然停滯在失去整體性的錯誤之中。

換言之，如欲導正失落整體性的錯誤與混亂，正本清源的方法不是額外標舉「仁、義」，不是執著於使用加法，而是適時使用減法；亦即喚醒人們的自覺，回返「天地與我並生，而萬物與我為一」（〈齊物論篇〉）的大道整體性，順隨整體的運作，則可與萬物恰如其分的互動。然而孔子未能明瞭上述正本清源的適時使用減法，故記載「夫不忍一世之傷」至「相結以隱」。

「與其譽堯而非桀，不如兩忘而閉其所譽」的意涵，同於〈大宗師篇〉「與其譽堯而非桀也，不如兩忘而化其道。」亦即以「天地之運作」為觀察基準，即可了解天地之間的所有狀態，無不符合天地運作的法則（例如：地球自轉）。也就是「無物不然，無物不可」（〈齊物論篇〉），亦即天地之間本無「是、非」可言。但這並不意謂著可以任意損害旁人，而是〈逍遙遊篇〉、〈齊物論篇〉均曾說明，對民眾（包括君王）自幼便教之以大道不可切割的整體性，以教育喚醒每一個人的自覺，引領民眾（包括君王）回返大道，明瞭生命在天地萬物的整體中，應該順隨整體的運作，與所有存在恰如其分的互動；亦即引導民眾（包括君王）以自覺適時節制不當的舉動，以免損及旁人，愛護自己的同時也尊重他人，以此來安頓自我。如果人人自覺、自我安頓，人際相處和睦，社會安祥，也就沒有「是非」的爭論，達到沒有對立、沒有對待、無待的理想。簡言之，不離大道的整體性，與其它存在恰如其分的互動，則無是、非、毀、譽可言。

「反無非傷也，動無非邪也」，再次指出是、非、毀、譽造成傷損，不是正途，也不是正本清源的方法。

「聖人躊躇（戒慎）以興事」至「奈何哉其載焉終矜爾」，揭示聖人內斂而不矜誇，也就是不執著使用加法，而是適時使用減法，孔子亦應效法之。

本則寓言揭示：如欲導正失落整體性的錯誤與混亂，正本清源的方法不是額外標舉「仁、義、是、非」，而是喚醒人們對整體的自覺，順隨整體的運作，與萬物恰如其分的互動，則不僅可救一世之傷，也可避免萬世之患。

宋元君夜半而夢人被髮闚阿門，曰：「予自宰路之淵，予為清江使河伯之所，漁者余且得予。」元君覺，使人占之，曰：「此神龜也。」君曰：「漁者有余且乎？」左右曰：「有。」君曰：「令余且會朝。」明日，余且朝。君曰：「漁何得？」對曰：「且之網得白龜焉，其圓五尺。」君曰：「獻若之龜。」龜至，君再欲殺之，再欲活之，心疑，卜之，曰：「殺龜以卜，吉。」乃刳龜，七十二鑽而無遺筴。仲尼曰：「神龜能見夢於元君，而不能避余且之網；知能七十二鑽而無遺筴，不能避刳腸之患。如是，則知有所困，神有所不及也。雖有至知，萬人謀之。魚不畏網而畏鵜鶘，去小知而大知明，去善而自善矣。嬰兒生無石師而能言，與能言者處也。」

「宋元君」：宋國國君。「阿門」：旁門，側門。「予」：我。「宰路」：淵名。「余且」：姓余，名且，漁夫。「占」：卜。「吉」：善，指靈驗。「圓」指直徑。「若」：你。「刳」：剖，挖空。「七十二鑽」指占卜七十二次，「鑽」：占卜必鑽龜甲。「遺筴」指占卜吉凶沒有失誤，「筴」：古時卜筮用的蓍草。「仲尼」：孔子，字仲尼。「知能」的「知」：

聰智。「困」：限。「鵜鶘」：水鳥。「石」：碩，大。

宋元君半夜而夢見有人披頭散髮在側門邊闚看，說：「我來自宰路的深淵，我被清江派遣到河伯那裏去，漁夫余且捉住了我。」元君醒來，命人占卜此夢，卜者說：「這是神龜。」國君說：「漁夫有名叫余且的嗎？」左右的人回答說：「有。」國君說：「命令余且來朝見。」第二天，余且上朝。國君說：「你捕到什麼？」余且說：「我網到了一隻白龜，直徑有五尺長。」國君說：「把你的龜獻上來。」龜獻上之後，國君又想殺牠，又想養牠，心中猶豫不決，叫人來占卜，卜者說：「殺龜用來占卜，靈驗。」於是挖除龜肉，用龜甲占卜七十二次都沒有失誤。仲尼說：「神龜能託夢給宋元君，卻不能避開余且的漁網；聰智能夠占卜七十二次都沒有失誤，卻不能避開挖肉的禍患。這樣看來，知有限度，神有不及之處。雖有極至之知，也躲不過萬人的謀略設計。魚不畏漁網而畏鵜鶘，去除小知，那麼大知就會呈現，不自以為善而善就會彰顯。嬰兒生下來，沒有大師教導就能學會說話，是因為與會說話的人共處呀。」

首先回顧〈知北遊篇〉「知遇而不知所不遇，知能能而不能所不能；無知無能者，固人之所不免也。」指出人類雖有所知所能，但是無法全知全能。至於本則寓言敘述：龜雖然有所「知、能」，但也有所「不知、不能」，亦即牠的「知、能」有其限度，故記載「知有所困，神有所不及也。」

對於「雖有至知，萬人謀之」，讀者或許感到疑惑：既然擁有至知，為何躲不過萬人的謀略設計？針對此項疑問，可回顧〈齊物論篇〉「知止其所不知，至矣。」揭示人們在天地之間，雖有所「知」但也有所「不知」，不可能消滅「不知」，例如：不知心跳何時停止。

換言之，以人們的生活為觀察基準，即可明瞭「知與不知」並不是常識認為的互斥對立，而是同存共在，具有不可切割的整體性。亦即莊子指出謙卑地了解「知與不知」共存共在，就是「知之至」。

由此即可了解「至知」就是指「知與不知」並存，所以如果萬人皆設下謀害之策，那麼對於萬種謀害策略，雖有所知但也必有所不知，以此焉有可能躲過所有的謀害？

「魚不畏網而畏鵜鶘」指出魚雖知躲避鵜鶘，但卻不知躲避漁網，亦即魚與龜相同，也是有所知、有所不知。

之所以記載「去小知而大知明」，是因為謙卑地了解「知與不知」共存，因此不以所知為「知」，這就是「去小知」，但這同時也是「知之至」，也就是「大知」，所以是「去小知而大知明」。

再看「去善而自善矣」，試想：「去善」就是不善。然而由不割裂的渾全大道觀之，互為對照的「不善與善」一體不可分，所以「去善」的不善，未曾遠離善，因此是「不善而善」，故記載「去善而自善矣」。此外，也可由另一面向來了解：「去善」不是消滅善，而是內斂不誇耀，不對他人造成壓迫感，所以是「善」。

繼續舉例：新生嬰兒本是不能言，然而與能言之人共處，遂由「不能言」轉變為「能言」，由此即知「不言與言」並不互斥對立而是相互流通。簡言之，互為對照的「不言與言」的性質，相同於「不善與善」、「不知與知」，都是相通為一體。

本則寓言舉例，龜與魚都是集「知與不知」於一身，進而指出互為對照的「知與不知」

一體不可分；「不善與善」、「不言與言」亦同，也是通而為一。簡言之，本則寓言藉著眾多舉例，揭示不可切割的整體性。

惠子謂莊子曰：「子言無用。」莊子曰：「知無用而始可與言用矣。夫地非不廣且大也，人之所用容足耳。然則廁足而墊之致黃泉，人尚有用乎？」惠子曰：「無用。」莊子曰：「然則無用之為用也亦明矣。」

「廁」：側，邊旁。「墊」：掘。

惠子對莊子說：「你的言論無用。」莊子說：「了解無用的人，才可與他談有用。譬如地，不能不說是既廣且大，人所用的只是立足之地罷了，然而，如果將立足以外的地方都挖掘直到黃泉，那麼人的立足之地還有用嗎？」惠子說：「無用。」莊子說：「那麼無用的用處也就很明顯了。」

本書多次說明，莊子穿透事物的表象，察見隱藏在表象之內的其它面向，因此總是和盤托出，指出常識未留意的一體兩面的性質。然而惠子未能明瞭莊子的觀察與思考，因此指稱莊子之言無用。

莊子隨即以「容足之地、足外之地」為例，指出「有用」的容足之地，並非恆常固定在「有用」，而具有「無用」的另一面。亦即「有用」的容足之地，未曾遠離「無用」，具有一體兩面的性質。

同理，「無用」的足外之地，亦非恆常固定在「無用」，而具有「有用」的另一面。簡言之，足外之地「無用而有用」，也具有一體兩面的性質。

換言之，「有用與無用」並不是常識認為的互斥對立，而是沒有對立、沒有對待、無待的整體。由此則知，莊子之言雖然被惠子指稱無用，但是並非恆常固定在「無用」，而具有「有用」的另一面。例如：〈逍遙遊篇〉記載，惠子認為魏王所送的大瓠無用，然而莊子之言就指出大瓠的有用之處。

本則寓言揭示：明瞭「有用與無用」一體不可分，則將不同於常識，不排斥無用，而是觀察它是否具有一體兩面的性質，是否尚有「有用」的另一面。

莊子曰：「人有能遊，且得不遊乎？人而不能遊，且得遊乎？夫流遁之志，決絕之行，噫，其非至知厚德之任與！覆墜而不反，火馳而不顧。雖相與為君臣，時也，易世而無以相賤，故曰：至人不留行焉。夫尊古而卑今，學者之流也。且以狶韋氏之流觀今之世，夫孰能不波！唯至人乃能遊於世而不僻，順人而不失己。彼教不學，承意不彼。」

「能遊、不能遊」的「遊」：由，指順從天性。「不遊乎、遊乎」的「遊」：指自在悠遊。「流遁」指流蕩逐物以及逃遁避世。「決絕」：絕斷，果決。「噫」：語詞，無特殊意涵。「德」指自然天性。「任與」的「任」：用；「與」：歟，感嘆詞。「覆墜」指陷溺。「反」：

返。「火馳」：奔馳。「相與為君臣」指有時為君，有時為臣。「之流」的「流」：品類。「狶韋氏」：三皇以前的古代帝王。「不波、不僻」：都指不偏。「彼」指至人。「承」：繼，指跟隨。

莊子說：「人如果能順從天性，怎麼會不自在悠遊呢？人如果不能順從天性，怎麼會自在悠遊呢？流蕩逐物以及逃遁避世的心志，並且果決去做的行為，唉，那不是智慧至高、大性之德淳厚的人會採用的！陷溺而不回返，奔馳而不回頭。雖然有時為君，有時為臣，那只是機緣而已，世代改易就沒有貴、賤之分了，所以說：至人的行為無所滯留。尊崇古人而看輕今人，是學者這一類人的看法。如果以狶韋氏之類的古人來看當今之世，誰能不偏頗！只有至人能悠遊於世而不偏頗，順隨於人而不失去自己。至人教導不須額外學習，跟隨任何背離大道的人為意念就不是至人。」

有鑑於自然天性就是依隨於道，因此順從天性，依隨通貫天地萬物的大道，則是與道同遊，與天地萬物同在，故記載「人有能遊（由），且得不遊乎？」但是未能順從天性，也未能依隨於道，則是「人而不能遊（由），且得遊乎？」

「夫流遁之志」至「易世而無以相賤」，指出流蕩逐物以及逃遁避世的人生態度，各自停滯在兩個偏頗的極端，未能如同〈養生主篇〉「緣督以為經」順中以為常，未能「不落兩邊，得其中道」。亦即他們都未能依隨大道不執著的流動特質，未能秉持靈活而不執著的中庸。所以，縱然因為時機而被推崇為君，或不逢時機而為臣，看似有貴有賤；但是以道觀之，都是呆滯一隅，豈有高、下、貴、賤之別？然而，悟道的至人不採用上述偏執的人生態度，而是依隨大道，無所執著也無所排斥，故記載「至人不留行焉」。換言之，「至人不留行焉」的意涵不在字面，不是消滅行跡，而是指向不執著。

「夫尊古而卑今」至「夫孰能不波（不偏）」，舉學者為例，尊古卑今也就類似「流遁之志」的偏執，僵化拘泥，未能依隨大道。但是至人是「人有能遊（由），且得不遊乎」，亦即與道同遊，與天地萬物同在，故記載「唯至人乃能遊於世而不僻（偏），順人而不失己。」

然而「不失己」的意涵不在字面，不是牢牢抓住自己，不是與萬物對立，而是與天地萬物沒有對立、沒有對待、無待，也就是「萬物與我為一」（〈齊物論篇〉），因此無往而非我，無物不是我，順人也就是順己。簡言之，秉持無待的整體性，與萬物恰如其分的互動，即為「順人而不失己」的立足基準。

「彼教不學」指出至人教導大眾順從天性，依隨於道，所以無須額外學習。「承意不彼」指出跟隨任何背離大道的人為意念，那麼就不是至人；亦即再次揭示至人順從天性，依隨於道的主旨。

本段敘述指出：不執著人為的意念而是順從天性，依隨於道，無所偏執，與萬物無待和諧共處，則可悠遊於世，無往而不逍遙，無所往亦逍遙。

目徹為明，耳徹為聰，鼻徹為顫，口徹為甘，心徹為知，知徹為德。凡道不欲壅，壅則哽，哽而不止則跈，跈則眾害生。物之有知者恃息，其不殷，非天之罪。天之穿之，日夜無降，人則顧塞其竇。胞有重閬，心有天遊。

室無空虛，則婦姑勃谿；心無天遊，則六鑿相攘。大林丘山之善於人也，亦神者不勝。德溢乎名，名溢乎暴，謀稽乎誸，知出乎爭，柴生乎守官，事果乎眾宜。春雨日時，草木怒生，銚鎒於是乎始修，草木之到植者過半，而不知其然。

「徹」：通。「顫」：嗅氣味。「心徹為知、知徹為德」的「知」：智慧；「德」：得，指自得。「道」指通道。「壅、哽」：都指塞。「跈」指衝突。「眾害生」的「生」：產生。「物之有知」的「物」：人，「知」：知覺。「殷」：盛。「穿」：通。「降」：減。「顧」：反。「竇」：孔。「胞」：胎衣，胎盤。「閬」：空曠，指通道。「婦姑」：媳婦與婆婆。「勃谿」指爭吵。「六鑿」：六情，指喜、怒、哀、樂、愛、惡。「攘」：逆。「善於人」：被人喜愛。「神者不勝」指心神不勝六情相擾。「德溢乎名」：得出自名，「德」：得，「溢」：出。「暴」指表現。「稽」：議論。「誸」：急。「知出乎爭」的「知」：智巧。「柴」：塞。「守官」指執著官能，「官」：感官的官能。「果」：成。「日時」：時時，時常。「怒生」指生長茂盛。「銚鎒」：鋤田的用具。「到植」指鋤拔草木，反而更生。

眼睛通徹是明，耳朵通徹是聰，鼻子通徹是嗅氣味，口通徹是品嚐滋味，心通徹是智慧，智慧通徹則能自得。凡是通道都不可壅阻，壅阻就會堵塞，一直堵塞就會自相衝突，自相衝突就會產生種種禍害。有知覺的人都依賴氣息，氣息若不順暢，不是自然的過錯。自然的氣息貫穿各處，日夜都不消滅，人反而堵塞了孔竅通道。胎盤有通道連接母體與胎兒，心靈通達則依隨自然悠遊。室內沒有空曠之地，婆媳就會爭吵；心靈未能依隨自然悠遊，六情就會互相干擾。人們喜愛山林原野，就是心神敵不過六情相擾。有所獲得，是來自於有名聲；名聲出於自我表現；計謀生於急迫；智巧出於爭奪；堵塞生於執著官能；事情成功來自於一切皆宜。春天時常下雨，草木茂盛生長，人們於是拿著鋤田的用具來修除，然而草木又再長出許多，而不知其緣由。

「目徹為明」至「知徹為德」，指出如果「目、耳、鼻、口、心、知（智慧）」都通暢，「明、聰、顫、甘、知（智慧）、德（得）」也就相應而生，亦即「通道無阻與運作良好」具有不可切割的整體性。但是如果阻塞「目、耳、鼻、口、心、知」的通道，則產生禍害，故記載「凡道不欲壅」至「跈則眾害生」，亦即揭示「通道阻塞與禍害」相應而生，也具有不可切割的整體性。

「物（人）之有知者恃息」至「人則顧塞其竇」，指出人們存活的天地之間，本就是氣息通暢無阻，但是人們未能依隨自然運作，反而阻塞流通的孔竅通路。

「胞有重閬」舉胎盤為例，胎盤包裹胎兒，有通道連接母體與胎兒，通道暢通無阻，胎兒也就發育良好。

人們存活在天地的自然運作之內，也有通道連接「人與天（自然）」，只不過人類的視覺無從察見此一無形的通道，然而此一通道雖然無形不可見，但卻是真實存在，它暢通無阻，人們也就與天（自然）同遊同在，故記載「心有天遊」。

由以上說明可知「胞有重閬，心有天遊」是再次舉例，指出「通道無阻與運作良好」相應而生，具有不可切割的整體性。

「室無空虛」至「亦神者不勝」，繼續舉例：如果未能保留空間通道，生活也就不能順暢運作，以致引發爭吵以及各種情緒的擾攘。換言之，這依然揭示「通道阻塞與禍害」相應而生。

關於「柴（阻塞）生乎守官（執著官能）」，可藉下例來說明，例如：過度執著並且濫用耳聰目明的感官功能，反而造成耳聾目盲，使耳目的通道阻塞，無從運作。

有以上的了解，再看「德溢乎名」至「事果乎眾宜」，則知這六句敘述指出「名與德（得）」、「暴（表現）與名」、「謀（急）與謀」、「爭與知（智巧）」、「守官（執著官能）與柴（阻塞）」、「眾宜與事果（成）」都是相應而生，亦即它們之間都存在著無形不可見的通道，它們也都具有不可切割的整體性。

「春雨日時」至「草木之到植者過半」，指出春日氣溫回暖，在雨水的滋潤下，遂有相應而生的草木蓬勃生長；以此，又有相應而生的人們除草之舉動；然而除草雖使草木由茂盛而稀疏，但是草木並不恆常固定在稀疏的狀態，而將再度變化而呈現茂盛的狀態。亦即草木由「無」變化為「有」，再變化為「茂盛」，又變化為「稀疏」，再變化為「茂盛」。這一連串的狀態是無從切割的整體，是「一」不是二。雖然最後敘述「而不知其然」，但是由以上說明，則可了解這些狀態之間都存在著無形不可見的通道，具有相應而生的自然性質，故可進一步描述為「不知其然而知其自然」。

本段敘述藉著眾多舉例，指出生活中除了有形可見的通路，也有無形不可見的通道。無形的通道徧在森羅萬象、萬事萬物之間，雖然人類的視覺無從察見，但是它真實存在，如果遭到阻塞則將引發禍害；反之，如果通道無阻則可使生活運作良好。

靜然可以補病，眥搣可以休老，寧可以止遽。雖然，若是，勞者之務也，非佚者之所嘗過而問焉。聖人之所以駴天下，神人未嘗過而問焉；賢人所以駴世，聖人未嘗過而問焉；君子所以駴國，賢人未嘗過而問焉；小人所以合時，君子未嘗過而問焉。演門有親死者，以善毀爵為官師，其黨人毀而死者半。堯與許由天下，許由逃之；湯與務光，務光怒之；紀他聞之，帥弟子而踆於窾水，諸侯弔之。三年，申徒狄因以踣河。荃者所以在魚，得魚而忘荃；蹄者所以在兔，得兔而忘蹄；言者所以在意，得意而忘言。吾安得夫忘言之人而與之言哉！

「靜然」：靜默。「眥搣」指按摩術。「休老」：防止衰老。「止遽」：平息急躁。「非佚者之所嘗過而問焉」：此為日本高山寺藏古鈔卷子本，至於其它通行本則為「非佚者之所未嘗過而問焉」。「佚者」：逸者，指心神安逸的悟道者。「嘗」：曾經。「駴」：戒，指改變。「演門」：宋國的城門名。「善毀」指為父母守喪哀痛，以致形容枯槁。「爵」：動詞，指封爵。「官師」：官之長，「師」：長。「黨」：鄉。「務光」：不接受商湯之讓天下，負石自沉於廬水。「紀他」：商湯時逸人，聽聞商湯欲讓天下於務光，憂慮此事將及於己身，遂率弟子自沉於窾水而死。「踆」：退。「窾水」：河川名。「弔」：問。「申徒狄」：聽聞紀他死去，亦投河而死。「踣河」：跳河。「荃」：魚簍，捕魚的器具。「忘」指不執著。「蹄」：捕兔網。「安」：何。

靜默可以調理疾病，按摩可以防止衰老，安寧可以平息急躁。雖然如此，這些仍是勞碌的人所採用的方法，不是心神安逸的悟道者曾經去過問的。聖人之所以改變天下，神人從來不曾去過問；賢人之所以改變世間，聖人從來不曾去過問；君子之所以改變國家，賢人從來不曾去過問；小人之所以迎合時機，君子從來不曾去過問。宋國演門有個雙親死去的人，因為善於守孝哀痛，以致形容枯槁，被封為官之長，鄉人學他守孝哀痛而死的有一半。堯讓天下給許由，許由逃走了；商湯讓天下給務光，務光大怒；紀他聽說此事，帶著弟子到窾水邊隱居，諸侯聽說了都去慰問；三年後，申徒狄仰慕他的作風，投河自盡。魚簍用來捕魚，得了魚也就不執著魚簍；捕兔網用來捕兔，得了兔也就不執著捕兔網；語言用來表達意涵，獲得意涵也就不執著語言。我到哪裡去找不執著語言之人，而與他談話呢！

乍讀「靜然可以補病」至「非佚者之所嘗過而問焉」，讀者或許立即產生疑惑：「靜然、皆摵、寧」既然有上述的好處，為何佚者卻不過問呢？試想：對於有好處之事，大眾都是執著無已，那麼也就不免呆滯在「靜然、皆摵、寧」之單一隅落，以至失落恰到好處的均衡，也背離大道不執著的流動特質。換言之，「靜然、皆摵、寧」都不是只有「明」的一面，也有「暗」的另一面。這就是本書多次說明，人間世事無不具有一體兩面的性質，例如：地球受陽光照射，必然是一半為「明」，另一半為「暗」，不可能只有「明」的一面、沒有「暗」

的另一面。

悟道的佚者，由於立足大道的整體性，觀察與思考不停滯在單一隅落，而是觀看完整的全貌，明瞭「靜然、眥搣、寧」並非只有光明面，而是「明暗並存」具有一體兩面的性質。所以佚者依循大道順應自然的無為準則，當為則為，不當為則不為，無所執著也無所排斥。由此則知「非佚者之所嘗過而問焉」的意涵不在字面，不是必定不過問，不是排斥「靜然、眥搣、寧」，而是順應自然，無所執著。

「聖人、賢人、君子」之所以改變「天下、世、國」，是因為遵循大道的運作，帶領「天下、世、國」的民眾回返於道，使民眾秉持大道順應自然的無為準則，對於生活中的每一事件，例如：「靜然、眥搣、寧」，都是當為則為，不當為則不為，進而達到安身立命的理想。

由於聖人、賢人、君子的帶領，可使民眾依隨大道恰如其分的自我安頓，因此其他的悟道者也就不提出不同的意見。故記載「聖人之所以駴（改變）天下」至「賢人未嘗過而問焉」。由此可知，神人、聖人、賢人、君子的名號雖然不同，所處理的事物也不同，看似有高低位階之別，但是他們都是不離於道的得道者。換言之，由道觀之，他們平等齊一，並無高低位階之別，也就是晉．郭象注：「神人即聖人也」。

未能依隨大道的小人「合時」迎合時機，為自己創造好處，但卻不免因此而過度執著於追逐「合時」。隨後記載「演門有親死者」至「其黨人毀而死者半」，即為小人「合時」的舉例說明。

常識稱讚為雙親守孝而哀痛毀形，所以演門之人被「爵為官師」，但這卻引發鄉人效法以至於毀形而死。換言之，為雙親守孝而哀痛毀形，也是「明暗並存」具有一體兩面的性質；亦即莊子和盤托出，指出常識未留意的一體兩面之另一面。

由此則知，過度執著「合時」，追逐於迎合時機，並非只有光明面，而是「明暗並存」具有一體兩面的性質。至於君子立足大道的整體性，觀看完整的全貌，明瞭「合時」並非只有光明面，而是「明暗並存」具有一體兩面的性質。所以君子依循大道順應自然的無為準則，當為則為，不當為則不為，無所執著也無所排斥。由此則知「君子未嘗過而問焉」的意涵不在字面，不是必定不過問，不是排斥「合時」，而是順應自然，無所執著。

此外，演門之人因親死而哀痛毀形，未能「安時而處順」（〈養生主篇〉），也就是未能順應自然；鄉人效法以至於毀形而死，也是未能順應自然。簡言之，上述兩種狀況，看似有等差之別；然而，以道觀之，他們都是未能順應自然，豈有等差可言？

常識稱讚許由拒絕堯之讓天下，但卻引發務光、紀他、申徒狄的效法，以至於投河而死。換言之，拒絕接受他人所讓予的天下，也是「明暗並存」具有一體兩面的性質。莊子依然和盤托出，指出常識未留意的一體兩面之另一面。另外，許由、務光、紀他、申徒狄，因為排斥堯與商湯之讓天下，而有「逃、怒、投河」的舉動，他們排斥的行為，雖然看似有程度上的輕重之別；然而，以道觀之，他們都未能無所執著、無所排斥，因此豈有輕重之別可說？

「荃者所以在魚」至「得意而忘言」，先舉例荃、蹄的目標是魚與兔，進而指出語言文字的目標是「意」。

常識稱讚語言文字可以傳達意涵，使人們相互溝通，但是語言文字也是「明暗並存」具有一體兩面的性質。回顧〈齊物論篇〉以降，本書多次說明，語言文字僅僅指向「實」，並不等於「實」，也不與「實」密合，亦即語言文字在本質上就有侷限性，因此讀者必須離開語言文字，自行跳躍至「實」，不可僅只停留在語言文字。例如：本段記載「靜然可以補病」至「申徒狄因以踣河」的意涵並不在字面，讀者必須由文字跳躍至「實」，方可了解莊子欲傳達之「意」。

如果明瞭上述語言文字的侷限性，因此不執著言，並且離開言，跳躍至「實」，也就是「忘言」，則是莊子認為可以談話之人，故記載「吾安得夫忘言之人而與之言哉」。由此則知「忘言」，不是消滅言，而是不執著言；至於莊子如遇「忘言」之人，亦非絕不使用言，而是順應自然，當言則言，不當言則不言，無所執著。

本段敘述藉著眾多舉例，指出人間世事無不具有「明暗並存」一體兩面的性質，因此自我安頓以及處理事物的準則，不是執著任何狀態，而是順應自然，無所執著也無所排斥。

寓言

何謂寓言、重言、卮言？莊子為何以「三言」做為著書的方法與內容？時時出現的卮言，是否因為與自然同步，所以如同圓一般地流動而無所停滯？

寓言十九，重言十七，卮言日出，和以天倪。寓言十九，藉外論之。親父不為其子媒，親父譽之，不若非其父者也。非吾罪也，人之罪也。與己同則應，不與己同則反；同於己為是之，異於己為非之。重言十七，所以已言也，是為耆艾。年先矣，而無經緯本末以期年耆者，是非先也。人而無以先人，無人道也；人而無人道，是之謂陳人。卮言日出，和以天倪，因以曼衍，所以窮年。不言則齊，齊與言不齊，言與齊不齊也。故曰言無言。言無言，終身言，未嘗言；終身不言，未嘗不言。有自也而可，有自也而不可；有自也而然，有自也而不然。惡乎然？然於然。惡乎不然？不然於不然。惡乎可？可於可。惡乎不可？不可於不可。物固有所然，物固有所可，無物不然，無物不可。非卮言日出，和以天倪，孰得其久！萬物皆種也，以不同形相禪，始卒若環，莫得其倫，是謂天均。天均者，天倪也。

「寓」：寄託。「寓言」指假託於他人的言談。「重言」指借用重量級古人的言談。「卮言」有二意：（一）學者通常認為是無心之言，（二）王叔岷先生認為是渾圓之言，指言談依隨自然，如同圓一般地流動。「日出」：時時出現，「日」：時。「和」有二意：（一）順應、應和，（二）合。「天倪」指自然的分際。「藉」：假託。「外」指莊子之外的其他人。「吾」有二意：（一）指父親，（二）指莊子。「罪」：過失。「人之罪」的「人」指大眾。「所以」：可以。「已言」：止息爭辯。「耆艾」：年長者。「年先」：年長。「經緯本末」指不朽的學識。「期」：待，指引領。「年耆」指來者、後學。「是非先也」的「是」：此，「先」：年長。「先人」：在前方引導後學。「陳人」指老朽。「因」：順。「曼衍」有二意：（一）無窮，（二）推衍。「窮年」有二意：（一）終身無窮；（二）與時間同在，到達時間的盡頭。「齊」：同、一、平等。「不齊」：不等同、不密合。「故曰言無言」：此為日本高山寺藏古鈔卷子本，至於其它通行本則為「故曰無言」。「自」有二意：（一）自見，（二）由。「然」：是。「不然」：非。「惡乎」：疑問詞。「固」：本。「種」：物種。「禪」：代。「卒」：終。「倫」：端，指端倪、分際。「天均」：自然的均平。

寓言占本書記載的十分之九，其中重言占十分之七，卮言時時出現在本書之中，它順隨或合於自然的分際。寓言占本書記載的十分之九，是假託於他人的言論。父親不為自己的兒子做媒，因為父親稱讚兒子，不如他人的稱讚可獲得信任。這不是父親，或這不是莊子有什麼過失，而是一般大眾的過失。大眾聽見與自己想法相同的就附和，不與自己想法相同的就反對；與自己相同的就肯定它，與自己不同的就否定它。借用重量級古人的言談，占本書的十分之七，可以止息爭辯，它們都是長者之言。年齡雖長，但是沒有不朽的學識以引領後來的年輕人，這不能算是長者。做人如果不能在前方引導後學，則不符合做人的道理。做人卻不符合做人的道理，這就稱為老朽。卮言時時出現在本書之中，它順隨或合於自然的分際，順隨自然無窮地推衍，可以終身無有窮極；或與時間同在，流傳至時間的盡頭。無庸使用語言文字，所有存在物本就是齊同平等；或無論是否使用語言文字進行指稱，都不影響萬物齊同平等的真實性。真實的齊與語言文字，並不密合；語言文字與真實的齊不密合。因此說：說了卻如同沒有說。說了卻如同沒有說，那麼終身說話，如同未曾說話；終身不說話，如同不曾不說話。有自己的意見，或由一個特定出發點而說它可；有自己的意見，或由一個特定出發點而說它不可；有自己的意見，或由一個特定出發點而說它是；有自己的意見，或由一個特定出發點而說它非。為何是？由是看它，它就是。為何非？由非看它，它就非。為何可？由可看它，它就可。為何不可？由不可看它，它就不可。萬物本有是的道理，萬物本有可的道理。沒有一物為非，沒有一物不可。如果不是時時運用卮言，依隨自然的分際，誰的敘述可以長長久久的流傳！萬物即為千千萬萬不同的物種，但卻以不同的形貌相互代換，起點與終點如同圓，找不到其中的分際，這稱為自然的均平。自然的均平就是自然的分際。

關於「天倪」自然的分際，可藉下例來說明：人類與鳥類是不同的物種，各自擁有不同的形體，二者的形體沒有重疊密合的可能，因此若以形體做為觀察基準，則知人類與鳥類「有分際」。但是，人類與鳥類皆存活於天地之間，人類吐氣，散入大氣中，鳥類吸氣，則將人類所吐出的氣息吸入鳥類的肺中；至於鳥類呼氣，亦散入大氣中，人類吸氣，則將鳥類所吐出的氣息吸入人類的肺中。由此則知，人類與鳥類相互交換氣息。實則，不僅人類與鳥類如此，天地之間所有的生物都是如此相互地交換氣息，這也就是「通天下一氣」（〈知北遊篇〉）。亦即以「空氣、氣息」做為觀察的基準，便知人類、鳥類、以及萬種物類，相互流通，並無不可跨越的區隔。綜言之，以形體做為觀察基準，萬物雖然是「有分際」；但是，以「氣」觀察，萬物則是「無分際」。亦即觀察天地萬有，便知「有分際與無分際」同存共在，這就是「天倪」自然的分際。

簡言之，「天倪」即為雖有分際，但是並非隔絕不通，而是互通互往。因此可描述為「有分際而無分際，無分際非無分際」，以彰顯「天倪」並無固定不移的分際，而具有流動的特質。因此，無論以「無心之言」或「渾圓之言」來說明，都可了解「卮言」就是依隨天地萬物相互流通的自然本質，不執著個人的意念，所以敘述也就與自然同步，如同「圓」一般地流動而不呆滯任何隅落。這也是莊子著書靈活運用語言文字，最具特色之筆法。

關於「非吾罪也」，學者通常認為「吾」指父親，但也可能是指莊子。如果是指莊子，那麼就是莊子先舉「為子做媒」之例，揭示如果張三自稱兒子優秀，並不能取信大眾；反之，若是旁人指稱張三之子優秀，那麼大眾便相信。相同地，莊子著書，如果書中記載的都是莊子的談論，則大眾並不以為然；但是書中記載的，如果是莊子之外的許多其他人們的談論，那麼大眾便認為這些談論正確可信。換言之，並非莊子有過失，亦非莊子的論述不正確，而是大眾的心態，使得莊子迂迴地採取「藉外論之」的「寓言」做為書寫筆法，假託其他人們來進行論述，故記載「非吾罪也，人之罪也。」

接著，莊子藉由「與己同則應」至「異於己為非之」四句敘述指出：人們都執著「我是你非」的一己之見，有其偈限性。亦即莊子藉著「與己同則應」四句敘述再次指出：運用「寓言」假託他人來論述，只是一項書寫筆法，並不意謂著莊子認為大眾的談論必定正確。換言之，雖然「藉外論之」似乎是認同大眾的談論，但是「與己同則應」四句敘述卻指出大眾的談論「不必然正確」。亦即這四句敘述翻轉前文對於大眾談論的認同，這就是莊子運用卮言，流動而不呆滯一隅，前文指出「正」之面向，後文隨即指出「反」之面向，揭示「寓言」不只是呈現局部的片面，而是和盤托出「正與反」一體不可分的完整全貌，也就是〈天下篇〉「不以觭（局部）見（現）之也」。

人們對於大眾一致尊敬的年長古人之談論，總是信服而不做任何爭辯，所以莊子便迂迴地運用「重言」，以重量級古人在書中進行論述。然而莊子隨即藉著「年先矣」至「是之謂陳人」七句敘述指出：年長者若無智慧，那麼終究只是老朽。換言之，運用重言也是一項書寫筆法，並不意謂著莊子認為年長者的談論必定正確。亦即「所以已言也，是為耆艾」似乎是認同年長者，但是「年先矣」七句敘述，卻指出年長者的談論「不必然正確」，也就是翻轉前文對於年長者的認同。這仍然是莊子運用卮言，流動而不呆滯一隅，前文指出「正」之面向，後文隨即指出「反」之面向，揭示「重言」的筆法與「寓言」相同，也是「不以觭見之也」（〈天下篇〉），不是只呈現局部的片面，而是和盤托出完整的全貌。

回顧莊子介紹「寓言」時，曾運用卮言；接著介紹「重言」，則是再次運用卮言。由此可證「卮言日出」，也就是卮言時時出現在莊子筆下。

由於自然的存在永無止盡，因此，與自然同步的卮言，即可隨著自然無止盡地推衍闡述，不僅終身無有窮極之時，而且推衍闡述的卮言，也可與時間同在，長久流傳，不至於成為絕版書。縱然絕版，但是「自然」是無窮的存在，那麼與自然同步的卮言，所表述的義理——自然——仍是無窮，故記載「因以曼衍，所以窮年。」

試想：山河大地、雲水花鳥、蟲魚草木、人類與飛禽走獸，共同組成天地萬物的整體；亦即所有存在物都是組成這個不可切割的連續性整體之一環，都是齊同平等的存在。人類未使用語言文字之前，以及使用語言文字之後，都是如此。只不過人類以自我為中心，自認為優越於其它存在，並以「高、低、貴、賤」的語言文字陳述之，將「高、貴」之名強加於人類，將「低、賤」之名強加於它物，以致遮蔽了萬物齊同平等的本質。因此莊子指出：不可僅只停滯在「高、低、貴、賤」的語言文字，而應察見天地萬物齊同平等的本質。故記載「不言則齊」。

此外，也可由另一面向來了解，《說文解字》：「齊，禾麥吐穗上平也。」然而細察《說文解字》「齊」的小篆字形，禾麥吐穗有高有低而非齊頭式的水平。亦即如果僅觀禾麥吐穗之物象，誠然是有高有低；但是，如果不僅僅觀看禾麥吐穗之物象，而是穿過表象，察見其存在的本質，則可了解禾麥吐穗雖然或高或低，但是存在的本質則是齊同平等，並無高低之別。由此則知，萬物並存於天地之間，雖然形貌各異，但是穿過形貌的表象，明瞭任何存在都是組成天地萬物無從切割的連續性整體之一環，存在的本質皆相同，也就是萬物齊同平等。人類即使以「高、低、貴、賤」的語言文字強加於萬物，但卻不能改變萬物齊同平等的真實性。之所以記載「齊與言不齊，言與齊不齊也」，是因為語言文字不等於「真實」，例如：我們發出「火」的讀音，或在紙張寫下「火」的文字符號，但是並沒有「真實」的「火」，由我們的口中或由紙張中冒了出來。故知語言文字不等於「真實」，語言文字僅僅指向「真實」，所以讀者必須自行由語言文字跳躍至「真實」；如果只是停留在語言文字，那麼將無法到達「真實」。換言之，即使運用語言文字說出或寫出「齊」，但是與天地萬物本就是齊同平等的「真實」，並不密合。所以讀者必須離開語言文字，由語言文字跳躍至「真實」；如果只是停留在語言文字，那麼將無法到達「真實」的「齊」。這也就是〈外物篇〉記載「言者所以在意，得意而忘言。」

簡言之，「齊與言不齊，言與齊不齊也」揭示：語言文字不等於「真實」，僅僅指向「真實」，有其侷限性。

之所以「言無言」，至少有以下二項因素：（一）語言文字不等於「真實」，僅僅指向「真實」；（二）人們通常都停滯在語言文字，而未能由語言文字跳躍至「真實」。因此莊子採用「言無言」，隨說隨掃，說了卻如同沒有說的筆法，使讀者無從停留於語言文字。換言之，前文指出「正」之面向，後文隨即指出「反」之面向，就是激盪讀者由語言文字跳躍至「真實」，不可執著於語言文字。這是莊子明瞭「不言則齊」，也明瞭語言文字不等於「真實」，僅僅指向「真實」的侷限性，但仍然必須使用語言文字做為媒介進行論述的情況下，所運用的書寫筆法——激盪讀者離開語言文字，以到達「真實」。

此外，也可由另一面向來了解，亦即「言無言」揭示莊子將「言」視為「無言」，並且將「無言」視為「言」。這是因為依隨渾全不割裂的大道，則知互為對照的「言與無言」是不可切割的一體之兩面，亦即「言」不曾遠離「無言」，「無言」也不曾遠離「言」，所以立足「言與無言」的整體，以整體待命，當言則言，不當言則不言。那麼，雖然終身「言」，卻不曾遠離「不言」；雖然終身「不言」，也不曾遠離「言」，故記載「終身言」至「未嘗不言」。

回顧〈齊物論篇〉曾說明「有自也而可」至「無物不可」的義理，亦即以「天地之運作」為觀察基準，則知一切存在無不符合天地運作的法則（例如：地球自轉），本就沒有「是、非、好、壞」可說，也不互斥對立，而是和諧並存的整體。換言之，萬有本是沒有對立、沒有對待、無待的整體，也就是「不言則齊」萬物皆平等；只不過人類以自我為中心，強硬指稱喜愛的存在物為「是、可」，又強硬指稱不喜愛的存在物為「非、不可」，不僅遮蔽萬物齊同平等的真實，更且衍生數之不盡的對立。因此莊子指出「是、非、可、不可」只是人類以自我意念所假設的區隔，實則萬物並無「是、非、可、不可」之分，故記載「無物不然，無物不可。」

此外，「有自也而可」至「無物不可」，莊子的敘述在「可與不可」、「然與不然」之間遊走，既不固定於「可、然」，也不固定於「不可、不然」，這就是如同「圓」之流動而不停滯一隅的卮言。同時這段敘述也彰顯「可與不可」、「然與不然」雖然看似有所區隔，但這些源自人類所假設的區隔，並不存在；亦即這段敘述一如「天倪」，指出雖然看似有分際，但是並非隔絕不通，而是互通互往。有鑑於莊子的書寫呈顯萬物本無「可、不可、然、不然」之分而是齊同平等，也就是呈現萬物的「真實」，所以莊子深信他的敘述將通過時間長河的篩選，於人間長久流傳，始終有讀者跟隨。不過莊子在此並未使用肯定敘述，而是以「非卮言日出，和以天倪，孰得其久」的非肯定敘述，含蓄地表達對於書寫的自信。

萬物即為千千萬萬不同的物種，然而不同的物種之間，並無永恆不可跨越的界線，例如：人與馬是不同的物種，然而任何一個人皆非恆常固定為人，當人死去，身軀腐朽融入土壤中，土壤吸收人的骨血而長出麥粒；當馬吃下麥粒，那麼人也就進入馬的身軀內。相同地，當馬死去，軀體腐朽融入土壤中，土壤吸收馬的骨血，長出麥粒；當人吃下麥粒，那麼馬的軀體也就進入人的身軀內。由此觀之，「人、土、麥粒、馬」之間並無不可跨越的區隔，而是相互代換。亦即「人與土、與麥粒、與馬」、「生與死」、「此與彼」循環往復，不知孰先、孰為起點，亦不知孰後、孰為終點。這就是萬物相互流通而不固定，如同「圓」一般的自然均衡並且混融的狀態，莊子稱之為「天均」。

換言之，萬物如同食物鏈一般地自然流通，雖然此時是某一物種，但是都將變化成為另一物種，以不同的形貌繼續存在。這也就是前述「有分際而無分際」的天倪，故記載「天均者，天倪也。」

以上莊子說明「寓言、重言、卮言」，是他著書的方法與內容。其中流動如「圓」而不呆滯一隅的「卮言」之書寫筆法，不僅於介紹寓言、重言時，均曾出現；於介紹「卮言」時，更是大量運用，足證卮言「日出」時時出現在莊子筆下。

莊子謂惠子曰：「孔子行年六十而六十化，始時所是，卒而非之，未知今

之所謂是之非五十九非也？」惠子曰：「孔子勤志服知也？」莊子曰：「孔子謝之矣，而其未之嘗言？孔子云：『夫受才乎大本，復靈以生。鳴而當律，言而當法，利義陳乎前而好惡是非，直服人之口而已矣。使人乃以心服而不敢蘁，立定天下之定。』已乎已乎！吾且不得及彼乎！」

「卒」：終。「服知也」的「服」：用；「知」：智巧；「也」：邪，疑問詞。「謝」：棄絕。「嘗言」：曾言。「才」指天性。「大本」：天，指自然。「復靈」指含靈。「當」：合。「義」：宜。「直」：但、只。「蘁」：逆。「定」：正。「彼」指孔子。

莊子對惠子說：「孔子到了六十歲，六十年來都是與時俱化，起初認為是對的，後來了解是錯的，不知現在認為對的，不是五十九歲時認為是錯的呀。」惠子說：「孔子勤於立志，運用智巧嗎？」莊子說：「孔子放棄這些了，他不是曾說過嗎？孔子說：『人稟受天性於自然，涵藏靈性而生。發聲合於音律，說話合於法度，面對利、義（宜）提出好惡是非，只是讓人口服而已。要使他人心服而不能違逆，才可立刻導正天下回到正途。』算了吧！算了吧！我還比不上他呀！」

〈秋水篇〉「無動而不變，無時而不移。」揭示天地之中一切皆變，無所不變。本則寓言就是以「孔子行年六十而六十化」，指出孔子與「變」同步，而非食古不化的頑固執著。

關於「是、非」，本篇前文記載「無物不然，無物不可」，指出所有存在無不符合天地運作的法則（例如：地球自轉），並無「是、非」可言；但是人們未能明瞭於此，以一己之好惡為基準，強硬指稱喜愛的狀態為「是」，反之則為「非」。然而，由於「無動而不變，無時而不移」，所以人們指稱的「是、非」，也不斷改變，例如：古代認為君貴民賤，現代則認為並非君貴民賤，而是平等。

換言之，「始時所是，卒而非之，未知今之所謂是之非五十九非也」的意涵不在字面，不是「是、非」果真存在，而是揭示人們強硬指稱的「是、非」不斷改變，那麼由此即可明瞭：天地之間沒有恆常固定不移的「是、非」，亦即「是、非」無從成立。換言之，莊子揭示：孔子了解天地之間本就為「無是無非」。

有鑑於人類不僅只是血肉之軀的本能存在而已，也都有思考、自覺的靈性本質；亦即人人都是「靈與肉」混融的存在，故記載「受才乎大本，復靈以生。」

〈齊物論篇〉曾說明，「利與害」、「義（宜）與不義（不宜）」之性質，相同於「是與非」，都是人們以自我為中心，強硬地指稱對自己有益的狀態為「利、義（宜）」，反之則為「害、不義（不宜）」。然而，將眼光擴展至人們存活的天地之間，則知人們所感知的萬事萬物、森羅萬象，無不符合天地運作的法則（例如：地球自轉），亦即「無物不然，無物不可」。換言之，天地之間本無「利、害、義（宜）、不義（不宜）」可說，而是無利無害，無義（宜）無不義（不宜）。因此，強硬地指稱「利、害、義（宜）、不義（不宜）」，又提出好惡是非的評論，並不貼合天地運作之法則，縱然使人口服，也未能使人心服；而且好惡是非的批評，也不能導正不當的行為。那麼，是否有導正的可能呢？

〈齊物論篇〉「聖人和之以是非」，揭示聖人依隨天地之運作，本於天地之間並無「是、非」的本質性，調和大眾所說的是非。亦即聖人明瞭人人皆以自然天性存活於天地之間，本無是、非可言；然而天性中好逸惡勞、獲取利益的本能，若不適度節制，必將產生損及他人的行為。所以聖人對民眾自幼便教之以「天地與我並生，而萬物與我為一」（〈齊物論篇〉）的大道整體性，以教育喚醒每一個人的自覺，引領民眾回返大道，明瞭生命在天地萬物的整體中，順隨整體的運作，與所有存在恰如其分的互動；亦即引導民眾以自覺適時節制不當的舉動，以免損及旁人，愛護自己的同時也尊重他人，以此來安頓自我。如果人人自覺、自我安頓，人際相處和睦，社會安祥，也就沒有「是非」的爭論，達到沒有對立、沒有對待、無待的理想。這就是「立定（正）天下之定（正）」，也才是使人心服的「正天下於正」，可使人人回返典範之「正」。

本則寓言揭示：天地之間本無「是、非」可言，因此運用智巧評論好惡是非，只不過使人口服；但是，保有靈性自覺的天性本質，順隨大道的整體性，與變同步，消弭是、非的爭論，則使人心服，並可引導天下回返典範之「正」。

曾子再仕而心再化，曰：「吾及親仕，三釜而心樂；後仕，三千鍾而不洎，吾心悲。」弟子問于仲尼曰：「若參者，可謂無所縣其罪乎？」曰：「既已縣矣。夫無所縣者，可以有哀乎！彼視三釜、三千鍾，如觀雀蚊虻相過乎前也。」

「曾子」：曾參，姓曾，名參，孔子的弟子，以孝親著稱。「親」：雙親。「釜、鍾」：都是量穀物的單位；古代以十升為一斗，十斗為一斛，釜是六斗四升，鍾是六斛四斗；一釜即六十四升，一鍾即六百四十升。「不洎」：不及，指不及奉養雙親。「縣」：懸，指繫縛。「罪」指利祿的羅網。「彼」指不被繫縛之人。「蚊虻」：蚊蟲。

曾子第二次再做官時，心境又起了變化，他說：「我以前做官時，父母親都在世，俸祿只有三釜，然而心裏很快樂；後來做官時，俸祿三千鍾，然而父母已不在世，不及奉養雙親，心裏感到悲傷。」弟子請教孔子說：「像曾參這樣，可以稱為不被利祿的羅網繫縛嗎？」孔子說：「還是心有所繫。心無所繫之人，會有哀樂嗎？心無所繫之人，看三釜、三千鍾，就如同看見鳥雀蚊蟲由眼前飛過一樣。」

曾參前後兩次工作的薪資，相差一萬倍；如果是社會大眾，必定對後一工作的高薪格外欣喜。但是曾參在收入低時，由於雙親尚存活，可奉養雙親，故「樂」；至於收入高時，雙親死去，無從奉養雙親，故「悲」。換言之，曾參雖然不同於大眾，不因俸祿的高低而有哀樂之情，也就是不被利祿的羅網所縛；但是仍然因為父母的生死，而有哀樂之情，也就是尚受到生死羅網的繫縛。因此孔子說「既已縣（懸）矣」，是指曾參被「生死」所縛；至於弟子提問「若參者，可謂無所縣（懸）其罪乎」則是詢問曾參是否不被利祿的羅網所縛，亦即孔子指出的「縣（懸）」與弟子詢問的「縣（懸）」並不相同。

「夫無所縣（懸）者，可以有哀乎」的反問語暗示：無所繫縛之人，無哀無樂。不過「無哀無樂」的意涵，是否僅止於字面呢？〈養生主篇〉記載「哀樂不能入」，該篇曾說明其意涵不在字面，並非如同木石無感於生死的變化，亦非絕無情緒盪動，而是雖有哀樂之情，但是可藉由「生死」一體不可分的整體思考，適時調整，出離情緒起落。故可進一步描述為「哀樂入而不能入」，以彰顯胸懷整體智慧者，不呆滯在「哀樂入」於胸中的狀態，而是適時出離，成為「哀樂不能入」的持平。

以此則可了解「無所縣（懸）者」無所繫縛、無哀無樂的意涵不僅止於字面，不是無感於生活中的一切變化，不是絕無牽繫與情緒波動，而是雖有牽繫與哀樂之情，但是立足渾全不割裂的大道，順應變化，則可適時調整，出離牽繫與情緒起伏，也就是「應於化而解於物」（〈天下篇〉）。故可進一步描述為「雖有所縣（懸）而無所縣（懸）」，雖有哀樂而無哀樂」，以彰顯胸懷大道，與變同步，不呆滯在「有牽繫、有哀樂」的狀態，而是適時出離，成為「無牽繫、無哀樂」的平和。

此外，也可由另一面向來了解：有鑑於人人在生活中都必定受到周身事物的激盪而有所牽繫，亦即任何人都不可能無所牽繫。故知「無所縣（懸）」的意涵不在字面，不是絕無牽繫，而是雖有牽繫，但可自我解縛，不是「不能自解者，物有（又）結之」（〈大宗師篇〉）。

如果明瞭「生與死」、「三釜與三千鍾」、「鳥雀與蚊虻」都是生活中的變化，因此情緒雖有波動，但可與變同步，適時調整，回返平穩；不至於長期受到攪擾，故記載「視三釜、三千鍾，如觀雀蚊虻相過乎前也。」

本則寓言揭示：不被利祿的羅網所縛，雖然看似較一般大眾明智，但是生活中的繫縛極多，所以仍須時時保持高度自覺，與變同步，那麼雖然不免遭受繫縛、情緒有所起落，但是仍可適時調整，回返安定。

顏成子游謂東郭子綦曰：「自吾聞子之言，一年而野，二年而從，三年而通，四年而物，五年而來，六年而鬼入，七年而天成，八年而不知死、不知生，九年而大妙。」生有為，死也勸。公以其死也，有自也；而生陽也，無自也。而果然乎？惡乎其所適？惡乎其所不適？天有歷數，地有人據，吾惡乎求之？莫知其所終，若之何其無命也？莫知其所始，若之何其有命也？有以相應也，若之何其無鬼邪？無以相應也，若之何其有鬼邪？

「顏成子游」：東郭子綦的學生，姓顏成，名偃，字子游。「東郭子綦」：或許是〈齊物論篇〉的南郭子綦。「野」：質樸。「從」：順從，指不執著。「鬼」：人死為鬼。「勸」：倦，指休息。「公」指大眾。「自」：由。「惡乎」：疑問詞。「適」：宜。「歷數」：四時變化。「據」：依存。「邪」：疑問詞。

顏成子游對東郭子綦說：「自從我聽了先生的言談，一年而返回質樸，二年而順從不再執著，三年而通達，四年而與物混同，五年而眾物來歸，六年而與鬼相通，七年而自然天成，八年而不知什麼是生、什麼是死，九年而到達玄妙之境。」人存活時有所行為，死亡就休息了。眾人認為死亡是有緣由的；認為生是出於陽氣，是沒有緣由的。真是如此嗎？生與死，哪一個狀態適宜？哪一個狀態不適宜？天有四時變化，人們依存於大地，我還要再多求什麼？不知生命為何終止，怎能說沒有命？不知生命為何開始，怎能說有命？有所感應，怎能說沒有鬼？沒有感應，怎能說有鬼？

東郭子綦或許即為〈齊物論篇〉指出天籟的南郭子綦。顏成子游聽聞子綦闡述道的意涵，經一年而回返自然天性，無所雕飾，故記載「野」。二年而順隨大道，不再執著一己之意念，故記載「從」。三年而通達，不呆滯任何隅落，故記載「通」。四年而明瞭人類本就是萬種物類之一，不再誤以為人類獨立於萬物之外，也就是物我混融，故記載「物」。因此，五年而萬物來歸，故記載「來」。人死為鬼，變化為另一種形式的存在，雖無形質，但並非不存在；第六年子游可與無形質的鬼相通，故記載「鬼入」。七年而與自然的運作同步，亦即與天為「一」而不是二，故記載「天成」。與自然同步，也就與生死的變化同步，在「死」則與「死」混融，所以說不出什麼是「死」；在「生」則與「生」混融，所以也說不出什麼是「生」，因此記載「八年而不知死、不知生」。不知死、生，則不再排斥「死」，不再執著「生」，生命深邃奇奧，故記載「九年而大妙」。

莊子於書中多次說明，人人的生命都是由「無生」變化為「生」，再變化為「無生」（死）。亦即有生就有死，有來就有去，「生與死」具有不可切割的整體性，這是不可改易的真實。然而大眾強烈排斥死亡，認為死亡必定有其緣由，也就是被「命」決定；大眾都喜愛存活，所以認為「生」是理所當然的陽氣，並沒有什麼緣由，也就是不被「命」決定，故記載「公以其死也」至「無自也」。不過，在此可以思考：萬物由「無生」變化為「生」，再變化為「無生」，循環往復、流動不已，這是天地運作本就具有的自然法則，也是萬物與生俱有的自然天性本質，因此根本無從說「有自（有緣由）或無自（無緣由）」，所以莊子藉著疑問語「而果然乎」，質疑以上大眾的想法是否可以成立？

「惡乎其所適？惡乎其所不適？」的疑問語指出：不知「生與死」何者為宜，何者不宜。接著「天有歷數，地有人據，吾惡乎求之？」指出天地運作，人們依存其中，誠然一切具足，何須再做分外之求。由此則可明瞭莊子藉著諸多疑問語暗示：人們存活於天地間，由生至死，順應自然，則無所不宜；也就是「生」宜，「死」亦宜。不過，更進一層言之，由「無生」變化為「生」，再變化為「無生」，既然是不可改易的自然本質，那麼也就沒有適宜或不適宜可說。只不過人們強硬指稱存活為「適宜」，死亡為「不適宜」；殊不知森羅萬象，無不符合天地運作的法則（例如：地球自轉），亦即「無物不然，無物不可」。換言之，順應自然，無所執著也無所排斥，則無「適宜、不適宜」可說。

雖然無人知曉生命為何開始與終止，但是由於必將終止，因此人們遂以為似乎被「命」決定，似乎不能說沒有命，故以疑問語記載「莫知其所終，若之何其無命也？」由於大眾喜愛業已開始的生命，以為理所當然，遂以為似乎不被「命」主宰，似乎不能說有命，故以疑問語記載「莫知其所始，若之何其有命也？」然而，在此可以思考：有生就有死，「生死」無從切割，是不可改易的天性本質，並非被其它因素（例如：命）主宰，所以誠然無從說「有命或無命」。

由於有些人可與鬼相應，因此大眾遂以為似乎有鬼，似乎不能說無鬼，故以疑問語記載「有以相應也，若之何其無鬼邪？」又由於有些人不可與鬼相應，大眾遂以為似乎無鬼，似乎不能說有鬼，故以疑問語記載「無以相應也，若之何其有鬼邪？」但是，在此可以思考：雖然人死為鬼，但是「生死」一體不可分，即使死而為鬼，並非獨立於「生」之外，而是仍然與「生」無從切割，仍然存在於「生與死」的整體中，所以仍可與存活之人相通，只是不必然人人皆有感應罷了，由此則知鬼不曾遠離於人，所以無庸提出「有鬼或無鬼」的疑問。

本則寓言記載諸多疑問，但是莊子均未給予回答，或許是敦促讀者思考：大眾認為「有自與無自」、「適宜與不適宜」、「有命與無命」、「有鬼與無鬼」的疑問是否果真成立？抑或這些疑問如同大眾強硬指稱的「是與非」，並不成立？

綜言之，本則寓言的意涵不在字面，不是莊子無法釐清上述疑問，而是揭示：生活中的任何狀態都符合天地運作的法則，都是「自然」，不是「不自然」，也都是不可改易的生命本質，所以無所執著也無所排斥，依隨大道整體之運作，順應自然，與變同步，則如同顏成子游之「大妙」，那麼根本不須提出上述疑問。

眾罔兩問於影曰：「若向也俯而今也仰，向也括而今也被髮，向也坐而今也起，向也行而今也止，何也？」影曰：「叟叟也，奚稍問也！予有而不知其所以。予，蜩甲也？蛇蛻也？似之而非也。火與日，吾屯也；陰與夜，吾代也。彼吾所以有待邪？而況乎以無有待者乎！彼來則我與之來，彼往則我與之往，彼強陽則我與之強陽。強陽者，又何以有問乎！」

「罔兩」：影外的微陰。「若」：你。「向」：曏，方才。「括」：束髮。「叟叟」：區區，指小。「奚稍問」：何問之小，「奚」：何，「稍」：小。「蜩甲」：蟬蛻殼，「蜩」：蟬。「蛇蛻」：蛇脫去之蛇皮。「屯」：聚，指呈現。「代」：謝，指隱息。「彼」指火、日。「待」指依從，跟隨。「邪」：疑問詞。「而況乎以無有待者乎」：此句為宋・陳碧虛《莊子闕誤》引張君房本，至於其它通行本則為「而況乎以有待者乎」。「強陽」有二意：（一）運動，指變；（二）指自然天性。

影子外圍的暗影，詢問影子：「你剛才低頭，現在你抬頭；剛才你束髮，現在你披髮；剛才你坐著，現在你站起來；剛才你走動，現在你停止。為什麼呢？」影子說：「區區小事，怎麼問這麼小的事呢？我就是這樣但卻不知為什麼這樣。我像蟬脫去的殼？蛇脫去的皮？像似卻又不是。遇見火光與陽光，我就顯現；陰暗與夜晚，我就隱去。火光與陽光就是我依從跟隨的嗎？或者我竟是無所跟從依隨呢？它來，我就隨著它來；它去，我就隨著它去；它變動，我就隨著它變動；或它呈現自然天性本質，我也呈現自然天性本質。變或自然天件，又有什麼可問的呢？」

〈齊物論篇〉也記載「罔兩問景（影）」的寓言，該篇曾說明「形與影」並不是常識認為可以切割、各自分立的兩個存在物，而是無從切割、沒有對立、沒有對待、無待的混融整體，它們一體動靜，沒有主從之別；亦即影子的動靜不是「有待、它然」而是「無待、自然」。「形與影」一體不可分，一體動靜是它們的自然本質。至於形體是「實」不是「虛」，因此如果有光，則遮住光線而產生影子，是形體與生俱有的自然天性。那麼，同理可推，光線（例如：火光與陽光）不能穿透形體而是被形體擋住，則是光的自然本質。

接著回到本則寓言，罔兩的詢問恰如常識，認為影子依待於形體。但是影子卻提出火、日，那麼影子是否依待形體，又依待火、日呢？常識認為「形、影、火、日」都可切割、各自獨立、沒有關連；然而，由不割裂的渾全大道觀之，即使人類運用語言文字賦予萬物不同的名稱，但是不同的名稱，只是方便溝通，並不表示萬有可以切割、各自獨立，實則萬有都是天地萬物不可切割的連續性整體中之一環，是「一」不是二。亦即「形、影、火、日」具有不可切割的整體性，所以「彼來則我與之來」至「彼強陽則我與之強陽」三句敘述揭示：「形、影、火、日」沒有對立、沒有對待、無待、混融為一的整體性。

關於「強陽」，學者通常認為是運動；有鑑於運動即為「變」，因此也可了解為：「形、影」順隨火、日的變動，亦即與火、日的變動同步，這仍然彰顯「形、影、火、日」無待、混融的性質。此外，也可由另一面向來了解「強陽」，試想萬物都是以自然本質存在於天地間，任一存在物均不可能改變自身的本質，也不可能改變另一存在物的本質。例如：人類一歲前開始長出乳齒，約六歲乳齒脫落，長出恆齒；西瓜的果皮光滑；鳳梨的果皮有硬刺。這就是不同的存在物各有不同的自然本質，無從以其它力量改變之，也就是唐．杜甫〈秋野〉：「易識浮生理，難教一物違。」由此則知，無物強於自然本質，所以「強陽」也可了解為自然本質。那麼「彼強陽則我與之強陽」即是形、影與火、日，都呈現不可改易的自然本質。

至於「強陽者又何以有問乎！」則是指出形、影、火、日，都呈現不可改易的自然本質，所以根本無庸提出「向也俯而今也仰」至「向也行而今也止」的詢問。由此亦可明瞭影子回答之初的「叟叟也，奚稍問也」，業已揭示「俯、仰、括、被髮、坐、起、行、止」都是自然本質的呈現，根本無庸提出詢問。

關於「予有而不知其所以」，則可進一步描述為「不知其所以而知其自然」以彰顯影子之所以如此呈現，就是不可改易的自然天性使然。

「蜩甲」是蜩（蟬）脫去的殼、「蛇蛻」是蛇脫去的皮，它們看似與蜩、蛇有所區隔，所以被賦予不同於蜩、蛇的名稱，也就因此使人們誤以為「蜩與蜩甲」、「蛇與蛇蛻」可以切割、各自獨立。然而，在此只須思考：若無蜩，則無蜩甲；若無蛇，則無蛇蛻。換言之，一旦見到蜩甲、蛇蛻，則彰顯蜩、蛇之存在。由此則知，雖然常識認為「蜩與蜩甲」、「蛇與蛇蛻」有分際，但是由渾全不割裂的大道觀之，「蜩與蜩甲」、「蛇與蛇蛻」不可切割，是無分際的整體，是一不是二；亦即本篇前文記載的「天倪」——雖有分際，但是並非隔絕不通，而是互通互往。

因此「予，蜩甲也？蛇蛻也？似之而非也。」就是影子舉蜩甲、蛇蛻為例，指出「形與影」不是常識認為的二，而是雖看似有分際，但仍是無分際的「一」。

本則寓言與〈齊物論篇〉「罔兩問景（影）」的寓言相近，也指出「形與影」一體不可分；同理，「影與罔兩」也具有相同的性質。換言之，「形與影與罔兩」是無從切割的整體，它們是「一」，不是二、也不是三，它們沒有主從之別，雖然有動有靜，但不是「有待、它然」，而是「無待、自然」的一體動靜。

此外，本則寓言更進一層揭示：「罔兩、形、影、火、日」都呈現自然天性本質（例如：

變、天倪），共同彰顯大道的整體性以及萬物的自然天性之「德」。有以上的了解，則明瞭萬事萬物無不呈顯道之整體性以及不可改易的天性之「德」，那麼對於森羅萬象也就不再有疑，而是安穩地以天性之「德」，順隨大道整體之運作，不疑不惑。亦即本則寓言繼上一則寓言之後，再次指出：人們之所以有疑問，是因為遺忘大道以及天性之「德」。換言之，如果不離於「道」、「德」，則無疑惑，也就不再提出根本無庸提出的疑問。

陽子居南之沛，老聃西遊於秦，邀於郊，至於梁而遇老子。老子中道仰天而歎曰：「始以汝為可教，今不可也。」陽子居不答。至舍，進盥漱巾櫛，脫屨戶外，膝行而前曰：「向者弟子欲請夫子，夫子行不閒，是以不敢。今閒矣，請問其過。」老子曰：「而睢睢盱盱，而誰與居！大白若辱，盛德若不足。」陽子居蹵然變容曰：「敬聞命矣！」其往也，舍者迎將，其家公執席，妻執巾櫛，舍者避席，煬者避竈。其反也，舍者與之爭席矣。

「陽子居」：即楊朱，姓陽（陽、楊，可通用），名朱，字子居，衛國人。「沛」：今江蘇省沛縣。「秦」：今陝西省。「邀」：邀約。「郊」：郊外或路途中。「梁」：今河南省開封。「至舍」：到旅舍。「盥」：洗。「櫛」：梳子。「屨」：鞋。「向」：曏，方才。「其過」：己過。「而睢睢盱盱，而誰與居」的「而」：你，「睢睢盱盱」指傲慢，「而誰與居」：誰與而（你）居。「辱」指污垢。「德」指自然天性本質。「蹵然」：慚愧不安。

「舍者」：旅舍中的先坐之人。「將」：送。「家公」：旅舍主人。「席」：古人席地而坐，在此指座席。「煬者」：取暖者或炊煮食物者。「反」：返。「爭席」指同席而坐。

陽子居前往南方的沛地，正巧老聃往西方的秦地遊歷，邀約在郊外或路途中見面，到達梁地見到了老子。老子在途中仰天嘆息說：「起初我以為你可受教，現在才知你不行。」陽子居沒有回話。到了旅舍，向老子奉上梳洗用具，把鞋脫在門外，跪行向前說：「剛才弟子想請教先生，先生在路上沒有空閒，所以不敢請問。現在空閒了，請問我的過錯是什麼。」老子說：「你態度傲慢，誰要與你相處？最潔淨的白有如含垢，盛德好像不足。」陽子居慚愧地改變面色說：「敬聽先生的教導。」陽子居剛來的時候，旅舍中的客人都來迎接，旅舍主人安排座席，女主人為他拿毛巾梳子，先坐的客人讓出位子，取暖者或炊煮食物者讓出火爐。當他接受老子教誨回來之後，旅舍中的人就與他同席而坐了。

「大白若辱，盛德若不足」引自《老子・四十一章》，不過《老子》的記載是「廣德若不足」。本書多次說明，由渾全不割裂的大道觀之，互為對照的狀態本就是無從切割、沒有對立、沒有對待、無待的混融整體，並不是常識認為的互斥對立。由此則知，互為對照的「白與辱（污垢、不白）」、「盛與不足」都是不可切割的整體；所以依循自然本性之人，秉持大道的整體性，融它們於一懷，即使位於「白、盛」但卻不離「辱（污垢、不白）、不足」，所以是「大白若辱，盛德若不足。」

陽子居聽聞老子的教導後，旅舍中的客人不再與他保持距離，而是與他親近地同席而坐。由此可知，陽子居將「睢睢盱盱」的傲慢，立即調整為「大白若辱，盛德若不足」的謙退，不再是老子所說的「不可教、而（你）誰與居」。

本則寓言揭示：不呆滯任一隅落，適時調整生命狀態，隨處均有悟道的契機，而且處處皆可實踐大道的整體性以及不執著的流動特質。

讓王

天下是否只有「重、大」的一面，抑或具有一體兩面的性質？是否唯有治理眾多人民始可稱為治理天下，抑或自我安頓恰如其分也是治理天下？

堯以天下讓許由，許由不受。又讓於子州支父，子州支父曰：「以我為天子，猶之可也。雖然，我適有幽憂之病，方且治之，未暇治天下也。」夫天下至重也，而不以害其生，又況他物乎！唯無以天下為者，可以託天下也。

舜讓天下於子州支伯，子州支伯曰：「予適有幽憂之病，方且治之，未暇治天下也。」故天下，大器也，而不以易生，此有道者之所以異乎俗者也。

「子州支父」：姓子，名州，字支父，懷道之人。「適」：恰巧。「幽憂之病」指疾病深固，「幽」：深。「方且」：正將。「無以天下為」：以順應自然的無為準則，面對天下。「子州支伯」：即為子州支父。

堯將天下讓給許由，許由不接受。又將天下讓給子州支父，子州支父說：「要我做天子，也還可以。不過，我剛好患了重病，正準備治療，沒有時間去治理天下。」天下是很貴重的存在，但也不能用來妨害自己的生命，更何況是其它事物呢！只有以順應自然的無為準則，來面對天下之人，才可以將天下託付給他。

舜將天下讓給子州支伯，子州支伯說：「我剛好患了重病，正準備治療，沒有時間去治理天下。」天下是很大的器物，但不能用來交換生命，這就是悟道者不同於俗人之處。

學者通常認為這兩則寓言是看重生命。不過，或許也可由另一面向來了解：常識認為天下是「至重、大器」，然而由不割裂的渾全大道觀之，互為對照的狀態是無從切割的整體。以此則知，互為對照的「重與輕」、「大與小」相通為一體。換言之，天下並非只有「重、大」的一面，也有「輕、小」的另一面。例如：併觀天下與生命，天下是「輕、小」，生命則是「重、大」。

子州支父就是明瞭天下具有「輕重並存」、「大小同在」一體兩面的性質，不僅見其「重、大」，也見其「輕、小」；因此不為「重、大」的一面所動，而是選擇生命。試想：既然天下具有「輕重並存」、「大小同在」一體不可分的整體性，那麼同理可推，其它不若天下之重的存在物，也相同地具有「輕重並存」一體不可分的整體性，若與生命併觀，也都是「輕、小」，生命則是「重、大」。所以子州支父也將不為它們「重、大」的一面所動，而是選擇生命。故記載「夫天下至重也」至「又況他物乎」。

子州支父不離「輕重並存」、「大小同在」的整體性，也就是他的觀察與思考不呆滯在局部隅落，而是察見完整的全貌，具有與大道相同的渾全不割裂的整體性。亦即他不同於常識，不因天下至重遂背離大道的整體性，而是依循大道順應自然的無為準則，當為則為，不當為則不為，故記載「唯無以天下為者，可以託天下也。」

子州支伯（子州支父）懷藏整體智慧，行止不同於大眾，並不盲目地追逐天下，故記載「天下大器也」至「此有道者之所以異乎俗者也」。另外，併觀堯、舜讓天下之舉，顯然不同於世俗大眾，並不執著掌管天下之大權；亦即堯、舜相同於子州支伯（子州支父），也都是「異乎俗」，也都不執著天下之「重、大」，故亦不妨稱堯、舜為「有道者」。

這兩則寓言的主旨並不僅只是看重生命，而是舉例：天下具有「輕重並存」一體兩面的性質，進而揭示人間世事無不具有一體兩面的性質。亦即莊子和盤托出，指出常識未留意的一體兩面之另一面，以此而揭示「道通為一」（〈齊物論篇〉）的整體性。

舜以天下讓善卷，善卷曰：「余立於宇宙之中，冬日衣皮毛，夏日衣葛絺，春耕種，形足以勞動；秋收斂，身足以休食。日出而作，日入而息，逍遙於天地之間，而心意自得。吾何以天下為哉！悲夫，子之不知余也。」遂不受。於是去而入深山，莫知其處。

「善卷」：姓善，名卷，隱者。「宇」：上下四方，指空間。「宙」：古往今來，指時間。「衣」：穿。「葛絺」指粗布。「收斂」：收穫農作物。「休食」指冬季身體可以休息，得到安養。「逍遙」：開闊明朗，坦然自在，沒有扭曲，沒有糾葛的生命狀態。

舜將天下讓給善卷，善卷說：「我立身宇宙之中，冬天穿皮毛，夏天穿粗布，春天耕種，形體可以勞動；秋天收穫農作物，冬天身體可以休息，得到安養。太陽出來便工作，太陽下山便休息，在天地之間逍遙自在，心意自得。我要天下做什麼呢！可悲啊，你不了解我呀。」所以不接受天下。然後離開而進入深山，不知去處。

首先回顧〈逍遙遊篇〉「聖人無名」寓言曾說明：並非方圓千萬里始可稱為「天下」，而是處處皆不離天下，亦即人人所在之處，均為天下；至於「治理天下」亦非僅指管理眾多人民、遼闊領土，既然人人所在之處均為天下，那麼僅只是治理自我，也是治天下。所以如果自我安頓恰如其分，就是同時達成治理自己與治理天下。

再看善卷自述「余立於宇宙之中」至「而心意自得」，可知他業已平穩妥當地安頓生命。雖然看似只是治理自我，但依前述〈逍遙遊篇〉的說明，可知這同時也是治理天下。換言之，善卷雖「無」治天下之「名」，但「有」治天下之「實」，既然擁有治天下之「實」，那麼也就無意取代舜。此外，也可由另一面向來了解：善卷立足古往今來無限遼闊的「宇宙」時空，亦即與宇宙同存同在，因此無意侷限於天子一職。故記載「吾何以天下為哉」至「子之不知余也」。

本則寓言舉善卷為例，揭示自我安頓恰如其分，並非僅只是治理自我，同時也是治理天下；此外，一併揭示並非方圓千萬里始可稱為天下，而是人人所在之處，均為天下。

舜以天下讓其友石戶之農，石戶之農曰：「捲捲乎后之為人，葆力之士也。」以舜之德為未至也，於是夫負妻戴，攜子以入於海，終身不反也。

「石戶」：地名。「捲捲」指自我勞苦。「后」：君，指舜。「葆力」：勤苦用力。「德」指與生俱有的自然天性，例如：思考、自覺能力。「戴」：以頭荷物。「反」：返。

舜將天下讓給他的朋友石戶的農夫，石戶的農夫說：「勞苦啊，國君的為人，勞碌之士啊。」認為舜的天性之德未臻完備，於是夫妻二人背起行囊，帶著子女隱居海島，終身沒有回來。

閱讀本則寓言，或許讀者立即有一項疑惑：為何舜讓天下是天性之「德」未臻完備？關於此項疑問，可回顧前則寓言援引〈逍遙遊篇〉的說明：由於人人所在之處，均為天下；因此僅只是治理自我，也是治天下。所以如果人人都自我安頓恰如其分，也就是人人都治理自己、治理天下，那麼天下大治的理想，也就水到渠成。換言之，天下大治並不來自某一特定人物之經營，而是人人以自覺安頓生命。例如：對民眾自幼便教之以「天地與我並生，而萬物與我為一」（〈齊物論篇〉）的大道整體性，以教育喚醒每一個人的自覺，引領民眾回返大道，明瞭生命在天地萬物的整體中，順隨整體的運作，與所有存在恰如其分的互動，則可享有整體和諧均衡運作的所有好處；亦即以自覺節制本能欲求及行為，尊重他人，愛護自己，以此來安頓自我、發展生命。如果人人自覺、自我安頓，則人際相處和睦，社會安祥。那麼，距離「天下大治」也就不遠。

再看本則寓言敘述「捲捲（勞苦）乎后之為人，葆力（勞碌）之士」，指出舜誤以為治天下就是天子（或某一特定人物）努力經營，卻未能了解必須引領民眾回返大道的整體性，並以與生俱有的天性之「德」（例如：自覺能力），依隨整體的運作來安頓生命，故記載「以舜之德為未至」。

本則寓言舉石戶之農為例，指出治天下並非來自某一特定人物之經營，而是人人回返天性之德，以自覺依隨整體的運作，進而安頓生命。

大王亶父居邠，狄人攻之，事之以皮帛而不受，事之以犬馬而不受，事之以珠玉而不受，狄人之所求者土地也。大王亶父曰：「與人之兄居而殺其弟，與人之父居而殺其子，吾不忍也。子皆勉居矣，為吾臣與為狄人臣奚以異！且吾聞之，不以所用養害所養。」因杖筴而去之，民相連而從之，遂成國於岐山之下。夫大王亶父可謂能尊生矣。能尊生者，雖貴富不以養傷身，雖貧賤不以利累形。今世之人居高官尊爵者，皆重失之，見利輕亡其身，豈不惑哉！

「大王亶父」：古公亶父，周朝的始祖，周文王的祖父。「邠」：地名，現今陝西省栒邑縣。「狄人」：玁狁，秦漢稱匈奴。「事之以」的「事」：奉。「帛」：財帛。「勉」：努力。「奚」：何。「所用養」指土地。「所養」：人民。「杖筴」：拄杖。「相連」：相續。「岐山」：在今陝西省岐山縣。「養傷身」的「養」：指富貴享受。「重失之」：雙重失落。「亡」：忘。

大王亶父居住在邠地，狄人來攻打他，他奉上獸皮財帛，狄人不接受；奉上犬馬牲畜，狄人不接受；奉上珍珠寶玉，狄人不接受；狄人想要得到的是土地。大王亶父說：「如果與狄人發生戰爭，就是與人民的兄長同住而讓弟弟去犧牲，與人民的父親同住而讓兒子去犧牲，我不忍心啊。你們努力的在此安居吧，做我的臣民與做狄人的臣民，有什麼不同！而且我聽說，不要為了養生的土地傷害所養的人民。」於是拄著拐杖離開了，民眾扶老攜幼的跟隨他，到了岐山下成立了新的國家。大王亶父可以說是能夠尊重生命了。能夠尊重生命之人，即使貴富也不因富貴享受而傷身，即使貧賤也不因追逐利益而牽累形體。現今位居高官尊爵之人，都是雙重失落，見到利益就輕易地忘了自己的生命，這不是迷惑嗎！

本篇第一則寓言揭示：天下並非只有「重」的一面，如果與生命併觀，天下是「輕」，生命則是「重」；亦即天下具有「輕重並存」一體兩面的性質。同理可推，其它不若天下之重的存在物，若與生命併觀，也都是「輕」，都具有「輕重並存」一體不可分的整體性。

再看本則寓言，狄人雖然認為土地重於皮帛、犬馬、珠玉；但是土地若與生命併觀，土地是「輕」，生命則是「重」。然而狄人未能了解於此，不惜殺戮「重」的生命以奪取「輕」的土地。

但是大王亶父選擇保全「重」的生命而不執著「輕」的土地。試想：不執著也就是離開邠地，則同時離棄君王之位；亦即看似失去邠地，也失去王位。然而「民相連而從之，遂成國於岐山之下」，則是擁有新的土地而且不失君王之位。換言之，由於「尊生」，大王亶父既未失去土地亦未失去王位。

人們通常都重視高官尊爵，卻不知任何官爵若與生命併觀，都是「輕」，都具有「輕重並存」一體兩面的性質。如果未能了解於此，則將如同狄人，不惜「傷身、累形」，傷害「重」的生命以追逐「輕」的官爵，背離大道順應自然的無為準則，未能「當為則為，不當為則不為」，堪稱雙重失落，故記載「重失之」。

本則寓言藉著土地、高官尊爵為例，指出它們都具有「輕重並存」的一體兩面，進而揭示人間世事無不具有一體兩面的性質，也就是「道通為一」（〈齊物論篇〉）的整體性。

越人三世弒其君，王子搜患之，逃乎丹穴。而越國無君，求王子搜不得，從之丹穴。王子搜不肯出，越人薰之以艾，乘以玉輿。王子搜援綏登車，仰天而呼曰：「君乎君乎！獨不可以舍我乎！」王子搜非惡為君也，惡為君之患也。若王子搜者，可謂不以國傷生矣。此固越人之所欲得為君也。

「越」：越國，現今浙江一帶。「弒」：殺。「王子搜」：搜，王子之名。「患」：憂。「丹穴」：洞穴名。「玉輿」：國君之車。「援」：拉。「綏」：車上繩。「獨」：何，疑問詞。

越國人連續殺害了三代的國君，王子搜很憂慮，就逃到丹穴去。越國沒有國君，找不到王子搜，然後跟蹤到了丹穴。王子搜不肯出來，越國人就用艾草煙去薰他，讓他乘坐國君的車子。王子搜拉著車繩上車，仰天呼喊說：「國君啊，國君啊！難道不可以放過我嗎！」王子搜不是厭惡做國君，而是厭惡做國君的禍患。像王子搜這樣的人，可說是不以國君之位而傷生，這也正是越國人希望他擔任國君的緣故。

由「越人三世弒其君」可知：君王之位並非僅有「尊貴」（明）的一面，而有「殺身之禍」（暗）的另一面，亦即君王之位具有「明暗並存」一體不可分的性質。這也就是本書多次說明，人間世事無不具有一體兩面的性質，例如：地球受陽光照射，必然是一半為「明」，另一半為「暗」，不可能只有「明」的一面、沒有「暗」的另一面。

由於察見君王之位一體兩面的性質，洞見其中隱藏著殺機，因此王子搜不為君王之位的表象所動，而是選擇生命，故記載「若王子搜者」至「此固越人之所欲得為君也」。換言之，越人欲得王子搜為君，不是因為他愛惜生命，而是因為他的觀察與思考不停滯在表象，並且穿透表象，察見隱藏在表象之內的其它面向，具有與大道相同的整體智慧。

本則寓言舉王子搜為例，指出君王之位具有「明暗並存」一體不可分的性質；亦即莊子和盤托出，指出常識未留意的一體兩面之另一面，以此而揭示「道通為一」（〈齊物論篇〉）的整體性。

韓、魏相與爭侵地，子華子見昭僖侯，昭僖侯有憂色。子華子曰：「今使天下書銘於君之前，書之言曰：『左手攫之則右手廢，右手攫之則左手廢，然而攫之者必有天下。』君能攫之乎？」昭僖侯曰：「寡人不攫也。」子華子曰：「甚善。自是觀之，兩臂重於天下也，身亦重於兩臂，韓之輕於天下亦遠矣，今之所爭者，其輕於韓又遠。君固愁身傷生以憂戚不得也。」

僖侯曰：「善哉！教寡人者眾矣，未嘗得聞此言也。」子華子可謂知輕重矣。

「相與」：相互。「爭侵地」指爭相侵略兩國邊境之地。「子華子」的第一個「子」：古代對男性的美稱。「華子」：魏國賢人。「昭僖侯」：韓國國君。「銘」：誓約。「攫」：奪，取。「廢」：斬去。「固」：何。「憂戚」：憂慮。

韓國、魏國爭相侵略兩國邊境之地，子華子去拜見昭僖侯，昭僖侯面帶愁容。子華子說：「現在使天下人在您面前寫下誓約，誓約寫說：『左手取得誓約，就砍去右手；右手取得誓約，就砍去左手。但是取得誓約的人必得天下。』您願意去奪取嗎？」昭僖侯說：「我不奪取。」子華子說：「很好。這樣看來，兩隻手臂比天下重要，身軀又比兩隻手臂重要，韓國遠比天下為輕，現在所爭奪的土地，又遠比韓國為輕。您又何必愁身傷生，憂慮得不到這塊土地呢。」僖侯說：「說得好！勸我的人很多，但是從來沒有聽過這樣的話。」子華子可說是了解輕重呀。

「兩臂重於天下也」至「君固愁身傷生以憂戚不得也」，指出天下並非只有「重」的一面，如果與兩臂併觀，天下是「輕」，兩臂則是「重」。然而兩臂亦非只有「重」的一面，如果與身軀併觀，兩臂是「輕」，身軀則是「重」。

至於昭僖侯是韓國國君，必定極為重視韓國；但是韓國並非只有「重」的一面，如果與天下併觀，韓國是「輕」，天下則是「重」。韓國既然與魏國爭地，當然是重視所爭之地；

但是所爭之地並非只有「重」的一面，如果與韓國併觀，所爭之地是「輕」，韓國則是「重」。

綜言之，天下、兩臂、韓國、所爭之地，都具有「輕重並存」一體兩面的性質，而且它們若與生命併觀，也都是「輕」，生命則是「重」。因此昭僖侯「愁身傷生以憂戚不得」，就是傷害「重」的生命以奪取「輕」之物，即為前則寓言記載的「重失之」。

由以上說明可知，寓言最終敘述「子華子可謂知輕重矣」，並不是子華子明瞭天下世事孰輕孰重，而是明瞭世事都具有「輕重並存」一體不可分的整體性。

本則寓言藉著天下、兩臂、國家、土地為例，指出人間世事無不具有一體兩面的性質，以此而揭示「道通為一」（〈齊物論篇〉）的整體性。

魯君聞顏闔得道之人也，使人以幣先焉。顏闔守陋閭，苴布之衣而自飯牛。魯君之使者至，顏闔自對之。使者曰：「此顏闔之家與？」顏闔對曰：「此闔之家也。」使者致幣，顏闔對曰：「恐聽者謬而遺使者罪，不若審之。」使者還反審之，復來求之，則不得已。故若顏闔者，真惡富貴也。故曰：「道之真以治身，其緒餘以為國家，其土苴以治天下。」由此觀之，帝王之功，聖人之餘事也，非所以完身養生也。今世俗之君子，多危身棄生以殉物，豈不悲哉！凡聖人之動作也，必察其所以之與其所以為。今且有人於此，以隨侯之珠彈千仞之雀，世必笑之。是何也？則其所用者重，而所要者輕也。夫生者，豈特隨侯之重哉！

「魯君」：魯國國君。「顏闔」：魯國賢人，隱者。「使人以幣先」：使人持幣帛，先表達其意。「陋閭」：陋巷。「苴布」：粗麻布。「飯牛」：餵牛。「家與」的「與」：歟，疑問詞。「聽者」：也就是使者。「謬」：誤。「遺」：送。「審」：查。「反」：返。「惡富貴」指不執著富貴。「治身」指安頓生命。「緒餘」：剩餘。「為國家」：治國家。「土苴」：糟粕，指渣滓。「非所以」：不可以。「殉物」：逐物。「所以之」：所以往，指目標。「隨侯之珠」：隨國近濮水，濮水出寶珠。「仞」：周代的長度單位，有些古籍記載七尺、有些記載八尺是一仞。「所要」：所求。「豈特」：豈只。

魯國國君聽說顏闔是一位得道的人，就派人帶著幣帛去致意。顏闔住在陋巷中，穿著粗布衣而且親自餵牛。魯君的使者來時，顏闔沒有僕人而是自己面對使者。使者說：「這是顏闔的家嗎？」顏闔回答說：「這是顏闔的家。」使者送上幣帛。顏闔說：「恐怕你聽國君的話聽錯了，將來使你受到責備，不如查個明白。」使者回去查問清楚，再來找顏闔，卻已經不知去向了。像顏闔這樣的人，真正是不執著富貴。所以說，道的真實用來安頓生命，它的剩餘用來治理國家，它的渣滓用來治理天下。這樣看來，帝王的功業是聖人的剩餘之事，不能用來全身養生。現在世俗的君子，許多為了追逐外物而危害身軀拋棄生命，豈不可悲！當聖人將有所舉動時，必定觀察他的目標以及所採取的行為。現在如果有人在此，用隨侯的寶珠去射高飛的麻雀，世人一定會取笑他，為什麼呢？因為他所用之物貴重，而所求之物輕微。生命，豈只像隨侯的寶珠那麼貴重呢！

首先參看《史記．老莊申韓列傳》「楚威王聞莊周賢，使使厚幣迎之，許以為相。莊周笑謂楚使者曰：『千金，重利；卿相，尊位也。子獨不見郊祭之犧牛乎？養食之數歲，衣以文繡，以入大廟。當是之時，雖欲為孤豚，其可得乎？子亟去，無污我。我寧遊戲污瀆之中自快，無為有國者所羈，終身不仕，以快吾志焉。』」這段記載揭示，莊子洞見權力富貴隱藏著殺機，亦即富貴具有「明暗並存」一體兩面的性質，因此拒絕禮聘。

前則王子搜寓言，也指出君王之位具有「明暗並存」一體不可分的整體性。由此則知，本則寓言敘述顏闔「惡富貴」，亦是察見富貴具有「明暗並存」一體兩面的性質，由於厭惡富貴一體兩面的另一面「殺身之禍」，因此不同於大眾，不盲目地追逐富貴。換言之，「惡富貴」的意涵不在字面，不是厭惡富貴，而是厭惡富貴的另一面「殺身之禍」。

另外，如果平心思考，則知「富貴」誠然是人類生活中的一部分，對於人們的生活也具有輔助的功能，並非萬惡的淵藪；只不過人們如果過度執著富貴，則將使行為產生偏差與錯誤。換言之，錯誤並非源於富貴，而是來自人們的執著。故知「惡富貴」的記載並非排斥富貴，而是提醒讀者不宜執著。

顏闔明瞭「明暗並存」一體不可分的整體性，也就是觀察與思考不呆滯在局部隅落，而是察見完整的全貌，具有與大道相同的渾全不割裂之整體性；至於行止，則是依循大道順應自然的無為準則，當為則為，不當為則不為，以此來安頓生命，故記載「道之真以治身」。

然而，悟道者如果引領國家以及天下民眾，都依隨大道的整體性與無為準則，恰到好處地安頓生命，那麼國家與天下大治的理想，也就水到渠成。故記載「道之真以治身」至「其土苴以治天下」。由此則知「緒餘、土苴」的意涵都不在字面，不是悟道者不屑治理國家、天下，而是不須刻意有為，只須引領民眾依隨大道，即可達成國家、天下大治的理想。

換言之，治理國家、天下的帝王功業，只是依隨大道而自然達成的結果，故記載「帝王之功，聖人之餘事也」。至於「非所以完身養生也」，指出帝王功業不足以安頓生命，亦即再次揭示唯有道的智慧才可安頓生命。

「今世俗之君子，多危身棄生以殉物」，指出人們經常傷害「重」的生命以追逐「輕」之物，亦即未能洞察目標以及所採取行為之輕重。但是悟道者則是穿過表象深入考察，故記載「凡聖人之動作也，必察其所以之與其所以為。」隨即舉例：隨侯之珠與雀，譬喻人們傷害「重」的生命以追逐「輕」之物。

本則寓言舉顏闔為例，揭示依隨大道不僅可以安頓生命，也可自然達到國家與天下大治的理想；如果明瞭於此，也就不至於傷害「重」的生命以追逐「輕」之物（例如：富貴、帝王功業），而是依隨於道，即可水到渠成。

子列子窮，容貌有飢色。客有言之於鄭子陽者，曰：「列御寇，蓋有道之士也，居君之國而窮，君無乃為不好士乎？」鄭子陽即令官遺之粟。子列子見使者，再拜而辭。使者去，子列子入，其妻望之而拊心曰：「妾聞為有道者之妻子，皆得佚樂，今有飢色，君過而遺先生食，先生不受，豈不命邪！」子列子笑謂之曰：「君非自知我也，以人之言而遺我粟，至其罪我也，又且以人之言，此吾所以不受也。」其卒，民果作難而殺子陽。

「子列子」的第一個「子」：古代對男性的美稱。「列子」：列御寇，鄭國人。「鄭子陽」：鄭國宰相。「君」指宰相子陽：本則寓言的君，都是指宰相子陽。「無乃」：反問語。「遺」：送。「粟」：米。「辭」：推辭。「望」：怨。「拊」：撫。「佚樂」：逸樂。「先生」指列御寇。「邪」：疑問詞。「卒」：終。「作難」：作亂。

子列子生活窮困，面容有飢色。有人告訴鄭子陽說：「列御寇是有道之士，住在您的國內卻生活窮困，您難道是不喜好賢士的人嗎？」鄭子陽立即派官員送糧食給他。子列子見到使者，再三辭謝而不接受。使者離開後，子列子進入屋內，他的妻子埋怨而撫著胸口說：「我聽說有道之士的妻兒子女，都能得到安樂，現在我們卻面有飢色，宰相聽了派人送糧食給你，你卻不接受，這難道不是命嗎！」子列子笑著對她說：「宰相不是自己了解我，而是聽旁人的話而送我米糧，將來他也可能因為旁人的話而加罪於我，這就是我不接受的原因。」後來，民眾果然作亂而殺了子陽。

列子相同於前則寓言的顏闔，明瞭富貴具有「明暗並存」一體兩面的性質，因此安於貧窮，不同於大眾，不以貧窮為恥。

「君非自知我也」至「又且以人之言」，指出他人之言也具有「明暗並存」一體兩面的性質；同時揭示接近富貴不僅只有「遺我粟」的明亮面，也有「罪我」的晦暗面。

民眾「作難而殺子陽」，就是印證富貴具有「明暗並存」一體兩面的性質。

本則寓言舉列子為例，指出「富貴、他人之言」都具有一體兩面的性質；亦即莊子和盤托出，指出常識未留意的一體兩面之另一面，以此而揭示「道通為一」（〈齊物論篇〉）的整體性。

楚昭王失國，屠羊說走而從於昭王。昭王反國，將賞從者，及屠羊說。屠羊說曰：「大王失國，說失屠羊；大王反國，說亦反屠羊。臣之爵祿已復矣，又何賞之有。」王曰：「強之。」屠羊說曰：「大王失國，非臣之罪，故不敢伏其誅；大王反國，非臣之功，故不敢當其賞。」王曰：「見之。」屠羊說曰：「楚國之法，必有重賞大功而後得見，今臣之知不足以存國，而勇不足以死寇。吳軍入郢，說畏難而避寇，非故隨大王也。今大王欲廢法毀約而見說，此非臣之所以聞於天下也。」王謂司馬子綦曰：「屠羊說居處卑賤而陳義甚高，子其為我延之以三旌之位。」屠羊說曰：「夫三旌之位，吾知其貴於屠羊之肆也；萬鍾之祿，吾知其富於屠羊之利也。然豈可以貪爵祿而使吾君有妄施之名乎？說不敢當，願復反吾屠羊之肆。」遂不受也。

「楚昭王失國」：吳國伐楚，楚昭王棄國逃亡。「屠羊說」：說，人名，以屠羊為業。「走」：跑。「反」：返。「強」：勉強。「寇」：敵，指吳軍。「郢」：楚國國都，現今湖北省江陵縣。「司馬子綦」：楚國將軍。「三旌」指三公，即輔佐國君的太師、太傅、太保。「肆」：市。「鍾」：量穀物的單位，古代以十升為一斗，十斗為一斛，一鍾是六斛四斗。

楚昭王棄國逃亡時，有一個名叫說的屠羊人跟隨昭王出走。後來昭王返國，要獎賞跟從他逃亡的人，輪到了屠羊說。屠羊說說：「大王失去國土，我失去屠羊的工作；大王返國，我也回來繼續屠羊。我的爵祿已經恢復了，又有什麼可獎賞的呢。」昭王說：「勉強他接受。」屠羊說說：「大王失去國土，不是我的過錯，所以我不敢接受懲罰；大王返國，不是我的功勞，所以我不當接受獎賞。」昭王說：「叫他來見我。」屠羊說說：「楚國的法令，一定要受重賞、立大功的人，才可晉見大王，現在我的智力不足以保全國家，而勇武不足以消滅敵人。吳國的軍隊侵入郢都時，我害怕危險而逃避敵人，並不是有意追隨大王。現在大王要破壞法令規章而召見我，這不是我願意傳聞天下的事。」昭王對司馬子綦說：「屠羊說身分卑賤而陳述的義理很高，你替我延攬他來擔任三公的職位。」屠羊說說：「三公的職位，我了解它比屠羊的市場尊貴得多；萬鍾的俸祿，我了解它比屠羊的收入豐厚得多。但是怎麼可以因為貪圖爵祿而使君王有隨便封賞的惡名呢？我不敢接受，只希望回到我屠羊的市場。」終於還是不接受。

屠羊說的談話一再指出：無功不受祿，有功則受祿。亦即「功與祿」相應而生，具有不可切割的整體性。

本則寓言舉屠羊說為例，揭示「功與祿」一體不可分，也就是「道通為一」（〈齊物論篇〉）的整體性。

原憲居魯，環堵之室，茨以生草，蓬戶不完，桑以為樞，而甕牖二室，褐

以為塞，上漏下溼，匡坐而弦。子貢乘大馬，中紺而表素，軒車不容巷，往見原憲。原憲華冠縰履，杖藜而應門。子貢曰：「嘻！先生何病？」原憲應之曰：「憲聞之，無財謂之貧，學而不能行謂之病。今憲貧也，非病也。」子貢逡巡而有愧色。原憲笑曰：「夫希世而行，比周而友，學以為人，教以為己，仁義之慝，輿馬之飾，憲不忍為也。」

「原憲」：姓原，名思，字憲，孔子的弟子。「魯」：魯國，今山東省。「環堵之室」指方丈小室；一丈（十尺）為堵，環堵是四面皆為一丈。「茨」：以草蓋屋。「生草」指未乾的新生之草。「蓬戶」：以蓬編織為門，「戶」：門。「桑以為樞」：以桑條為門樞。「甕牖」：以破甕為窗，「牖」：窗。「二室」：夫妻各一室。「褐以為塞」：以粗布衣隔為二室，「褐」：粗布衣。「匡」：正。「弦」：弦歌。「子貢」：姓端木，名賜，字子貢，孔子的弟子。「紺」：青色。「素」：白色。「軒」：高。「華冠」：以華木皮為冠。「縰履」：鞋無後跟，「履」：鞋。「杖藜」：拄著藜杖。「杖」：動詞，指拄杖而行。「藜」：植物，莖可作杖。「嘻」：歎詞。「先生」指原憲。「逡巡」：退卻。「希世」指意圖獲得世人的稱譽，「希」：望。「比周」：親密。「仁義之慝」指依託仁義而為惡，「之」：為，「慝」：惡。

原憲住在魯國，方丈小屋，以茅草蓋頂，蓬蒿編成的門也不完整，用桑條為門樞，以破甕為窗，以粗布衣隔為二室，屋頂漏雨，地面潮溼，他卻端坐其內彈琴。子貢乘著大馬，穿著素白色的外衣搭配青色的中衣，巷子容不下高大的車馬，只好走去見原憲。原憲戴著華木皮做的帽子，穿著沒有後跟的草鞋，拄著藜杖來應門。子貢說：「啊！先生患了什麼病呢？」原憲說：「我聽說，沒有錢財稱為貧，學道而不能實踐稱為病。現在我是貧，不是病。」子貢向後退而面色慚愧。原憲笑著說：「行為意圖獲得世人的稱譽，刻意親密地結交友人，求學是為了向人炫耀，教導他人是為了顯揚自己，假託仁義而為惡，裝飾車馬，這是我不忍心做的行為。」

由原憲的敘述可知「希世而行」至「輿馬之飾」，就是「學而不能行謂之病」，以下分述其意。

「希世而行，比周而友」，指出意圖獲得世人的稱譽而交遊；如果執著於此，則未能依循大道順應自然的無為準則，未能「當為則為，不當為則不為」。

「學以為人，教以為己」以及「輿馬之飾」，都是炫耀而未能適時調整為內斂，亦即背離大道不執著的流動特質。

常識稱讚「仁、義」，然而「仁」是愛，有愛便不免有偏私的流弊；「義」是宜，不過並非以天地萬物的整體性判斷合宜與否，而是以自我為中心進行判斷，遂產生將利益視為「義」（宜）的流弊。換言之，仁、義都具有「明暗並存」一體兩面的性質，都有流弊，故記載「仁義之慝（惡）」。

綜言之，原憲沒有上述背離大道的行為，他是「學而能行」。亦即依循大道順應自然的無為準則，當為則為，不當為則不為；實踐大道不執著的流動特質，不呆滯在固定隅落，而是適時調整，無所執著；並非倚賴仁義做為行止的前提，而是立足大道的整體性，與天地萬物恰如其分地互動，所以雖然生活貧窮，居處簡陋，依然端坐而彈琴，安適自在。

本則寓言藉著原憲、子貢為例，揭示學道而能行之人，對於生命的篤定。

曾子居衛，縕袍無表，顏色腫噲，手足胼胝，三日不舉火，十年不製衣，正冠而纓絕，捉衿而肘見，納屨而踵決。曳縰而歌《商頌》，聲滿天地，若出金石。天子不得臣，諸侯不得友。故養志者忘形，養形者忘利，致道者忘心矣。

「曾子」：姓曾，名參，孔子的弟子。「衛」：衛國，現今河北省南部、河南省北部一帶。「縕」：麻。「無表」指衣服表層破爛。「腫噲」指浮腫。「胼胝」：繭。「纓」：帽帶。「絕」：斷。「納屨而踵決」：穿上鞋，腳踵就露出鞋外，指鞋子破損。「納屨」指穿鞋，「屨」：鞋。「決」：溢出，指外露。「曳」：拖。「縰」：鞋無後跟。「商頌」指《詩經》中的《商頌》。「忘」指不執著。

曾子住在衛國，麻衣破爛，面色浮腫，手腳長繭，三天沒有生火做飯，十年沒有添製衣服。戴好帽子，帽帶就斷掉了；握住衣衿，手肘就露出來；鞋子破損，穿上鞋，腳踵就露出鞋外。拖著破鞋而吟唱《詩經》中的《商頌》，聲音充滿天地，好像出自金石樂器。天子不能使他成為臣子，諸侯不能與他為友。因為養志的人不執著形軀，養形的人不執著利益，得道的人不執著自己的意念。

曾子的生活貧窮，但卻「歌商頌，聲滿天地，若出金石」，與前則寓言的原憲甚為相似。由此可知，曾子與原憲相同，亦是「學道而能行」，與道同遊，與變同步，與天地萬物同在。之所以記載「天子不得臣，諸侯不得友」，是因為曾子具有與大道相同的不執著之流動特質，與變同步，不固定在任何隅落；所以天子、諸侯如果未能與變同步，則將無從接近曾子。亦即這二句敘述的意涵不在字面，不是曾子遠離天子、諸侯，而是指出曾子與道同遊，與變同步。

曾子以道養志，明瞭生命在天地之間，與萬物同存並在，故不僅只著眼於自己的形軀，故記載「養志者忘形」；然而後文「養形者忘利」隨即指出：雖忘形但仍不忘養形。由此則知「忘形」的意涵不在字面，不是拋棄形軀，而是不執著形體，但仍順應自然地養形。因此，亦可一併了解「養形」的意涵也指向：無所執著以及順應自然。

「致道者忘心」，指出悟道者不執著自己的意念而是依隨大道順應自然，無所執著也無所排斥。

本則寓言舉曾子為例，揭示學道而能行之人，不同於常識，並非將自我安置在優渥的享受中，而是以道的智慧來安頓生命。

孔子謂顏回曰：「回，來！家貧居卑，胡不仕乎？」顏回對曰：「不願仕。回有郭外之田五十畝，足以給飦粥；郭內之田十畝，足以為絲麻；鼓琴足

以自娛，所學夫子之道者足以自樂也。回不願仕。」孔子愀然變容曰：「善哉，回之意！丘聞之：『知足者不以利自累也，審自得者失之而不懼，行修於內者無位而不怍。』丘誦之久矣，今於回而後見之，是丘之得也。」

「顏回」：姓顏，名回，孔子的弟子。「卑」指簡陋。「胡」：何。「郭」：城郭。「給」：供給。「飦粥」指薄粥。「夫子」指孔子。「愀然」：變動之貌。「丘」：孔子，名丘。「審」：真實。「行修」：修養。「怍」：慚。「誦」：讀。

孔子對顏回說：「顏回，你來！你家境貧窮，住處簡陋，為什麼不去做官呢？」顏回回答說：「不願做官。我在城郭之外有五十畝田，足夠供應我喝粥；城郭之內有十畝田，足夠供應我需要的絲麻；彈琴足以自娛，所學老師的道足以自得其樂。我不願做官。」孔子面容改變地說：「好極了，你的意志！我聽說：『知足的人不因為利祿而勞苦自己，心意自得的人即使有所失落了也不憂懼，修養內心的人沒有爵位也不羞愧。』我讀這些話很久了，如今在你身上才見到，這是我的收穫。」

關於「知足」，並非向外累積大量的物質與財富，便可使人知足；反之，必然是向內，將自我安頓得平穩妥當，對自己的生命感到滿意，才不至於無止盡地向外貪婪抓取。此外，也可由另一面向來了解：立足不割裂的渾全大道，了解「我與天地萬物」是不可切割的混融整體，生命充實飽滿，無所欠缺，懷藏如此富有的生命，自然不至於無止盡的貪婪抓取，而是適可而止的知足。故記載「知足者不以利自累也」。

之所以記載「審自得者失之而不懼」，是因為立足大道渾全不割裂的整體性，則知互為對照的「得與失」是無從切割的整體。亦即「得與失」相互流通，有得必有失；因此，得之不喜，失之不懼。也就是順應自然，無所執著也無所排斥。

本則寓言舉顏回為例，揭示學道而能行之人，不同於常識，不是以官爵名位安身立命，而是以大道來自我安頓的生命氣質。

中山公子牟謂瞻子曰：「身在江海之上，心居乎魏闕之下，奈何？」瞻子曰：「重生。重生則利輕。」中山公子牟曰：「雖知之，未能自勝也。」瞻子曰：「不能自勝則從，神無惡乎！不能自勝而強不從者，此之謂重傷。重傷之人，無壽類矣！」魏牟，萬乘之公子也，其隱巖穴也，難為於布衣之士；雖未至乎道，可謂有其意矣！

「中山公子牟」：即魏牟，魏國公子，名牟，封於中山。「瞻子」：魏國賢人。「魏闕」：宮殿之門，榮華富貴的象徵。「未能自勝」指不能自我克制。「從」：順。「惡」指不適。「重傷」：雙重傷害。「無壽類」指不能長壽。「萬乘」指擁有萬輛兵車的大國，「乘」：一車四馬。

中山公子牟對瞻子說：「隱身在江海之上，心裏卻想著王室的富貴利祿，怎麼辦呢？」瞻子說：「重視生命。重視生命則看輕利祿。」中山公子牟說：「雖然明白這一點，但還是不能克制自己。」瞻子說：「不能自我克制就順從，心神不至於不適！不能自我克制而又勉強不肯順從，這稱為雙重傷害。雙重傷害的人，不能長壽呀！」魏牟是萬乘大國的公子，他隱居在山林岩洞中，要比平民更為困難；雖然尚未悟道，也可以說是有求道的意志了！

公子牟不同於前則寓言的顏回，顏回學道而能行，不慕官爵名位，而以道的智慧安頓生命。至於公子牟即使學道，並且隱居江海，但卻心繫富貴利祿，因此而感到困擾，遂向瞻子請教，獲得「重生」的回答。

本篇前文曾說明，富貴權位隱藏著殺機，具有一體兩面的性質。不過，人們通常未能察見殺身之禍是「富貴」一體兩面的另一面；如果了解富貴隱藏殺機，也就明瞭富貴是「輕」，生命則是「重」，故記載「重生則利輕」。

但是公子牟坦承，即使知曉富貴利祿具有一體兩面的性質，卻依然被吸引。瞻子遂指出順從富貴的吸引，無庸勉強逃避。這是因為「富貴利祿」是人類生活中的一部分，對於人們的生活也有輔助的功能，並非不可接近；只不過如果接近，則須明瞭富貴利祿「明暗並存」一體兩面的性質，預先思考：若遭遇晦暗面，所須採取的因應對策。

此外，讀者或許仍有疑問：既然明瞭富貴隱藏殺機，為何卻順從富貴的吸引而接近之？原因就在於「不能自勝而強不從者，此之謂重傷，重傷之人，無壽類矣。」亦即接近富貴固然隱藏著殺機，但是被吸引卻又勉強逃避，以致心神糾結，不能安適的享盡天年，而且背離大道順應自然的前提，堪稱雙重傷害，並非自我安頓的良策。

本則寓言舉公子牟為例，揭示過度執著於追求富貴利祿，以致招來殺身之禍，誠然不足以安頓生命；但是若被富貴吸引卻又勉強逃避，將造成「重傷」，也不足以安頓生命。換言之，唯有依隨大道，如同前則寓言的顏回，學道而能行，才是自我安頓的良策。

孔子窮於陳、蔡之間，七日不火食，藜羹不糝，顏色甚憊，而弦歌於室。顏回擇菜，子路、子貢相與言曰：「夫子再逐於魯，削迹於衛，伐樹於宋，窮於商、周，圍於陳、蔡。殺夫子者無罪，藉夫子者無禁。弦歌鼓琴，未嘗絕音，君子之無恥也若此乎？」顏回無以應，入告孔子。孔子推琴喟然而歎曰：「由與賜，細人也。召而來，吾語之。」子路、子貢入。子路曰：「如此者，可謂窮矣！」孔子曰：「是何言也！君子通於道之謂通，窮於道之謂窮。今丘抱仁義之道以遭亂世之患，其何窮之為！故內省而不窮於道，臨難而不失其德，天寒既至，霜雪既降，吾是以知松柏之茂也。陳、蔡之隘，於丘其幸乎！」孔子削然反琴而弦歌，子路扢然執干而舞。子貢曰：「吾不知天之高也，地之下也。」古之得道者，窮亦樂，通亦樂，所樂非窮通也，道德於此，則窮通為寒暑風雨之序矣。故許由娛於潁陽，而共伯得乎共首。

「孔子窮於陳、蔡之間」：已見於〈天運篇〉。「藜羹不糝」：藜菜之羹，不加米粒。「糝」：米粒。「憊」指憔悴。「子路」：姓仲，名由，字子路，孔子的弟子。「子貢」：

姓端木，名賜，字子貢，孔子的弟子。「相與」：相互。「夫子」：老師，指孔子。「再逐於魯，削迹於衛，伐樹於宋，窮於商、周，圍於陳、蔡」：已見於〈山木篇〉。「細」：小。「藉」指凌辱。「無禁」：不被禁止。「喟然」：歎息之貌。「由與賜」指子路、子貢。「何窮之為」的「為」：謂，有。「不窮」：不缺，不失。「德」指自然天性。「隘」：厄，困。「丘」：孔子，名丘。「削然」：學者的說解不同，或許是（一）取琴聲；（二）悄然，指安祥之態。「反」：返。「扢然」：勇壯之貌。「干」：盾牌。「道德於此」的「德」：得，「此」指窮通。「許由」：與堯同時代的賢人，不接受堯之讓天下。「潁陽」：地名，在潁水之北。「共伯得乎共首」：共伯是周王之孫，懷道抱德，封於共；當時周厲王在位，暴虐侈傲，不聽諫言，諸侯遂伐之，厲王出奔彘，天子缺位，諸侯皆請立共伯以為天子，共伯辭不獲免，遂即王位，十四年後，厲王死於彘，天下大旱，卜曰：厲王鬼魂為祟，諸侯遂改立宣王，而廢共伯，共伯遂歸還本邑，逍遙於共首之山；「得」指得志。

孔子在陳國、蔡國之間被圍困，七天不能生火煮飯，喝著未加米粒的藜菜羹湯，面色憔悴，但是仍在室內彈琴唱詩。顏回到外面摘野菜，子路、子貢互相談論說：「老師兩次被魯國驅逐；在衛國被禁止居留；在宋國的樹下講學，樹就被砍倒；在商地、周地都陷入困境，在陳國、蔡國之間被圍困。要殺老師的人無罪，凌辱老師的人不被禁止。老師還在唱詩彈琴，不曾停止，君子的無恥是像這樣的嗎？」顏回無以回答，就進屋告訴孔子。孔子推開琴，歎息地說：「子路與子貢，都是淺見的小人。叫他們進來，我來對他們說。」子路、子貢進來。子路說：「像這樣，可說是窮困吧！」孔子說：「這是什麼話！君子明瞭大道，稱為通；不了解大道，稱為窮。現在我懷抱仁義之道，卻遭遇亂世的禍患，有什麼窮困的呢！所以內心自省並未失落道，面臨危難而不失去天性之德，天寒來到，降下霜雪，我才知松柏的茂盛。在陳國、蔡國之間遭受的困厄，對我來說是幸運呀！」孔子安祥地再拿起琴而唱詩，子路奮勇地拿著盾牌起舞。子貢說：「我不了解天有多高，地有多厚呀。」古代得道的人，際遇困頓時安樂，際遇通達也安樂，並不是因為困頓或通達而樂，是因為得道，對於窮通有以下的了解，困頓或通達只是寒暑風雨的流動變化。因此許由可在潁陽愉悅生活，共伯可在共首山下自得其志。

常識認為人生際遇一帆風順，就是通達；遭受波折，就是窮困。那麼「孔子窮於陳、蔡之間，七日不火食」的經歷，若以常識觀之，即為窮困不通達。子路、子貢的想法同於常識，子路並且直率詢問「如此者，可謂窮矣。」但是孔子回答「君子通於道之謂通，窮於道之謂窮。」由此可知孔子不同於常識，不認為遭受波折就是窮困，並指出未能明瞭大道才是窮困；至於通達亦非事事順利，而是明瞭大道。

關於「仁義之道」，在此回顧本書曾多次說明，「仁義」本就是渾全大道整體運作中的一部分，並非與道隔絕不通，更非與道互斥對立；如果不停滯在「仁義」之德目，亦即不停滯在整體中的局部隅落，持續向上提昇，便可回返道的整體性。綜觀本則寓言中的孔子，誠然為明瞭大道意涵的悟道者，故知孔子「抱仁義之道」即為懷抱大道的整體性。

「內省而不窮於道」至「於丘其幸乎」，孔子繼續自述：由於不曾遠離道、德，所以不順遂的際遇，反而彰顯他不同於眾，具有不被困限的生命力。

以上談話結束後，孔子平靜地回復談話之前的鼓琴弦歌。顯然，如此之談話內容與行止，深深打動弟子，所以子路隨樂音而舞；「吾不知天之高也，地之下也」，則是子貢指出孔子的生命內涵宛若天高地厚，以此表示對孔子的推崇與尊敬。

「古之得道者」至「則窮通為寒暑風雨之序矣」，指出悟道者不論遭遇常識認為的窮困波折或順利通達，都不失其生命之和諧安樂。不過，安樂並不是因為窮困或通達，而是立足渾全不割裂的大道，明瞭互為對照的「窮與通」是無從切割的整體，恰若寒暑風雨相互流動，通而為一。因此無所執著也無所排斥於「窮、通」，故而安樂如一。

最後舉例，許由拒絕接受堯之讓天下，以及共伯被立為天子而不喜，失去天子之位而不怨，都是「窮亦樂，通亦樂」。

本則寓言舉孔子、許由、共伯為例，指出悟道者和諧安樂的生命內涵，不因人生際遇而受到影響；並且指出是否明瞭大道才是「窮、通」的關鍵，翻轉常識所說的窮通，或許也是暗示讀者不應被常識所困。

舜以天下讓其友北人無擇，北人無擇曰：「異哉，后之為人也，居於畎畝之中，而遊堯之門，不若是而已，又欲以其辱行漫我，吾羞見之。」因自投清泠之淵。

「北人無擇」：北方之人，名無擇。「后」：君主，指舜。「畎畝」：田圃。「辱行」：

恥辱之行。「漫」：污。「清泠之淵」：在南陽西崿縣。

舜將天下讓給他的朋友北人無擇，北人無擇說：「奇怪呀，國君的為人，出身農田之中，卻遊走堯的朝廷，不僅這樣，還想用他恥辱的行為來污染我，我羞於見到他。」於是自己投入清泠之淵而死。

首先參看〈徐無鬼篇〉「舜有羶行，百姓悅之，故三徙成都，……堯聞舜之賢，舉之童土之地。」指出舜有仁愛之行，引來百姓愛慕，如同羊肉腥羶，引來螞蟻愛慕；然而，舜非但引來百姓，更引來堯的注意，爾後繼承堯的天子職位。

再看本篇前文記載「舜以天下讓其友石戶之農，石戶之農曰：捲捲乎后之為人，葆力之士也，以舜之德為未至也。」指出舜誤以為治天下就是天子（或某一特定人物）努力經營，未能了解必須引領民眾回返大道的整體性，並且以與生俱有的天性之德（例如：自覺能力），依隨整體的運作來安頓生命。

由以上兩段記載可知，舜未能與道同步，未能適時調整、靈活變通，以致引來百姓與堯的注意；擔任天子職位後，仍與過往相同。或許北人無擇認為舜的行止未能依隨大道，與天子的職位不相稱，所以指之為「辱行」。

大眾通常都喜愛接近權力富貴，例如：天子享有至高的權力富貴，因此若有機會擔任天子，不但趨之若鶩，而且是唯恐失去地執著不放。至於北人無擇不僅無意於接近權力富貴（天子的職位），而且以死亡表達對於權力富貴（天子職位）的強烈排斥。亦即北人無擇不追逐權力富貴（天子職位），看似行為清高。

然而在此必須思考：大眾執著權力富貴，背離大道無所執著也無所排斥的特質，固然是偏執。但是北人無擇未能了解：權力富貴是人類生活中的一部分，對於人們的生活也有輔助的功能，並非萬惡的淵藪。所以，若是當取則取之，若不當取則捨之，焉須以死亡宣示不選取的決定？由此則知，北人無擇以拋棄生命，表達對於權力富貴的強烈排斥，過度偏執，背離大道無所執著也無所排斥的特質。那麼，試問：北人無擇未能依隨大道的偏執舉動，在本質上與大眾的偏執，豈有任何不同？

回顧〈大宗師篇〉「行（殉）名失己，非士也；亡身不真（失真），非役（為）人也。若狐不偕、務光、伯夷、叔齊、箕子、胥餘、紀他、申徒狄……不自適其適者也。」指出為了名聲而失去自我，不能算是讀書人，失去生命失去本真，不是人應有的舉止，像狐不偕、務光、伯夷、叔齊、箕子、胥餘、紀他、申徒狄，不能歸向自己的適當。亦即狐不偕等八人，與他人交接，未能適時變通，失身失真，失落生命的通達，未能自我安頓。

至於本則寓言之北人無擇，顯然相似於〈大宗師篇〉記載的狐不偕等八人，也是「亡身不真（失真）、不自適（不歸向）其適（適當）者也」，未能平穩妥當的安頓生命。

本則寓言揭示：對於權力富貴，無論過度執著或過度排斥，都不足以安頓生命；唯有依隨大道，無所執著也無所排斥，適時調整，才是自我安頓的良策。

湯將伐桀，因卞隨而謀，卞隨曰：「非吾事也。」湯曰：「孰可？」曰：「吾不知也。」湯又因務光而謀，務光曰：「非吾事也。」湯曰：「孰可？」

曰：「吾不知也。」湯曰：「伊尹何如？」曰：「強力忍垢，吾不知其他也。」湯遂與伊尹謀伐桀，剋之，以讓卞隨。卞隨辭曰：「后之伐桀也謀乎我，必以我為賊也；勝桀而讓我，必以我為貪也。吾生乎亂世，而無道之人再來漫我以其辱行，吾不忍數聞也。」乃自投椆水而死。湯又讓務光，曰：「知者謀之，武者遂之，仁者居之，古之道也。吾子胡不立乎？」務光辭曰：「廢上，非義也；殺民，非仁也；人犯其難，我享其利，非廉也。吾聞之曰：『非其義者，不受其祿；無道之世，不踐其土。』況尊我乎！吾不忍久見也。」乃負石而自沈於廬水。

「湯」：商湯，商朝的開國始祖。「桀」：夏桀，夏朝的最後一位天子。「因」：因而，於是。「卞隨」：姓卞，名隨，隱者。「務光」：姓務，名光，隱者。「伊尹」：姓伊，名尹，輔佐商湯的賢人。「強力」指毅力。「垢」：辱。「剋」：勝。「后」：君主，指商湯。「漫」：污。「椆水」：水名。「遂」：成。「吾子」指務光。「胡」：何。「立」指即位。「犯其難」指遭受殺戮。「享其利」指受祿。「廬水」：水名，學者認為或許在遼東，或許在北平郡。

商湯準備討伐夏桀，因而與卞隨商議，卞隨說：「這不是我的事。」湯說：「找誰可以？」卞隨說：「我不知。」湯又因而與務光商議，務光說：「這不是我的事。」湯說：「找誰可以？」務光說：「我不知。」湯說：「伊尹怎麼樣？」務光說：「有毅力能忍辱，其它的我就不知了。」湯就和伊尹謀劃如何攻打桀，戰勝了，湯要將天下讓給卞隨。卞隨推辭說：「國君攻打桀之時，曾找我商議，一定認為我是賊；戰勝桀而要讓位給我，一定以為我是貪。我生在亂世，而無道之人用他恥辱的行為再次來污染我，我不能忍受一再聽聞污辱之言！」於是投入椆水而死。湯又讓位給務光說：「有知識的人策劃，勇武的人完成，仁愛的人即位，這是自古以來的道理。你為什麼不即位呢？」務光推辭說：「廢除君上，不是義；殺害民眾，不是仁；人們遭受殺戮，我卻接受利祿，不是廉。我聽說：『對於不義之人，不接受他的利祿；對無道的國家，不踏上他的領土。』何況是要尊我為君呢！我不能忍受長期看著這種情形。」於是背負石塊而自沈於廬水。

立足渾全不割裂的大道，則知人類是萬種物類之一，與萬物並存於天地之間，共同組成不可切割的連續性整體。由此可知人與人、國與國亦是無從切割的整體，具有和諧、沒有對立、沒有對待、無待的本質，並無敵我對立之可言。如果人人都明瞭上述的整體性，則知傷害他人即為傷害整體，由於自己也在整體中，所以傷害都將回到自己身上，那麼誰人將發動戰爭撕裂大道的整體性，破壞和諧、無待的存在本質呢？

至於歷史記載夏桀擔任君王，有許多錯誤不當的行為，然而正本清源的解決方法並非發動戰爭推翻暴君，而是對君王（例如：夏桀）自幼便教之以「天地與我並生，而萬物與我為一」（〈齊物論篇〉）的大道整體性，以教育喚醒君王的自覺，引領君王回返大道，明瞭生命在天地萬物的整體中，順隨整體的運作，與所有存在恰如其分的互動；亦即以自覺節制本能欲求及行為，尊重他人，愛護自己，達到和諧、無待的理想。那麼也就沒有類似夏桀的暴君，商湯亦無庸發動戰爭推翻暴政。

有以上的了解，則知何以卞隨指出商湯發動戰爭是「無道之人」，務光則指之為「非義、非仁」。

至於卞隨、務光，相同於前則寓言的北人無擇，未能了解：權力富貴是人類生活中的一部分，對於人們的生活也有輔助的功能，並非萬惡的淵藪。若是當取則取之，若不當取則捨之，焉須以死亡宣示不選取的決定？故知卞隨、務光以拋棄生命表達對於權力富貴的強烈排斥，過度偏執，背離大道無所執著也無所排斥的特質。

另外，〈大宗師篇〉記載務光「亡身不真（失真）、不自適（不歸向）其適（適當）者也」。至於本則寓言的卞隨，亦相同於務光，也是「亡身不真、不自適其適者也」。換言之，卞隨、務光二人，都是與他人交接，未能適時變通，失身失真，失落生命的通達，未能自我安頓。

本則寓言藉著商湯、卞隨、務光為例，指出發動戰爭殺戮民眾的行為，背離大道，破壞整體和諧的本質；然而過度排斥權力富貴，甚至以死亡宣示不接近的決定，太過偏執，背離大道無所執著也無所排斥的特質，亦非自我安頓的良策。簡言之，依隨大道整體性的運作，則不至於造成錯誤，且可恰當地安頓生命。

昔周之興，有士二人，處於孤竹，曰伯夷、叔齊。二人相謂曰：「吾聞西方有人，似有道者，試往觀焉。」至於岐陽，武王聞之，使叔旦往見之。

與盟曰：「加富二等，就官一列。」血牲而埋之。二人相視而笑曰：「嘻，異哉！此非吾所謂道也。昔者神農之有天下也，時祀盡敬，而不祈喜；其於人也，忠信盡治，而無求焉。樂與政為政，樂與治為治，不以人之壞自成也，不以人之卑自高也，不以遭時自利也。今周見殷之亂而遽為政，上謀而行貨，阻兵而保威，割牲而盟以為信，揚行以悅眾，殺伐以要利，是推亂以易暴也。吾聞古之士，遭治世不避其任，遇亂世不為苟存。今天下闇，周德衰，其並乎周以塗吾身也，不如避之以絜吾行。」二子北至於首陽之山，遂餓而死焉。若伯夷、叔齊者，其於富貴也，苟可得已，則必不賴。高節戾行，獨樂其志，不事於世，此二士之節也。

「昔」：從前。「孤竹」：國名，在遼西，即今河北省遷安縣。「伯夷、叔齊」：孤竹國君之二子。「岐陽」：岐山之陽，即岐山之南，周文王國都所在地。「武王」：周武王，是周文王之子。「叔旦」：周武王之弟，名旦，即周公。「盟」：誓約。「加富二等」：加祿二級。「就官一列」：任官一級。「血牲而埋之」：以牲血塗於盟書而埋入土中。「嘻」：歎詞。「時祀盡敬」：四時祭祀，極為恭敬。「祈喜」：求福。「遭時」指時機，「遭」：遇。「殷」：商朝。「遽」：急。「上謀而行貨」的「上」：尚，「行貨」指運用財貨；此句為日本高山寺藏古鈔卷子本，至於其它通行本則為「上謀而下行貨」。「阻」：倚恃。「要利」：求利。「推亂」：製造禍亂。「苟」：苟且，隨便。「闇」：暗。「周德」：周朝的德望。「並乎周」：與周並存。「塗」：污。「絜」：潔。「首陽之山」：首陽山，學者認為或許在遼西，或河南或山西。「賴」：取。「戾行」指行為不同於流俗。

從前周朝興起時，有二位賢士住在孤竹國，名叫伯夷、叔齊。這二人商量說：「我聽說西方有個人，像似有道者，去看看吧。」到了岐陽，周武王聽說他們來到，就派叔旦去見他們，並與他們盟誓說：「加祿二級，任官一級。」盟書塗上牲血而埋入土中。這二人相視而笑說：「唉，奇怪呀！這不是我所了解的道。從前神農治理天下，四時祭祀，極為恭敬，而不求福；他對待民眾，秉持忠信，努力治理，而不求回報。喜愛參政的就讓他參政，喜愛治理的就讓他治理，不藉著他人的失敗而自顯成功，不藉著他人的卑微而自顯高貴，不藉著時機而謀求自己的利益。現在周朝看見商朝動亂，就急著想要奪取政權，崇尚謀略而運用財貨，倚恃武力以保有威勢，殺牲結盟以為誠信，傳揚行事以取悅民眾，殺戮征伐以求取利益，這是製造禍亂來代替暴政。我聽說古代的賢士，遇到治世不逃避責任，遇到亂世不苟且偷生。現在天下昏暗，周朝的德望衰敗，如果與周朝並存而污染我的生命，不如避開以保持行為的潔淨。」二人向北到了首陽山，就餓死在那兒。像伯夷、叔齊，對於富貴，如果是苟且隨便的得到，那麼必定不取之。高尚的節操，不同於流俗的行為，只以自己的心志為樂，不追逐世事，這是二位賢士的氣節。

歷史記載商紂擔任君王，有許多錯誤不當的行為，因此周武王發動戰爭推翻商紂。回顧前則寓言曾說明，解決暴政的正本清源方法在於：對君王（例如：商紂）自幼便教之以「天地與我並生，而萬物與我為一」（〈齊物論篇〉）的大道整體性，以教育喚醒君王的自覺，引領君王回返大道，明瞭生命在天地萬物的整體中，順隨整體的運作，與所有存在恰如其分的互動；亦即以自覺節制本能欲求及行為，尊重他人，愛護自己，達到沒有對立、沒有對待、無待、和諧的理想。那麼也就沒有類似商紂的暴君，周武王亦無庸發動戰爭推翻暴政。

「神農之有天下也」至「不以遭時自利也」，指出神農不執著於「祈喜、求、自成、自高、自利」，亦即不執著自我之利益，具有與大道相同的無所執著的特質。

「今周見殷之亂而遽為政」至「是推亂以易暴也」，指出周朝發動戰爭推翻商朝，背離大道和諧、無待的整體性。因此，伯夷、叔齊指出叔旦的盟誓為「此非吾所謂道也」。二人不接受背離大道的富貴，故記載「若伯夷、叔齊者」至「則必不賴（不取）」。

「高節戾行（不同於流俗）」至「此二士之節也」，雖然指出伯夷、叔齊不同於大眾，不追逐權力富貴的氣節；但是伯夷、叔齊卻相同於前二則寓言的北人無擇、卞隨、務光，也未能了解：權力富貴是人類生活中的一部分，對於人們的生活也有輔助的功能，並非萬惡的淵藪。若是當取則取之，若不當取則捨之，焉須以死亡宣示不選取的決定？換言之，他們以拋棄生命表達對於權力富貴的強烈排斥，過度偏執，背離大道無所執著也無所排斥的特質。

另外，〈大宗師篇〉記載伯夷、叔齊「亡身不真（失真）、不自適（不歸向）其適（適當）者也」。亦即伯夷、叔齊二人，都是與他人交接，未能適時變通，失身失真，失落生命的通達，未能自我安頓。

本則寓言繼前二則寓言之後，再次藉著周武王、伯夷、叔齊為例，揭示依隨大道整體性的運作，持平審視權力富貴，無所執著也無所排斥，當為則為，不當為則不為，適時調整，可避免錯誤，且可恰當地安頓生命。

學者通常認為本篇列在今本《莊子》的「雜篇」，而且淺陋不入於道，因此以為本篇不是莊子自著。然而，基於以上對於本篇義理之說明，可證本篇不被常識囿限，不僅只觀察局部的隅落，而是立足大道的整體性，觀看完整的全貌，藉著眾多寓言說明人間世事並非只有單一面向，而具有一體兩面的性質。另外，揭示依隨大道，持平審視權力富貴，無庸執著也無庸排斥。簡言之，本篇多次和盤托出，指出常識未留意的一體兩面之另一面，並未遠離大道的整體性，所以或許不必認為絕非莊子所作。

盜跖

人間世事是否只有單一面向，抑或具有一體兩面的性質？依隨大道可否安頓生命？固定行義就可獲得名利？貪婪爭奪，抑或喚醒自覺，可使人知足？

孔子與柳下季為友，柳下季之弟名曰盜跖。盜跖從卒九千人，橫行天下，侵暴諸侯，穴室樞戶，驅人牛馬，取人婦女，貪得忘親，不顧父母兄弟，不祭先祖。所過之邑，大國守城，小國入保，萬民苦之。孔子謂柳下季曰：「夫為人父者，必能詔其子；為人兄者，必能教其弟。若父不能詔其子，兄不能教其弟，則無貴父子兄弟之親矣。今先生，世之才士也，弟為盜跖，為天下害，而弗能教也，丘竊為先生羞之。丘請為先生往說之。」柳下季曰：「先生言為人父者必能詔其子，為人兄者必能教其弟，若子不聽父之詔，弟不受兄之教，雖今先生之辯，將奈之何哉？且跖之為人也，心如涌泉，意如飄風，強足以拒敵，辯足以飾非，順其心則喜，逆其心則怒，易辱人以言，先生必無往。」孔子不聽，顏回為馭，子貢為右，往見盜跖。盜跖乃方休卒徒太山之陽，膾人肝而餔之。孔子下車而前，見謁者曰：「魯人孔丘，聞將軍高義，敬再拜謁者。」謁者入通，盜跖聞之大怒，目如明星，髮上指冠，曰：「此夫魯國之巧偽人孔丘非邪？為我告之：『爾作言造語，妄稱文、武，冠枝木之冠，帶死牛之脅，多辭謬說，不耕而食，不織而衣，搖脣鼓舌，擅生是非，以迷天下之主，使天下學士不反其本，妄作孝悌，而儌倖於封侯富貴者也。子之罪大極重，疾走歸！不然，我將以子肝益晝餔之膳。』」孔子復通曰：「丘得幸於季，願望履幕下。」謁者復通，盜跖曰：「使來前！」孔子趨而進，避席反走，再拜盜跖。盜跖大怒，兩展其足，按劍瞋目，聲如乳虎，曰：「丘，來前！若所言，順吾意則生，逆吾心則死。」孔子曰：「丘聞之，凡天下有三德：生而長大，美好無雙，少長貴賤見而皆悅之，此上德也；知維天地，能辯諸物，此中德也；勇悍果敢，聚眾率兵，此下德也。凡人有此一德者，足以南面稱孤矣。今將軍兼此三者，身長八尺二寸，面目有光，脣如激丹，齒如齊貝，音中黃鍾，而名曰盜跖，丘竊為將軍恥不取焉。將軍有意聽臣，臣請南使吳、越，北使齊、魯，東使宋、衛，西使晉、楚，使為將軍造大城數百里，立數十萬戶之邑，尊將軍為諸侯，與天下更始，罷兵休卒，收養昆弟，共祭先祖，此聖人才士之行，而天下之願也。」盜跖大怒，曰：「丘，來前！夫可規以利，而可諫以言者，皆愚陋恆民之謂耳。今長大美好，人見而悅之者，此吾父母之遺德也，丘雖不吾譽，吾獨不自知邪？且吾聞之，好面譽人者，亦好背而毀之。今丘告我以大城眾民，是欲規我以利，而恆民畜我也，安可久長也！城之大者，莫大乎天下矣。堯、舜有天下，子孫無置錐之地；

湯、武立為天子，而後世絕滅。非以其利大故邪？且吾聞之，古者禽獸多而人少，於是民皆巢居以避之，晝拾橡栗，暮栖木上，故命之曰有巢氏之民。古者民不知衣服，夏多積薪，冬則煬之，故命之曰知生之民。神農之世，臥則居居，起則于于，民知其母，不知其父，與麋鹿共處，耕而食，織而衣，無有相害之心，此至德之隆也。然而黃帝不能致德，與蚩尤戰於涿鹿之野，流血百里。堯、舜作，立群臣，湯放其主，武王殺紂。自是之後，以強陵弱，以眾暴寡。湯、武以來，皆亂人之徒也。今子脩文、武之道，掌天下之辯，以教後世，縫衣淺帶，矯言偽行，以迷惑天下之主，而欲求富貴焉，盜莫大於子。天下何故不謂子為盜丘，而乃謂我為盜跖？子以甘辭說子路而使從之，使子路去其危冠，解其長劍，而受教於子，天下皆曰孔丘能止暴禁非。其卒之也，子路欲殺衛君而事不成，身菹於衛東門之上，是子教之不至也。子自謂才士聖人邪？則再逐於魯，削跡於衛，窮於齊，圍於陳、蔡，不容身於天下。子教子路菹，此患上無以為身，下無以為人，子之道豈足貴邪？世之所高，莫若黃帝，黃帝尚不能全德，而戰涿鹿之野，流血百里。堯不慈，舜不孝，禹偏枯，湯放其主，武王伐紂，文王拘羑里。此七子者，世之所高也，孰論之，皆以利惑其真而強反其情性，其行乃甚可羞也。世之所謂賢士，伯夷、叔齊。伯夷、叔齊辭孤竹之君而餓死於首陽之山，骨肉不葬。鮑焦飾行非世，抱木而死。申徒狄諫而不聽，負石自投於河，為魚鼈所食。介子推至忠也，自割其股以食文公，文公後背之，子推怒而去，抱木而燔死。尾生與女子期於梁下，女子不來，水至不去，抱梁柱而死。此六子者，無異於磔犬流豕操瓢而乞者，皆離名輕死，不念本養壽命者也。世之所謂忠臣者，莫若王子比干、伍子胥。子胥沉江，比干剖心，此二子者，世謂忠臣也，然卒為天下笑。自上觀之，至於子胥、比干，皆不足貴也。丘之所以說我者，若告我以鬼事，則我不能知也；若告我以人事者，不過此矣，皆吾所聞知也。今吾告子以人之情，目欲視色，耳欲聽聲，口欲察味，志氣欲盈。人上壽百歲，中壽八十，下壽六十，除病瘦死喪憂患，其中開口而笑者，一月之中不過四五日而已矣。天與地無窮，人死者有時，操有時之具，而託於無窮之間，忽然無異騏驥之馳過隙也。不能悅其志意，養其壽命者，皆非通道者也。丘之所言，皆吾之所棄也，亟去走歸，無復言之。子之道，狂狂汲汲，詐巧虛偽事也，非可以全真也，奚足論哉！」孔子再拜趨走，出門上車，執轡三失，目芒然無見，色若死灰，據軾低頭，不能出氣。歸到魯東門外，適遇柳下季。柳下季曰：「今者闕然，數日不見，車馬有行色，得微往見跖邪？」孔子仰天而嘆曰：「然。」柳下季曰：「跖得無逆汝意若前乎？」孔子曰：「然。丘所謂無病而自灸也。疾走料虎頭，編虎鬚，幾不免虎口哉！」

「柳下季」：即柳下惠，姓展，名獲，字季禽。「盜跖」：古代的大盜，學者認為或許是黃帝時的大盜，或許是秦時的大盜，無從確認之；另外，柳下惠早於孔子八十餘年，柳下惠與盜跖也不同時，因此讀者不宜以寓言為史實，盜跖或許只是莊子假託的人物。「從卒」指徒眾。「穴室樞戶」：穿室探門，指打家劫舍。「樞」：摳，探。「戶」：門。「大國、小國」的「國」：都是城邑。「入保」：入堡。「詔」：教。「丘」：孔子，名丘。「竊」：自謙之詞。「羞」：慚愧。「先生之辯」的「辯」：口才。「易辱人」的「易」：輕率。「太山之陽」：泰山之南，「陽」：山的南邊。「膾」：切。「餔」：食。「謁者」指通報之人。「邪」：疑問詞。「爾」：你。「枝木之冠」：帽子有華麗的裝飾，如繁茂的樹枝。「帶死牛之脅」：取牛皮為大革帶，堅如牛肋。「脅」：肋。「不反」：不返。「妄作」：虛假的行為，「妄」：虛假，「作」指行為。「儌倖」：冀望。「晝餔」指午餐。「願望履幕下」：希望到帳幕下，指面見盜跖。「趨」：快步走。「反走」：後退，表示恭敬。「展」：伸。「劒」：劍。「德」指與生俱有的自然天性。「知維天地」：智力包羅天地。「能辯」的「辯」：了解。「激」：明。「丹」：朱砂。「黃鍾」：或指古樂中的音律，或指樂器。「昆弟」：兄弟。「規」：勸諫。「恆民」：常民。「遺德」的「遺」：送，指給予。「畜」：養，指收買。「安」：何。「栖」：棲。「薪」：木材。「煬」：燒。「命之」：名之。「居居」：安靜之容。「于于」：自得之貌。「隆」：盛，高。「致德」：至德。「蚩尤」：古代的諸侯。「涿鹿」：地名。「湯放其主」：商湯流放夏桀。「武王殺紂」：周武王殺商紂。「縫衣」：儒服寬而長大。「淺帶」：衣帶寬鬆。「矯言偽行」的「矯、偽」：都指文飾。「甘辭」指動聽之言。「危冠」：高冠。「其卒、卒為」的「卒」：終。「衛君」：衛莊公。「菹」：醢，肉醬。「再逐於魯，削跡於衛，窮於齊，圍於陳、蔡」：已見於〈天運篇〉、〈山木篇〉。「上無以為身」指孔子不容身於天下。「下無以為人」指孔子教導的子弟（例如：子路）無法存活。「堯不慈」指堯不將天下予其子。「舜不孝」指舜流放父親。「禹偏枯」指禹治水勞苦，導致半身不遂。「偏枯」指半身不遂。「此七子者，世之所高也」：此為宋．陳碧虛《莊子闕誤》引江南古藏本，至於其它通行本則為「六子」。「孰論」：熟論，仔細討論。「情性」：真實天性，「情」：實。「鮑焦」：姓鮑，名焦，周朝人，隱者，廉潔自守，採樵為生，拾橡栗而食，不臣天子，不友諸侯，子貢遇之，對他說：如果不認同君王的政權，則不踏上他的領土，認為君王有污點，則不接受他的好處，現在你踏在他的領土上，所吃的食物就是他的土地提供的好處，這樣是可以的嗎？鮑焦說：我聽說清廉之士不輕易接近爵祿，而願意選擇隱退，賢人由於自省，心懷愧疚而願意選擇死亡；於是抱樹枯立而死。「飾行」指行為高潔。「非世」指與眾不同。「申徒狄」：姓申徒，名狄，商朝人。「介子推」：晉文公之忠臣，文公遭驪姬之難，出奔他國，在路困乏，子推割腿肉給文公吃；文公歸國後，封賞從者，但卻遺忘子推；子推怒而去，文公慚愧而追子推至介山；子推隱避，文公放火燒山，希望子推出山，然而火至，子推不出，抱樹而焚死。「燔」：焚。「尾生」：微生高，魯國人。「期」：約。「梁」：橋樑。「磔犬」：被屠宰的狗，「磔」：分裂肢體。「流豕」：沉豕，沉入河中的豬。「操瓢而乞」指乞丐。「離名」：重名。「輕死」指輕生，由於生死一體不可分，輕生則輕死，重生則不輕死。「不念本」指未能依隨大道，「本」指大道。「王子比干」：商紂之叔父，勸諫商紂，遭商紂剖心，已見於〈人間世篇〉。「伍子胥」：姓伍，名員，字子胥，吳王夫差之臣，勸諫吳王未獲採納，反遭賜死，屍沉於江，已見於〈大宗師篇〉。「志氣欲盈」指順己之意；「盈」：滿，指不受折損。「病瘦」：病痩，指病。「操」：持。「騏、驥」：均為良馬。「亟去」：急去。「狂狂汲汲」指營求奔走。「奚」：何。「轡」：控馬之轠繩。「目芒」：目茫，「芒」：茫。「軾」：車前橫木。「適遇」：巧遇。「闕然」指未見面。「得微、得無」：都是疑問詞。「若前乎」：如同先前所說。「灸」：以艾絨所做的艾條，燒灼或熏燙人體穴位表面。「料」：撩。「編」：撫。

孔子與柳下季是朋友，柳下季的弟弟名叫盜跖。盜跖的徒眾有九千人，橫行天下，侵犯諸侯，打家劫舍，搶人牛馬，擄人婦女，貪婪忘親，不顧念父母兄弟，不祭祀祖先。所過之處，大城嚴守城池，小城避入堡壘，萬民皆以盜跖為苦。孔子對柳下季說：「為人父親的，一定能教導兒子；為人兄長的，一定能教導弟弟。如果父親不能教導兒子，兄長不能教導弟弟，那麼父子兄弟的親情也就沒有什麼可貴了。現在先生是當代的有才之士，弟弟卻是盜跖，為害天下，而不能教導他，我暗地裡為先生感到慚愧，我願代替你去勸說他。」柳下季說：「先生說為人父親的一定能教導兒子；為人兄長的一定能教導弟弟。但是如果兒子不聽父親教導，弟弟不接受兄長的教導，即使像先生口才這麼好，又能對他怎麼樣？而且跖這個人，心思像湧泉，意念如飄風，強悍足以抗拒敵人，辯才足以粉飾過失，順從他的心意就高興，違背他的心意就發怒，輕率地以言語侮辱旁人，先生千萬不要去。」孔子不聽，命顏回駕車，子貢坐在車的右側，去見盜跖。盜跖正帶著徒眾在泰山之南休息，切人肝而食。孔子下車向前，看見通報之人說：「魯國人孔丘，聽說將軍的高義，恭敬地來拜見。」通報之人入內報告，盜跖聽了大怒，眼如明星，怒髮衝冠，說：「這不就是魯國的巧言虛偽的人孔丘嗎？替我告訴他：『你搬弄言語，任意標榜周文王與周武王，戴著華麗的帽子，繫著死牛的皮帶，滿口胡言亂語，不耕田就有飯吃，不織布就有衣穿，鼓動唇舌，製造是非，迷惑天下的君主，使天下的讀書人不回歸本分，虛假表現孝悌的行為，冀望獲得封侯的富貴。你罪過重大，趕快回去！不然，我就拿你的肝當做午餐加菜。』」孔子再度請求通報說：「我有幸認識柳下季，希望能到帳幕下來拜見。」通報之人再次入內報告，盜跖說：「讓他進來！」孔子快步走進去，避開座席退後幾步，拜見盜跖。盜跖大怒，伸開兩腳，手按長劍，瞪大眼睛，聲音如同幼虎吼叫，說：「孔丘過來！你所說的話，順我的心意才可活命，違逆我的心意就要處死。」孔子說：「我聽說，天下有三種自然天性：生來就身材高大，容貌美好無雙，無論老少貴賤見了都喜歡他，這是上德；智力包羅天地，能了解一切事物，這是中德；勇敢強悍而果決，能聚集群眾率領士兵，這是下德。凡人具有其中一種天性，就足以南面稱王了。現在將軍兼具這三種天性，身高八尺二寸，面目有光采，嘴唇如鮮明的朱砂，牙齒如整齊的珠貝，聲音合於黃鍾，卻名叫盜跖，我暗暗地為將軍感到不應如此。將軍有意聽從我的建議，我願意向南出使吳國、越國，向北出使齊國、魯國，向東出使宋國、衛國，向西出使晉國、楚國，讓他們為將軍建造一座方圓數百里的大城，成立數十萬戶的封邑，尊奉將軍為諸侯，與天下人有一個新的開始，停戰休兵，收養兄弟，一同祭祀祖先，這是聖人才士的行為，也是天下人的願望。」盜跖大怒說：「孔丘過來！可以用利祿勸誘，可以用言語規勸的人，都是愚陋平常之人而已。我現在高大美好，人們見了就喜歡，這是我父母給予我的天性，你即使不稱讚我，我難道自己不知嗎？而且我聽說，喜歡當面稱讚人的，也喜歡背後毀謗人。現在你告訴我有大城眾民，就是想以利益來勸誘我，將我當做平常百姓來收買，這怎麼可能長久呢！關於大城，沒有比天下更大的了。堯、舜擁有天下，子孫卻無立足之地；商湯、周武王擔任天子，而後世絕滅。這不就是因為他們利益太大的緣故嗎？而且我聽說，古代禽獸多而人少，於是人們都在樹上築巢居住以躲避禽獸，白天揀拾橡栗子，夜晚就睡在樹上，所以稱為有巢氏的人民。古代人不知什麼是衣服，夏天多積存木材，冬天就燒來取暖，所以稱為了解生存的人。神農的時代，睡臥時安靜平穩，起身後自在安適，人民只知母親，不知父親，與麋鹿生活在一起，耕田而食，織布而穿衣，沒有互相傷害的意念，這是天性之德最高的表現。然而黃帝不能延續這種天性之德，與蚩尤交戰於涿鹿的曠野，血流百里。堯、舜興起，設立百官，商湯流放他的君主夏桀，周武王殺商紂。從此以後，強大欺凌弱小，多數殘害少數。商湯、周武王以來，都是禍害民眾之徒。現在你修習文王、武王之道，掌握天下的言論，來教導後代，穿著寬衣淺帶的儒服，文飾言行，以此來迷惑天下的君主而求取富貴，沒有比你更大的盜賊了。天下人為什麼不叫你盜丘，而要叫我盜跖呢？你用動聽的話說服子路，讓他跟隨你，使子路不戴高冠，解下長劍，而接受你的教導，天下人都說孔丘能阻止暴行消除禍害。到了最終，在混亂的宮廷鬥爭中，子路想殺衛君而沒有成功，自身卻在衛國東門被剁成肉醬，這是你教導失敗。你自認為是才士聖人嗎？可是你兩次被魯國驅逐，在衛國被禁止居留，在齊國陷入困境，在陳國、蔡國被圍困，在天下沒有容身之處。你教導子路卻害他被剁成肉醬，你自己的禍患是天下沒有容身之處，教導的子弟無法存活，你的學說哪裡值得推崇呢？世人所推崇的，莫過於黃帝，黃帝尚且不能保持天性之德完整無缺，而戰於涿鹿的曠野，血流百里。堯不慈愛，舜不孝順，禹半身不遂，商湯流放他的君主夏桀，周武王討伐商紂，文王被拘囚在羑里。這七人都是世上所推崇的，仔細討論起來，卻都是因為利益迷惑了自我而極度違反真實天性，他們的行為真是慚愧。世上所說的賢士，就是伯夷、叔齊。伯夷、叔齊辭讓孤竹國的國君之位，而餓死在首陽山，屍體沒有埋葬。鮑焦行為高潔不同於世俗，抱樹枯立而死。申徒狄進諫不被採納，就背著石塊投河，被魚鱉吞食。介子推最忠心，割下自己的腿肉給晉文公吃，文公後來忘了他，子推一怒而去，抱著樹被燒死。尾生與女子相約在橋下會面，女子未來，大水湧至他也不離去，抱著橋柱被淹死了。這六人，無異於被屠殺的狗、沉入河中的豬、持瓢的乞丐，都是看重名聲而輕生，未能依隨大道以養護生命。世上所說的忠臣，莫過於王子比干、伍子胥。子胥沉屍江中，比干剖心而死，這二人是世上所說的忠臣，然而終究被天下嘲笑。由以上所說的看來，直到子胥、比干，都不值得推崇。你用來勸說我的，如果告訴我關於鬼的事，我不能知；如果告訴我關於人的事，不過如此罷了，都是我聽過的。現在我告訴你人的真實，眼睛想要看色彩，耳朵想要聽聲音，嘴巴想要嚐滋味，希望一切皆順己之意。人生上壽一百歲，中壽八十歲，下壽六十歲，除了病痛、死喪、憂患之外，其中開口歡笑的時間，一個月之中不過四、五天而已。天地的存在無窮無盡，人的生死卻有時限，秉持有時限的身體寄託在無窮盡的天地之間，短暫而忽然，無異於快馬迅速閃過空隙一般。不能使心意喜悅，安養壽命的人，都不是通曉大道之人。你所說的那些，都是我要拋棄的，趕快回去，不要再說了！你的道理，奔走追逐，都是巧詐虛偽的事情，不可以保全生命的真實，哪裡值得討論呢！」孔子再拜而快步離開，走出帳幕上車之後，手執韁繩不覺掉落了三次，眼睛茫然無見，面色有如死灰，靠著車前橫木，低垂著頭，不能喘氣。回到魯國東門外，恰巧遇見柳下季。柳下季說：「最近幾天沒有見面，你的車馬好像曾經遠行的樣子，是不是去見跖呢？」孔子仰天嘆息說：「是的。」柳下季說：「跖是不是像我先前所說的違逆你的想法呢？」孔子說：「是的。我就是所謂的沒有病而自己用艾條來燒灼。急忙跑去撩虎頭，捋虎鬚，幾乎不能免於虎口啊！」

寓言之初，孔子對柳下季敘述「為人父者，必能詔其子；為人兄者，必能教其弟。」然而，立足渾全不割裂的大道，則知互為對照的「詔（教）與不詔（不教）」是無從切割的整體。因此，柳下季回答「若子不聽父之詔」至「將奈之何哉」，指出「詔（教）與不詔（不教）」並存，不可能消滅「不詔（不教）」，也不可能使「詔（教）」單獨存在。這也就是「外物不可必」（〈外物篇〉），亦即人間世事無不具有一體兩面的性質，並非恆常固定於單一面向。

如果僅觀「多辭謬說」至「而傲倖於封侯富貴者也」的文字表面，似乎是嘲諷孔子，然而這段敘述的意涵是否僅止於此呢？本書多次說明，人間世事無不具有一體兩面的性質，例如：地球受陽光照射，必然是一半為「明」，另一半為「暗」，不可能只有「明」的一面、沒有「暗」的另一面。故知這段敘述指出：國君聽從孔子的建議，任用孝悌之人，卻因此引發「妄作孝悌，而傲倖於封侯富貴」的情事。換言之，大眾稱讚孔子對國君的建言，然而此項建言並非只有「明」的一面，而是明暗並存，具有一體兩面的性質，以此而揭示「道通為一」（〈齊物論篇〉）的整體性。

常識認為「毀、譽」互斥不並存，人人都喜愛「譽」，也都厭惡「毀」；然而，立足渾全不割裂的大道，則知互為對照的「毀、譽」具有不可切割的整體性。由此則可了解「好面譽人者，亦好背而毀之」，指出「毀、譽」不是常識認為的互斥不並存，而是相通為一體，由此而再次揭示「道通為一」的大道整體性。

孔子敘述以大城眾民，尊盜跖為諸侯。然而盜跖認為「安（何）可久長」，接著舉例：堯、舜、湯、武有天下，亦即擁有天下之大利，但是後世子孫滅絕，也就是由「大利」變化為「無利」。這就是「無動而不變，無時而不移」（〈秋水篇〉），萬事萬物不斷變動，沒有恆常的固定不變。另外，也可了解為：擁有天下並非僅有「利」的單一面向，而有「無利」的另一面；亦即「擁有天下」具有一體兩面的性質。換言之，本則寓言和盤托出，指出常識未留意的一體兩面之另一面，也是再次揭示「道通為一」的整體性。

「神農之世」至「此至德之隆也」，揭示立足渾全不割裂的大道，明瞭天地萬物是無從切割的連續性整體，人類是萬種物類之一，齊同平等於萬物，依循這項與生俱有的自然天性之「德」，愛護自己，同時尊重所有存在，與萬物恰如其分地互動，遂呈現和諧、沒有對立、沒有對待、無待的理想狀態。

遺憾的是，如果未能依隨天性之德，遺忘上述的整體性，未能明瞭和諧整體中並無敵我對立可說，以至於發生敵我對立之戰爭，撕裂大道的整體性，破壞和諧、無待的存在本質。

故記載「黃帝不能致德」至「皆亂人之徒也」。換言之，常識稱讚黃帝戰勝蚩尤、商湯革命推翻夏桀之暴政、周武王推翻商紂之暴政；然而本則寓言指出黃帝、商湯、周武王發動戰爭並非只有「明」的一面，而是明暗並存，具有一體兩面的性質。亦即莊子在此和盤托出，指出常識未留意的一體兩面之另一面，進而揭示「道通為一」的整體性。

此外，雖然「亂人之徒」損傷大道和諧的整體性，但是仍有撥亂反正的可能，方法即為：對民眾自幼便教之以「天地與我並生，而萬物與我為一」（〈齊物論篇〉）的大道整體性，以教育喚醒每一個人的自覺，覺察天地萬物是無從切割的連續性整體，人人齊同平等，並無高下尊卑之別，因此愛護自己的同時，尊重其他存在，恰如其分地互動，那麼也就不至於出現夏桀、商紂的暴虐統治，商湯、周武王亦無庸發動戰爭推翻暴政。

子路受教於孔子，天下人稱讚孔子「能止暴禁非」；然而，卻也因為受教於孔子，以致「身菹於衛東門」。亦即受教於孔子並非只有「明」的一面，而是明暗並存，具有一體兩面的性質。換言之，本則寓言依然和盤托出，指出常識未留意的一體兩面之另一面，也是再次揭示「道通為一」的大道整體性。

魯定公時，孔子擔任司寇的官職，達到路不拾遺的治績斐然；但是也有「再逐於魯，削跡於衛，窮於齊，圍於陳、蔡」的遭遇。亦即孔子的經歷也是明暗並存，具有一體兩面的性質，由此而揭示「道通為一」的大道整體性。

「世之所高，莫若黃帝」至「其行乃甚可羞也」，指出人們稱讚黃帝、堯、舜、禹、湯、武王、文王；但是黃帝與蚩尤大戰，湯與武王發動戰爭，都背離大道的整體性，破壞和諧、無待的存在本質。至於堯不將天下予其子，舜流放父親；禹治水勞苦，導致半身不遂；文王雖然治國良好，卻遭拘囚。由此可知「其行乃甚可羞也」的意涵不在字面，不是七人的行為羞恥，不是全無可取之處，而是指出七人都不是只有「明」的一面，而是明暗並存，具有一體兩面的性質，也是再次揭示「道通為一」的大道整體性。

繼續舉例：伯夷、叔齊、鮑焦、申徒狄、介子推、尾生，六位賢士過度偏執「名」，未能依隨大道不執著的特質，故記載「皆離（重）名輕死，不念本養壽命者也。」由此則知這二句敘述的意涵不僅止於字面，不是這六人不愛惜生命，而是指出六人背離大道無所執著的特質，以至於喪生。

再舉例二位遭君王殺戮的忠臣：王子比干與伍子胥。這也就是〈外物篇〉「人主莫不欲其臣之忠，而忠未必信」，亦即忠臣或許被君王信任，但也或許不被信任，具有一體兩面的性質。

「自上觀之，至於子胥、比干，皆不足貴也」，指出黃帝等七位天子、伯夷等六位賢士、比干等二位忠臣，都不是只有「明」的一面，而是明暗並存。換言之，「皆不足貴也」的意涵不在字面，不是天子、賢士、忠臣沒有任何值得重視之處，而是觀察完整的全貌，則知他們都具有一體兩面的性質，也是再次揭示「道通為一」的大道整體性。

「不能悅其志意，養其壽命者，皆非通道者也」三句敘述揭示：明瞭大道的「通道者」，依循順應自然的無為準則，當為則為，不當為則不為，與萬物和諧並存，恰如其分地互動，故能「悅其志意，養其壽命」。換言之，這三句敘述的意涵不在字面，不是執著於「歡悅意志、養壽命」就可稱為通道，而是指出依隨大道即可自然達成「悅其志意，養其壽命」，也就是自我安頓。

「非可以全真也」再次指出孔子的教導具有一體兩面的性質，不足以自我安頓。

本則寓言藉著孔子、柳下季、盜跖為例，舉出許多事例，揭示人間世事無不具有一體兩面的性質，也就是和盤托出，指出常識未留意的一體兩面之另一面，進而揭示大道的整體性。此外，也一併揭示：依隨大道即為安頓生命的良策。

子張問於滿苟得曰：「盍不為行？無行則不信，不信則不任，不任則不利。故觀之名，計之利，而義真是也。若棄名利，反之於心，則夫士之為行，不可一日不為乎！」滿苟得曰：「無恥者富，多信者顯。夫名利之大者，幾在無恥而信。故觀之名，計之利，而信真是也。若棄名利，反之於心，則夫士之為行，抱其天乎！」子張曰：「昔者桀、紂貴為天子，富有天下，今謂臧聚曰：『汝行如桀、紂。』則有怍色，有不服之心者，小人所賤也。仲尼、墨翟，窮為匹夫，今謂宰相曰：『子行如仲尼、墨翟。』則變容易色稱不足者，士誠貴也。故勢為天子，未必貴也；窮為匹夫，未必賤也。貴賤之分，在行之美惡。」滿苟得曰：「小盜者拘，大盜者為諸侯，諸侯之門，義士存焉。昔者桓公小白殺兄入嫂，而管仲為臣；田成子常殺君竊國，而孔子受幣。論則賤之，行則下之，則是言行之情悖戰於胸中也，不

亦拂乎！故書曰：『孰惡孰美？成者為首，不成者為尾。』」子張曰：「子不為行，即將疏戚無倫，貴賤無義，長幼無序；五紀六位，將何以為別乎？」滿苟得曰：「堯殺長子，舜流母弟，疏戚有倫乎？湯放桀，武王殺紂，貴賤有義乎？王季為適，周公殺兄，長幼有序乎？儒者偽辭，墨者兼愛，五紀六位將有別乎？且子正為名，我正為利。名利之實，不順於理，不監於道。吾日與子訟於無約，曰：『小人殉財，君子殉名，其所以變其情，易其性，則異矣；乃至於棄其所為而殉其所不為，則一也。』故曰：無為小人，反殉而天；無為君子，從天之理。若枉若直，相而天極；面觀四方，與時消息。若是若非，執而圓機；獨成而意，與道徘徊。無轉而行，無成而義，將失而所為。無赴而富，無殉而成，將棄而天。比干剖心，子胥抉眼，忠之禍也；直躬證父，尾生溺死，信之患也；鮑子立乾，申子自埋，廉之害也；孔子不見母，匡子不見父，義之失也。此上世之所傳，下世之所語，以為士者正其言，必其行，故服其殃，離其患也。」

「子張」：姓顓孫，名師，字子張，孔子的弟子。「滿苟得」：姓滿，名苟得，假託之人名。「盍不為行」的「盍」：何，「為行」指行義。「義」：宜。「反之」：回返。「多信」：多言。「信真是」指多言可獲得名利，「真是」指獲得名利。「抱其天」：秉守自然天性。「臧聚」：僕役。「怍」：愧。「仲尼」：孔子，字仲尼。「墨翟」：姓墨，名翟，墨家的創始人。「匹夫」：平民。「桓公小白」：齊桓公。「入嫂」：娶嫂。「管仲」：齊桓公的宰相。「田成子常」：齊國大夫陳恆，公元前四八一年，殺齊簡公，奪取齊國。「幣」指賞賜。「行則下之」指批評者的行為並不優越於被批評之人；「下」：不上，指不優越。「悖」：逆。「拂」指矛盾。「戚」：親。「倫」：理。「五紀」：五倫，指君臣、父子、夫婦、兄弟、朋友。「六位」：君、臣、父、子、夫、婦。「堯殺長子」：堯廢長子丹朱，不予天子職位，或言殺之。「舜流母弟」：舜流放胞弟象。「王季為適」：王季即季歷，是周朝始祖古公亶父之妾所生的庶子；由於亶父的正妻所生之長子太伯、次子虞仲皆禮讓不繼位，故以季歷為嫡子，繼承君王之位。「適」：嫡，正妻所生之子為嫡子。「周公殺兄」：周公輔佐周成王，由於周公之兄管叔、蔡叔作亂，故殺之。「偽辭」指文飾言詞。「將有別乎」指五倫六位的區別有沒有被履行。「且」：假設之意。「監」：明。「日」：白晝。「訟」：論說。「無約」：假託的人名。「殉財、殉名」的「殉」：指犧牲。「變其情」：改變生命的真實，「情」：實。「棄其所為、殉其所不為」的「其」：都是己，「殉」：逐。「反殉而天」：返順而（你）天性，「殉」：徇、順。「而天、相而、執而、而意、而行、而義、失而」的「而」：都是你。「從天之理」：順自然之理。「若枉若直、若是若非」的「若」：或，「枉」：曲。「相」：隨順。「天極」：自然之理。「消息」：消長。「圓機」指環中之道。「徘徊」指同步。「轉」：專，指固定。「無成」的「成」：定。「失而所為」指失去你的真性。「赴」：趨。「比干、子胥、尾生」：已見於前則寓言。「直躬證父」：直率的兒子證實父親偷羊，出自《論語．子路篇》「葉公語孔子曰：吾黨有直躬者，其父攘羊而子證之。」「鮑子立乾」：即前則寓言之鮑焦，「乾」指絕食乾枯而死。「申子」：即前則寓言之申徒狄。「自理」指投河而死；此為唐．陸德明《經典釋文》記載有版本是「自埋」，至於其它通行本則為「不自理」。「孔子不見母」：孔子歷國應聘，其母臨終，孔子未見。「匡子不見父」：姓匡，名章，齊國人，諫其父，為父所逐，終身不見父。「必其行」的「必」：定。「服」：受。「離」：罹，遭。

子張問滿苟得說：「何不行義？不行義就不被信賴，不被信賴就不被任用，不被任用就沒有利祿。所以從名來看，由利來計算，行義就是正確。如果拋棄名利，回到內心，那麼讀書人的行為，也不可以一天不行義呀！」滿苟得說：「無恥的人富有，多言的人顯達。獲得名利最多的人，幾乎都靠著無恥而多言。所以從名來看，由利來計算，多言就可獲得名利。如果拋棄名利，回到內心，那麼讀書人的行為，應該守著自然天性呀！」子張說：「從前夏桀、商紂貴為天子，富有天下，但是現在如果對僕役說：『你的行為像夏桀、商紂。』他就會面有愧色，而心中不服，這是因為小人也看不起夏桀、商紂的行為。孔子、墨翟是窮困的平民，但是現在如果對宰相說：『你的行為像孔子、墨翟。』他就會改變容色謙稱自己不夠資格，這是因為讀書人推崇孔子、墨翟的行為。所以權勢大如天子，未必尊貴；窮困如一介平民，未必低賤。貴賤的區別，在於行為的好壞。」滿苟得說：「小盜被拘捕，大盜變成諸侯，諸侯之門，就有義士。從前齊桓公小白殺兄娶嫂，而管仲卻做他的臣子；田成子常殺了君主竊據國家，而孔子卻接受他的賞賜。評論時指出某些行為卑賤，但是遇到相同的情況時，自己的行為並不優越於被評論之人，這是言與行相互衝突而在胸中交戰，不是很矛盾嗎！所以古書說：『誰壞誰好？成功的就是首領，不成功的就是尾。』」子張說：「你不行義，將使親疏沒有倫理，貴賤無宜，長幼沒有次序；五倫六位，要如何界定它們的區別呢？」滿苟得說：「堯殺害長子，舜放逐胞弟，親疏有倫理嗎？商湯流放夏桀，周武王殺商紂，貴賤有宜嗎？王季僭越嫡位，周公殺害兄長，長幼有序嗎？儒家文飾言辭，墨家主張兼愛，五倫六位的區別有沒有被履行呢？假設你正在求名，我正在求利。名利的實質，不順於理，不明於道。我曾與你在無約面前爭論，說『小人為財犧牲，君子為名犧牲，他們用以改變生命的真實，改變天性之物不同；但是他們捨棄自己應該做的，追逐自己不應該做的，卻是一樣呀。』所以說，不要做小人為財犧牲，要回返順應自己的天性；不要做君子為名犧牲，要順從自然之理。或曲或直，順隨你的自然準則；觀察四方，隨著時序消長變化。或是或非，掌握你的環中之道。特別實現你的意念，與道同步。不固定你的行為，不固定你的合宜，否則將失去你的真性。不執著趨赴財富，不執著追逐成功，否則將棄絕你的自然。比干被剖心，子胥被挖眼，這是執著忠的禍害；直躬證實父親偷羊，尾生被水淹死，這是執著信的禍害；鮑子抱樹而枯死，申子投河而死，這是執著廉的禍害；孔子不見母親，匡子不見父親，這是執著義（宜）的過失。這些都是前世所流傳，後世所談論的，認為讀書人必須正言諫君，行為要固定一致，所以受到災殃，遭受禍患。」

對於名利，子張認為可由「行義」獲得，滿苟得指出是由「言」獲得。子張又認為不談名利，回歸本心，也必須行義。滿苟得則認為回歸本心，應「抱其天」秉持天性之德，依隨大道順應自然的無為準則，當為則為，不當為則不為。

接著子張舉桀、紂、孔子、墨翟為例，指出貴賤的關鍵在於行為之好壞。滿苟得則指出大眾認為有權勢的諸侯就是義（宜），然而齊桓公、田成子常並非行義，由此揭示行為之好壞並無標準，又舉古書「成者為首，不成者為尾」為例，指出人們重視成敗更甚於行為之好壞。

子張再指出：行義可使親疏、貴賤、長幼、五紀、六位具有理則。滿苟得指出人們推崇的堯、舜、商湯、武王、王季、周公的行為，並非親疏、貴賤、長幼皆有理則；儒家、墨家也未能使五紀、六位具有理則。

如果僅觀「名利之實，不順於理，不監（明）於道」的文字表面，似乎是排斥「名利」；然而回顧〈人間世篇〉曾說明，「名利」是人們生活中的一部分，對於大眾的生活也具有輔助的功能，並非萬惡的淵藪；但是如果過度執著，則將使行為產生偏差與錯誤。換言之，錯誤並非源於名利，而是來自人們的執著。故知「名利之實」這三句敘述的意涵不在字面，不是排斥名利，而是提醒讀者不宜執著。

「無為小人」至「從天之理」，指出不同於殉財的小人，也不同於殉名的君子，而是依隨大道，順應自然。由於立足渾全不割裂的大道，故知互為對照的「枉（曲）、直」具有不可切割的整體性；因此不同於常識，不執著「直」也不排斥「枉（曲）」。故記載「若枉若直，相（隨）而天極。」

「面觀四方，與時消息」，指出觀察完整的全貌，亦即不離大道的整體性，具有與大道相同的變動不居之特質，與變同步，適時調整，無所拘泥。

關於「是非」，回顧〈齊物論篇〉曾說明：以「天地之運作」為立足點，則知萬物無不符合天地運作的法則（例如：地球自轉），亦即「無物不然，無物不可」（〈齊物論篇〉），萬物本是和諧並存之整體，本無是、非可言。只不過人們都以自我為中心，強硬指稱喜愛的狀態為「是」，又指稱不喜愛的狀態為「非」，因此遂衍生數之不盡的「是、非」對立。

再看指向環中的「圓機」，回顧〈齊物論篇〉「彼是莫得其偶，謂之道樞，樞始得其環中，以應無窮。」揭示道的樞要，就是依隨渾全不割裂的大道，如同立足空虛的環中，不抓持任一隅落的「實」，而是無所執著地依隨整體的遷流，故可靈活應變。由此則知，指向環中的「圓機」，即為道的整體性。那麼「若是若非，執而圓機」，就是胸懷道的整體性，以「天地之運作」為觀察基準，本於天地之間並無「是、非」的本質性，以此來因應人們所說的是非；亦即明瞭一切存在並不互斥對立，而為無是無非、和諧並存的整體。

由於依隨大道而不執著提出自己的好惡，故記載「獨成而意，與道徘徊」。由此則知這二句敘述的意涵不在字面，不是特別提出自己的意念，而是依歸於道，例如：以大道的整體性以及順應自然的本質，做為自己的意念，因此也就不執著以一種行為模式來應對事物，也不固定地以一種角度來判斷合宜與否，故記載「無轉（專）而行，無成（定）而義（宜）。」

如果僅觀「無赴而富，無殉而成」的文字表面，似乎是排斥財富與成功；然而大道順應自然，無所執著也無所排斥，豈可能獨獨排斥財富與成功？況且財富與成功，一如「名利」，也是人們生活中的一部分，對於大眾的生活具有輔助的功能；只不過如果執著無已，則將使行為產生偏差與錯誤。換言之，錯誤並非源於財富與成功，而是來自人們的執著。故知「無赴而富」這二句敘述的意涵不在字面，不是排斥財富與成功，而是提醒讀者不宜執著，理當依隨大道，順應自然。

「比干剖心」至「義之失也」，舉比干等人為例，指出執著於忠、信、廉、義之患。試想，常識稱讚忠、信、廉、義，然而人間世事無不具有一體兩面的性質，例如：地球受陽光照射，必然是一半為「明」，另一半為「暗」，不可能只有「明」的一面、沒有「暗」的另一面。換言之，莊子揭示「忠、信、廉、義」並非只有「明」的一面，而是明暗並存，具有一體兩面的性質。亦即本則寓言和盤托出，指出常識未留意的一體兩面之另一面。

「此上世之所傳」至「離（遭）其患也」，指出忠臣執著於正言諫君，以及執著廉信之人，均遭禍患。簡言之，禍患來自於執著。

本則寓言藉著子張、滿苟得為例，指出人們認為常識稱讚的「言、行」可獲得名利，因此執著這些言行，以求得到名利；殊不知這些言行都具有一體兩面的性質，如果過度執著，而未能依隨大道，未能與變同步，最終非但不能獲得名利，反而遭遇禍害。

無足問於知和曰：「人卒未有不興名就利者。彼富則人歸之，歸則下之，下則貴之。夫見下貴者，所以長生安體樂意之道也。今子獨無意焉，知不足邪？意知而力不能行邪？故推正不忘邪？」知和曰：「今夫此人以為與己同時而生、同鄉而處者，以為夫絕俗過世之士焉，是專無主正，所以覽

古今之時、是非之分也，與俗化。世去至重，棄至尊，以為其所為也，此其所以論長生安體樂意之道，不亦遠乎！慘怛之疾，恬愉之安，不監於體；怵惕之恐，欣懽之喜，不監於心。知為為而不知所以為，是以貴為天子，富有天下，而不免於患也。」無足曰：「夫富之於人，無所不利，窮美究勢，至人之所不得逮，賢人之所不能及，俠人之勇力而以為威強，秉人之知謀以為明察，因人之德以為賢良，非享國而嚴若君父。且夫聲色滋味權勢之於人，心不待學而樂之，體不待象而安之。夫欲惡避就，固不待師，此人之性也。天下雖非我，孰能辭之！」知和曰：「知者之為，故動以百姓，不違其度，是以足而不爭，無以為故不求。不足故求之，爭四處而不自以為貪；有餘故辭之，棄天下而不自以為廉。廉、貪之實，非以迫外也，反監之度。勢為天子而不以貴驕人，富有天下而不以財戲人，計其患，慮其反，以為害於性，故辭而不受也，非以要名譽也。堯、舜為帝而雍，非仁天下也，不以美害生也；善卷、許由得帝而不受，非虛辭讓也，不以事害己。此皆就其利，辭其害，而天下稱賢焉，則可以有之，彼非以興名譽也。」無足曰：「必持其名，苦體絕甘，約養以持生，則亦久病長阨而不死者也。」知和曰：「平為福，有餘為害者，物莫不然，而財其甚者也。今富人，耳營鍾鼓管籥之聲，口嗛於芻豢醪醴之味，以感其意，遺忘其業，可謂亂矣；侅溺於馮氣，若負重行而上坂，可謂苦矣；貪財而取慰，貪權

而取竭，靜居則溺，體澤則馮，可謂疾矣；為欲富就利，故滿若堵耳，而不知避，且馮而不舍，可謂辱矣；財積而無用，服膺而不舍，滿心戚醮，求益而不止，可謂憂矣；內則疑劫請之賊，外則畏寇盜之害，內周樓疏，外不敢獨行，可謂畏矣。此六者，天下之至害也，皆遺忘而不知察，及其患至，求盡性竭財，單以反一日之無故而不可得也。故觀之名則不見，求之利則不得，繚意體而爭此，不亦惑乎！」

「無足、知和」：都是假託的人名。「人卒」指眾人，「卒」：眾。「興」：求。「就」：近。「下」：謙下。「貴」指推崇。「見下貴」：被他人謙下推崇的對待，「見」：被動詞。「獨」：何，疑問詞。「邪」：疑問詞。「意知」的「意」：抑或。「故推正」：特別推求正道。「此人」指無足。「同時而生、同鄉而處者」指知和。「絕俗過世」指不合世俗。「專無主正」：專愚、內心無主、不走正道。「覽」：攬，持。「至重」指生。「至尊」指道。「為其所為」的第一個「為」：指追求，「其所為」指想要的名利。「慘怛」：悲。「恬愉」：樂。「不監」：不掌管。「怵惕」：恐懼。「懽」：歡。「為為」指追求。「所以為」：之所以追求的原因，指執著。「窮美」：盡美。「究」：盡。「逮」：及。「俠」：夾，藉著。「秉人、因人」的「秉、因」：都指藉著。「享國」：擁有國家。「象」：學。「師」指教導。「孰能辭之」的「辭」：免。「知者」：智者，得道者。「度」指衡量。「無以為」：無心為，指行為沒有特別的居心與目的，即順應自然。「有餘故辭之」的「有餘」指足夠，「辭」：

讓。「反監」：反照。「雍」：學者認為雍是錯字，正確應為「推」，亦即堯、舜推位給許由、善卷。「善卷」：姓善，名卷，已見於〈讓王篇〉。「許由」：與堯同時代的賢人，已見於〈逍遙遊篇〉。「有之」指有避害之心。「約養」指質樸的生活。「阨」：貧困。「有餘為害」的「有餘」：過多。「營」：求。「管籥」指簫笛。「嗛」：快意。「芻」指牛、羊之類。「豢」指犬、豬之類。「醪醴」指美酒。「業」：始，指道。「侅溺」：沉溺。「馮氣」：盛氣，「馮」：盛滿。「上坂」：此為宋·陳碧虛《莊子闕誤》引張君房本，至於其它通行本則為「上」。「坂」：坡。「慰」指病。「體澤則馮」：身體肥澤滿溢。「堵」：牆。「馮而不舍、服膺而不舍」：都指貪求不捨。「戚醮」：煩惱。「疑」：恐。「刦請」：劫取。「內周樓疏」：家中建築物門戶之間偏設防盜賊的射孔，「周」：偏，「疏」：門戶之間防盜賊的射孔。「單以反」的「單」：獨，「反」：返。「無故」：無事。「繚意體」：纏縛身心，「繚」：纏。

無足問知和說：「眾人沒有不求名近利的。一個人有了財富，旁人就依歸他，依歸他就對他謙下，對他謙下就對他推崇。得到旁人謙下推崇的對待，是獲得長壽、安適、快樂的途徑。現在你為何沒有這種意念，是智力不足呢？抑或雖然知但是能力做不到呢？還是特別推求正道，不忘正道所以不用名利呢？」知和說：「現在有一個人，以為與自己活在同一時代、住在同一鄉里的旁人是不合世俗之士；其實這個人是專愚、內心無主、不走正道，因此抓持古今時代的不同、是非之分，只是隨著世俗而擺盪變化。世人捨去最重要的生命，拋棄最尊貴的道，去追求所想要的名利，這樣來討論長壽、安適、快樂之道，不是距離太遙遠了嗎！悲苦的病痛，恬愉的安樂，不被形體所掌管；驚慌的恐懼，歡欣的喜悅，不被心念所掌管。只知追求，卻不知之所以追求是因為執著，所以即使貴為天子，富有天下，也不能免於禍患。」無足說：「擁有財富的人，無往不利，享盡人間美好，取得一切威勢，至人也無法做到，賢人也不能企及，藉著旁人的勇力來表現威強，藉用旁人的智謀來進行明察，藉著旁人的德行來顯示賢良，即使不擁有國家卻像國君一樣尊嚴。並且人們對於聲色、滋味、權勢，心不必學習，就喜歡，身體不必學習，就覺得安適。欲求、厭惡、躲避、趨就，本來不必教導就會，這是人的本性。天下人雖然批評我，但是誰能免除這些呢！」知和說：「智者的行為，本來就是為百姓而行動，不違背他的衡量，所以知足而不爭奪，行為順應自然沒有特別的居心與目的，所以不執著求取。不知足就會貪求，四處爭奪而不自認為貪婪；認為足夠所以辭讓，捨棄天下而不自認為清廉。清廉與貪婪的本質，不是受外界所迫，而是反照於內心的衡量。權勢如同天子而不以尊貴驕傲於人，富有天下而不以財富戲弄旁人，衡量這些情況的禍患，考慮這些情況的反面，認為有害於本性，所以推辭而不接受，並不是求取名聲。堯、舜擔任帝王而要讓位，不是對天下仁愛，而是不以帝王之美損害生命；善卷、許由得到堯、舜的讓位而不接受，並不是客氣的假意辭讓，而是不以帝王之事損害自己。這些都是趨利避害的行為，而天下稱讚他們賢明，則可以說是有避害之心，但他們並非為了追求名譽。」無足說：「如果一定要修持名聲，勞苦形體，棄絕美食，儉約奉養此生，那也就如同久病長貧而不死之人了。」知和說：「持平就是福，太多反而有害，萬事萬物莫不如此，而財富更是這樣。現在的富人，耳聽鐘鼓管籥的聲音，口嚐牛羊豬肉美酒的滋味，暢快他的心意，卻遺忘他始於大道，可說是迷亂了；沉溺於盛氣中，好像背負重物走上山坡，可說是勞苦了；貪財而弄到生病，貪權而耗竭心思，靜居則沉溺在貪財與貪權之中，身體肥澤而滿溢，可說是疾病了；為了求富趨利，財貨堆積像牆那麼高而不知避害，並且貪求不捨，可說是取辱了；堆積財貨而不得盡用，貪求而不捨，滿心煩惱，仍然貪求增加而不停止，可說是憂煩了；在家裏就擔心竊賊，外出就害怕盜寇的傷害，家中建築物門戶之間徧設防盜賊的射孔，外出不敢獨行，可說是畏懼了。這六種狀況，是天下最嚴重的禍害，大眾卻遺忘而不知詳察，等到禍患來臨時，想要用盡心思竭盡錢財，只求回返一天的無事也不可得。所以看名則看不見，求利則得不到，纏縛身心去爭求，豈不是迷惑嗎！」

無足首先敘述財富可得到旁人謙下推崇的對待，是通往長生、安體、樂意的通道。回顧本篇第一則寓言記載「不能悅其志意，養其壽命者，皆非通道者也」，揭示「通道者」依循大道順應自然的無為準則，當為則為，不當為則不為，與萬物和諧並存，恰如其分地互動，故能「悅其志意，養其壽命」；亦即依隨大道是安頓生命的良策，可自然達成「悅其志意，養其壽命。」

由此則知，「世去至重」至「不亦遠乎」，就是指出世人拋棄至尊的大道，遠離安頓生命的良方，縱然擁有財富也不可能長生、安體、樂意。

「慘怛之疾」至「不監於心」，指出病痛、安適、情緒並非由形體或心念所掌管，亦即人們不能主宰健康、病痛以及情緒的起伏。因此，縱然刻意追求健康、喜悅，刻意逃避疾病、悲傷，也不可能長生安體；反之，如果依隨大道順應自然，無所執著也無所排斥，持平處理周身事物，則可使生命平順安適。遺憾的是，人們通常只知「為為」無止盡的追求，卻不知之所以追求是由於執著，亦即未能依循順應自然的無為準則，未能「當為則為，不當為則不為」，所以即使富有天下也不免於患。故記載「知為為而不知所以為」至「而不免於患也」。

「足而不爭」，指出知足則不爭，這是因為知足則無匱乏感。但是並非向外累積大量的物質與財富，便可使人沒有匱乏感、便可知足；反之，必然是向內，將自我安頓得平穩妥當，對自己的生命感到滿意，方才可能沒有匱乏感，也才不至於無止盡地貪婪抓取外物，這是真正富有的知足。此外，也可由另一面向來了解：立足不割裂的渾全大道，則知「萬物與我為一」（〈齊物論篇〉），亦即我與萬物是不可切割的混融整體，由於生命不離天地萬物，因此充實飽滿，無所欠缺，懷藏如此富有的生命，也就不至於無止盡的貪婪抓取，而是適可而止的知足。再看「無以為故不求」，「無以為」指出行為順應自然而沒有特別的居心與目的，由此則知「不求」的意涵不在字面，不是絕無求取，而是順應自然，無所執著。

但是如果未能自覺生命在渾全大道中，行為背離順應自然、當為則為、不當為則不為的「無為」準則，不知足的爭求，則陷溺在過度貪婪的意念與行為之中，故記載「不足故求之，爭四處而不自以為貪。」

由上述說明可知，不爭或爭四處的行為，源自於生命內在是否知足，故記載「廉貪之實，非以迫外也，反監（照）之度。」

回顧〈人間世篇〉「獸死不擇音，氣息茀然，於是並生心厲，剋核太至，則必有不肖之心應之。」指出獵人捕捉野獸，使野獸的生命受到傷害，那麼被捕獲的困獸，也就相應而生出害人之念。亦即處理事物，作用力必將產生反作用力，它們是不可切割的一體之兩面；也就是一旦施力，必將有相等力度的反作用力回到自己身上。同理可推，如果以權勢驕人、以財富戲人，一旦施力，必有反作用力對自己造成擠壓與折損。由此即可了解「勢為天子而不以貴驕人」至「非以要名譽也」的意涵不僅止於字面，而是和盤托出「作用力與反作用力」具有一體兩面的性質，以此而揭示「道通為一」（〈齊物論篇〉）的整體性。

「平為福，有餘為害者」，指出恰到好處的持平是「福」，「有餘」之過多，由於失去了平衡，必將引發禍害，隨即舉例：財富過多，生命停滯在「馮（盛）、滿」的固定隅落，遂衍生「亂、苦、疾、辱、憂、畏」六項禍害。亦即指出財富並非只有常識認為的光明面，而具有「明暗並存」一體兩面的性質。這也是本書多次說明，人間世事無不具有一體兩面的性質，例如：地球受陽光照射，必然是一半為「明」，另一半為「暗」，不可能只有「明」的一面、沒有「暗」的另一面。換言之，莊子和盤托出，指出常識未留意的一體兩面之另一面，由此而再次揭示「道通為一」的大道整體性。

「此六者，天下之至害也」至「單以反一日之無故而不可得也」，依然指出富貴「明暗並存」，具有一體兩面的性質。

本則寓言藉著眾多舉例，指出財富並非只有單一面向，而具有一體兩面的性質。此外，也一併指出：知足而不爭，可避免財富一體兩面之另一面的禍害。

學者通常認為本篇列在今本《莊子》的「雜篇」，義理淺陋而且竟然記載盜跖批評孔子，因此以為本篇並非莊子自著。然而，基於以上對於本篇義理之說明，可證莊子只不過是藉著盜跖、孔子以及眾多人物為例，說明人間世事並非只有單一面向，而具有一體兩面的性質，以此揭示大道的整體性。簡言之，本篇並未遠離大道，亦未遠離莊子全書之主旨，所以或許不必認為絕非莊子所作。

說劍

如何可使劍術過人，進而匡正天下？僅僅著眼於血肉身軀，抑或秉持大道的整體性？

昔趙文王喜劍，劍士夾門而客三千餘人，日夜相擊於前，死傷者歲百餘人，好之不厭，如是三年，國衰，諸侯謀之。太子悝患之，募左右曰：「孰能說王之意止劍士者，賜之千金。」左右曰：「莊子當能。」太子乃使人以千金奉莊子，莊子弗受，與使者俱往見太子，曰：「太子何以教周，賜周千金？」太子曰：「聞夫子明聖，謹奉千金以幣從者。夫子弗受，悝尚何敢言！」莊子曰：「聞太子所欲用周者，欲絕王之喜好也。使臣上說大王而逆王意，下不當太子，則身刑而死，周尚安所事金乎？使臣上說大王，下當太子，趙國何求而不得也？」太子曰：「然。吾王所見，唯劍士也。」莊子曰：「諾。周善為劍。」太子曰：「然吾王所見劍士，皆蓬頭突鬢垂冠，曼胡之纓，短後之衣，瞋目而語難，王乃悅之。今夫子必儒服而見王，事必大逆。」莊子曰：「請治劍服。」治劍服三日，乃見太子。太子乃與見王，王脫白刃待之。莊子入殿門不趨，見王不拜。王曰：「子欲何以教寡人，使太子先？」曰：「臣聞大王喜劍，故以劍見王。」王曰：「子之劍何能禁制？」曰：「臣之劍，十步一人，千里不留行。」王大悅之，曰：

「天下無敵矣。」莊子曰：「夫為劍者，示之以虛，開之以利，後之以發，先之以至。願得試之。」王曰：「夫子休，就舍。待命令設戲請夫子。」王乃校劍士七日，死傷者六十餘人，得五六人，使奉劍於殿下，乃召莊子。王曰：「今日試使士敦劍。」莊子曰：「望之久矣！」王曰：「夫子所御杖，長短何如？」曰：「臣之所奉皆可。然臣有三劍，唯王所用，請先言而後試。」王曰：「願聞三劍。」曰：「有天子劍，有諸侯劍，有庶人劍。」王曰：「天子之劍何如？」曰：「天子之劍，以燕谿、石城為鋒，齊、岱為鍔，晉、衛為脊，周、宋為鐔，韓、魏為鋏，包以四夷，裹以四時，繞以渤海，帶以常山，制以五行，論以刑德，開以陰陽，持以春夏，行以秋冬。此劍，直之無前，舉之無上，案之無下，運之無旁，上決浮雲，下絕地紀。此劍一用，匡諸侯，天下服矣。此天子之劍也。」文王芒然自失，曰：「諸侯之劍何如？」曰：「諸侯之劍，以知勇士為鋒，以清廉士為鍔，以賢良士為脊，以忠聖士為鐔，以豪桀士為鋏。此劍，直之亦無前，舉之亦無上，案之亦無下，運之亦無旁；上法圓天以順三光，下法方地以順四時，中和民意以安四鄉。此劍一用，如雷霆之震也，四封之內，無不賓服而聽從君命者矣。此諸侯之劍也。」王曰：「庶人之劍何如？」曰：「庶人之劍，蓬頭突鬢垂冠，曼胡之纓，短後之衣，瞋目而語難，相擊於前，上斬頸領，下決肝肺。此庶人之劍，無異於鬬雞，一旦命已絕矣，無所用於國事。今

大王有天子之位而好庶人之劍，臣竊為大王薄之。」王乃牽而上殿，宰人上食，王三環之。莊子曰：「大王安坐定氣，劍事已畢奏矣。」於是文王不出宮三月，劍士皆服斃其處也。

「趙文王」：趙國國君，惠文王，名何；趙國在現今山西省北部、河北省西部和南部一帶。「劍」：劍。「不厭」：不饜，不飽足。「謀」指計劃奪取趙國。「太子悝」：太子，名悝。「患之」：憂之。「教周、賜周」的「周」：都是莊周自稱。「夫子」指莊子。「幣從者」：犒賞僕從，是謙遜之詞。「幣」：贈。「從者」：僕從。「臣」：莊子自稱。「當太子」的「當」：合。「安所事」：何所用，「安」：疑問詞。「諾」：好。「蓬頭」：亂髮如蓬草。「突鬢」：鬢毛突出。「垂冠」：帽子低垂，指做出將要比鬥的樣子。「曼胡之纓」指帽帶粗亂，「纓」：帽帶。「短後之衣」：便於行事的衣著。「瞋目」：怒目瞪眼。「語難」：以言語相責難。「必儒服」的「必」：如，「儒服」指穿著讀書人的服裝。「脫白刃」：抽出劍。「趨」：快步走，表示恭敬。「寡人」：古代國君通常自稱寡人，是自謙之詞。「使太子先」：使太子先介紹。「禁制」指制敵。「虛」指弱。「開之以利」：使對方感到有利可圖。「就舍」：到館舍。「設戲」：設置比賽武術大會。「校劍士」指較量劍術以決勝負，「校」：較。「敦劍」：治劍，指比較高下。「御」：用。「杖」指劍。「唯王」的「唯」：聽任。「庶人」：平民。「燕谿」：地名，在燕國（約現今河北省北部和遼寧省西端）。「石城」：在塞外。「鋒」指劍尖。「齊」：齊國，在現今山東省。「岱」：泰山，在山東省境內。「鍔」：劍刃。「晉」：晉國，在現今山西省與河北省西南地區。「衛」：衛國，在現今河北省南部、河南省北部一帶。「脊」指劍背。「周、宋」的「周」：戰國時代的周朝在河南省洛陽一帶。「宋」：宋國，在現今河南省東部和山東、江蘇、安徽之間地。「鐔」指劍環。「韓」：韓國，在現今山西省東南角和河南省中部。「魏」：魏國，在現今山西省，後來遷都大梁（河南省開封），故又稱梁。「鋏」指劍把。「四夷」指四方邊境。「渤海」：山東半島、遼東半島所環抱之海域。「常山」：恆山，五嶽中的北嶽，在河北省境內。「五行」：金、木、水、火、土。「刑德」：刑罰與恩惠，「德」：惠。「案」：按，壓低。「上決、下絕」的「決、絕」：都是斷。「地紀」：地基。「匡」：正。「芒然」：茫然。「三光」指日、月、星。「四鄉」：四方。「四封」：四境。「決肝」的「決」：裂。「薄」指不值得。「宰人」：廚人。「環」：繞。「服斃」指死亡。

從前趙文王喜好劍術，劍士聚集在門下為客的有三千餘人，他們日夜在國君面前比武，每年死傷超過百人，國君依然喜好不厭，這樣的情況延續了三年，國勢衰落，其它諸侯國都計劃奪取趙國。太子悝感到憂慮，召集左右的人說：「誰能說服國君的意念，使國君停止劍士比武，就賞給他千金。」左右的人說：「莊子應當可以。」太子於是派人奉上千金給莊子。莊子不接受，與使者一同去見太子說：「太子對我有何指教，要賜我千金呢？」太子說：「聽說先生聰明聖智，誠懇地奉上千金，以賞賜你的僕從。先生不接受，我怎麼敢說呢！」莊子說：「聽說太子要我做的，是斷絕國君的喜好。假使我向上勸說國君而違逆了他的心意，下又不合太子的期望，那麼我將受刑罰而死，我還要千金做什麼用呢？假使我上能說服國君，下合太子的旨意，那麼我在趙國有什麼是得不到的呢？」太子說：「確實如此。國君眼中所見，只有劍士。」莊子說：「很好。我善長劍術。」太子說：「不過國君所見的劍士，都是頭髮蓬散，鬢毛突起，帽子低垂，帽帶粗亂，穿著短後的上衣，怒目瞪眼而互相以言語責難，這樣國君才會喜歡。現在先生如果穿著讀書人的服裝去見國君，事情必然大為不順。」莊子說：「請給我時間來準備劍士的服裝。」花了三天準備劍服，然後去見太子。太子就與他一同去見國君，國君抽出劍來等著他。莊子進入殿門沒有加快腳步，見了國君也不下拜。國君說：「你對我有什麼指教，還請太子先來介紹呢？」莊子說：「我聽說國君喜好劍，所以用劍術來見國君。」國君說：「你的劍術如何克制敵人？」莊子說：「我的劍術十步之內殺一個人，千里沒有阻擋（或不留行跡）。」國君非常高興，說：「天下無敵呀。」莊子說：「用劍之道，不顯示強大實力，使對方認為對他有利，後於對方發動，先於對方擊中。希望可以試試。」國君說：「先生請到館舍休息，等我設置擊劍比賽，再來請先生。」國君於是命令劍士比賽了七天，死傷了六十多人，選拔出五、六個人，讓他們捧著劍站立於殿下，再命人請莊子來。國君說：「今天請和劍士比劍。」莊子說：「盼望很久了！」國君說：「先生所用的劍，長短怎麼樣？」莊子說：「我所用的劍，長短都可以。不過我有三種劍，任憑國君選用。請讓我先說明，然後比試。」國君說：「希望聽聽是哪三種劍。」莊子說：「有天子的劍，有諸侯的劍，有平民的劍。」國君說：「天子的劍是怎麼樣？」莊子說：「天子的劍，用燕谿、石城做劍尖，齊國、泰山做劍刃，晉國、衛國做劍背，周朝、宋國做劍環，韓國、魏國做劍柄，用邊疆四夷來包覆，用一年四季來圈圍，用渤海來環繞，用恆山做繫帶，用五行來控制，用刑德來論斷，用陰陽做開合，用春夏來握持，用秋冬來運行。這把劍，直刺時，無物可在它的前方；舉起時，無物可在它的上方；壓低時，無物可在它的下方；揮動時，無物可在它的近旁。向上可以阻斷浮雲，向下可以切斷地脈。這把劍一旦使用，可以匡正諸侯，使天下順服。這是天子的劍。」文王聽了，茫然失神，說：「諸侯的劍是怎麼樣？」莊子說：「諸侯的劍，用智勇之士做劍尖，用清廉之士做劍刃，用賢良之士做劍背，用忠聖之士做劍環，用豪桀之士做劍柄。這把劍，直刺時，也無物可在它的前方；舉起時，也無物可在它的上方；壓低時，也無物可在它的下方；揮動時，也無物可在它的近旁；向上效法圓天，來順應日月星三光；向下效法方地，來順應春夏秋冬四季；在中間則調和民意，來安定四方。這把劍一旦使用，如同雷霆之震動，四境之內，無不臣服而聽從君王的命令。這是諸侯的劍。」國君說：「平民的劍是怎麼樣？」莊子說：「平民的劍，頭髮蓬散，鬢毛突起，帽子低垂，帽纓粗亂，穿著短後的上衣，怒目瞪眼而互相以言語責難，他們在眾人面前比劍，上斬頭頸，下刺肝肺。這是平民的劍，與鬬雞沒什麼不同，一旦喪命，對國家沒有任何用處。現在國君擁有天子之位卻喜好平民的劍，我暗自為國君感到不值得。」國君於是牽著莊子上殿，廚人送上食物，國君繞席走了三圈，不能坐食。莊子說：「國君安靜坐下，平定氣息，關於劍術的事我已經啟奏完畢。」於是文王三個月不出宮門，劍士由於不再受重視，都在住處抑鬱而死。

對於任何比賽，大眾都認為必須表現強大實力，不可示弱，並且要搶先發動，不可落後。然而「示之以虛」以及「後之以發」，卻不表現強大實力，也不搶先發動。試問，莊子為何如此敘述？

本書多次說明，以渾全不割裂的大道觀之，互為對照的狀態是無從切割的整體。故知互為對照的「虛（弱）與實（強）」、「後（不先）與先」具有不可切割的整體性。亦即「虛（弱）」不離「實（強）」，「後（不先）」將流動變化為「先」，因此雖然「示之以虛、後之以發」，但卻呈現「十步一人，千里不留行」以及「先之以至」的結果。

「以燕谿、石城為鋒」至「下絕地紀」，舉中原、塞外、邊疆、山、海、四季、五行、陰陽為例，指出天子之劍不離天地萬物之整體，亦即具有與大道相同的整體性，所以有「匡諸侯，天下服」的效果。

「以知勇士為鋒」至「中和民意以安四鄉」，舉賢能之士、天、三光、地、四季、民眾為例，指出諸侯之劍也不離天地萬物之整體，也具有大道的整體性，所以有「無不賓服而聽從君命」的效果。

「蓬頭突鬢垂冠」至「下決肝肺」，指出庶人之劍，僅僅著眼於血肉身軀，未能胸懷天地萬物之整體，不具有大道的整體性，因此「無所用於國事」，遑論匡正天下。

本則寓言舉劍術為例，指出秉持大道的整體性，不僅可使劍術過人，更可匡正天下。另外，學者通常認為本篇在今本《莊子》的「雜篇」，義理淺陋不入於道，類似戰國策士之談論，因此以為本篇並非莊子自著；然而，基於以上說明，可證本篇之義理不離大道的整體性，所以或許不必認為絕非莊子所作。

漁父

仁義禮樂等德目，本就涵容於大道中？如果不停滯在這些德目，持續提昇，可否回返道的整體性？順應自然，抑或拘執世俗之禮，是理想的人生準則？

孔子遊乎緇帷之林，休坐乎杏壇之上，弟子讀書，孔子弦歌鼓琴，奏曲未半，有漁父者，下船而來，鬚眉交白，被髮揄袂，行原以上，距陸而止，左手據膝，右手持頤以聽。曲終而招子貢、子路二人俱對。客指孔子曰：「彼何為者也？」子路對曰：「魯之君子也。」客問其族。子路對曰：「族孔氏。」客曰：「孔氏者何治也？」子路未應，子貢對曰：「孔氏者，性服忠信，身行仁義，飾禮樂，選人倫，上以忠於世主，下以化於齊民，將以利天下，此孔氏之所治也。」又問曰：「有土之君與？」子貢曰：「非也。」「侯王之佐與？」子貢曰：「非也。」客乃笑而還，行言曰：「仁則仁矣，恐不免其身；苦心勞形，以危其真。嗚呼遠哉，其分於道也！」子貢還，報孔子。孔子推琴而起，曰：「其聖人與！」乃下求之，至於澤畔，方將杖拏而引其船，顧見孔子，還鄉而立。孔子反走，再拜而進。客曰：「子將何求？」孔子曰：「曩者先生有緒言而去，丘不肖，未知所謂，竊待於下風，幸聞咳唾之音以卒相丘也。」客曰：「嘻！甚矣，子之好學也！」孔子再拜而起，曰：「丘少而脩學，以至於今，六十九歲矣，無所得聞至教，敢不虛心！」客曰：「同類相從，同聲相應，固天之理也。吾請釋吾之所有，而經子之所以。子之所以者，人事也。天子、諸侯、大夫、庶人，此四者自正，治之美也；四者離位，而亂莫大焉。官治其職，人處其事，乃無所陵。故田荒室露，衣食不足，徵賦不屬，妻妾不和，長少無序，庶人之憂也。能不勝任，官事不治，行不清白，群下荒怠，功美不有，爵祿不持，大夫之憂也。廷無忠臣，國家昏亂，工技不巧，貢職不美，春秋後倫，不順天子，諸侯之憂也。陰陽不和，寒暑不時，以傷庶物；諸侯暴亂，擅相攘伐，以殘民人；禮樂不節，財用窮匱，人倫不飭，百姓淫亂，天子有司之憂也。今子既上無君侯有司之勢，而下無大臣職事之官，而擅飾禮樂，選人倫，以化齊民，不泰多事乎！且人有八疵，事有四患，不可不察也。非其事而事之，謂之總；莫之顧而進之，謂之佞；希意導言，謂之諂；不擇是非而言，謂之諛；好言人之惡，謂之讒；析交離親，謂之賊；稱譽詐偽以敗惡人，謂之慝；不擇善否，兩容顏適，偷拔其所欲，謂之險。此八疵者，外以亂人，內以傷身，君子不友，明君不臣。所謂四患者，好經大事，變更易常，以挂功名，謂之叨；專知擅事，侵人自用，謂之貪；見過不更，聞諫愈甚，謂之很；人同於己則可，不同於己，雖善不善，謂之矜。此四患也。能去八疵，無行四患，而始可教已。」孔子愀然而歎，再拜而起，曰：「丘再逐於魯，削迹於衛，伐樹於宋，圍於陳、蔡，丘不知所失，而離此四謗者何也？」客悽然變容曰：「甚矣，子之難悟也！人有畏影惡迹而去之走者，舉足愈數而迹愈多，走愈疾而影不離身，自以為尚遲，疾走不休，絕力而死。不知處陰以休影，處靜以息迹，愚亦甚矣！子審仁義之間，察同異之際，觀動靜之變，適受與之度，理好惡之情，和喜怒之節，而幾於不免矣。謹脩而身，慎守其真，還以物與人，則無所累矣。今不脩之身而求之人，不亦外乎！」孔子愀然曰：「請問何謂真？」客曰：「真者，精誠之至也。不精不誠，不能動人。故強哭者雖悲不哀，強怒者雖嚴不威，強親者雖笑不和。真悲無聲而哀，真怒未發而威，真親未笑而和。真在內者，神動於外，是所以貴真也。其用於人理也，事親則慈孝，事君則忠貞，飲酒則歡樂，處喪則悲哀。忠貞以功為主，飲酒以樂為主，處喪以哀為主，事親以適為主。功成之美，無一其迹矣；事親以適，不論所以矣；飲酒以樂，不選其具矣；處喪以哀，無問其禮矣。禮者，世俗之所為也；真者，所以受於天也，自然不可易也。故聖人法天貴真，不拘於俗。愚者反此，不能法天，而恤於人；不知貴真，祿祿而受變於俗，故不足。惜哉，子之早湛於人偽，而晚聞大道也。」孔子又再拜而起，曰：「今者，丘得遇也，若天幸然。先生不羞而比之服役，而身教之，敢問舍所在，請因受業而卒學大道。」客曰：「吾聞之，可與往者，與之至於妙

道；不可與往者，不知其道，慎勿與之，身乃無咎。子勉之，吾去子矣，吾去子矣。」乃刺船而去，延緣葦間。顏淵還車，子路授綏，孔子不顧，待水波定，不聞拏音而後敢乘。子路旁車而問曰：「由得為役久矣，未嘗見夫子遇人如此其威也。萬乘之主、千乘之君見夫子，未嘗不分庭伉禮，夫子猶有倨傲之容。今漁父杖拏逆立，而夫子曲要磬折，言拜而應，得無太甚乎？門人皆怪夫子矣，漁父何以得此乎？」孔子伏軾而歎曰：「甚矣，由之難化也！湛於禮義有間矣，而樸鄙之心至今未去。進，吾語汝：夫遇長不敬，失禮也；見賢不尊，不仁也。彼非至人，不能下人，下人不精，不得其真，故長傷身。惜哉！不仁之於人也，禍莫大焉，而由獨擅之。且道者，萬物之所由也。庶物失之者死，得之者生。為事逆之則敗，順之則成。故道之所在，聖人尊之。今漁父之於道，可謂有矣，吾敢不敬乎！」

「緇帷之林」：黑林之名。「緇帷」：黑帷，假託為地名。「杏壇」：澤旁高地。「弦歌鼓琴」：唱詩彈琴。「交白」：俱白，「交」：俱。「揄袂」：揮袖。「行原以上」：沿河岸而上行，「原」：高平之地。「距」：至。「據」：按。「頤」：下巴。「客」指漁父。「族」：姓氏。「何治」的「治」：專長。「服」指秉持。「飾」：正。「選」：齊，正。「化於」指教化。「齊民」：平民。「君與、佐與」的「與」：歟，疑問詞。「分於道」的「分」：離。「聖人與」的「與」：歟，感歎詞。「杖」：拿。「拏」：搖船的櫓，外形似槳而大。

「引」：牽、拉，指撐開船。「還鄉」的「還」：迴舟；「鄉」：向，面對。「曩者」：剛才。「緒言」：餘言，指言談未盡。「丘」：孔子，名丘。「不肖」指不聰明。「竊」：謙遜之詞。「下風」：下方。「咳唾之音」指言笑。「卒相」的「卒」：終，「相」：助。「嘻」：歎詞。「釋」：解說。「經子之所以」的「經」：分析，「所以」指所做。「庶人」：平民。「自正」指自我安頓。「官治」的「治」：處理。「人處其事」：此句為日本高山寺藏古鈔卷子本，至於其它通行本則為「人憂其事」。「陵」：亂。「露」指破敗。「不屬」：不足。「貢職」：貢品。「春秋後倫」：朝覲落後。「庶物」：眾物。「攘伐」：攻打。「節」指適度。「飭」：正。「有司」：執政。「不泰」：不太。「疵」：病。「總」：濫，指過度。「顧」：看，指理會。「佞」：口才捷利。「希意導言」：迎合他人心意來說話，「希」：望。「析交」指離間朋友，「析」：離。「詐偽」指矯飾。「敗惡」指排斥。「慝」：惡。「善否」：好壞。「兩容顏適」指兩邊都討好。「偷拔」：盜取。「經大事」：經營辦理大事。「挂」：營求。「叨」：濫，指過度。「很」：不順從。「矜」：驕傲。「愀然」：慚愧之貌。「離此四謗」的「離」：罹，遭。「謗」：毀、辱。「數」：多。「受與」指取捨。「而身」：你身。「還以」：還於。「外乎」的「外」：偏離。「精」：純，不雜。「人理」：人倫。「功成之美」：功成在美。「不論所以」的「所以」：指特定的行為。「恤」：憂。「祿祿」指隨從。「湛」：沉，溺。「人偽」：人為。「不羞」指不嫌棄。「服役」指門人，弟子。「舍」：住。「因」：藉著。「與往」指由迷至悟。「刺船」：撐船。「延緣葦間」指沿著蘆葦的河岸，「延、緣」：都是沿。「綏」：登車繩。「旁車」：傍車。「由」：子路，姓仲，名由。「為役」指學習。「其威」的「威」：敬畏。「萬乘」指大國，「乘」：一車四馬。「分庭伉禮」指平起平坐，「伉」：對。「倨傲」：高傲。「逆立」：站立於對面。「曲要磬折」指彎腰鞠躬，「要」：腰，「磬折」指鞠躬如磬之彎曲。「得無」：疑問詞。「軾」：車前橫木。「樸鄙」：鄙拙。「彼非至人」的「彼」：若。「下人」：使人謙下。「長傷身」的「長」：常。「獨擅」：專擅。

孔子出遊到緇帷的樹林，坐在杏壇上休息，弟子們讀書，孔子彈琴唱詩，曲子尚未彈到一半，有一位漁父下船走來，鬍鬚眉毛都已皎白，被著頭髮，揮動衣袖，沿著河岸走上來，到陸地時停下腳步，左手放在膝蓋上，右手托著下巴，聆聽樂音。樂曲終了時，他向子貢、子路招手，二人就一起過去應對。漁父指著孔子說：「他是做什麼的？」子路回答說：「魯國的君子。」漁父問孔子的姓氏。子路回答說：「孔氏。」漁父說：「這位孔氏有什麼專長？」子路沒有回答，子貢回答說：「這位孔氏，天生秉持忠信，實踐仁義，修正禮樂，齊正人倫，對上效忠國君，對下教化平民，想要以此造福天下，這就是孔氏的專長。」漁父又問說：「他是擁有國土的君主嗎？」子貢說：「不是。」漁父說：「他是王侯的輔佐之臣嗎？」子貢說：「不是。」漁父笑著往回走，邊走邊說：「說仁，算是仁了，自身恐怕不能免於禍害；費盡心思，勞累形體，而危害生命的本真自然。唉，他離道太遠了！」子貢回去，報告孔子。孔子推開琴起身說：「這是聖人啊！」於是走下杏壇去找漁父，到了河岸，漁父正拿著船篙準備撐開船，回頭看見孔子，就轉身面向孔子而立。孔子後退幾步，再行禮向前。漁父說：「你有什麼事嗎？」孔子說：「方才先生的話沒說完就走了，我不聰明，不了解其中的意思，特別在這兒等待，希望聽到您的談話，以對我有所助益。」漁父說：「唉！你真是太好學了！」孔子再行禮起身說：「我自幼就學習，到現在已經六十九歲了，還沒有聽過大道理，怎麼敢不虛心求教！」漁父說：「同類就相互依從，同聲就相互應和，本來就是自然的道理。我願意說說我所知的，來分析你所做的。你所做的，都是人事。天子、諸侯、大夫、平民，這四種人都能自我安頓，就將呈現天下大治；這四種人都不能自我安頓，就將天下大亂。官員善盡職守，人們努力工作，就沒有混亂。因此田地荒蕪，房屋破敗，衣食不足，賦稅交不出來，妻妾不和睦，長幼沒次序，這是平民的憂慮。才能無法勝任，官事不能做好，行為不清白，部屬荒疏怠惰，沒有成功可言，爵祿不能維持，這是大夫的憂慮。朝廷沒有忠臣，國家昏亂，工匠技藝不精巧，貢品不精美，春秋朝覲落於人後，不順天子心意，這是諸侯的憂慮。陰陽不調和，寒暑失時，傷害萬物；諸侯暴亂，擅自相互攻伐，殘害民眾；禮樂不適度，財用窮困匱乏，人倫不正，百姓淫亂，這是天子執政者的憂慮。現在你既然沒有在上位的君侯執政的權勢，也沒有在下位的大臣事務的官職，卻擅自修正禮樂，齊正人倫，以此教化平民，不太多事了嗎！而且人有八種毛病，事有四種禍患，不可不明察。不是自己該做的事卻去做，稱為總（過度）；他人不理會卻還要進言，稱為佞（彰顯口才）；迎合他人心意來說話，稱為諂媚；不分辨是非而說話，稱為阿諛；喜好說他人的壞話，稱為讒；離間朋友，離間親人，稱為賊；稱譽出於矯飾，以排斥異己，稱為慝（惡）；不分辨好壞，兩邊都討好，暗中盜取自己的利益，稱為陰險。這八種毛病，對外會擾亂他人，對內會傷損自身，君子不與這樣的人交友，明君不用這樣的人做臣子。所說的四種禍患是：喜好辦理大事，改變常情常理，以營求功名，稱為叨（過度）；自恃聰明，擅自行事，侵犯他人而剛愎自用，稱為貪；有過失卻不更正，聽人勸說卻更為變本加厲，稱為很（不順從）；他人與自己的意見相同就認可，與自己的意見不同，即使是對的也說他錯，稱為矜（傲）。這是四種禍患。能除去八種毛病，不做四種禍患的事，然後才可以教導。」孔子神色慚愧地歎氣，再次行禮起身，說：「我兩次被魯國驅逐；在衛國被禁止居留；在宋國的樹下講學，樹就被砍倒；在陳國、蔡國之間被圍困。我不知自己犯了什麼過失，竟然遭到這四種毀辱？」漁父悲悽變色說：「你真是難以覺悟啊！有人害怕影子、厭惡足迹，想要拋棄而逃跑，跑得愈多而足迹也愈多，跑得更快而影子卻不離身，自以為跑得太慢，快跑不停，力竭而死。他不了解停留在陰暗之處，影子就會消失，靜止就可以使足迹不出現，真是太愚昧了！你研究仁義的關連，考察同異的分際，觀測動靜的變化，掌握取捨的分寸，疏導好惡的情緒，調和喜怒的分寸，你幾乎不免於禍啊。你要謹慎修身，謹慎依循生命的本真，使物與人都回返自然，那就沒有累害了。現在你不修身卻責求他人，不是太偏離嗎！」孔子慚愧地說：「請問什麼是真？」漁父說：「真，是純而不雜、誠懇的極至。雜而不純不誠，不能感動人。所以勉強哭泣的人雖然悲傷卻不哀痛，勉強發怒的人雖然嚴厲卻沒有威力，勉強親切的人雖有笑容卻不和悅。真正的悲傷是即使沒有哭聲卻哀痛，真正的憤怒是即使未發作卻有威力，真正的親切是即使不笑卻和悅。真在內心，神色就可感動外人，這就是看重真的緣由。將它用於人倫關係，侍奉雙親則孝順，侍奉君主則忠貞，飲酒則歡樂，居喪則悲哀。忠貞以功績為主，飲酒以歡樂為主，居喪以悲哀為主，事親以安適為主。功績在於美，不執著相同的事迹；事親在於安適，不拘泥特定的行為；

飲酒在於歡樂，不挑選器皿杯具；居喪在於哀傷，不拘泥禮儀。禮節是世俗所設；真，是稟受於自然，自然就是不可改易。因此聖人效法自然，重視真，不拘於世俗之禮。愚昧的人相反，不能效法自然，卻憂慮人事，不知重視真，隨從大眾，隨俗而變，所以不足討論。可惜啊，你太早沉溺於人為而太晚聽聞大道了！」孔子又再行禮起身說：「現在我能遇到先生，如同天賜的幸運。先生不嫌棄而將我當做弟子，親自教導我，請問住在哪裡，希望受業於門下而學得大道。」漁父說：「我聽說，可以由迷至悟之人，就與他一同追隨大道；不可由迷至悟之人，他不了解大道，就謹慎不要與他同行，自己才不會有災難。你好好努力吧，我要離你而去了，我要離你而去了。」於是撐船離開，沿著蘆葦的河岸而去。顏淵掉轉馬車，子路遞上車繩，孔子卻不看一眼，等到水波平靜，聽不見搖船的聲音而後才敢上車。子路在車旁問說：「我在老師門下學習很久了，不曾見過老師對人如此尊敬。萬乘國君、千乘君王來見老師，沒有不平起平坐的，老師還露出高傲的神色。現在漁父拿著船櫓站在對面，老師卻彎腰鞠躬，說話時先行禮再應對，不是太過分了嗎？弟子們都覺得老師奇怪，漁父怎麼值得這樣對待？」孔子靠在車前扶手上，歎了一口氣說：「子路真是難以教化啊！沉浸在禮義中已有相當的時間，而粗鄙之心到現在還沒有去除。來，我告訴你：遇見長者不恭敬，這是失禮；見到賢者不尊重，這是不仁。如果不是至人，就不能使人對他謙下。對至人謙下如果不純正，就不能保有生命的本真自然，所以才會常常傷害自己。可惜啊！對人來說，沒有比不仁更大的禍害了，而子路專門就是這樣。而且萬物都依隨道，萬物失去它就會死，得到它就生存。做事違逆它就失敗，順隨它就成功。所以道所在之處，聖人都會尊重。現在漁父對於道，可說是明瞭了，我敢不尊敬他嗎！」

漁父聽聞子貢敘述「孔氏者，性服忠信」至「此孔氏之所治也」之後，卻指孔子「分（離）於道」。試問：漁父為何如此認為？

回顧本書自〈齊物論篇〉、〈大宗師篇〉以來多次說明，大道通貫天地萬物，是不割裂的渾全整體，至於天地萬物也相同的具有不可切割之整體性，亦即一切存在並不互斥對立，而是和諧並存的整體；因此依循大道並且順隨萬物的自然天性，便可與萬物恰如其分的互動，並不需要特別標舉「忠信、仁義、禮樂」，這是因為它們本就涵融在整體的運作中，本就是整體的一部分。然而如果特別標舉，而且行為固定於此，則是停滯在整體中的局部隅落，不僅遮蔽大道的整體性，也失落大道不執著的流動特質。而且追求仁（愛）、義（宜），卻產生有愛便不免有偏私的流弊，也產生將利益視為「義」（宜）的流弊；追求「忠信、禮樂」也都相應有「不忠不信、非禮非樂」，以致產生對立性，更加遮蔽大道的整體性，割裂沒有對立、沒有對待、無待、和諧的生命本質。

簡言之，依循大道順應自然的本質，人們便可恰如其分的互動，並不需要特別標舉仁義禮樂等德目；反之，如果未能依隨大道的整體性，未能秉持無待和諧的生命本真，縱然額外標舉仁義禮樂等德目，也未能與道同步。故記載「仁則仁矣」至「其分於道也」。

孔子聽聞子貢回報漁父的談話後，立即恭敬地向漁父請教。漁父率先指出天子至庶人，如果都能「自正」，也就是依隨大道以自我安頓，則天下大治；反之，則將各有所憂。孔子若是君王或擔任大臣職位，固然應該引領民眾依隨大道以「自正」；但是孔子卻提出

「分（離）於道」的仁義禮樂等德目，並不足以使人人「自正」，故指孔子「泰（太）多事」。

接著指出八疵、四患，都是有所執著，未能依循大道順應自然的無為準則，未能「當為則為，不當為則不為」，未能回返萬物和諧並存的整體性。至於八疵中的「不擇是非而言，謂之諛」、「不擇善否（好壞），兩容顏適，偷拔其所欲，謂之險」，在此應做進一步的思考：回顧本書多次說明，以「天地之運作」為觀察基準，則知天地間的任何存在或狀態，無不符合天地運作的法則（例如：地球自轉），也就是「無物不然，無物不可」（〈齊物論篇〉），亦即天地之間本無「是、非、好、壞」可言。因此「不擇是非、不擇善否（好壞）」不分辨是、非、好、壞，並非違逆於道。只不過執著言談以及盜取利益的行為，背離大道不執著的流動本質，故記載「諛、險」是兩項疵病。

「此八疵者，外以亂人，內以傷身（己）」，指出八疵不僅損人亦損己，也就是「作用力與反作用力」相應而生。換言之，「作用力與反作用力」相連相通，是不可切割的一體之兩面；由此亦可一併明瞭「人與我」、「外與內」也具有不可切割的整體性。簡言之，「外以亂人，內以傷身（己）」的記載，揭示「道通為一」（〈齊物論篇〉）的整體性。

漁父以八疵、四患暗示孔子的行為就是未能依隨大道，但是孔子未能立即明瞭，所以冉請問周遊列國為何遭遇「謗」（毀）？漁父舉例，畏影惡迹之人不知「身與影」、「足與迹」是無從切割的整體，不知唯有「身、足」靜止，方才可能止息「影、迹」，反而不斷奔跑，也就是一再使用加法；未能適時停止，也就是未能適時使用減法，遂導致死亡。

同理可推，「譽滿天下，謗亦隨之」，也就是有「譽」則有「謗（毀）」，無「譽」則無「謗」，「譽與謗」具有不可切割的整體性。因此，若欲止「謗」則應息「譽」。不過，「息譽（無譽）」的意涵不在字面，不是拋棄消滅「譽」，而是不執著「譽」；那麼即使遭「謗」也能心平氣和，不以為意，則堪稱「無謗」。亦即「無譽無謗」，不執著「譽」也不排斥「謗（毀）」，擁有不被毀譽撼搖的精神自由。然而由孔子的談話可知，他尚未「息譽（無譽）」，所以「謗」亦隨之而不止。

「子審仁義之間」至「而幾於不免矣」，指出孔子未能依隨大道的整體性，反而執著仁義；不知互為對照的「同和異」、「動和靜」、「受（取）和與（捨）」、「好和惡」、「喜和怒」是無從切割的整體，反而致力分別，執著「此」遂排斥「彼」，形成對立，失落沒有對立、沒有對待、無待的整體性，未能順隨整體之自然變化，未能無所執著也無所排斥，因此不免於禍患。但是如果秉持天性本真，依隨大道順應自然，即使有禍患，也能以肩膀承擔，心平氣和地處理因應，則堪稱無禍，故記載「謹脩而身」至「則無所累矣」。

孔子請問何謂真？漁父指出與生俱有的精誠純一為真，並舉「悲、怒、親」為例，唯有真，才有動人的「哀、威、和」；否則，就是不能動人的「不哀、不威、不和」。又舉例，事親之適、事君之功、飲酒之樂、處喪之哀，都是秉持真，無所拘泥而達成。不可改易的自然天性為「真」，不同於世俗訂定的禮節，悟道者法天貴真，順應自然，不拘泥世俗之禮，未能悟道者則反之。

聽聞上述談話後，孔子表達希望受教漁父門下的意願，但是遭到拒絕，不過孔子依舊恭敬地送漁父離去。

然而子路卻對如此恭敬的態度提出質疑，孔子的回答則是先敘述仁與禮，並指出子路是「見賢不尊」的不仁；如果只看到此處，不免以為孔子仍停滯在仁義禮樂之德目，尚未回返道的整體性。然而孔子在此所說的「仁」指尊賢，也就是孔子不僅僅停滯在仁愛的德目，而流動擴展至尊賢；更且孔子隨後敘述「且道者，萬物之所由也」至「故道之所在，聖人尊之」，指出萬事萬物皆依隨道，可證孔子聽聞漁父的談話，明瞭道的意涵，隨即自我提昇，回返於道，成為悟道的聖人，所以敬重得道的漁父。

孔子之所以回返於道，是因為他遵循的忠信仁義禮樂等德目，本就是渾全大道整體運作中的一部分，並非與道隔絕不通，更非與道互斥對立；如果不停滯在這些德目，亦即不停滯在整體中的局部隅落，持續向上提昇，便可回返道的整體性。正如〈天運篇〉「商大宰蕩問仁於莊子」寓言，揭示由「仁、孝」持續向上提昇，達到「天下與我」沒有對立、沒有對待的無待整體，也就是回返道的整體性。簡言之，孔子就是聽聞漁父的談話，明瞭道的意涵，隨即自我提昇，回返於道。

由以上說明，則可了解漁父與孔子交談之初，為何敘述「同類相從，同聲相應」；亦即漁父早已暗示他與孔子是「同類」，都未曾遠離大道。

學者通常認為本篇列在今本《莊子》的「雜篇」，而且竟然記載孔子遭到漁父的評論，因此以為本篇並非莊子自著。然而，基於以上對於本篇義理之說明，可證莊子只是藉著孔子與漁父的對話為例，說明忠信仁義禮樂等德目，都是大道整體運作的一部分，如果不停滯在這些德目，亦即不停滯在整體中的局部隅落，持續向上提昇，便可回返道的整體性；並且揭示秉持天性本真，依隨大道的整體性，順應自然，則無禍害，誠然是理想的人生準則。簡言之，本篇並未遠離大道的整體性，而且篇中亦暗示孔子是悟道的聖人，正是宋代蘇軾所說「陽擠而陰助之」的筆法，對孔子進行書寫，因此或許不必認為本篇絕非莊子所作。

列御寇

如何可使生命悠遊自在，無勞無憂？生活中的事功源於自然，抑或人為？莊子是否排斥自身的死亡，抑或不同於大眾，順應死亡的自然變化？

列御寇之齊，中道而反，遇伯昏瞀人。伯昏瞀人曰：「奚方而反？」曰：「吾驚焉。」曰：「惡乎驚？」曰：「吾嘗食於十漿，而五漿先饋。」伯昏瞀人曰：「若是，則汝何為驚已？」曰：「夫內誠不解，形諜成光，以外鎮人心，使人輕乎貴老，而鳌其所患。夫漿人特為食羹之貨，多餘之贏，其為利也薄，其為權也輕，而猶若是，而況於萬乘之主乎！身勞於國，而知盡於事，彼將任我以事，而效我以功，吾是以驚。」伯昏瞀人曰：「善哉，觀乎！汝處已，人將保汝矣！」無幾何而往，則戶外之屨滿矣。伯昏瞀人北面而立，敦杖蹙之乎頤，立有間，不言而出。賓者以告列子，列子提屨，跣而走，暨乎門，曰：「先生既來，曾不發藥乎？」曰：「已矣，吾固告汝曰『人將保汝』，果保汝矣。非汝能使人保汝，而汝不能使人無保汝也，而焉用之感豫出異也！必且有感，搖而本性，又無謂也。與汝遊者又莫汝告也，彼所小言，盡人毒也。莫覺莫悟，何相孰也！巧者勞而知者憂，無能者無所求，飽食而遨遊，汎若不繫之舟，虛而遨遊者也！」

「列御寇」：即列子，戰國初期的鄭國人，已見於〈逍遙遊篇〉。「之齊」的「之」：往。「伯昏瞀人」：即〈德充符篇〉的伯昏無人。「奚方」：何故。「惡乎」：疑問詞。「漿」：賣漿的飲食店。「饋」：送，指服務。「驚已」：驚乎。「內誠不解」指外在矜誇炫耀。「形諜成光」指形貌美好有光華。「鎮」：服。「輕乎貴老」指重視列御寇超過貴人與老人。「𩐋其所患」：亂於所患，「𩐋」：亂，「患」：憂。「特為」：但為，只不過。「贏」：利。「為利、為權」的「為」：有。「萬乘」指大國，「乘」：一車四馬。「效」：考察。「處已」：歸矣。「保」：依附。「無幾何」指沒有多久。「屨」：鞋。「敦」：豎。「蹙」：迫近，指碰觸。「頤」：下巴。「有間」：一段時間。「賓者」：接待賓客之人。「跣」：赤足。「走」：跑。「暨」：至。「發藥」：啟發，指點。「已矣」：算了。「而焉用、搖而」的「而」：你。「感豫」指討人歡心，「感」：動，「豫」：悅。「出異」指與眾不同。「有感」指打動。「無謂」：無意義。「與汝遊」的「遊」：指交往。「小言」：巧言。「何相孰」：怎能幫助誰，「何」：疑問詞，「相」：助，「孰」：誰。「無能」指不執著表現能力。「汎若」指飄然。

列御寇前往齊國，走到中途而折返，遇見伯昏瞀人。伯昏瞀人說：「你為什麼回來呢？」列御寇說：「我受到驚嚇。」伯昏瞀人說：「什麼事使你驚嚇呢？」列御寇說：「我曾在十家賣漿店用餐，其中有五家優先招待我。」伯昏瞀人說：「如此，你為什麼覺得驚嚇呢？」列御寇說：「外在矜誇炫耀，形貌美好有光華，以外形鎮服人心，使人們重視我超過貴人與老人，我憂慮這將擾亂我。賣漿人只不過是做飲食買賣，多出來的贏餘，利潤不多，他們的權勢輕微，卻這樣對待我，何況是萬乘大國的君主呢！君主的身軀為國家操勞，竭盡智力於事務，他將要我擔任職事，考察我的功績，我因此覺得驚嚇。」伯昏瞀人說：「你真是善於觀察呀！你回去吧，人們將要依附你！」沒過多久，去看列御寇，見到門外擺滿了鞋子。伯昏瞀人面向北方站著，拄著拐杖抵著下巴，站了一會兒，沒有說話就走了。接待賓客的人告訴列子，列子提起鞋，赤腳跑出來，到了門口，說：「先生既然來了，難道不指點我嗎？」伯昏瞀人說：「算了，我已經告訴你說『人們將要依附你』，現在果然依附你了。不是你能使人依附你，而是你不能使人不依附你，你為什麼要討人歡心而顯得與眾不同。必定有什麼打動你，動搖你的本性，這又是沒有意義呀。與你交往的人又不告訴你，他們那些小巧之言，全都是毒害人的。未能覺悟，怎能幫助誰呢！巧者勞碌而智者憂慮，不執著表現能力之人，不執著於額外求取，飽食而遨遊，飄飄然如同解纜的船，虛心而遨遊呀。」

賣漿人的特殊禮遇，使列子驚覺：若未能適時自我調整為內斂，以至於引來國君的看重，進而受到重用，則不免被要求特別的事功，因此也就不免身心勞擾，如同後文記載的「巧者勞而知者憂」。

伯昏瞀人聽聞列子上述談話，以「善哉，觀乎」指出列子自我覺察的能力甚強，然而他預知列子雖有所警覺，但卻難以將「以外鎮（服）人心」的彰顯自我，立即調整為內斂，故言「人將保（依附）汝」。

爾後，前往列子居所的伯昏瞀人「北面而立」，可知列子南面而坐，仍然展現南面為王的氣勢。伯昏瞀人見到預言成真，則再敘述「非汝能使人保汝，而汝不能使人無保汝也」，指出列子仍然停滯在「以外鎮（服）人心」，未能內斂；亦即依舊執著於使用加法，未能適時使用減法。接著繼續指出：列子與依附者都未能依隨大道不執著的流動特質，亦即未能與道同步，因此無從相互幫助，故記載「莫覺莫悟，何相孰（怎能助誰）也。」

換言之，唯有依循大道，無所執著，該加就加，該減就減，才是自我安頓的良策。設若人人將生命平穩妥當地安頓在大道中，即為〈大宗師篇〉「相忘於江湖」，豈可能一再執著於相互依附？

常識稱讚「知、巧」有能力，然而「巧者勞而知者憂」指出知、巧並非只有光明面，而是明暗並存，具有一體兩面的性質，以此而揭示「道通為一」（〈齊物論篇〉）的整體性。

依循大道，順隨天地萬物整體的自然運作，不執著表現能力，也不執著於額外求取，故記載「無能者無所求」。由此則知，「無能」的意涵不在字面，不是沒有能力，而是依隨大道；至於「無所求」的意涵也不在字面，不是沒有任何求取，而是順應自然，無所執著。

「飽食而遨遊」至「虛而遨遊者也」，指出與道同遊同在，無所欠缺，自適自得。由此則知，「飽食」的意涵不在字面，不只是吃飽，而是將生命安頓在大道中，無所匱乏；至於「虛」的意涵也不在字面，不是取消自我，而是依隨大道，不執著於彰顯自我，也就是並不「以外鎮（服）人心」。

本則寓言揭示：不執著於彰顯自我，而是依隨大道順應自然的無為準則，當為則為，不當為則不為，與道同在同遊，則不憂不勞。

鄭人緩也，呻吟裘氏之地。祇三年而緩為儒，河潤九里，澤及三族，使其弟墨。儒、墨相與辯，其父助翟，十年而緩自殺。其父夢之，曰：「使而子為墨者予也，闔胡嘗視其良，既為秋柏之實矣！」夫造物者之報人也，不報其人，而報其人之天。彼故使彼。夫人以己為有以異於人，以賤其親，齊人之井飲者相捽也。故曰今之世皆緩也。自是，有德者以不知也，而況有道者乎！古者謂之遁天之刑。聖人安其所安，不安其所不安；眾人安其所不安，不安其所安。

「鄭」：鄭國，約現今河南省鄭州一帶。「緩」：人名。「呻吟」：吟詠，指讀書。「裘氏」：地名。「祇」：適，剛好。「河潤九里」指恩澤廣遠。「三族」：父族、母族、妻族。「使其弟墨」：使他的弟弟學習墨家。「翟」：緩的弟弟，名翟。「而子」的「而」：你。「予」：我。「闔胡」：何不。「良」：埌，冢。「秋栢」：柏樹。「實」：果實。「造物者」指自然。「報」指賦予。「人之天」指人的自然天性。「彼故使彼」：他有這樣的天性所以使他成為這樣。「夫人」指緩。「捽」：揪持頭髮。「德」指自然天性。「不知」：不智，指只見局部而不見整體。「遁天」：逃避自然。「所安」指自然。「所不安」指人為。

鄭國有個名叫緩的人，在裘氏之地讀書，剛好經過三年便成為儒者，施惠九里，恩澤及於三族，讓他的弟弟學習墨家。儒、墨相互辯論，他的父親幫助弟弟翟，十年後緩自殺。他父親夢見他說：「讓你兒子成為墨者的是我，為什麼不到我的墳墓去看看，所種的秋柏已經結果實了！」造物者賦予人的，不是僅僅賦予人的形貌，也賦予人的自然天性，他有這樣的天性所以使他成為這樣。緩卻以為自己不同於人，有功於弟弟，因此輕賤他的父親，就如同齊人掘井飲水，遂以為有水可用，功在自己，當旁人也來取水時，便強烈排斥之，以至於相互揪持頭髮而扭打。所以說現在的人們都是緩這一類的。自以為是，由天性之德飽滿的人來看是不智，何況有道的人來看呢！古時候認為這是逃避自然的刑罰。聖人安於自然，不安於人為；大眾安於人為，不安於自然。

「夫造物者之報人也」至「彼故使彼」，指出緩弟學習墨家有成，是因為天性中本就具有墨家的特質，然而緩未能明瞭於此，遂以為是自己令弟弟學習墨家，自己有功於弟，又怨尤父親助弟，積怨長達十年，難以解脫而自殺，死後仍執著其怨，託夢且輕賤地稱父為「而（你）」；恰如齊人鑿井，遂自認為有功於飲水，殊不知地中有泉，本屬自然。亦即功不僅在人為，更在「天」之自然；也就是緩與齊人都未能觀察「天與人」的整體，都未能明瞭「天與人」具有不可切割的整體性。所以記載「夫人以己為有以異於人」至「故曰今之世皆緩也」。

「有德者」秉持與生俱有的天性之德，依循大道順應自然的本質，「有道者」亦然，因此他們了解緩與齊人都屬自以為是，未能明瞭功在「天（自然）與人」的整體。換言之，緩積怨十年乃致自殺，齊人「相捽」扭打，都是遭受自然之刑罰。故記載「自是」至「古者謂之遁天之刑」。

「聖人安其所安，不安其所不安」，這二句敘述揭示聖人明瞭功不僅在人，更在「天」

之自然，所以順應自然，安於自然，並不誇耀人為。由此可知這二句敘述的意涵不僅止於字面，不是只安於天之自然，不是排斥人為，而是指向安於「天與人」的整體。但是大眾執著於誇耀人為，而未能明瞭自然之功，故記載「眾人安其所不安，不安其所安。」

本則寓言藉著緩、齊人為例，揭示如果明瞭功不僅在人為，更在「天」之自然，亦即觀察「天與人」的完整全貌，則不執著於誇耀人為，也就不至於遭受「遁天之刑」。

莊子曰：「知道易，勿言難。知而不言，所以之天也；知而言之，所以之人也；古之人，天而不人。」朱泙漫學屠龍於支離益，單千金之家，三年技成而無所用其巧。聖人以必不必，故無兵；眾人以不必必之，故多兵。順於兵，故行有求。兵，恃之則亡。小夫之知，不離苞苴竿牘，敝精神乎蹇淺，而欲兼濟道物，太一形虛，若是者，迷惑于宇宙，形累不知太初。彼至人者，歸精神乎無始，而甘瞑乎無何有之鄉。水流乎無形，發泄乎大清。悲哉乎！汝為知在毫毛，而不知大寧。

「勿言、不言」：都指不必然言說。「所以之天、所以之人」的「之」：是，「天」：自然，「人」指人之常情。「朱泙漫」：姓朱，名泙漫。「支離益」：姓支離，名益。「單」：殫，盡。「以必不必」：雖是必然仍視為不必然，指不執著；「以」：雖。「兵」：爭，指執著。「以不必必之」：雖是不必然仍視為必然，指固執。「小夫」：匹夫，指俗人。

「苞苴竿牘」指交際應酬。「苞苴」：包裹，指贈送。「竿牘」：竹簡，指信件問候。「敝」：勞。「蹇淺」：偏淺。「濟」：通。「太一」：大齊，指齊等。「形虛」的「形」：指有形之物。「虛」：無形，指道。「太初」：道之本。「彼」：若。「無始」：即太初，道之本。「甘瞑」指安寢恬臥。「無形」指不執著形跡。「發泄」：發源。「大清、大寧」：都指道。

莊子說：「了解道容易，不必然說出來很難。了解而不必然言說，所以是自然。了解而說出來，所以是人之常情。古時候的人，合於自然而不必然表現出人之常情。」朱泙漫向支離益學習屠龍術，耗盡千金家財，三年後學成了，卻沒有機會表現他的技巧。聖人對於大眾認為必然之事仍視為不必然，所以沒有執著；眾人對於不必然之事仍視為必然，所以多執著。依憑執著，因此有貪求。執著，依恃它則就會喪亡。俗人的知見，不離交際應酬，勞損精神於淺陋之事，卻還想兼通道與物，齊等有形之物與無形之道。像這樣，被宇宙萬象所迷惑，被形象牽累而不知有太初。像那至人，精神歸向無始無終之道，而安寢恬臥於無何有之鄉。水流不執著固定形態，發源於大清之道。可悲呀！你的認知拘泥在毫毛一般的局部，而不了解大寧之道。

關於「知道易」至「天而不人」，在此可先思考：雖然大道不離天地萬物「無所不在」（〈知北遊篇〉），就在人人的生活中以及生命中，但是尚未明瞭之前，人們通常都認為極其難以了解。所以一旦明瞭，必定至為欣喜，也樂意向旁人多所闡述，這誠然是人之常情。故記載「知而言之，所以之人。」

至於「知道易，勿言（不執著言）難」，指出了解大道但卻不執著於向旁人闡述，較悟道更加困難。亦即悟道後，無所執著地依循大道順應自然的無為準則，當為則為，不當為則不為，比悟道更難。例如：〈知北遊篇〉第一則寓言記載「知」向黃帝提問「何思何慮則知道？何處何服則安道？何從何道則得道？」黃帝因為受到詢問，所以順應自然地給予回答，向「知」闡述說明大道。也就是當言則言，不當言則不言，並非始終呆滯在「言」，亦非一逕停滯在「不言」，而是順應自然，無所執著。

簡言之，「知道易，勿言（不執著言）難」，揭示悟道後順應自然，無所執著，也就是在日常生活中實踐道的義理，比悟道更難。但是若真實踐履「勿言（不執著言）」，則是與天之自然同步，故記載「知而不言（不執著言），所以之天。」

由此則知「古之人，天而不人」，揭示悟道的古人言行舉止是「天」，也就是「知而不言（不執著言）」，亦即與天之自然同步，不一定表現出「知而言之」多所闡述的人之常情，而是或言或不言。若受詢問，則回答而言之；若無人提問，則安靜不言。

由以上說明，可知「勿言、不言」的意涵都不在字面，不是始終不言，而是不必然言說，或言或不言，順應自然，無所執著。至於「不人」的意涵也不在字面，不是完全不表現人之常情，不是絕不向他人闡述，而是順應自然，或言或不言。

常識必定認為朱泙漫耗盡家財，以長達三年的時間，學得無處施展的屠龍技，即為「無用」。然而〈逍遙遊篇〉、〈齊物論篇〉均曾揭示：由不割裂的渾全大道觀之，互為對照的「用與無用」是不可切割的整體，那麼無處施展的屠龍技，是否也具有「用」的另一面呢？

試想，針對屠龍技，如果觀察與思考不僅僅停滯在「屠龍」，而將其動作視為鍛鍊身體或舞蹈，則不僅展現朱泙漫矯健的肢體活動，也可使人們欣賞獨特之手舞足蹈。換言之，無處施展的屠龍技並非僅僅停滯在「無用」，仍具有「用」的另一面。因此「無所用其巧」可進一步描述為：「無所用而非無所用其巧」，以彰顯「用與無用」相通為一的整體性。這也就是後文「聖人以必不必，故無兵」，亦即聖人秉持大道的整體性，面對看似必然無用的屠龍技，仍視之為不必然無用；也就是明瞭「用與無用」一體不可分，所以不排斥「無用」，而是無所執著也無所排斥，因此「無兵」無爭執。不過，大眾未能了解整體性，總是以一己之好惡為基準，執著所好，排斥所惡，也就是「多兵」多爭執，衍生無窮的對立糾葛，損害生命和諧的本質，故記載「眾人以不必必之」至「恃之則亡」。

「小夫之知」至「敝精神乎蹇淺」，舉應酬交際為例，指出世人通常對於事物僅只執著於表淺之形象，亦即「眾人以不必必之」。

有鑑於大道不離天地萬物，也就是「道與物」相連相通，所以根本無須「兼濟（通）道物」。換言之，「形（物）與虛（道）」不相離，是不可切割的整體，並沒有齊等或不齊等可說，所以根本無須「太一（齊等）形虛」。但是人們未能與道同步，未能明瞭上述義理，故記載「而欲兼濟道物」至「形累不知太初」。

「終與始」是無從切割的整體，相互依隨，一體不可分；故知「無始」既然是沒有開始，那麼也就沒有終點，亦即「無終」。換言之，「無始」的意涵不在字面，而是指向「無始無終」。然而「無始無終」的意涵也不在字面，不是沒有始、沒有終，而是不固定在「始」，也不呆滯在「終」，亦即在「終與始」的整體中遷流不已，不斷變化，也就是與變同步。

「無何有之鄉」，也曾記載於〈逍遙遊篇〉，該篇曾說明其意涵不在字面的虛無，這是因為「有與無」必然相依相隨，所以雖然看似指向虛無，但卻不離實有之地。換言之，「無何有之鄉」不曾遠離實有之地，也就是指人們存活的天地間之任何處所。至人依隨通貫天地萬有的大道，與變同步，故在天地之間無處不可安寢，也就是「聖人以必不必」，故記載「彼至人者」至「甘瞑乎無何有之鄉」。

水有固態、液態、氣態等三種形態，也就是水並不執著特定的形態，故記載「水流乎無形」。水由固態變化為液態、由液態變化為氣態，就是道的呈顯；換言之，不論水呈現何種形態，都依隨於道，故記載「發泄（發源）乎大清（道）」。由此則知，「水流乎無形，發泄乎大清」是舉水為例，指出至人如水，與變同步，無所執著，也就是「聖人以必不必」，具有與大道相同的不執著之流動特質。

至人不離大道的整體性，但是「小夫之知」執著僵化而未能適時調整，也就是「多兵」多爭執，並非「無兵」無爭執，故記載「悲哉乎」至「而不知大寧」。

本則寓言揭示悟道後，依隨大道順應自然的無為準則，當為則為，不當為則不為，無所執著也無所排斥，亦即「聖人以必不必」，在生活中實踐道，比悟道更難。但若真實踐履，則將「無兵」無爭執，不流失和諧安寧的生命本質。

宋人有曹商者，為宋王使秦。其往也，得車數乘，王悅之，益車百乘。反於宋，見莊子，曰：「夫處窮閭阨巷，困窘織屨，槁項黃馘者，商之所短也；一悟萬乘之主，而從車百乘者，商之所長也。」莊子曰：「秦王有病，召醫，破癰潰痤者得車一乘，舐痔者得車五乘。所治愈下，得車愈多，子豈治其痔邪？何得車之多也！子行矣！」

「宋」：宋國，在現今河南省東部和山東、江蘇、安徽之間地。「曹商」：姓曹，名商。「秦」：秦國，在現今陝西省。「乘」：一車四馬。「益」：增加，指賞賜。「反」：返。「窮閭」指偏僻的里巷。「阨」指狹窄。「困窘」指貧窮。「屨」指麻鞋。「槁項黃馘」指面黃肌瘦，「槁」：枯瘦，「項」：頸，「馘」指臉。「癰、痤」：都指膿瘡。「潰」：裂。「舐」：以舌舔物。「豈」：難道，反問語氣。「邪」：疑問詞。

宋國有個人名叫曹商，為宋王出使秦國。他去時，獲得車輛數乘，秦王喜愛他，賞賜車輛百乘。回到宋國，見到莊子，說：「住在偏僻陋巷，貧窮地編織麻鞋，面黃肌瘦，這是我做不到的；見到萬乘大國的君主，使他有所驚悟而送我隨從車馬百輛，這是我的長處。」莊子說：「秦王有病召請醫生，能使膿瘡潰散的可獲得一輛車，舐痔瘡的可獲得五輛車，醫治的愈為卑下，可獲得的車輛愈多。你難道是醫治痔瘡嗎？為什麼得到這麼多車輛呢？你走吧！」

晉．郭象注「夫事下然後功高，功高然後祿重」，指出「高」來自於「下」，亦即「高與下」一體不可分，也就是《老子．三十九章》「貴以賤為本，高以下為基。」換言之，常識認為「貴與賤」、「高與下」互斥不並存；但是老子與莊子都指出：由不割裂的渾全人道觀之，互為對照的「貴與賤」、「高與下」是無從切割的整體，「高、貴」必不可與「下、賤」分立，它們自始相依相倚，是一不是二。

由此則知，本則寓言雖然表面看似譏諷曹商，然而穿過文字深究其意，則可明瞭其中涵藏「貴與賤」、「高與下」通而為一的義理，亦即本則寓言依然不離大道的整體性。

魯哀公問乎顏闔曰：「吾以仲尼為貞幹，國其有瘳乎？」曰：「殆哉圾乎仲尼！方且飾羽而畫，從事華辭，以支為旨，忍性以視民，而不知不信，受乎心，宰乎神，夫何足以上民！彼宜汝與？予頤與？誤而可矣！今使民離實學偽，非所以視民也，為後世慮，不若休之。難治也。」施於人而不忘，非天布也，商賈不齒，雖以事齒之，神者弗齒。為外刑者，金與木也；為內刑者，動與過也。宵人之離外刑者，金木訊之；離內刑者，陰陽食之。夫免乎外內之刑者，唯真人能之。

「魯哀公」：魯國國君。「顏闔」：姓顏，名闔，魯國的賢者。「仲尼」：孔子，名丘，字仲尼。「貞幹」指棟樑。「有瘳」指國家有救，「有」：可，「瘳」：疾病痊癒。「殆」：近。「圾」：危。「方且」：將。「飾羽而畫」指文飾。「從事」指使用。「以支為旨」：以枝節為宗旨。「忍性」：矯性。「視」：示，指教化。「信」：真實。「宰乎神」：主宰精神。「上民」指治理民眾。「彼」指孔子。「汝與、頤與」的「與」：歟，疑問詞。「予」：我，指顏闔。「頤」：養，指頤養天年。「休」：止，指放棄。「天布」：自然的布施。「不齒」指不類比為天布，「齒」：類比。「金」指刀鋸斧鉞。「木」指棰楚桎梏。「動」：惑。「宵人」：小人，指一般人。「離」：罹，遭。「訊」：問罪。「陰陽」指情緒的喜懼。「食」：消蝕。

魯哀公問顏闔說：「我將孔子當做棟樑，國家就有救了嗎？」顏闔說：「近乎危險呀！孔子雕琢文飾，使用華麗的文辭，將枝節當做宗旨，扭曲本性以教化民眾，而不知自己不真實，他的內心接受不真實，並且主宰著精神，這如何可以治理民眾呢！孔子適合你嗎？我能在他的施政下頤養天年嗎？說這是一樁錯誤倒是可以！現在使民眾遠離真實而學習虛偽，這不是教化民眾的方法，為後世設想，不如放棄吧。難以用他治理國家啊。」施惠於人而念念不忘，不是自然的布施，商人不會將自己類比為自然的布施，即使在某些事情上如此類比，但是心中卻不以為然。施加於外的刑罰，是刀斧、桎梏；施加於內的刑罰，是迷惑與過失。一般人遭遇外刑，是受刀斧、桎梏來問罪；遭遇內刑，則是情緒的喜懼消蝕生命。能夠免於內外刑罰的，只有真人可以做到。

魯哀公有意重用孔子，顏闔卻認為不宜。原因就在於孔子主張以仁義教化民眾。

回顧〈齊物論篇〉、〈大宗師篇〉均曾說明，大道通貫天地萬物，是不割裂的渾全整體，至於天地萬物也相同的具有不可切割之整體性。因此依循大道並且順隨萬物的自然天性之「德」，愛護自己，同時尊重其它存在，與萬物恰如其分的互動，仁（愛）、義（宜）就已涵融在整體的運作中，並不需要特別標舉。亦即仁義本就是大道整體的一部分，本就涵藏在自然天性中。

但是如果未能明瞭上述的整體性，人們的行為也未能依循順應萬物自然本質的準則，反而創設「仁（愛）、義（宜）」之詞，欲引導人們的行為固定於仁義。殊不知這對人們的行為雖有引導的功效，但是額外標舉的「仁（愛）、義（宜）」只是截取大道整體中的局部隅落，如果過度執著則將偏離整體性的均衡運作，亦即行為固定在額外標舉的仁義，也就停滯在整體中的局部隅落，以致更加遮蔽大道的整體性。而且額外標舉的仁義，並未廣及於天地萬有，而是狹隘地僅限於人類之間，追求僅以人類為考量的狹隘「仁（愛）、義（宜）」，卻產生有愛便不免有偏私的流弊；又因為整體性被遮蔽，人們並非以整體的運作來判斷合宜與否，而是以自我為中心進行判斷，遂演變為符合一己的利益就視之為「義（宜）」，亦即產生將利益視為合宜的流弊。

綜言之，額外標舉的「仁（愛）、義（宜）」對人們的行為雖有引導的功能，但卻使大道的整體性更加被遮蔽，而且僅僅追求以人類為考量的狹隘「仁（愛）、義（宜）」，卻產生偏私的流弊，以及將利益視為合宜的流弊。由此即可了解，額外標舉的仁義雖然有「明」的一面，但也有「暗」的另一面。亦即額外標舉的「仁義」具有明暗並存、一體兩面的性質，不足以使人們的相處回返整體性的和諧，也不足以使人類與天地萬有的整體回返均衡狀態，人類仍然停滯在整體性遭受遮蔽的錯誤之中。

由此則知，孔子未能依循大道順應自然，反而主張以仁義教化民眾，就是「以支為旨，忍（矯）性以視民」，而且未能明瞭這是偏離大道的「不信（不實）」，故記載「使民離實學偽，非所以視民也。」

「施於人而不忘，非天布也」，揭示「天布」自然的布施，即為施於人而忘。例如：空氣、陽光、水、土壤，提供人類存活與發展之所需，但是並未要求人類回報，就是施於人而忘的「天布」。簡言之，天地萬物整體性的運作，就是天布；因此依隨整體的運作，愛護自己，同時尊重其它存在，與萬物和諧、恰如其分的互動，即為「天布」自然的布施。

「商賈不齒」至「神者弗齒」，舉商人為例，指出商人以獲取利益為前提，並非順隨整體性運作的「天布」。進而揭示整體性被遮蔽之後，額外標舉的仁義，滋生偏私、利益的流弊，乃致以偏私、利益做為舉止的前提，不但類似商人的「非天布」，並將導致有形可見的外刑，以及無形不可見的內刑，例如：上述「不信（不實）、離實學偽」就是內刑。故記載「為外刑者」至「陰陽食之」。

但是真人順隨整體性的運作，與萬物恰如其分的互動，也就是「天布」，不失大道整體和諧運作之本質，所以不遭受外內之刑，故記載「夫免乎外內之刑者，唯真人能之。」

本則寓言指出依隨大道，立足天地萬物的整體性，也就是不離真實；順隨整體性的和諧運作，不僅是「天布」，也可不受外內之刑的損傷。

孔子曰：「凡人心險於山川，難於知天。天猶有春秋冬夏旦暮之期，人者

厚貌深情。故有貌愿而益，有長若不肖，有順懁而達，有堅而縵，有緩而釬。故其就義若渴者，其去義若熱。故君子遠使之而觀其忠，近使之而觀其敬，煩使之而觀其能，卒然問焉而觀其知，急與之期而觀其信，委之以財而觀其仁，告之以危而觀其節，醉之以酒而觀其則，雜之以處而觀其色。九徵至，不肖人得矣。」正考父一命而傴，再命而僂，三命而俯，循牆而走，孰敢不軌！如而夫者，一命而呂鉅，再命而於車上儛，三命而名諸父，孰協唐、許！賊莫大乎德有心而心有眼，及其有眼也而內視，內視而敗矣。凶德有五，中德為首。何謂中德？中德也者，有以自好也，而吡其所不為者也。窮有八極，達有三必，形有六府。美、髯、長、大、壯、麗、勇、敢，八者俱過人也，因以是窮。緣循、偃佒、困畏不若人，三者俱通達。知、慧外通，勇、動多怨，仁、義多責，六者所以相刑也。達生之情者傀，達於知者肖；達大命者隨，達小命者遭。

「旦暮之期」的「旦暮」：早晚，「期」指規律。「愿」指謹慎忠厚。「益」指驕溢。「不肖」：不似，指沒有年長者的風範。「順懁而達」的「順懁」：指圓順隨從，「達」指佻達、輕浮。「縵」：慢，指怠慢。「釬」：急。「卒然」：突然。「徵」：驗證。「不肖人」指小人。「正考父」指孔子十代祖，宋國大夫。「一命、再命、三命」：古代一命為士，再命為大夫，三命為卿。「傴」：背彎曲。「僂」：腰彎曲。「俯」指身體彎曲低垂近乎地面。「而夫」：

凡夫。「呂鉅」：驕傲之貌。「儛」：舞。「名諸父」：稱呼叔伯之名，「名」：稱呼，「諸父」：叔伯。「協」：同。「唐」：堯。「許」：許由。「賊」：禍害。「德」指自然天性。「有心、有眼、有以自好」的「有」：囿，侷限。「及」：若。「內視」指只看自己。「敗」指錯誤。「凶德」：與萬物和諧並存的天性之德被遮蔽，只殘留狹窄的眼耳鼻舌心（過度囿限的意念）之運作。「有五」指眼耳鼻舌心。「中德」：心，指過度囿限的意念。「呲」：訾，毀。「不為」指不同於己。「窮」：困。「窮有、達有、形有」的「有」：由。「八極」指美、髯、長、大、壯、麗、勇、敢。「三必」指緣循、偃佒、困畏。「形有六府」的「形」：刑，指傷害。「六府」指知、慧、勇、動、仁、義。「緣循」指順隨於物，「緣、循」：都是順。「偃佒」指仰望他人，「偃、佒」：都是仰。「困畏」指謙卑內斂。「外通」：外露。「六者所以相刑也」：此句為宋．陳碧虛《莊子闕誤》引劉得一本，至於其它通行本則無此句。「相刑」的「相」：助，「刑」：傷害。「生之情」的「情」：實。「傀」：大。「達於知者肖」的「知」：分別性的認知，「肖」：小。「遭」指遭受傷害。

孔子說：「人心比山川還要險惡，比天更難了解。天還有春夏秋冬早晚的規律，人卻是容貌厚深、心情深藏。所以有外貌謹慎忠厚但內心驕溢的，有貌似長者而其實沒有長者風範的，有外貌圓順而內心輕浮的，有貌似堅實而內心怠慢的，有看似紓緩而內心急躁的。因此他趨義急如飢渴，棄義急如避熱。所以考驗君子的方法是命令他出使遠方來觀察他的忠誠，命令他在身旁來觀察他的敬慎，給他繁雜的事情來觀察他的能力，突然向他提出詢問來觀察他的智力，給他急迫的期限來觀察他的信用，將錢財委託給他來觀察他的仁愛，告訴他危難之事來觀察他的節操，讓他醉酒來觀察他的原則，男女混雜相處來觀察他的態度。九種徵驗都考察了，不肖的小人就可以看得出來了。」正考父接受一命為士而彎曲其背，接受再命為大夫而彎曲其腰，接受三命為卿而身體更加彎曲低垂，沿著牆走路，像這樣誰敢將不軌之事來侮辱他！但是凡夫，一命為士就驕傲起來，再命為大夫就在車上舞蹈起來，三命為卿就直呼叔伯之名，誰能夠如同唐堯、許由那樣謙遜呢？最大的禍害莫過於天性之德囿限於心（意念），而心（意念）囿限於眼之所見，如果囿限於眼之所見而只看自己，只看自己則將產生錯誤。凶德有五種，以中德為首。什麼是中德？中德就是囿限於自己愛好的，詆毀不同於己者。困境來自於八極，通達來自於三必，傷害來自於六府。美好、長髯、身長、高大、強壯、華麗、勇猛、果敢，這八項都超過常人，因此而造成困境。順隨於物，仰望他人，謙卑內斂，這三種情形宛若比不上他人，所以通達。智力、巧慧外露，勇猛、躁動多招怨尤，仁、義遂多責難，這六項就是助長傷害。通達生命的真實者大，只到達分別性的認知者小，通達大命者順應，只到達小命者遭受傷害。

「凡人心險於山川」至「人者厚貌深情」，指出人們深深埋藏心中的意念，遠比天地的自然運作更難了解，隨即以「有貌愿而益」至「其去義若熱」做為舉例說明。不過，人心雖難以了解，但是仍可藉著「忠、敬、能、知、信、仁、節、則、色」等九徵，觀察此人生命的完整全貌。亦即舉九徵為例，揭示以整體性而不是以單一面相來檢視君子人。

繼續以「一命為士，再命為大夫，三命為卿」舉例，指出正考父益加謙虛，至於凡夫卻益發傲慢，由此亦可檢視其人是否為君子。亦即人生機遇雖然是「增益」，但卻運用內斂不炫耀的「減法」自處，融「加、減」於一身，立足「加與減」混融、沒有對立、沒有對待、無待的整體，具有與大道相同的不執著之流動特質，以及渾全不割裂的整體性，就是悟道的君子人。

本書多次說明，與生俱有的天性之德，就是依循大道而不執著提出一己的好惡，以順應自然為前提，順隨天地整體的運作，與萬物和諧、恰如其分的互動。然而，如果未能依循大道的整體性，反而被一己的心念、好惡、眼見所侷限，只以自己為基準，未能與萬物和諧互動，則產生偏離整體性的錯誤。故記載「賊莫大乎德有心而心有眼」至「內視而敗矣」。這也就是「凶德」，亦即與萬物和諧並存的天性之德被遮蔽，看不見整體，也看不見萬物和諧並存的本質，只狹窄的看見眼耳鼻舌心（意念）的運作。

「凶德有五」至「而呲（毀）其所不為者也」，指出凶德使人們以一己心念的好惡為基準，執著所好，排斥所惡。

常識稱讚「過人」的美髯長大壯麗勇敢，以及知慧、勇動、仁義；看輕「不若人」的緣循、偃佒、困畏。亦即常識稱讚八極、六府，以之為「善」；輕視三必，以之為「不善」。然而莊子指出八極、六府產生「窮（困）、形（刑，傷害）」，三必則產生（通）達。換言之，莊子和盤托出，指出八極、六府也有「不善」的另一面；至於三必則有「善」的另一面。亦即八極、六府、三必都是「善與不善」同存並在，都具有一體兩面的性質，以此而揭示「道通為一」（〈齊物論篇〉）的整體性。

有以上的了解，則不同於常識，不執著八極、六府，也不排斥三必，而是順應自然；

亦即不同於「有以自好而呲（毀）其所不為者也」，不曾淪落為凶德。這就是通達生命的真實，無所執著也無所排斥，依隨整體的運作，故記載「達生之情者傀（大）」以及「達大命者隨」。

但是如果以分別性的認知割裂整體，僅僅抓執喜愛的局部狀態，排斥不喜愛的狀態，則是「達於知者肖（小）」，由於未能順隨整體的運作，只是基於一己的心念，執著所好，排斥所惡，淪落為凶德，遂遭受「內視而敗矣、窮（困）、形（刑，傷害）」，故記載「達小命者遭」。

本段敘述指出，觀人應觀察完整的全貌；隨後揭示不淪落為凶德，依隨大道的整體性，與萬物和諧、恰如其分的互動，則生命通達不遭受傷害。

人有見宋王者，錫車十乘，以其十乘驕穉莊子。莊子曰：「河上有家貧恃緯蕭而食者，其子沒於淵，得千金之珠。其父謂其子曰：『取石來鍛之！夫千金之珠，必在九重之淵而驪龍頷下，子能得珠者，必遭其睡也。使驪龍而寤，子尚奚微之有哉！』今宋國之深，非直九重之淵也；宋王之猛，非直驪龍也；子能得車者，必遭其睡也。使宋王而寤，子為虀粉夫。」

「錫」：賜。「乘」：一車四馬。「穉」：驕。「恃緯蕭而食」：靠編織蘆葦以為畚，販賣來維持生活。「恃」：依，靠。「緯」：織。「蕭」：荻蒿，蘆葦。「食」指維持生活。「沒」指潛水。「鍛」指打碎。「驪龍」：黑龍。「頷」：下巴。「遭」：遇。「寤」：醒。「尚奚微之有」指遭到吞食，「奚」：何。「直」：只。「虀」：碎。

有人拜見宋王，宋王賞賜十輛車，他用這十輛車向莊子誇耀。莊子說：「河邊有貧窮人家靠編織蘆葦為畚，販賣來維持生活，他的兒子潛入深淵，獲得千金的珠子。這位父親對兒子說：『拿石頭來打碎它！這千金的珠子，必定在九重深淵的驪龍嘴旁，你能得到珠子，一定是龍正在睡覺。假使驪龍醒來，你就要被吞食無遺了！』現在宋國之深，不只是九重深淵；宋王之兇猛，不只是驪龍而已。你能獲得車輛，一定是正逢他在睡覺。假使宋王醒來，你就要粉身碎骨了。」

本則寓言揭示：權力富貴並非只有常識認為「善」的單一面向，而有殺身之禍「不善」的另一面，亦即權力富貴具有一體兩面的性質，以此而指出「道通為一」（〈齊物論篇〉）的整體性。另外，也一併指出：安身立命必須觀察完整的全貌，不可僅只觀察局部的隅落。

或聘於莊子，莊子應其使曰：「子見夫犧牛乎？衣以文繡，食以芻菽，及其牽而入於太廟，雖欲為孤犢，其可得乎！」

「或」：有。「犧牛」：祭祀用的牛。「衣」：披，是動詞。「文」：紋。「食」：飼養。

「芻」：草。「菽」：大豆。「太廟」：天子祭祀祖先的廟堂。「孤」：瘦。「犢」：小牛。

有人來聘請莊子，莊子回答使者說：「你見過祭祀用的牛嗎？披著紋彩錦繡，以草、大豆餵養，當被牽入太廟宰殺時，想要成為一頭瘦小的牛，做得到嗎！」

關於莊子受到禮聘之事，漢．司馬遷《史記．老莊申韓列傳》亦有詳實記載：「楚威王聞莊周賢，使使厚幣迎之，許以為相。莊周笑謂楚使者曰：『千金，重利；卿相，尊位也。子獨不見郊祭之犧牛乎？養食之數歲，衣以文繡，以入大廟。當是之時，雖欲為孤豚，其可得乎？子亟去，無污我。我寧遊戲污瀆之中自快，無為有國者所羈，終身不仕，以快吾志焉。』」

對於「千金，重利；卿相，尊位」的權力富貴，社會大眾通常都是竭力爭取。但是莊子卻不為之所動，這是因為洞見權力富貴並非僅有單一面向，而有殺身之禍的另一面，亦即權力富貴具有一體兩面的性質，由於察見其中隱藏著殺機，因此不為富貴的表象所動。

莊子並且進一步指出：當「富貴」一體兩面的另一面（殺身之禍）呈現時，大眾羨豔的富貴，遂轉變為人人唯恐避之而不及的死亡禍害。亦即大眾認為是「善」的富貴，並非恆常為「善」，它具有一體兩面的性質，不可能只有「善」的一面，不可能沒有「不善」的另一面。

本則寓言指出富貴具有「善與不善」一體不可分的性質，進而揭示「道通為一」（〈齊物論篇〉）的大道整體性。

莊子將死，弟子欲厚葬之。莊子曰：「吾以天地為棺槨，以日月為連璧，

星辰為珠璣，萬物為齎送，吾葬具豈不備邪？何以加此！」弟子曰：「吾恐烏鳶之食夫子也！」莊子曰：「在上為烏鳶食，在下為螻蟻食，奪彼與此，何其偏也！」

「槨」：外棺。「連璧」：雙璧。「齎送」：贈物，指陪葬品。「葬具」指埋葬所須的器物。「邪」：疑問詞。「鳶」：鷹。「夫子」：老師，指莊子。「彼」指烏鴉、老鷹。「與此」的「與」：予，給予；「此」指螞蟻。

莊子將死的時候，弟子們想要厚葬他。莊子說：「我用天地做棺槨，用日月做裝飾棺木的雙璧，用星辰做裝飾棺木的珍珠，用萬物做陪葬，我埋葬時所須的器具難道還不完備嗎？還有什麼比這更好呢！」弟子說：「我怕烏鴉、老鷹吃了老師！」莊子說：「露天被烏鴉、老鷹吃，埋入土中被螞蟻吃，從烏鴉、老鷹口中搶來給螞蟻，怎麼這樣偏執呢！」

雖然即將進入大眾最為排斥的死亡，但是莊子並無任何畏懼恐慌，反而指出死後依舊與存活之時相同，仍然與天地萬物、日月星辰同在；而且語帶幽默的敘述：厚葬是將他死後的軀體，由烏鳶口中搶出，送予螻蟻，是一偏執之舉。由此而充分彰顯莊子順應自然，持平面對死亡的變化。

回顧莊子書中與死亡相關的論述，一致揭示「生與死」是不可切割的一體之兩面，由於明瞭生命具有一體兩面的性質，不可能只有「生」的一面、沒有「死」的另一面；亦即了解生、死都是自然，死亡並非「不自然」，因此泰然接受「生」的另一面「死亡」。簡言之，莊子不同於大眾，既不執著「生」，也不排斥「死」，而是順應死亡的變化，也就是順應自然。

以不平平，其平也不平；以不徵徵，其徵也不徵。明者唯為之使，神者徵之。夫明之不勝神也久矣！而愚者恃其所見入於人，其功外也，不亦悲乎！

「不平」指一己認為萬物不平等的心念。「平」指萬物本就平等的真實。「不徵」指一己認為萬物不相應的心念。「徵」：應，指萬物本就相應的真實。「明者」指執著己見之人。「唯為之使」：只是被執著役使，「唯」：只是，「為」：被動義。「之使」：所使，指被役使。「神者」指不執著己見之人，即順應自然。「愚者」：即明者。「入於人」：溺於人事。「外」：疏。

以一己認為的不平等，對待本就平等的萬物；本就平等的萬物遂遭曲解為不平等。以一己認為的不相應，對待本就相應的萬物；本就相應的萬物遂遭曲解為不相應。執著己見之人就是被執著役使，不執著己見而順應自然之人則可與萬物相應。執著己見之人，比不上不執著己見之人！而愚昧的人還依恃他的知見，陷溺在人事，事功疏離於天地萬物整體的自然運作，不是可悲嗎！

〈齊物論篇〉「天地與我並生，而萬物與我為一」，揭示「物我」為一，齊同平等，是相通相應的混融整體。這也就是本書多次說明，大道通貫天地萬物，是不割裂的整全，至於天地萬物也相同的具有不可切割之整體性；亦即萬物並存於天地之間，都是不可切割的連續性整體之一環，並無高下尊卑可言，亦非無從相通相應。然而，如果未能了解上述的整體性，以不平等、不相應的心念，對待本就平等與相應的萬物，並且曲解為不平等、不相應，就是本段記載的「以不平平」至「其徵（應）也不徵（不應）」。

「明者唯為之使」，指出「明者」未能了解上述的整體性，誤以為自己獨立於整體之外，凡事皆以自我為中心，執著一己之意念，不知順隨整體的自然運作，卻自以為是。此人被執著驅使，即使有事功，也如同前則寓言「齊人之井飲者相捽也」，如同齊人鑿井，遂自認為有功於飲水，殊不知地中有泉，本屬自然。簡言之，執著己見之人以為功在自己，卻不知功在「天（自然）與人」的整體性。由於並非立足整體性，豈有可能長存天地之間。故記載「而愚者恃其所見入於人」至「不亦悲乎」。

「神者徵（應）之」，揭示「神者」明瞭上述的整體性，也明瞭自己與萬物相通相應，因此順隨整體的自然運作而不執著一己意念，與萬物沒有對立、沒有對待、無待。亦即與萬物是「一」不是二，因此無所不應，也就是無往而非我，無物不是我；所以縱然死亡，看似形軀銷毀，但是仍與萬物並在而長存。不過，此「長存」並非僅只以有呼吸、心跳的形式存在而已，例如：莊子之書，與天地萬物相應，二千三百年來始終被人們所敬重，受世人追隨，其著書有功卻不曾自誇。亦即著書的功績同步於整體的自然運作，所以長存天地之間。

本段敘述揭示，明瞭天地萬物無從切割的整體性，順隨整體的自然運作而不執著一己之意念，則與天地萬物相通相應。例如：莊子明瞭「生與死」、「物與我」相通為一體，所以順應死亡的自然變化；其著書之內容相應於整體的自然運作，因此長存不去。

天下

天下的學術流派，是否各有起源，抑或都源自無所不在的整體性？本篇概述儒、墨、名、法、道五家之學術思想，附論惠施的學術。

天下之治方術者多矣，皆以其有為不可加矣。古之所謂道術者，果惡乎在？曰：「無乎不在。」曰：「神何由降？明何由出？」「聖有所生，王有所成，皆原於一。」不離於宗，謂之天人。不離於精，謂之神人。不離於真，謂之至人。以天為宗，以德為本，以道為門，兆於變化，謂之聖人。以仁為恩，以義為理，以禮為行，以樂為和，薰然慈仁，謂之君子。以法為分，以名為表，以參為驗，以稽為決，其數一二三四是也，百官以此相齒。以事為常，以衣食為主，蕃息畜藏，老弱孤寡為意，皆有以養，民之理也。古之人其備乎！配神明，醇天地，育萬物，和天下，澤及百姓，明於本數，係於末度。六通四闢，小大精粗，其運無乎不在。其明而在數度者，舊法世傳之史尚多有之。其在於《詩》、《書》、《禮》、《樂》者，鄒魯之士、搢紳先生多能明之。《詩》以道志，《書》以道事，《禮》以道行，《樂》以道和，《易》以道陰陽，《春秋》以道名分。其數散於天下而設於中國者，百家之學時或稱而道之。天下大亂，賢聖不明，道德不一，天下多得一察

焉以自好。譬如耳目鼻口，皆有所明，不能相通。猶百家眾技也，皆有所長，時有所用。雖然，不該不徧，一曲之士也。判天地之美，析萬物之理，察古人之全，寡能備於天地之美，稱神明之容。是故內聖外王之道，闇而不明，鬱而不發，天下之人各為其所欲焉以自為方。悲夫，百家往而不反，必不合矣。後世之學者，不幸不見天地之純，古人之大體，道術將為天下裂。

「治」：研究。「方術」：道術，「方」：道。「其有」指所學。「惡乎」：疑問詞。「神何、聖有」的「神、聖」：即神聖的簡稱，指內聖。「明何、王有」的「明、王」：即明王的簡稱，指外王。「原於一」的「原」：本，「一」指整體性。「精」：純、一，指整體性。「德」指自然天性。「兆」：明。「薰然」：溫和。「驗」：徵驗。「稽」：察。「其數一二」的「其數」：如數。「齒」：序列。「以事」的「事」：日用。「蕃息」：繁殖。「畜」：蓄。「以養」：所養。「古之人、古人」：均指天人、神人、至人、聖人、君子。「配」：合，指同步。「神明」指神聖明王。「醇」：準，指取法。「和天下」的「和」：順應或調和。「本數」：本原，即原於一。「係」：連繫。「末度」指名法制度。「六」：六合，指空間之上、下、四方。「四闢」指時間之四季順暢。「運」：用。「其明」指道術顯明。「數度」：即本數、末度的簡稱，指本原與名法制度。「鄒魯之士、搢紳先生」：都指儒士。「鄒、魯」：都是山東。「搢紳」：插笏於帶；「搢」：插，笏是古代官員朝會時，手中所持可以記事的狹長板子或玉珪。「紳」：古代官員束腰的大帶。「其數散」的「數」：本數。「設」：施。「不明」：隱晦。「不一」指道德的整體性被遮蔽。「一察」：一際，指一端、局部。「該」：備。「徧」：周遍。「一曲」：偏於一端，「曲」指局部。「判」指割裂。「析」：離析，指割裂。「察古人」的「察」：散，指切割。「稱神明」的「稱」有二意：(一)述，(二)合。「內聖外王」指神聖明王。「闇」：暗。「鬱」：閉塞。「不反」：不返。「不合」指不是混融的整體。「純」：全。「大體」指整體性。

天下研究道術的人很多，都認為自己所學是無以復加的極至。古代所說的道術，究竟在哪裡？回答為：「無所不在。」再詢問：「神聖由何處降臨？明王由何處產生？」回答為：「神聖有所呈現，明王有所成就，都是本於整體性。」不離於整體的根本，稱為天人。不離於整體的純一，稱為神人。不離於整體的真實，稱為至人。以自然為宗主，以天性為根本，以道的整體性為出入之門，明瞭變化，稱為聖人。以仁愛施行恩惠，以義（宜）建立事理，以禮來引導行為，以樂音創造和諧，溫和仁慈，稱為君子。以法度為分際，以名號為表徵，參酌以往做為現在的徵驗，稽察所知以為斷決，如同數一、二、三、四那樣明白，百官依此列出序位；以生活日用為常，以衣食為生活之主，繁殖儲藏，關心老弱孤寡，都獲得安養，這是養民之理。古代的天人、神人、至人、聖人、君子真是完備啊！他們同步於神聖明王的整體性，取法天地，撫育萬物，調和或順應天下，恩澤及於百姓，明瞭原於一的本原，也連繫著名法制度之末。空間之六合通達，時間之四季順暢，無論事情的小、大、精、粗，他們的作用無所不在。古代道術顯明於本原以及名法制度，舊時法制世代相傳的史籍記錄了許多。存在於《詩》、《書》、《禮》、《樂》之中，儒家的學者、官吏士紳多半可以明白。《詩》是用以表達心志，《書》是用以記錄政事，《禮》是用以引導行為，《樂》是用以調和身心，《易》是用以通達陰陽，《春秋》是用以界定名分。這些本數（本原）散布天下，施行於中國，百家的學說時常稱述。後來天下大亂，聖賢隱晦，道德的整體性被遮蔽，天下之人大都各執一端而自以為是。就如同耳、目、鼻、口，都有各自的功能，但卻不能相通而為一體。就像百家的各種技藝，都有它們的優點，也都有派得上用場的時候。雖然如此，但卻是不完備也不周徧的呆滯一隅之人。他們割裂天地整體之美，割裂萬物整全之理，切割古代的天人、神人、至人、聖人、君子的渾全整體性，少有能備足天地整體之美，少有能稱述或吻合神聖明王完整的全貌。所以內聖外王之道，黯淡不明，閉塞不發，天下之人各為其所欲的真理，以自己為道。可悲啊，百家這一去就不回頭了，必將不是混融的整體。後代的學者，不幸不能見到天地整體之純全，不見古代的天人、神人、至人、聖人、君子的整體性，道術就這樣被天下人割裂了。

「神何由降」至「皆原於一」，指出神聖（內聖）、明王（外王）都出自整體，亦即整體性使他們成為內聖外王。換言之，因為不離整體，所以他們是內聖外王。接著舉例「天人、神人、至人、聖人」都秉持大道的整體性。

天人、神人、至人、聖人之後，隨即記載「君子」，雖然學者通常認為君子施行仁義禮樂，只是道的餘緒。不過，本書多次說明，仁義禮樂是渾全大道整體運作的一部分，亦即仁義禮樂並非與大道隔絕不通，更非與大道互斥對立；所以不停滯在仁義禮樂，也就是不停滯在整體中的局部隅落，持續向上提昇，仍可回返不割裂的大道，依然不離大道的整體性。因此，緊緊跟隨敘述的文脈，可知此處記載的「君子」相同於天人、神人、至人、聖人，也具有大道的整體性。

「以法為分」至「古之人其備乎」，指出天人、神人、至人、聖人、君子，處事治民都立足大道的整體性。「配神明（神聖明王）」至「澤及百姓」，揭示他們同步於神聖明王（內聖外王），都是「明於本數，係於末度」，立足「原於一」之「本」，並延展至名法制度之「末」，但卻不呆滯在「末」而回返至「本」，本末兼顧，無所偏頗，所以運作良好，故記載「六通四闢」至「其運無乎不在」。由此則知：天人、神人、至人、聖人、君子都不離於大道，他們的自處是「神聖、內聖」的具體呈現，生命內在有深度、有高度；處人處事則是「明王、外王」的具體呈現，引導大眾安身立命。換言之，由整體觀之，五人並無高低位階之別。

「其明而在數（本數）度（末度）者」至「百家之學時或稱而道之」，指出儒家典籍《詩》、《書》、《禮》、《樂》、《易》、《春秋》從不同角度指向渾全不割裂的大道，亦即儒家的百家之學本就具有道術的整體性。

「天下大亂」至「道術將為天下裂」，指出大道的整體性遭到遮蔽，「得一察（端）焉以自好」的天下人，呆滯局部的隅落卻自以為是。至於「耳、目、鼻、口」是舉人體為例，雖然是不同的部位，功能也不同，但是由於形軀一體不可分，因此它們以及它們的功能，仍然相通為一，而具有整體性。所以「得一察焉」的天下人，如果了解所得都是整體的一部分，也都不互相排斥，而是相互尊重，並持續向上提昇，仍可回返不割裂大道之整體，然而遺憾的是「得一察焉」的天下人，未能如同耳、目、鼻、口相通為一，以致流失了整體性。

本段記載道術的整體性，不離整體則為內聖外王，或許這是莊子對天下人以及自我的期許。本段同時揭示儒家的百家之學本就具有整體性，然而遭一曲之士割裂，遂失落整全之大道。

不侈於後世，不靡於萬物，不暉於數度，以繩墨自矯而備世之急，古之道術有在於是者，墨翟、禽滑釐聞其風而悅之，為之大過，已之大循。作為〈非樂〉，命之曰〈節用〉，生不歌，死無服。墨子氾愛兼利而非鬬，其道不怒；又好學而博，不異。不與先王同，毀古之禮樂。黃帝有〈咸池〉，堯有〈大章〉，舜有〈大韶〉，禹有〈大夏〉，湯有〈大濩〉，文王有辟雍之樂，武王、周公作〈武〉。古之喪禮，貴賤有儀，上下有等，天子棺槨七重，諸侯五重，大夫三重，士再重。今墨子獨生不歌，死不服，桐棺三寸而無槨，以為法式。以此教人，恐不愛人；以此自行，固不愛己。未敗墨子道。雖然，歌而非歌，哭而非哭，樂而非樂，是果類乎？其生也勤，其死也薄，其道大觳，使人憂，使人悲，其行難為也，恐其不可以為聖人之道，反天下之心，天下不堪。墨子雖獨能任，奈天下何！離於天下，其去王也遠矣！墨子稱道曰：「昔禹之湮洪水，決江河而通四夷九州也，名川三百，支川三千，小者無數。禹親自操橐耜而九雜天下之川；腓無胈，脛無毛，沐甚雨，櫛疾風，置萬國。禹大聖也，而形勞天下也如此。」使後世之墨者，多以裘褐為衣，以跂蹻為服，日夜不休，以自苦為極，曰：「不能如此，非禹之道也，不足謂墨。」相里勤之弟子五侯之徒，南方之墨者苦獲、己齒、鄧陵子之屬，俱誦《墨經》，而倍譎不同，相謂別墨。以堅白、同異之辯相訾，以觭偶不仵之辭相應；以巨子為聖人，皆願為之尸。冀得為其後世，至今不決。墨翟、禽滑釐之意則是，其行則非也。將使後世之墨者，必自苦以腓無胈、脛無毛相進而已矣。亂之上也，治之下也。雖然，墨子真天下之好也，將求之不得也，雖枯槁不舍也，才士也夫！

「靡」指浪費。「萬物」：萬事。「暉」：渾，指亂。「數度」：本數、末度的簡稱，指本原與名法制度。「繩墨」指規矩。「矯」：厲，指勉勵。「備」：助。「墨翟」：姓墨，名翟，魯國人，仕宋為大夫。「禽滑釐」：姓禽，字滑釐，墨翟的弟子。「風」：教，指教導。「大過」：太過。「已之」指不為，「已」：止。「大循」：太慎。「命」：名，稱。「無服、不服」：無衣衾棺槨等送葬之物，指不厚葬。「鬬」指戰爭。「不異」指尚同。「咸池、大章、大韶、大夏、大濩、辟雍、武」：皆為古樂名。「槨」：外棺。「恐」：非肯定語詞，指或許。「未敗」：不是詆毀，「敗」：毀。「類」：近，指近乎人情。「觳」：薄，指苛刻。「湮」：沒，指消除。「決」：去除壅塞。「四夷」：東西南北四方之邊境。「九州」：古代分天下為九州。「橐」：盛土的器具。「耜」：鍬、鋤。「九雜」指匯聚。「腓」：小腿後方突起的筋肉，即腿肚子。「胈」：白肉。「脛」：由膝蓋至腳的部位。「甚雨」：驟雨。「櫛」指梳髮。「疾風」：強風。「裘褐」：粗麻布之衣。「跂」：木屐。「蹻」：草鞋。「服」：用，穿。「相里勤」：姓相里，名勤，南方墨派的一位首領。「五侯」：人名。「苦獲、已齒、鄧陵子」：皆為人名，三人都是南方墨者。「屬」：類。「墨經」：現存墨子書的第十卷，有經上、經下兩篇。「倍譎」：背異。「相謂別墨」：互相排斥，指對方不是正統墨家。「堅白、同異」：當時經常辯論的主題。「訾」：詆毀。「觭偶」：奇偶。「仵」：合。「巨子」：墨派的首領。「尸」：主。「決」：絕。「相進」：相競。「亂之上也，治之下也」有二意：（一）擾亂天下的罪多，治理天下的功少；（二）擾亂民眾無所執著的自然天性，是治理民眾的下策。「舍」：棄。「才士」：才能之士。

不教後世奢侈，任何事都不浪費，不混亂本原與名法制度，以規矩自我勉勵，救助世間的急難，古代的道術有屬於這一方面的，墨翟、禽滑釐聽聞這種教導而愛好之，做某些事太過度，不做某些事又太謹慎。他們提倡〈非樂〉，稱之為〈節用〉，存活時不歌不樂，死時不厚葬。墨子主張泛愛眾人，兼利天下，反對戰爭，他的學說主張不怒；他又好學博聞，提出尚同而不異。與先王不同之處，就是毀棄古代的禮樂，黃帝有〈咸池〉樂章，堯有〈大章〉樂章，舜有〈大韶〉樂章，禹有〈大夏〉樂章，商湯有〈大濩〉樂章，周文王有辟雍樂章，周武王與周公作〈武〉樂，都毀棄不用。古代的喪禮，貴賤有不同的儀式，上下有不同的等級，天子的棺槨有七層，諸侯有五層，大夫有三層，士有二層。現在墨子特別主張存活時不歌不樂，死時不厚葬，只用三寸的桐棺而沒有外槨，做為法則。以此來教導他人，或許不能算是愛護他人；自己實踐這個方式，也實在不能算是愛護自己。不是詆毀墨子的學說。雖然如此，該歌唱時不歌唱，該哭泣時不哭泣，該奏樂時不奏樂，這樣果真近乎人情嗎？存活時勤儉，死後薄葬，他的學說太苛刻了，令人憂慮，令人悲傷，這種行為難以付諸實踐，或許不能稱為聖人之道，違反天下人心，天下人難以承受。墨子雖然自己做得到，奈何天下人不能實踐！背離了天下人，距離王道也就遙遠了。墨子稱述說：「從前禹為了消除洪水，去除江河的壅塞，使水流向四境九州，當時大河三百，支流三千，小河無數。禹親自拿著盛土器與鋤頭工作，匯聚天下的河川；他的腿肚子沒有肉、小腿無毛，驟雨淋身，強風梳髮，安頓了萬國。禹是大聖人而為了天下如此地勞苦。」使後代的墨者，大都穿著粗布衣，穿上木屐草鞋，日夜不停地工作，以自苦為最高目標，說：「不能這樣做，就不是禹之道，不配稱為墨者。」相里勤的弟子，五侯等人，南方墨者苦獲、已齒、鄧陵子這些人，都誦讀《墨經》，但卻相背相異，互相指責對方不是正統墨家而是墨家的別派；他們用堅白、同異的辯論互相詆毀，用奇偶不合的言辭互相對立；以巨子為聖人，都願意奉他為宗主，希望能成為他的傳人，到現在仍紛爭不絕。墨翟、禽滑釐的心意是正確的，他們的做法並不恰當。將使後代的墨者，必定要勞苦自己到腿肚子沒有肉、小腿無毛，以此互相競爭罷了。擾亂民眾順應自然、無所執著的天性，是治理民眾的下策。雖然如此，墨子真是天下所愛好的人，這樣的人求之不可得，縱然勞累得形容枯槁也不放棄，可稱為有才能之士！

本段記載墨家的學術「不暉（亂）於數（本數）度（末度）」，亦即繼承「明於本數（本原），係於末度（名法制度）」的整體性，立足「原於一」之「本」，也連繫著名法制數之「末」，具有本末兼顧的性質；然而落實在行為中，卻過度偏頗於自苦，背離大道順應自然、無所執著的特質，故敘述「恐其不可以為聖人之道、其去王也遠矣」。

不累於俗，不飾於物，不苟於人，不忮於眾，願天下之安寧以活民命，人我之養畢足而止，以此白心，古之道術有在於是者，宋鈃、尹文聞其風而悅之，作為華山之冠以自表，接萬物以別宥為始；語心之容，命之曰心之行，以聏合驩，以調海內，請欲置之以為主。見侮不辱，救民之鬬，禁攻寢兵，救世之戰。以此周行天下，上說下教，雖天下不取，強聒而不舍者也，故曰上下見厭而強見也。雖然，其為人太多，其自為太少，曰：「請欲固置五升之飯足矣，先生恐不得飽，弟子雖飢，不忘天下。」日夜不休，曰：「我必得活哉！」圖傲乎救世之士哉！曰：「君子不為苛察，不以身假物。」以為無益於天下者，明之不如已也。以禁攻寢兵為外，以情欲寡淺為內，其小大精粗，其行適至是而止。

「苟」：苟且，指不合規矩禮法。「忮」：逆。「白心」：表白其心。「宋鈃」：姓宋，名鈃，宋國人，即〈逍遙遊篇〉的宋榮子。「尹文」：姓尹，名文，齊國人。「華山之冠」：形狀如同華山的帽子。「別宥」：去囿，指去除隔閡。「心之容、心之行」的「之」：所。

「命」：名，指稱。「聏」：柔和、親暱。「驩」：歡。「見侮、見厭」的「見」：被動義。「寢」：息。「強聒、強見」的「強」：逞強，「聒」：喧擾聲，「見」：現。「先生」指天下人。「弟子」指宋銒、尹文。「圖傲乎」：高大。「苛察」：苛刻計較。「以身假物」：自身被外物所役使。「已」：止。「適至是而止」：只至此而已，「適」：只，「是」：此，「而止」：而已。

不被世俗牽累，不用外物矯飾，不苟且於人，不違逆大眾，希望天下安寧，民眾可以活命，他人與我的生活都是知足而止，如此表白心意，古代的道術有屬於這一方面的，宋銒、尹文聽聞這種教導而愛好之。他們製作一種上下均平如同華山的帽子，用來表示自己提倡平等的想法。應接萬物，從去除隔閡開始；敘述心所包容的是萬物，指稱心所推行的也是如此，以親和的態度與人們相合相歡，用以調和海內，請求大眾都以包容萬物做為行動的主導。被欺侮，不以為辱；解除民眾的爭鬥，禁止攻伐，平息用兵，解救世間免於戰爭。用這種學說周遊天下，對上遊說國君諸侯，對下教導民眾，即使天下人不接受，依然逞強地論述不放棄，所以說被上上下下的人討厭，仍然逞強地一再表現。雖然如此，他們為旁人做的太多，為自己做的太少，說：「希望固定的給我們五升飯就夠了，因為天下民眾恐怕不曾吃飽，我們飢餓，以不忘天下民眾。」他們日夜不休地為民眾忙碌，說：「我們一定可以活下去。」真是意念高大的救世之士啊！他們說：「君子不苛求計較，不使自己被外物役使。」認為對天下無益之事，與其闡述明白，不如停止不說。他們對外主張禁止攻伐平息用兵，對內主張節制降低情欲。以上是這項學說的大小精粗，他們的所行所為只是如此而已。

以上記載名家的學術「不忮（逆）於眾，願天下之安寧以活民命」雖然蘊藏整體的義理，但是「強聒而不舍、上下見厭而強見」，過度逞強，偏執於一隅，背離大道順應自然、無所執著、適時調整的本質。

公而不黨，易而無私，決然無主，趣物而不兩，不顧於慮，不謀於知，於物無擇，與之俱往，古之道術有在於是者，彭蒙、田駢、慎到聞其風而悅之，齊萬物以為首，曰：「天能覆之，而不能載之；地能載之，而不能覆之；大道能包之，而不能辯之。知萬物皆有所可，有所不可，故曰：選則不偏，教則不至，道則無遺者矣。」是故慎到棄知去己，而緣不得已，泠汰於物以為道理，曰：「知不知，將薄知而後鄰傷之者也。」謑髁無任，而笑天下之尚賢也，縱脫無行，而非天下之大聖。椎拍輐斷，與物宛轉，舍是與非，苟可以免，不師知慮，不知前後，魏然而已矣。推而後行，曳而後往，若飄風之還，若羽之旋，若磨石之隧，全而無非，動靜無過，未嘗有罪。是何故？夫無知之物，無建己之患，無用知之累，動靜不離於理，是以終身無譽。故曰：「至於若無知之物而已，無用賢聖。夫塊不失道。」豪桀相與笑之曰：「慎到之道，非生人之行，而至死人之理，適得怪焉。」田駢亦然，學於彭蒙，得不教焉。彭蒙之師曰：「古之道人，至於莫之是、莫之非而已矣。其風窢然，惡可而言！」常反人，不聚觀，而不免於魭斷。

其所謂道非道，而所言之韙不免於非。彭蒙、田駢、慎到不知道。雖然，槩乎皆嘗有聞者也。

「黨」：朋群，指偏私。「決然」判斷事理。「無主」：沒有自我的主見。「趣物而不兩」指認為萬物具有一的整體性而不是二。「趣」：取，認為。「彭蒙」：姓彭，名蒙，齊國的隱士。「田駢」：姓田，名駢，齊國人。「慎到」：姓慎，名到，趙國人。「風」：教。「辯」：辨，分別。「教則不至」：有所教導則非順應自然天性，不能達到生命的理想狀態。「緣」：順。「泠汰」指順任。「薄」：鄙薄。「鄰傷」：毀傷，指拋棄。「謑髁無任」指不尚賢，「謑髁」指不導正，「無任」：無能。「縱脫無行」指不受拘束，不拘行跡。「椎拍輐斷」指施用刑法。「與物宛轉」指隨事而定。「苟」：姑且。「不師」：不用。「魏」：巍，指獨立。「曳」：拉，拖。「隧」：回，轉。「嘗」：曾。「建己」指執著於自己。「塊」：土塊。「至死人」的「至」：實。「得不教」：得不可言之教。「窢然」：迅速。「惡」：疑問詞。「不聚觀」指不被歡迎。「觀」：懽，歡喜。「魭斷」：行刑。「韙」：是。「槩」：概，大概。

公正而沒有群黨，平易而不偏私，判斷事理沒有自我的主見，認為萬物具有一的整體性而不是二，不多作思慮，不謀求智巧，對萬物不做揀擇分別，隨物而行，古代的道術有屬於這一方面的，彭蒙、田駢、慎到聽聞這種教導而愛好之，以齊同萬物為首要的觀念，說：「天能覆蓋萬物而不能承載萬物，大地能承載萬物而不能覆蓋萬物，大道能包容萬物而不能分別萬物。了解萬物都有所能，有所不能，所以說：有所揀擇就不能周徧，有所教導則非順應自然天性，不能達到生命的理想狀態，依循大道就無所遺漏了。」所以慎到摒棄智巧，泯除自我而順隨不得已，以順任萬物做為學說的道理，說：「了解有所知必定也有所不知，這樣就將不看重智巧然後拋棄它。」不導正無能、不尚賢，而嘲笑天下重視賢人；不受拘束，不拘行跡而批評天下以聖人為大。施用刑法，隨事而定，捨棄是非，姑且可以免於牽累，不用智巧謀慮，不分別前後，獨立於世而已。推了才前行，拉了才一同去，如同飄風之往還，如同羽毛的旋轉，如同磨石的轉動，保全自身沒有責難，無論動靜皆無過失，未曾有任何罪過。這是什麼緣故呢？就像無知覺的存在物，沒有執著於自我的憂患，沒有使用智巧的牽累，動靜皆不偏離自然之理，所以終身沒有毀譽。所以說：「達到像是無知覺的存在物就可以了，不需要聖人、賢人。土塊不失大道。」豪傑相互嘲笑他說：「慎到的學說，不是活人的行為，而實在是死人的道理，只是怪異罷了。」田駢也是一樣，求學於彭蒙，獲得了不可言之教。彭蒙的老師說：「古代得道之人，達到沒有是、沒有非的狀態而已。他們的教導像風一樣迅速吹過，怎麼可能用語言敘述呢？」總是違反人們的心意，不被人們歡迎，不免仍須使用刑罰。他們所說的道並不是道，而所說的是不免為非。彭蒙、田駢、慎到不明瞭大道。雖然如此，他們大概都曾聽聞過大道吧。

以上記載法家的學術「趣物而不兩（認為萬物是一不是二）」雖然蘊藏整體的義理，但是過度偏頗於「無知之物」的固定隅落，背離大道無所執著的流動本質，故記載「其所謂道非道，而所言之韙（是）不免於非，彭蒙、田駢、慎到不知道。」

以本為精，以物為粗，以有積為不足，澹然獨與神明居，古之道術有在於是者，關尹、老聃聞其風而悅之，建之以常無有，主之以太一，以濡弱謙下為表，以空虛不毀萬物為實。關尹曰：「在己無居，形物自著。其動若水，其靜若鏡，其應若響。芴乎若亡，寂乎若清。同焉者和，得焉者失。未嘗先人，而常隨人。」老聃曰：「知其雄，守其雌，為天下谿；知其白，守其辱，為天下谷。」人皆取先，己獨取後，曰受天下之垢；人皆取實，己獨取虛，無藏也故有餘，巋然而有餘。其行身也，徐而不費，無為也而笑巧；人皆求福，己獨曲全，曰苟免於咎。以深為根，以約為紀，曰堅則毀矣，銳則挫矣。常寬容於物，不削於人。可謂至極，關尹、老聃乎，古之博大真人哉！

「本」：源，指萬物的本源，亦即道。「精」：精微，指無形不可見的存在。「粗」：粗迹，指有形可見的存在。「澹」：安。「獨」有二意：（一）特；（二）沒有相對，指混融。「神明」有二意：（一）指道，（二）神聖明王的簡稱，指內聖外王。「關尹」：關令尹，名喜。「太一」：大一，指渾全不割裂的整體，亦即道。「濡弱」：柔弱。「表」有二意：（一）外表，（二）標著。「不毀」：不虛，指實有。「毀」：滅，指虛空。「為實」的「實」：質。「在己」的「己」指道。「無居」指不停滯。「應」：應和。「響」：回聲。「芴乎」：恍惚，指無從以感官知覺進行辨識。「亡」：無。「和」有二意：（一）和諧，

（二）應和。「守」指不離。「谿」：蹊、徯，指通路。「白」指明亮光采。「辱」：屈辱，指不明亮光采。「垢」指屈辱。「有餘」：豐多。「巋」：獨。「徐」：緩，指從容。「費」：耗損。「無為」指順應自然。「笑」指苦笑。「巧」指智巧、工巧。「曲」：屈，指卑屈。「苟」：姑且。「咎」：災禍。「約」：簡約，指（一）樸素的本質，（二）節制、內斂。

認為萬物的本源（道）是精微無形不可見的存在；萬物則是有形可見的存在。認為累積就是不足；安然特別的與道混融，或與神聖明王（內聖外王）同步。古代的道術有屬於這一方面的，關尹、老聃聽聞這種教導而愛好之。用恆常不變的「無與有」建立學說，用太一（道）做為學說的主旨。以柔弱謙下為外表，或以溫柔謙和做為學說的標著。以空虛不滅的萬物做為學說的本質。關尹說：「道不停滯在任何處所或固定狀態，但是任何有形之物，都彰著道的存在。道流動如水，但也靜止如鏡，它如同回聲一般的應和萬物。大道恍惚若無，寂靜若清。與道混同，則與道、與萬物和諧，或相互應和。執著於炫耀獲得則將失去，或執著於炫耀得道則是失道。道從不與人們爭先，而總是順隨人們。」老聃說：「了解雄性的陽剛勇猛，然而不離雌性的安靜溫柔，成為天下的通路。了解明亮光采，然而不曾遠離不明亮光采的屈辱之處，成為天下的河谷。」人人皆爭先，獨獨只有他居後，說承受天下的屈辱。人人都選取實有，獨獨只有他選取虛無，不儲藏累積，所以擁有許多，獨立而豐饒。老聃立身行事，徐緩從容，不耗損心神，依循順應自然的無為準則，感慨人們執著於追逐智巧、工巧而苦笑。人人都追求福，獨獨只有他停留在卑屈之處而獲得保全，說姑且免於災禍。以深遠為根本，以質樸或節制內斂為綱紀，說堅強則將受到損毀，銳利則將遭受折損。總是寬容待物，不刻薄對待人們，可稱為達到極至，關尹、老聃是古代的博大真人。

關於「以本為精，以物為粗」，「粗」並無貶義。試想，互為對照的「精與粗」相依而不離，有「粗」方有「精」之可言，無「粗」則無「精」之可謂，「精與粗」是不可切割的一體之兩面。由於「精與粗」不相離，故知「本與物」也就是「道與物」亦是無從切割。換言之，「精與粗」、「道與物」一體不可分；萬物是道的呈現，「萬物與道」是一體之兩面，恰如「粗與精」互為表裏，是不可切割的「一」而不是二。

大道是不割裂的整全，天地萬物依隨大道，均為無從切割的混融整體之一環。了解於此，那麼人人都將明瞭「我與天地萬物」混融為一，生命充實飽滿，無所欠缺，故無庸特別累積任何物質，也無所匱乏。反之，若無以上的了解，不免誤以為「我」獨立於「天地萬物」之外，又誤以為生命仍有許多欠缺不足，遂有不斷累積物質的行為；如此，則凸顯其人不具有道的整體智慧。換言之，不斷累積物質之人，就是欠缺道的智慧，故記載「以有積為不足」。

關於「獨」，可參看《老子．二十五章》敘述大道「獨立而不改」，獨立是指沒有任何一項存在物與道相對，因為道不離萬物，沒有任何一物在道之外，因此無物與它相對。由此則知，「獨與神明居」指出與道混融為一。由於「道與天地萬物」不曾相離，因此與道混融，就是與天地萬物沒有對立、沒有對待、無待、和諧。換言之，懷藏道的整體智慧，不僅與道混融，也與天地萬物和諧無待，所以生命安適自在，故記載「澹然獨與神明居」。此外，也可由另一面向來了解：回顧本篇之初所記載的「神明」即為神聖明王的簡稱，指向內聖外王，所以「澹然獨與神明居」或許是指同步於內聖外王，亦即自處是「神聖（內聖）」的具體呈現，處人與處事則是「明王（外王）」的具體呈現。

《老子・二章》「有無相生」，指出「有與無」是不可切割的一體之兩面。亦即「有與無」相依而不離。例如：萬物都由「無」變化為「有」，但卻並不固定於「有」，而將再變化為「無」。這是萬物恆常不變的運作法則，老子依據萬物恆常不變的由「無」至「有」，再由「有」至「無」的歷程，抽繹「無與有」來建立學說。故記載「建之以常無有」。

大道是不割裂的渾全，不離於天地萬物，它是無所不包的整體，故稱為「太一」。

實有的萬物都由「無」（虛）而來，亦即「虛」並非恆常固定在虛空，而將變化為萬物之「實有」，但是萬物卻也並非恆常固定在「實有」，而將再次變化為「虛無」。如此循環反復，流動不已，即為萬物的本質，也就是前述之「常無有」。換言之，以萬物恆常不變的由「無」至「有」，再由「有」至「無」的流動歷程，做為學說的本質，故記載「以空虛不毀萬物為實」。

萬物都由「無」變化為「有」，再變化為「無」，遷流不已，遂有道的呈顯，亦即不斷變動的歷程彰著道的真實存在。因此，道雖然並不呆滯在任何處所或狀態，但是卻可在任何處所、任何狀態的存在物中都看見道，故記載「在己無居，形物自著。」

道流動變化，如水之無所不至；但它並非恆常固定於「動」，而有安靜的另一面。亦即道由「動」而「靜」，由「靜」而「動」，遷流不已，故記載「其動若水，其靜若鏡。」

關於「其應若響（回聲）」，可先思考：有「音」則必有「響」（回聲），亦即「音與響（回聲）」相依而不離，是不可切割的一體之兩面。由此則知「其應若響」揭示大道宛若

「音」，以它不可切割的另一面「響」（回聲）來應和萬物。換言之，道以不可切割的渾全整體之另一面，應和萬物。也就是《老子．四十章》「反者道之動」。例如：以「生、動」應和萬物之「死、靜」，遂使萬物並非恆常固定在「死、靜」，而有「生、動」的活潑動態。

大道具有變動不居的特質，由於它不固定於任一狀態，因此人類無從藉由感官對它進行認知，故以「芴乎」恍惚稱之。若勉強描述，亦可稱之為：若無似有、非有非無。

如果僅觀「寂乎若清」的文字表面，似乎是大道停滯在寂靜；然而〈刻意篇〉「水之性，不雜則清，莫動則平；鬱閉而不流，亦不能清。」指出水並非始終固定在不流動的狀態，而是順應自然，變動不居，由靜而動，由動而靜，不呆滯固定隅落，所以呈現水清。由此則知「寂乎若清」的意涵不在字面，不是大道呆滯在寂靜，而是靜不離動，有所遷流，遂呈現如水之清。這也同時呼應「其動若水，其靜若鏡」的義理。

「同焉者和」指出與大道混同，也就是順應自然，則將水到渠成地獲得和諧與應和。

由於大道以不可切割的渾全整體之另一面，應和萬物；亦即前述「其應若響」，也就是以「反者道之動」的運作，應和萬物。因此執著於炫耀「得」，則將反向流動變化為一體不可分的「失」，故記載「得焉者失」。此外，也可由另一面向來了解：前述「同焉者和」之人，若自認「得」道，炫耀而不知內斂，呆滯在固定隅落，悖離大道不執著的流動本質，誠然不具有道的智慧，則是「失」道。

「未嘗先人，而常隨人」，指出大道順應自然，也就是順隨萬物的天性。此外，這二句也是「濡弱謙下」的具體呈現，亦即大道總是順隨萬物的變動，並不居先。不過，更進一層而言，大道的運行與萬物混融、無所區隔，因此並無「先」或「不先」之可謂，而是和諧相隨；亦即大道「隨人」的同時，必定也是人「隨道」。簡言之，「道與人」相依相隨。

對於「雄與雌」，常識認為「雄」之剛強佔優勢，「雌」之溫柔居劣勢，所以選取前者，捨棄後者，偏執一端。然而老聃並不偏頗任一隅落，因為他了解互為對照的「雄與雌」是不可切割的一體之兩面，所以融「雌雄」於一懷。亦即懷抱「雄與雌」混融的整體智慧，以整體待命，視時機需要，可適時由「雌」流動為「雄」，或由「雄」流動為「雌」。換言之，大道有時表現為「知其雄，守其雌」，但有時表現為「知其雌，守其雄」，或「知其雌雄，守其雌雄」，往來自如，無所阻滯，故為天下的通路。

《老子・二十八章》記載「知其白，守其黑；知其榮，守其辱。」但是莊子在此精簡為「知其白，守其辱」，至於其義理與「知其雄，守其雌」相仿。亦即常識認為「白（明）與黑（暗）」、「榮與辱」互斥，偏執「明、榮」之光采，排斥「暗、辱」之卑屈。然而老子了解互為對照的「白（明）與黑（暗）」、「榮與辱」是不可切割的一體之兩面，因此以整體智慧，兼融「明與暗」、「榮與辱」於一懷，既不偏執「白、榮」，也不排斥「黑、辱」，所以成為天下谷，呈現大道無所排斥的整體性。

對於「先、後、虛、實」，人們都執著「先、實」，排斥「後、虛」；但是老聃不排斥「後、虛」，這是因為他立足渾全不割裂的大道，明瞭互為對照的「先與後」、「實與虛」是不可切割的一體之兩面，「後」不曾離「先」，「虛」亦不曾離「實」。因此縱然居「後、虛」，也必定擁有「先與後」、「實與虛」的整體；而且明瞭「我與天地萬物」混融為一，生命豐富飽滿，故無庸額外累積，也無所匱乏，故記載「人皆取先」至「無藏也故有餘」。

老聃「巋然」獨立的義理，相同於《老子·二十五章》「獨立而不改」，該章之「獨立」是指沒有任何存在物與道相對立，這是因為道不離萬物，沒有任何一物在道之外，因此無物與它對立。至於老聃則是懷抱道的整體智慧，與天地萬物混融為「一」，因此沒有任何一項存在物與他相對立；同時也因為他與萬物不相離，所以生命飽滿豐饒，故記載「巋然而有餘」。至於「取虛」而「有餘」，則是因為「虛與實」一體不可分，「虛」流動變化為「實」之故。這即為《老子·四十章》「反者道之動」的運作。

「其行身也」至「無為也而笑巧」，指出依循順應自然的無為準則，當為則為，不當為則不為，所以行止從容而不至於勞神損心；反之，如果不依循順應自然的無為前提，強行推動己意，追逐智巧、工巧，雖自以為巧，但必定極度耗損心神。然而人們未能覺察於此，依然執著於追逐智巧、工巧，老子遂感慨而不免苦笑，故記載「笑巧」。

「人皆求福」至「苟免於咎」，指出人們執著「福」，排斥「卑屈」，但是老聃不排斥「卑屈」，這是因為他明瞭「禍與福」一體不可分。亦即《老子·五十八章》「禍兮福之所倚，福兮禍之所伏。」禍與福是不可切割的一體之兩面，因此在「反者道之動」（《老子·四十章》）的運作中，「福」流動變化為「禍」；至於停留在眾人厭惡的卑屈之處，不追求福，也就是捨棄福，則同時捨棄「福」不可切割的另一面「禍」。此時，若與求「福」而得「禍」之人併觀，則不受災禍，獲得保全，也就是得福而「免於咎」。

換言之，老聃秉持大道不執著的流動特質，順應萬事萬物不斷變化，明瞭「高」或「卑」

都是流動變化的歷程中，必將呈現的眾多面相之一，所以對任何狀態都無所執著也無所排斥，因此不同於大眾，不排斥卑屈。

大眾通常認為「堅、銳」可常保勝利，不受摧折，因此竭力執著「堅、銳」。但是「無動而不變，無時而不移」（〈秋水篇〉），萬事萬物不斷變化，沒有恆常不變的「堅、銳」。亦即「堅、銳」將在「反者道之動」（《老子・四十章》）的遷流中，變化為「不堅、不銳」，屆時則不免遭受折損。因此，若以「堅、銳」為例，明瞭它們將流動變化為「不堅、不銳」，就是具有深度的觀察與思考，也就是察見隱藏在「堅、銳」表象之內的不可切割的另一面「不堅、不銳」。以此，則不執著「堅、銳」，而是節制內斂，這就是「約」的質樸與節制，故記載「以深為根」至「銳則挫矣」。

「常寬容於物」至「古之博大真人哉」，指出關尹、老聃明瞭「堅則毀矣，銳則挫矣」，並且適時實踐「濡弱謙下」，因此寬容而不苛薄。至於「至極」則可了解為：順應自然以及與道同步。

本段敘述揭示關尹、老聃的學術思想，不離大道的整體性，與「神明」（神聖明王、內聖外王）同步。

寂漠無形，變化無常。死與生與？天地並與？神明往與？芒乎何之？忽乎何適？萬物畢羅，莫足以歸，古之道術有在於是者，莊周聞其風而悅之。以謬悠之說，荒唐之言，無端崖之辭，時恣縱而不儻，不以觭見之也。以

天下為沉濁，不可與莊語。以卮言為曼衍，以重言為真，以寓言為廣。獨與天地精神往來，而不敖倪於萬物，不譴是非，以與世俗處。其書雖瓌瑋，而連犿無傷也。其辭雖參差，而諔詭可觀。彼其充實不可以已，上與造物者遊，而下與外死生、無終始者為友。其於本也，弘大而辟，深閎而肆。其於宗也，可謂調適而上遂矣。雖然，其應於化，而解於物也。其理不竭，其來不蛻，芒乎昧乎！未之盡者。

「寂漠」指無形。「死與、生與、並與、往與」的「與」：歟，疑問詞。「神明」：神聖明王的簡稱，指內聖外王。「往」：歸向。「芒乎」：恍惚，指無從以感官知覺進行辨識。「何之」：何往。「適」：去。「畢」：都。「謬悠」：虛遠不實。「荒、唐」：都是大。「無端崖」：無邊際。「恣縱」：放任，指不受拘束。「儻」：黨，指偏私、偏執。「觭」：角，指局部、片面。「見」：現，指呈現。「以天下」的「以」有二意：（一）謂，亦即以為、認為；（二）因為。「莊」：端正，指嚴肅。「卮言」有二意：（一）學者通常認為是無心之言；（二）王叔岷先生認為是渾圓之言，指言談依隨自然，如同圓一般地流動。「曼衍」有二意：（一）無窮，（二）推衍。「重言」指借用重量級古人的言談。「寓言」指假託於他人的言談。「獨」有二意：（一）特；（二）沒有相對，指混融。「天地精神」：兼指道以及變。「敖倪」：傲視。「譴」：責問。「瓌」：宏大。「瑋」：奇特。「連犿」：宛轉，指流動。「參差」：不齊，指多變。「諔詭」有二意：（一）奇特，（二）滑稽。「彼」：

其，兼指莊子與他的學說。「已」：停止，指抑制。「造物者」兼指自然與道。「遊」指同一節奏、韻律、步調。「闢」：開，指大。「閎」：大。「肆」有二意：（一）極，（二）大。「調適」：適切。「遂」：達。「蛻」：蟲皮，指形迹。「昧乎」：恍惚。

沒有形體，不斷流動變化而不固定。道有生、死可言嗎？天地並存在其中嗎？神聖明王（內聖外王）歸向它嗎？道恍惚將往何處？飄忽將去何方？萬物全都包羅在其中，但它卻無可歸屬，古代的道術有屬於這一方面的，莊周聽聞這種教導而愛好之。用虛遠不實的敘說，廣大的言談，無邊際的辭語，時時放曠不受拘束而無所偏執，不以局部、片面呈現它。莊子認為天下沉滯混濁，或因為天下處於沉滯混濁的狀態，所以不宜對他人敘說端正嚴肅的談論。運用卮言做為無窮的推衍；運用重言使他人信服、相信為真實；運用寓言做為推廣。特別地與道（變）相互來往，或與道（變）混融；但是並不傲視萬物。不責問是非，以與世俗大眾相處。莊子書雖然宏大奇特，但是宛轉陳述，未損傷道（變）。文辭敘述雖然變化多端，但是奇特滑稽，頗有可觀之處。莊子與他的學說，內涵飽滿充實，不可自我抑制，遂向外發散；向上發散，與自然、大道同步；向下發散，與不被生死束縛、忘卻終始之人做朋友。莊子學說的根本，宏大而開闊，深遠而廣大。宗旨則可稱為適切而向上通達。莊子學說雖然理論廣遠，但是順應變化，可解脫物的束縛。他學說的道理不窮竭，但是他的學說從何而來，卻是了無形迹。恍恍惚惚呀，沒有窮盡。

天地之中，一切皆不斷地改變，然而「變」卻是不曾改變的恆常法則；大道就是以不執著的流動特質，順應萬物的變化，遷流不已，不固定在任何狀態或形象，所以稱它為「寂漠」。「無常」指出道不斷改變；換言之，「無常」就是它的「常」態。

「死與生與？」至「忽乎何適？」均為非肯定敘述，或許在此運用疑問語進行書寫，而不使用肯定敘述，就是凸顯道不斷流動變化，不呆滯任一隅落，不固定為任何狀態或形象的特質。

學者通常都認為「神明」指道；不過，也可能是本篇之初所記載「神聖明王」的簡稱，指向內聖外王。換言之，「神明往與」是提問：神聖明王（內聖外王）自處或處人處事，是否均為與道同在、與變同步。雖然莊子在此的敘述是疑問語，但是綜觀本段記載，可知答案是肯定的。

「莫足以歸」，指出道無可歸屬。這是因為它不斷變動，因此無從將它歸屬於任何物類、現象或學派。另外，也可了解為：萬物混融為「一」，無物在此「一」之外，無物與此「一」相對立，此「一」誠然無可歸屬。

莊子運用「謬悠、荒唐、無端崖」的敘述，繼承上述大道變動不居的義理，並以此建立學說，他所論述的內涵即為道（變），所以看似「恣縱」不受任何拘束，而且「不儻」無所偏執的不斷流動。他的學說不僅只是呈現道（變）的局部或片段，而總是呈現道（變）的完整全貌，故記載「不以觭見（現）之也」。

「以天下為沉濁，不可與莊語」，指出戰國時代不僅天下戰爭頻繁，各國國君也幾乎都以嚴刑峻罰約束民眾，因此人們的精神沉痛鬱悶，無意聆聽嚴肅的談話，所以莊子明瞭不宜使用嚴肅的論述著書。此外，也可了解為：當時天下停滯在戰爭與虐政的固定狀態，未能依循大道恰如其分的流動變化，故記載「沉濁」。

「以卮言為曼衍」至「獨與天地精神往來」，指出莊子運用「卮言、重言、寓言」等三言著書，與道（變）同步，不執著，不呆滯，依隨道（變）而不斷遷流。

由於「萬物與我為一」（〈齊物論篇〉），所以在「物我為一」的整體中，無從進行任何比較，也不可能傲視任何存在物，故記載「不敖倪於萬物」。至於「不譴是非」不責問是非，並不是沒有原則，而是明瞭一切都在改變中，沒有恆常不變的「是」或「非」。

「其書雖瓌瑋」至「諔詭可觀」，指出三言與道（變）同步；亦即莊子的敘述依隨道（變）而不斷流動，因此也就不至於損傷道（變），故記載「連犿無傷」。至於文辭「參差」多變，就是因為與道（變）同步之故。

「外死生、無終始」的意涵不在字面，不是沒有生、死、始、終，而是指出不斷變動，既不呆滯在「生、始」，也不停留在「死、終」；亦即在「生與死」、「始與終」的整體中，遷流不已，無所固定。

再看「上與造物者遊，下與外死生、無終始者為友。」由於「上下」一體不可分，所以莊子既然與「造物者（自然、道）」同步，且與「外死生、無終始者」為友，那麼即可推知「造物者、莊子、外死生、無終始者」均不曾相離，他們混融為一而不是二。

「其於本也」至「可謂調適而上遂矣」，揭示莊子的學說本於順應自然，並且敘述生命的真實，以及人們所存活的環境之真實，所以是「調適」適切。不過，莊子學說並非僅只是「上遂」通達於上，而是通達於四面八方，吻合於「真實」。

「雖然」至「解於物也」，指出莊子學說不僅只是理論廣大深遠，令讀者驚歎，更且他的理論並不空泛而可落實於生活中。如果運用並且實踐他的理論，也就是與變同步，則可成為不被「物」束縛的自由人。不過，「解於物」並非消滅「物」，亦非遠離「物」，而是解消與任何存在物的對立，進而獲得沒有對立、沒有對待、無待、絕待的精神自由。此外，也可由另一面向來思考：莊子學說依隨萬物變動的本質，亦即與變同步，故可在萬物的流變運行中，被理解。換言之，「解於物」的「解」是理解之意，如果理解萬物不斷變動的本質，即可明瞭莊子學說。

明瞭以上的義理，再看「其理不竭」至「未之盡者」，則知莊子學說並不從任何它處而來，而是來自生命的真實，以及人們所存活的環境之真實。

本段敘述莊子的學術思想，本於大道變動不居的特質以及渾全不割裂的整體性，「神明」（神聖明王、內聖外王）自處或處人處事，也都歸向之。

惠施多方，其書五車，其道舛駁，其言也不中。歷物之意，曰：「至大無外，謂之大一；至小無內，謂之小一。無厚，不可積也，其大千里。天與地卑，山與澤平。日方中方睨，物方生方死。大同而與小同異，此之謂小同異；萬物畢同畢異，此之謂大同異。南方無窮而有窮。今日適越而昔來。連環可解也。我知天下之中央，燕之北、越之南是也。氾愛萬物，天地一體也。」惠施以此為大，觀於天下，而曉辯者。天下之辯者相與樂之。卵有毛，雞

三足，郢有天下，犬可以為羊，馬有卵，丁子有尾，火不熱，山出口，輪不蹍地，目不見，指不至，至不絕，龜長於蛇，矩不方，規不可以為圓，鑿不圍枘，飛鳥之景未嘗動也，鏃矢之疾而有不行不止之時，狗非犬，黃馬驪牛三，白狗黑，孤駒未嘗有母，一尺之捶，日取其半，萬世不竭。辯者以此與惠施相應，終身無窮。

「方」：術，指學術。「舛駁」：駁雜。「歷」：偏。「卑」：低。「方中、方睨、方生、方死」的「方」：都是時間副詞，相當於正在。「睨」：日斜。「與小同異」的「與」：許，指允許、容許。「畢」：都。「適」：至。「觀」：示，指顯示。「卵」：蛋，例如雞蛋、鳥蛋。「郢」：楚國國都，在今湖北省江陵縣。「丁子」：蝦蟆，即土蛙。「指」：指稱。「絕」：斷。「長」有二意：（一）長壽，（二）長度。「矩」有二意：（一）畫直角或方形的矩尺，（二）方形。「規」：畫圓的工具，亦稱圓規。「鑿」：孔。「枘」：納入鑿孔中的榫頭。「景」：影。「鏃矢」：箭。「疾」：急。「止」：停。「孤」：無父。「捶」：木杖。「取」：折取。「世」：三十年。

惠施研究的學術頗多，著作可裝滿五輛車，他的學說駁雜，言論不當。惠施偏述事物的意義，說：「極其之大，沒有外可說，稱為大一。極其之小，沒有內可言，稱為小一。沒有任何厚度，也不可累積，但可擴展為千里之廣大。天與地一樣低，或天與地齊。山與澤一樣平。日正當中就偏斜。萬物一有生命就邁向死亡。大同但是容許小同、小異的存在，這稱為小同異。萬物全都相同也全都相異，稱為大同異。南方沒有窮極，但卻有窮極。今天到越國但昨天就已來到。連環可以解開。我知曉天下的中央，就是燕國的北方、越國的南方。普徧愛護萬物，因為天地是無從切割的整體。」惠施認為上述談論是偉大的道理，顯示於天下，告訴好辯之人。天下的好辯之人也都喜歡這些論述。蛋有毛羽，雞有三隻腳。楚國的郢都，包含天下。犬可以成為羊，馬有蛋，蛙有尾，火並不熱，山有口，車輪並未踩過地面，眼睛看不見，指稱不到達存在物，但卻也是不斷的到達。烏龜比蛇長壽，或烏龜的身形比蛇長。畫直角或方形的矩尺，所畫之圖形（方形），並不方。圓規不可畫圓，鑿孔並不包圍納入孔中的榫頭，飛鳥的影子靜止而未曾動。急速的箭矢，卻有不前行、不停止的時刻。狗不是犬，黃馬與驪牛是三個存在物，白狗是黑色。無父的馬也未曾有母。一尺的木杖，每天取去它的一半，萬世都取之不盡。辯者用上述的談論，與惠施相應和，終身不停止這些敘述。

學者通常認為本篇保存的「惠施、天下之辯者」的敘述，太過於偏離常識；但是莊子之所以保存，或許就是察見這些敘述可與大道的意涵相呼應，所以本書在此即以老子、莊子揭示的大道義理為基礎，進行說明。

先看「至大無外」至「謂之小一」。由渾全不割裂的大道觀之，互為對照的「外與內」具有不可切割的整體性，有「外」方有「內」，無「外」則無「內」，亦即「外與內」是無從切割的一體之兩面。以此則知，至大既然「無外」，那麼也就「無內」；同理，至小不僅「無內」，而且「無外」。換言之，至大、至小均為「無內無外」，具有相同的性質。

其次，再針對「大、小」進行思考。「大與小」的性質恰如「外與內」，也是相依不相離，有「大」方有「小」可說，無「大」則無「小」可說，「大與小」也是一體不可分；那麼「至大與至小」亦然，有「至大」方有「至小」可說，無「至大」則無「至小」可說，「至大與至小」也是相依而不離。

由此可知「大一與小一」並不互斥而是同存同在。例如：道與天地萬物同在，它是「至大」，然而它與天地萬物混融，並無內、外可說。同時，道也是小，《老子．三十四章》「常無欲，可名於小」，指出大道總是順應萬物的天性本質，無欲無私；也就因為無欲無私，所以宛若並不存在，因此無物小於它，它不僅是「小」也是「至小」。因此，可稱大道為「至大」，也可稱「至小」，由於它與萬物混融，並無內、外可說，所以是「無外」也「無內」。

「無厚，不可積也」指向無形，無形則無大小可說；反之，若可描述某項存在之大小，例如「其大千里」，那麼即為有形之存在。故知「無厚，不可積也，其大千里」，指出無形變化為有形。如以道來了解，《老子．二十一章》「惚兮恍兮，其中有象；恍兮惚兮，其中有物。」指出大道雖然無形質，但並非恆常固定於「無」，而將流動變化為有形質；也就是《老子．二章》「有無相生」，亦即「有與無」一體不可分，二者同存同在；而且由於道涵容萬物，它是至大，故可稱「其大千里」。因此，可稱大道為「無厚，不可積也，其大千里。」

常識認為天高地卑，但是立足渾全不割裂的大道，則知「天與地」是無從切割的整體，「天」不可獨立於「地」之外，「地」也不可能獨立於「天」之外。既然「天與地」一體不可分，因此若稱「地」卑，那麼「天」亦是卑；同理，若指稱「天」高，那麼「地」亦是高。所以不僅可稱「天與地卑」，也可稱「地與天高」。換言之，「天與地」齊一，並無高低之別。

「山與澤平」的意涵，與上一句「天與地卑」相仿。雖然常識認為山高澤平，但是立足渾全不割裂的大道，則知「山與澤」是天地萬物無從切割的混融整體中的一部分，因此若稱「澤」平，那麼「山」也是平；同理，若指稱「山」高，那麼「澤」也是高。所以不僅可稱「山與澤平」，也可稱「澤與山高」。質言之，「山與澤」恰如「天與地」之齊平，並無高低之別。由此可知，以道觀之，即為「天與地卑，山與澤平」。不過，更進一層而言，也可說：以道觀之，並無「天、地、山、澤、高、低、卑、平」之分。

常識認為正午時分的陽光，不同於日薄西山的斜陽。但是以整全不割裂的大道觀之，「日中與日西」不可能各自獨立，而是無從切割的整體。故敘述「日方中方睨」。

「物方生方死」的意涵，與「日方中方睨」相仿。雖然常識認為「生、死」有別，而且執著「生」，排斥「死」。但是以道觀之，有生必有死，「生與死」是不可切割的一體之兩面，故敘述「物方生方死」。由此可知，常識認為各不相同的日中、日西、生、死；以道觀之，即為「日方中方睨，物方生方死」。「方」不僅揭示整體之意涵，也同時揭示整體具有流動、不斷變化的特質。

再看「大同而與小同異，此之謂小同異。」通常學者都認為「與」是連詞，相當於「和」，亦即認為這二句敘述指出大同和小同有所相異，稱為小同異。然而如此之了解，甚是怪異，因為既然是「大同」那麼焉有可能與「小同」有異？有鑑於「與」也有「許」之意，亦即容許、允許，以此則可了解為：大道是不割裂的整全，萬物依隨大道，都是無從切割的連續性整體中的一環，因此萬物並無高下之別而是齊同平等，故為「大同」；然而在這無從切割的混融整體中，卻有形形色色、各具特質的萬物萬象，它們或同或異，則是「小同」、「小異」。換言之，以道觀之，萬物皆同，這是「大同」，但是並非使萬物都成為某一固定樣貌，而是容許萬物各自呈現或同或異的特色，遂有「小同」、「小異」之繽紛，故可稱「小同異」。

「萬物畢同畢異」的意涵，與前述「大同而與小同異」相仿。雖然常識認為萬物各自不同，但是萬物依隨大道，混融為一，在大道中，萬物並無高下之別而是齊同平等，故為「畢同」；然而大道並非使萬物都成為某一固定樣貌，而是順任萬物各自呈現殊異的特色，遂有森羅萬象的「畢異」。換言之，立足大道則可同時察見萬物「畢同畢異」的全貌。遺憾的是，常識只見「異」不見「同」，只見局部之片面而未能察見完整的全貌。簡言之，以道觀之，萬物即為「畢同畢異」，故可稱「大同異」；也就是無論「小同異」或「大同異」，都指出「同與異」並存並在，不互斥對立。

常識認為「無窮、有窮」互斥不並存；但是立足渾全不割裂的大道，則知互為對照的「無窮與有窮」相依而不離。亦即有「有窮」，方有「無窮」可說；反之，若無「有窮」，則「無窮」不能成立。因此當人們指稱「無窮」時，腦海中必然存在著「有窮」的概念，否則不可能指稱「無窮」；亦即「無窮與有窮」未曾須臾相離。所以如果指稱南方「無窮」，那麼在人們的意念中，「有窮」必然同存並在，故可敘述「南方無窮而有窮」。

常識認為「今、昔」有別，也就是時間有「過去、現在」的分別；但是依隨渾全不割裂的大道，則知「今與昔」、「過去與現在」一體不可分。所以如果指出「今日適越」，則如同「昔日適越」，故可說「今日適越而昔來」。此外，也可由另一面向來了解：人們通常認為唯有有形之物，例如人類的血肉之軀，才有「適」與「來」可言；如此，則是將「適」與「來」侷限在有形可見之狀態。然而「適」與「來」並不僅止於有形，也可以是無形之「適」與「來」，例如：意念的「適」與「來」。所以如果指意念的「適」與「來」，即可敘述「今日（人）適越而（意）昔來」。

常識認為連環不可解，並且認為「可解、不可解」互斥不並存；但是人們之所以指稱「不可解」，必然是因為腦海中業已存在「可解」之概念，否則無從指稱「不可解」；亦即「可解與不可解」未曾須臾相離，它們是無從切割的一體之兩面。所以如果指稱連環「不可解」，那麼在人們的意念中，「可解」必然相依相隨，因此不僅可描述「連環不可解」，也可描述「連環可解」。此外，也可由另一面向來了解：人們以「拆解」定義「解」，並且以這項固定的定義為基準點來觀察連環，遂指連環「不可解」。然而，如果不執著於這項固定的定義，而是明瞭連環所呈現的物象，就是它的自然狀態，因此遵循順應自然、萬物各得其所的前提，則知連環並無「可解」或「不可解」之可說。那麼雖然可以敘述「不可解」，但也可敘述「可解」，以彰顯連環沒有「可解」或「不可解」之可說。

繼續看「我知天下之中央，燕之北、越之南是也。」常識認為「南、北」有別，也就是空間有「南、北」的分別；由於燕國位居河北，越國位居浙江，因此併觀兩國，則將認為前者在北，後者在南；至於「燕之北」、「越之南」更是一為北方、一為南方，二者都是邊陲，都不是天下的中央。然而，立足渾全不割裂的大道，則知天下是不可切割的整體，若不強硬劃分區域，即無中央或邊陲可說；而且縱然強硬劃分區域，指稱某地是中央或邊陲，但是「中央與邊陲」仍是不可切割的整體，仍然相依不相離。因此不僅可說「燕之北、越之南」是天下的中央，也可說「燕」是天下的中央，「越」也是天下的中央。

由於有「愛」便不免有偏私，因此如果對萬物全體沒有任何偏私，一視同仁，則可敘述「氾愛萬物，天地一體也。」此外，這二句敘述的意涵，也呼應：天地萬物依隨大道，混融為一。

以上「至大無外」至「天地一體」，是莊子自惠施「五車」的著作中所選錄的些許敘述，雖然莊子指出惠施「其道舛駁，其言也不中」，但是經本書之闡釋，可以了解這些敘述均可視為是對大道意涵的舉例說明。換言之，或許莊子就是認為「至大無外」至「天地一體」，不是「其道舛駁，其言也不中」，所以將這些敘述保存於書中。

人們在現實生活中，觀察雞蛋、鳥蛋並無毛羽。然而經過母雞、母鳥之孵化，雞蛋、鳥蛋將產出小雞、小鳥，則有羽毛。亦即「卵」雖然無毛，但它來自有羽毛的母雞、母鳥，並且將再次變化為有羽毛的小雞、小鳥，因此指稱「卵無毛」的同時，也可說「卵有毛」，以呈現「卵」變化發展的完整全貌。

現實生活中，雞為二足，並非三足。然而在此可先將注意力聚焦於「數字」。試想，數字「二」之所以成立，並且具有「二」的意涵，是因為它在一系列的數字行列中。例如「二」必須在「零、一、二、三、四……十……百……千……」的數字行列中，方才具有「二」的意涵；設若將「二」由上述的數字行列中切割出來，使「二」獨立於上述的數字行列之外，則它將不具有任何意義。換言之，「二」與「零、一、二、三、四……十……百……千……」的數字行列中的任何數字均不可切割。以此則知，人們雖然敘述「雞二足」，但是「零、一、二、三、四……十……百……千……」的數字行列卻不曾遠離「二」，此數字行列中的每一數字均與「二」相依相隨。因此，除了敘述「雞二足」之外，也可敘述「雞百足」，或「雞三足、雞一足」。

常識認為天下的範圍「大」，郢的範圍「小」，天下包含郢，也就是「天下有郢」，並非「郢有天下」。然而「天下」是無從切割的整體，不可能將郢由其中切割出來，亦即郢不可能獨立於天下之外，那麼「郢與天下」即為一體不可分。換言之，「郢與天下」不曾須臾相離，因此，不僅可敘述「天下有郢」，同時也可敘述「郢有天下」，以彰顯「郢與天下」的整體性。

人人皆知「犬」與「羊」是不同的物種，「犬」不可能成為「羊」。然而任何一隻「犬」皆非恆常固定為犬，例如：當犬死去，軀體腐朽，融入土壤中，土壤吸收其骨血，長出青草；當羊吃下青草，那麼「犬」的軀體也就進入「羊」的身軀內，此時則可稱「犬」成為「羊」。亦即「犬可以為羊」就是〈寓言篇〉「萬物皆種也，以不同形相禪。」萬物誠然為千千萬萬不同的物種，但是不同的物種之間，並無永恆不可跨越的界線，萬物如同食物鏈一般地相互流通，雖然此時是某一物種，但是都將變化為另一物種，以其它的形貌繼續存在。

「馬有卵」的義理，與「犬可以為羊」相仿。人人皆知「雞、鳥」有卵，「馬」並無卵。但是任何一匹「馬」皆非恆常固定為馬，例如：當馬死去，軀體腐朽，融入土壤中，土壤吸收其骨血，長出穀物；雞、鳥吃下穀粒，生出「卵」，那麼此時則可敘述「馬有卵」。

蛙由幼蟲蝌蚪變化育成，雖然蛙無尾，但是蝌蚪有尾。因此，如果不僅只觀察蛙，而是觀察蝌蚪生長變化為蛙的完整歷程，則知蛙之「無尾」涵藏蝌蚪之「有尾」，亦即蛙「無尾而有尾」，因此可描述「丁子（蛙）有尾」。至於蝌蚪之「有尾」，則涵藏蛙之「無尾」，亦即蝌蚪「有尾而無尾」，因此可描述「蝌蚪無尾」。此外，更進一層言之，「丁子（蛙）有尾」並不僅只指出有尾或無尾，而是指出「蝌蚪至蛙」、「有尾至無尾」的變化歷程是不可切割的整體，亦即「蝌蚪與丁子（蛙）」是一而不是二。

「火」以它的自然本質存在於天地之間，人類則是以人為中心，認為火的溫度高，遂指稱火「熱」。但是天地的運作並非以人為中心，因此，回到火的本質，則知並無「熱」或「不熱」可說，故可描述「火熱」，也可描述「火不熱」，以彰顯火的本質沒有「熱」或「不熱」可說。

以日常生活經驗觀之，動物有口，但是「山」無口。然而「山」之土壤長出許多植物，動物們吃下植物，例如「牛」吃青草，因此「山」便進入動物（牛）的身軀，成為動物（牛）的一部分，由於動物（牛）有口，因此可指稱「山出口」。亦即這句敘述的義理與〈寓言篇〉「萬物皆種也，以不同形相禪」相仿，也是惠施「天地一體」意涵之衍生。

「輪不蹍地」的義理，與《老子．二十七章》「善行無轍跡」相仿。亦即車輪雖然蹍過地面，但是地表仍有未被車輪蹍過之處；也就是觀察地表完整的全貌，則知「蹍地與不蹍地」並存。換言之，「蹍地與不蹍地」是不可切割的整體，未曾須臾相離。所以胸懷整體者，既見「蹍地」亦見「不蹍地」，故可言「輪蹍地」，亦可言「輪不蹍地」；無論如何敘述，均不離「蹍地與不蹍地」之整體。

立足大道的整體性，則知互為對照的「見與不見」是不可切割的一體之兩面，亦即「見與不見」未曾須臾相離。例如：眼睛能見眾多存在物，但是不能見「眼睛」。又例如：眼睛能見眾多存在物在變化的歷程中，所呈現的不同物象，一朵玫瑰由花苞至盛開再至凋零的過程，眼睛能見其間所呈現的不同物象，但是卻不能看見「變」。換言之，眼睛之所見，僅為天地萬有整體中的一部分，眼睛必然無法目見萬有之全貌。因此雖然可描述「目見」，但也可描述「目不見」；無論如何敘述，均不離「見與不見」的整體。

「指不至」的意涵可藉下例來了解，例如：語言文字不等於「物」，而只是指向物，故可描述「指不至」。亦即語言文字不等於「真實」，只是指向真實，然而讀者如果善於領悟字裡行間蘊藏的意旨，而不僅只停滯在語言文字，則可由語言文字跳躍至真實。以此，則可不斷的藉著語言文字到達真實，了解真實。故可描述「至不絕」。

「龜長於蛇」的意涵如果是烏龜比蛇長壽，那麼就是大眾皆知的常識；如果是指烏龜的身形比蛇長，則與常識相反，因為人人皆知蛇的身形「長」，龜的身形「短」，所以是「蛇長於龜」，並非「龜長於蛇」。然而，在此應當思考：萬物都是以與生俱有的自然本質，存在於天地之間，本就是齊同平等，而無長、短可說；亦即〈秋水篇〉「以道觀之，物無貴賤。」可歎常識僅觀察表象而未能併觀本質，只見烏龜與蛇的身形，遂認為「蛇長於龜」；所以，不妨將常識予以翻轉，反向指稱「龜長於蛇」，以凸顯常識只見表象，未見本質的缺漏，以此敦促讀者思考並了解：不僅只觀察龜與蛇的身形，而是併觀牠們的天性本質，則知並無長、短可說，而都是「不長不短」。

以日常生活經驗觀之，畫直角或方形的矩尺，所畫之圖形，就是「方」。常識認為「方與不方」互斥不並存，然而常識的觀察未盡透澈，試想：「方」之成立，必須有「不方」做為襯托，否則將無「方」可說。例如：若指稱某一物象為「方」，那麼必然是周遭有「不方」（例如：圓、三角形）之襯托。換言之，「方與不方」必然相依相隨，它們是不可切割的整體。因此，雖然常識指稱「矩」是「方」，但也可敘述「矩不方」，以凸顯「方與不方」一體不可分的整體性。

「規不可以為圓」的意涵，與「矩不方」相似。由日常生活經驗觀之，圓規所畫之圖形，就是「圓」，亦即「規可以為圓」；至於圓規不能畫方形，也就是不能畫「不圓」，所以是「規不可以為不圓」（例如：方）。然而，有鑑於「不圓」之成立，必定有「圓」做為襯托，否則將無「不圓」可說，亦即「不圓與圓」相依相隨，是不可切割的整體。因此雖然可指稱「規不可以為不圓」（例如：方），但也可敘述「規不可以為圓」，以彰顯「圓與不圓」的整體性。另外，常識認為「規可以為圓」，然而正因圓規畫出「圓」，以致凸顯「不圓」（例如：方），因此也可敘述「規可以為不圓」，也相同的凸顯「圓與不圓」一體不可分的整體性。

以日常生活經驗觀之，枘置入鑿孔之中，當然被鑿孔包圍，並非不被鑿孔包圍。但是立足渾全不割裂的大道，則知互為對照的「圍與不圍」相依而不離。亦即有「不圍」，方有「圍」可說；反之，若無「不圍」，則無「圍」可說。因此人們指稱鑿孔「圍」枘的同時，腦海中必然存在著「不圍」的概念，亦即「圍與不圍」必定相依相隨，未曾須臾相離。故不僅可敘述「鑿圍枘」，也可敘述「鑿不圍枘」，以凸顯「圍與不圍」一體不可分的整體性。

以日常生活經驗觀之，飛鳥的影子是「動」而非「靜止不動」。然而「鳥之影與鳥」是不可切割的整體，鳥飛則「影」亦動；不過，鳥並非恆常固定於飛動，當它靜止不飛之時，鳥之影亦為靜止不動。亦即依隨渾全不割裂的大道，則知「飛與不飛」、「動與靜」並存於鳥之一身，它們是不可切割的整體，不可能消滅其中的某一狀態，也不可能僅有另一狀態獨存。因此，常識雖然認為飛鳥之影是「動」，但也可描述飛鳥之影是「靜」、是「未嘗動」，以凸顯「飛與不飛」、「動與靜」一體不可分。此外，也可描述靜止不飛的鳥影是「動」，也相同的彰顯「飛與不飛」、「動與靜」的整體性。

「鏃矢之疾而有不行不止之時」的意涵，與前句「飛鳥之景（影）未嘗動」相似。由日常生活經驗觀之，急速射出的鏃矢是「行而不止」，並非「不行不止」。然而如果觀察鏃矢完整的全貌，則知鏃矢此刻雖然是「行、不止」，但是並非恆常固定於此，必有「不行、止」之時。亦即立足渾全不割裂的大道，則知「行與不行」、「不止與止」並存於鏃矢之一身，它們是不可切割的整體，不可能消滅其中的某一狀態，也不可能僅有另一狀態獨存。因此可敘述鏃矢「行而不行，不止而止」，或「不行不止」，這些敘述都彰顯鏃矢既不固定於「行」，也不固定於「止」，而是融「行與止」於一身。

常識認為狗即是犬，並非「狗非犬」。然而，狗（犬）並非恆常固定為狗（犬），例如：如果不僅只觀察狗（犬）存活之時，而且併觀狗（犬）死去之後，牠的軀體腐朽，為土壤吸收，則將變化為其它形態繼續存在。因此常識雖然認為「狗是犬」，但也可敘述「狗非犬」，以凸顯狗（犬）並非恆常不變，亦即萬物都具有不斷變動的本質，也就是〈寓言篇〉「萬物皆種也，以不同形相禪。」此外，也可由另一面向來了解：由於天地萬物之流變，無時無刻不進行著，亦即〈秋水篇〉「無動而不變，無時而不移。」因此萬物（例如：狗、犬）都是時時刻刻向另一存在形態流動變化，故可敘述「狗非犬」，以凸顯狗（犬）不斷變動的本質。

「黃馬驪牛三」的意涵，與「雞三足」相似。常識認為黃馬與驪牛是「二」個存在物，並非「三」個存在物。然而前述業已說明：「二」之所以成立，並且具有「二」的意涵，是因為它在一系列的數字行列中。例如「二」必須在「零、一、二、三、四……十……百……千……」的數字行列中，方才具有「二」的意涵；設若將「二」由上述的數字行列中切割出來，使「二」獨立於上述的數字行列之外，則它將不具有任何意義。換言之，「二」與「零、一、二、三、四……十……百……千……」的數字行列中的任何數字均不可切割。

以此則知，人們雖然敘述「黃馬與驪牛是二」，但是「零、一、二、三、四……十……百……千……」的數字行列卻不曾遠離「二」，此數字行列中的每一數字均與「二」相依相隨。亦即指稱「二」的同時，也指稱了所有的數字。指稱「二」，與指稱「三」、「七」、或任一數字，均無任何差別。因此，除了敘述「黃馬與驪牛是二」之外，也可敘述「黃馬與驪牛是三」，或「黃馬與驪牛是七」。

常識認為白狗就是白色，不是黑色。然而「白」之所以成立，必然有「非白」（例如：黑、黃、紅……）之襯托。亦即有「非白」，方有「白」可說；若無「非白」，則無「白」可說。換言之，「白」與「非白」是無從切割的整體。因此常識雖然認為「白狗是白」，但也可描述「白狗黑」或「白狗黃」，以凸顯「白」與「非白」（例如：黑、黃、紅……）無從切割的整體性。此外，也可由另一面向來了解：通常人們以狗的毛色做為區分的基準點，一隻狗的毛色如果是白色，則稱之為白狗；但是白狗仍然具有黑的元素，例如眼珠是黑色。亦即「毛色」僅為「狗」整體的一部分，不足以涵蓋「狗」完整的全貌，因此亦可敘述「白狗黑」，以彰顯「白狗」之整體並不僅止於毛色。

常識認為馬必定「有父有母」，否則無從出生並且存在，所以馬並非「無父無母」。然而本書多次說明，立足渾全不割裂的大道，則知「有與無」同存並在，是不可切割的整體；所以對於「孤駒未嘗有母」，不宜僅只停留在文字表面，而應穿過文字，以「有即是無，無即為有」的整體性來思考。亦即馬雖然「有父有母」，但也可描述「無父無母」，以凸顯「有與無」一體不可分的整體性。此外，也可由另一面向來了解：「母」指本源；由於馬在「天地萬物」的整體中流動不已，誠然無從確認何者是本源之「母」，故可描述「孤駒未嘗有母」。不過，如果再進一步思考：馬之存在源自於「天地萬物」的整體，亦即「天地萬物」的整體就是馬之本源，故可描述「孤駒有父母」，而且「父母」數之不盡，無數之多。

繼續看「一尺之捶，日取其半，萬世不竭。」在常識看來，一尺的木杖，如果每日折取它的一半，那麼十餘日之後，便成為肉眼無法辨識的極其細微的木屑，更何況是「萬世」的三十萬年之後，木杖必定將由「有」變化為「無」。然而，本書多次說明「有與無」同存並在，是不可切割的整體；所以木杖雖然業已變化為「無」，但是仍可描述為「有」，指稱它「萬世不竭」，以凸顯「有與無」一體不可分的整體性。此外，也可由另一面向來了解：由〈寓言篇〉「萬物皆種也，以不同形相禪」，即知木杖必將變化成為其它的存在物，以不同的形貌繼續存在。因此也可敘述「萬世不竭」，以彰顯它流動變化，無有窮極的本質。

以上由「卵有毛」至「萬世不竭」，是莊子引錄「天下之辯者」的敘述，經本書之闡釋，可以了解這些敘述相似於惠施「至大無外」至「天地一體」，也可視為是對大道意涵的舉例說明，或許這就是莊子之所以保存它們的原因。

桓團、公孫龍辯者之徒，飾人之心，易人之意，能勝人之口，不能服人之心，辯者之囿也。惠施日以其知與人之辯，特與天下之辯者為怪，此其柢也。然惠施之口談，自以為最賢，曰：「天地其壯乎！」施存雄而無術。南方有倚人焉，曰黃繚，問天地所以不墜不陷，風雨雷霆之故，惠施不辭而應，不慮而對，徧為萬物說，說而不休，多而無已，猶以為寡，益之以怪。以反人為實，而欲以勝人為名，是以與眾不適也。弱於德，強於物，其塗

隩矣。由天地之道觀惠施之能，其猶一蚉一寅之勞者也，其於物也何庸！夫充一尚可，曰愈貴道，幾矣！惠施不能以此自寧，散於萬物而不厭，卒以善辯為名。惜乎！惠施之才，駘蕩而不得，逐萬物而不反，是窮響以聲，形與影競走也，悲夫！

「桓團」：姓桓，名團，趙國人。「公孫龍」：姓公孫，名龍，趙國人。「徒」：類。「飾」指困惑。「易」：改易。「囿」：限。「日」：時。「與人之辯」：與人為辯。「柢」：大略。「其壯」：豈大，「其」：豈。「存雄」指意在雄辯，「存」：在。「術」：道。「倚」：奇。「黃繚」：姓黃，名繚。「已」：止。「不適」：不宜。「德」指自然天性。「強於物、於物也何庸」的「物」：都指人。「塗」：路。「隩」指迂曲。「蚉、寅」：蚊蟲。「庸」：用。「曰愈貴」的「曰」：若。「愈」：更。「貴」：重，指推崇依循。「幾」：近。「厭」：饜，指飽足。「卒」：終。「駘蕩」指放散。「不反」：不返。「窮」：止。「響」：回聲。

桓團、公孫龍都是辯者一類的人，他們困惑旁人的心思，改變旁人的意念，能勝過旁人的口，卻不能使旁人心服，這是辯者的侷限。惠施時常以他的智巧與旁人辯論，特別與天下的辯者製造一些怪論，這是他們概略的情況。然而，惠施認為自己的辯才最為高明，說：「天地豈有什麼偉大！」惠施意在雄辯而無道。南方有個奇人，名叫黃繚，詢問天地為什麼不墜落不坍陷，風雨雷霆的原因是什麼。惠施不做推辭就回應，不經考慮就回答，遍說萬物，一說就不停，多得無止盡，還認為說得少，再增加一些怪論。將違反人情的事物當做真實，而想取得勝過旁人的名聲，所以與大眾不能和諧相處。自然天性的修養不足，逞強於人們，他走的路迂曲啊！由天地之道來看惠施的才能，就像一隻蚊子、虻蟲那樣徒勞，對於人們有什麼用？惠施的能力，尚可充當為大道整體中的萬分之一，若更加推崇依循大道，那就接近大道了！惠施不能以此自我安頓，分散心神高談萬物而不飽足，最終得到善辯的名聲。可惜啊！惠施的才能放散而未能得道，追逐萬物而不能回返大道，這是用聲音來止息回聲，形體與影子競走，可悲啊！

雖然莊子在此記載惠施「特與天下之辯者為怪」，不過前述惠施「至大無外」至「天地一體」的敘述，既可視為是對大道意涵的舉例說明，那麼「至大無外」至「天地一體」的敘述，或許可以認為不是強辭奪理的怪論，也不是「反人、於物也何庸（用）」，而且若持續思考，則不無悟道的可能。

莊子指出惠施可充當為大道整體中的萬分之一，所以如果惠施凝聚心神，持續拓展生命的深度與高度，仍可回返大道的整體性。然而惠施放散心神，以致未能得道，故記載「夫充一尚可」至「惜乎」。

關於「聲、響（回聲）」，人人皆知如果有「聲」必有「響（回聲）」，無「聲」則無「響（回聲）」，亦即「聲與響（回聲）」一體不可分，具有不可切割的整體性；「形與影」亦然，也是無從切割的整體。因此不可能以「聲」來止息「響（回聲）」，「形」也不可能以競走的方式拋棄「影」，故記載「是窮響以聲」至「悲夫」。

本段敘述惠施以及名家之辯者，揭示莊子對惠施未能得道的惋惜。

有學者認為本篇是莊子所著之後序，但是也有學者認為並非莊子自著而是莊子學派所述。不過，觀諸首段「內聖外王」之記載以及老聃、莊周之學術記載，義理卓絕，深度揭示大道之意涵，因此或許不必認為絕非莊子所著。

國家圖書館出版品預行編目資料

莊子：讓你順逆皆逍遙（上下冊不分售）王小滕著. -- 初版. -- 臺北市：商周出版：英屬蓋曼群島商家庭傳媒股份有限公司城邦分公司發行，2023.08

冊；　　公分

ISBN　978-626-318-686-6（平裝）

1. CST：莊子　2. CST：注釋

121.331　　112006534

莊子：讓你順逆皆逍遙（上下冊不分售）（下冊）

作　　者／王小滕
責任編輯／王拂嫣

版　　權／林易萱、吳亭儀
行銷業務／林秀津、周佑潔
總 編 輯／程鳳儀
總 經 理／彭之琬
事業群總經理／黃淑貞
發 行 人／何飛鵬

法律顧問／元禾法律事務所　王子文律師
出　　版／商周出版
台北市 104 民生東路二段 141 號 9 樓
電話：(02) 2500-7008 傳真：(02) 2500-7759
E-mail：bwp.service@cite.com.tw
發　　行／英屬蓋曼群島商家庭傳媒股份有限公司城邦分公司
台北市中山區民生東路二段 141 號 2 樓
書虫客服服務專線：(02)2500-7718．(02)2500-7719
24 小時傳真服務：(02)2500-1990．(02)2500-1991
服務時間：週一至週五 09:30-12:00．13:30-17:00
郵撥帳號：19863813　　戶名：書虫股份有限公司
讀者服務信箱 E-mail：service@readingclub.com.tw
城邦讀書花園：www.cite.com.tw
香港發行所／城邦（香港）出版集團有限公司
香港灣仔駱克道 193 號東超商業中心 1 樓
Email： hkcite@biznetvigator.com
電話：(852)2508-6231　　傳真：(852)2578-9337
馬新發行所／城邦(馬新)出版集團　【Cite (M) Sdn. Bhd.】
41, Jalan Radin Anum, Bandar Baru Sri Petaling,
57000 Kuala Lumpur, Malaysia
電話：(603)90578822　　傳真：(603)90576622
Email：service@cite.my

封面設計／徐璽工作室
電腦排版／唯翔工作室
印　　刷／韋懋印刷事業有限公司
總 經 銷／聯合發行股份有限公司　電話：(02)2917-8022　傳真：(02)2911-0053
地址：新北市 231 新店區寶橋路 235 巷 6 弄 6 號 2 樓

■ 2023 年 8 月 17 日初版

Printed in Taiwan

城邦讀書花園
www.cite.com.tw

定價／ 1200 元（上下冊不分售）

ISBN　978-626-318-686-6